한 번에 합격, 자격증은 이기적

이렇게 기막힌 적중률

함께 공부하고 특별한 혜택까지!

이기적 스터디 카페

구독자 약 15만 명, 전강 무료!

이기적 유튜브

합격을 위한 기적 같은 선물
또기적 합격자료집

혼자 공부하기 외롭다면?
온라인 스터디 참여

모든 궁금증 바로 해결!
전문가와 1:1 질문답변

1년 내내 진행되는
이기적 365 이벤트

도서 증정 & 상품까지!
우수 서평단 도전

간편하게 한눈에
시험 일정 확인

합격까지 모든 순간 이기적과 함께!

이기적 365 EVENT

QR코드를 찍어 이벤트에 참여하고 푸짐한 선물 받아가세요!

1 기출문제 복원하기

이기적 책으로 공부하고 시험을 봤다면 7일 내로 문제를 제보해 주세요!

2 합격 후기 작성하기

당신만의 특별한 합격 스토리와 노하우를 전해 주세요!

3 온라인 서점 리뷰 남기기

온라인 서점에서 책을 구매하고 평점과 리뷰를 남겨 주세요!

4 정오표 이벤트 참여하기

더 완벽한 이기적이 될 수 있게 수험서의 오류를 제보해 주세요!

※ 이벤트별 혜택은 변경될 수 있으므로 자세한 내용은 해당 QR을 참고해 주세요.

한글

ITQ 한글 핵심 기능 정리

모바일로 보기

01 문서 환경 설정

파일 저장	내 PC₩문서₩ITQ₩수험번호-성명.hwpx
글꼴	함초롬바탕, 10pt, 검정, 줄간격 160%, 양쪽정렬
용지 여백	왼쪽 · 오른쪽 11mm, 위쪽 · 아래쪽 · 머리말 · 꼬리말 10mm, 제본 0mm

02 스타일

스타일	, F6	[서식]-[스타일]
스타일 해제	바탕글, Ctrl+1	
한/영 전환	한/영, 왼쪽 Shift+Space Bar	
문단 모양	, Alt+T	[서식]-[문단 모양]
글자 모양	, Alt+L	[서식]-[글자 모양]

03 표 만들기

표	, Ctrl+N, T	[입력]-[표]
블록 설정	F5	
셀 합치기	, 블록 설정 후 M	[표]-[셀 합치기]
셀 나누기	, 블록 설정 후 S	[표]-[셀 나누기]
선 모양	블록 설정 후 L	[표]-[셀 테두리/배경]
캡션	, Ctrl+N, C	[입력]-[캡션 넣기]
블록 합계	Ctrl+Shift+S	[표]-[블록 계산식]-[블록 합계]
블록 평균	Ctrl+Shift+A	[표]-[블록 계산식]-[블록 평균]
블록 곱	Ctrl+Shift+P	[표]-[블록 계산식]-[블록 곱]

04 차트 및 수식

차트 만들기		[표 디자인]-[차트 만들기]
수식 만들기	$\sqrt{x}$, Ctrl+N, M	[입력]-[수식]

05 그리기 도구 작업

그리기 도구		[입력]–[도형]
도형 여러 개 선택	Shift + 클릭	
글상자	, Ctrl + N, B	[입력]–[글상자]
도형 회전		
도형 면 색	도형 채우기	
도형 복사	Ctrl + 드래그	
그림 삽입	, Ctrl + N, I	[입력]–[그림]–[그림]
글맵시		[입력]–[개체]–[글맵시]
하이퍼링크	, Ctrl + K, H	[입력]–[하이퍼링크]

06 문서작성 능력평가

덧말 넣기		[입력]–[덧말 넣기]
머리말/꼬리말	, Ctrl + N, H	[쪽]–[머리말/꼬리말]
책갈피	, Ctrl + K, B	[입력]–[책갈피]
문단 첫 글자 장식		[서식]–[문단 첫 글자 장식]
그림 삽입	, Ctrl + N, I	[입력]–[그림]
한자 입력	, 한자 또는 F9	[입력]–[한자 입력]–[한자로 바꾸기]
각주	, Ctrl + N, N	[입력]–[주석]–[각주]
문자표	, Ctrl + F10	[입력]–[문자표]
문단 번호	, Ctrl + K, N	[서식]–[문단 번호 모양]
문단 모양	, Alt + T	[서식]–[문단 모양]
글자 모양	, Alt + L	[서식]–[글자 모양]
표 만들기	, Ctrl + N, T	[입력]–[표]
표 그러데이션		[표]–[셀 테두리/배경]
쪽 번호 매기기	, Ctrl + N, P	[쪽]–[쪽 번호 매기기]
새 번호로 시작		[쪽]–[새 번호로 시작]

ITQ 한글 한눈에 보는 출제 포인트

ITQ 한글은 워드프로세서인 아래한글을 이용한 문서작성 능력을 평가하는 시험입니다. 60분 동안 3장의 페이지에 3가지 평가기능과 5가지 하위문제를 작업해야 합니다. 아래한글은 일상에서 자주 사용하는 프로그램이지만 막상 그 기능들을 완전히 활용하고 있지 않은 경우가 많습니다. 본 시험을 통해 기존보다 더욱 질 높은 문서를 작성하는 능력을 기를 수 있습니다.

문제	기능	배점
기능평가 I	스타일	50
	표	100
	차트	
기능평가 II	수식 작성	40
	그리기 작업(도형, 글맵시, 그림 삽입, 하이퍼링크)	110
문서작성 능력평가	문서 입력, 들여쓰기, 머리말/꼬리말, 덧말 넣기, 책갈피, 문단 첫글자 장식, 그림 삽입, 각주, 문단 번호 기능, 표, 쪽 번호, 서식 지정	200
합계		500

기능평가 I

배점 150점

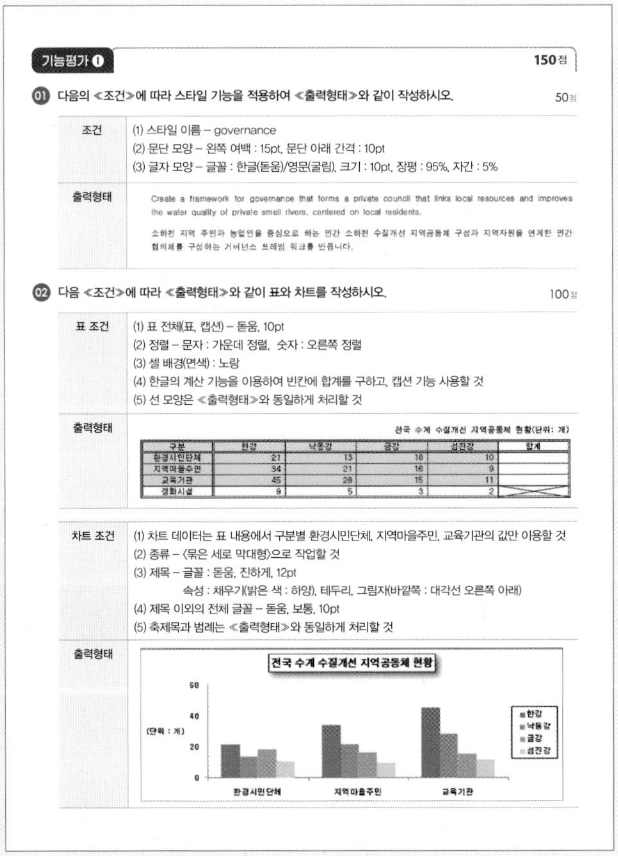

기능평가 ❶ 150점

01 다음의 ≪조건≫에 따라 스타일 기능을 적용하여 ≪출력형태≫와 같이 작성하시오. 50점

조건
(1) 스타일 이름 – governance
(2) 문단 모양 – 왼쪽 여백 : 15pt, 문단 아래 간격 : 10pt
(3) 글자 모양 – 글꼴 : 한글(돋움)/영문(굴림), 크기 : 10pt, 장평 : 95%, 자간 : 5%

출력형태
Create a framework for governance that forms a private council that links local resources and improves the water quality of private small rivers, centered on local residents.
소하천 지역 주민과 농업인을 중심으로 하는 민간 소하천 수질개선 지역공동체 구성과 지역자원을 연계한 민간 협의체를 구성하는 거버넌스 프레임 워크를 만듭니다.

02 다음 ≪조건≫에 따라 ≪출력형태≫와 같이 표와 차트를 작성하시오. 100점

표 조건
(1) 표 전체(표, 캡션) – 돋움, 10pt
(2) 정렬 – 문자 : 가운데 정렬, 숫자 : 오른쪽 정렬
(3) 셀 배경(면색) : 노랑
(4) 한글의 계산 기능을 이용하여 빈칸에 합계를 구하고, 캡션 기능 사용할 것
(5) 선 모양은 ≪출력형태≫와 동일하게 처리할 것

출력형태
전국 수계 수질개선 지역공동체 현황(단위: 개)

구분	한강	낙동강	금강	섬진강	합계
환경시민단체	21	13	18	10	
지역마을주민	34	21	16	9	
교육기관	45	28	15	11	
정화시설	9	5	3	2	

차트 조건
(1) 차트 데이터는 표 내용에서 구분별 환경시민단체, 지역마을주민, 교육기관의 값만 이용할 것
(2) 종류 – 〈묶은 세로 막대형〉으로 작업할 것
(3) 제목 – 글꼴 : 돋움, 진하게, 12pt
속성 : 채우기(밝은 색 : 하양), 테두리, 그림자(바깥쪽 : 대각선 오른쪽 아래)
(4) 제목 이외의 전체 글꼴 – 돋움, 보통, 10pt
(5) 축제목과 범례는 ≪출력형태≫와 동일하게 처리할 것

출력형태

체크포인트

- 스타일
  - 한글/영문 두 문단으로 출제
  - '문단 모양'과 '글자 모양' 지정
- 표
  - 내용 작성 및 글꼴
  - 정렬
  - 셀 테두리
  - 셀 배경색 지정
  - 블록 계산 및 캡션 설정
- 차트
  - 작성된 표의 일부 데이터 사용
  - 차트 요소의 서식 지정

기능평가 Ⅱ
배점 150점

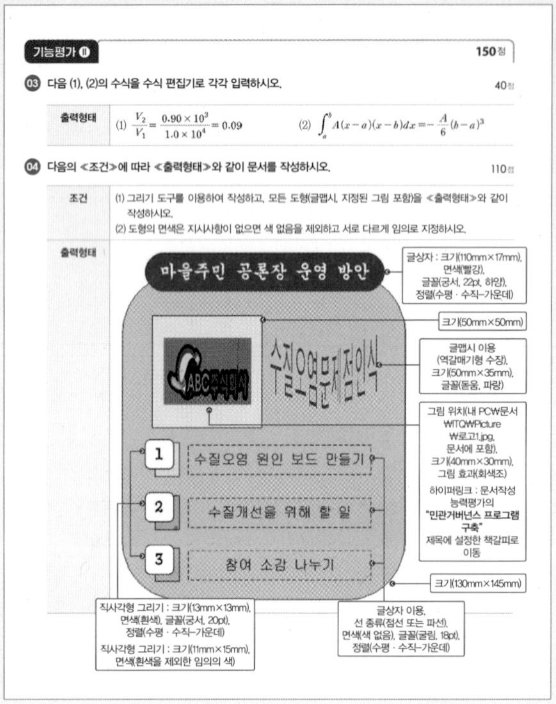

✔ 체크포인트

- 수식 작성
  - [수식 편집기] 이용
  - '수식 기호'와 '확장 연산자'로 작성
- 그리기 작업
  - 도형 및 글상자
  - 글맵시 및 하이퍼링크 설정
  - 그림 삽입
  - 지시사항 설정

문서작성 능력평가
배점 200점

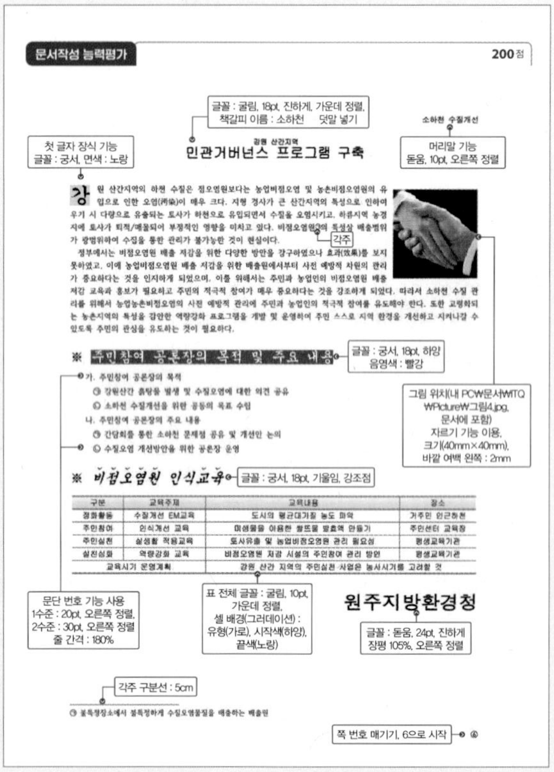

✔ 체크포인트

- 머리말, 쪽 번호
- 제목 설정, 문단 첫 글자 장식, 각주, 그림 삽입
- 문단 번호
- 표 작성 및 설정

이렇게
기막힌
적중률

ITQ 한글
ver.2022

“이” 한 권으로 합격의 “기적”을 경험하세요!

차례

난이도에 따라 분류하였습니다.
상 : 반드시 반복 연습해야 하는 기능
중 : 여러 차례 풀어보아야 하는 기능
하 : 수월하게 익힐 수 있는 기능

합격 강의
동영상 강의가 제공되는 부분을 표시했습니다.
이기적 수험서 사이트(license.youngjin.com)에 접속하여 시청하세요.
▶ 본 도서에서 제공하는 동영상은 1판 1쇄 기준 2년간 유효합니다. 단, 출제기준안에 따라 내용은 변경될 수 있습니다.

PART 01 시험 유형 따라하기

하 CHAPTER 01 문서 환경 설정 24
중 CHAPTER 02 [기능평가 I] 스타일 28
중 CHAPTER 03 [기능평가 I] 표 만들기 34
상 CHAPTER 04 [기능평가 I] 차트 만들기 44
중 CHAPTER 05 [기능평가 II] 수식 만들기 60
상 CHAPTER 06 [기능평가 II] 그리기 도구 작업 70
상 CHAPTER 07 [문서작성 능력평가] 문서 작성 90

PART 02 대표 기출 따라하기

대표 기출 따라하기 118
대표 기출 따라하기 해설 122

PART 03 최신 기출문제

최신 기출문제 01회 185
최신 기출문제 02회 188
최신 기출문제 03회 191
최신 기출문제 04회 194
최신 기출문제 05회 197
최신 기출문제 06회 200
최신 기출문제 07회 203
최신 기출문제 08회 206
최신 기출문제 09회 209
최신 기출문제 10회 212

PART 04 실전 모의고사

실전 모의고사 01회 217
실전 모의고사 02회 220
실전 모의고사 03회 223
실전 모의고사 04회 226
실전 모의고사 05회 229
실전 모의고사 06회 232
실전 모의고사 07회 235
실전 모의고사 08회 238
실전 모의고사 09회 241
실전 모의고사 10회 244

부록 BONUS 또기적 합격자료집 PDF

- 시험장 스케치
- 비공개 구매 혜택
- 스터디 플래너

※ **참여 방법 :** '이기적 스터디 카페' 검색 → 이기적 스터디카페(cafe.naver.com/yjbooks) 접속 → '구매 인증 PDF 증정' 게시판 → 구매 인증 → 메일로 자료 받기

ITQ 합격에 필요한 자료를 모두 모았습니다.

❷ Picture 폴더
실습용
이미지 파일

❶ PART 01~04 폴더
파트별 정답 파일

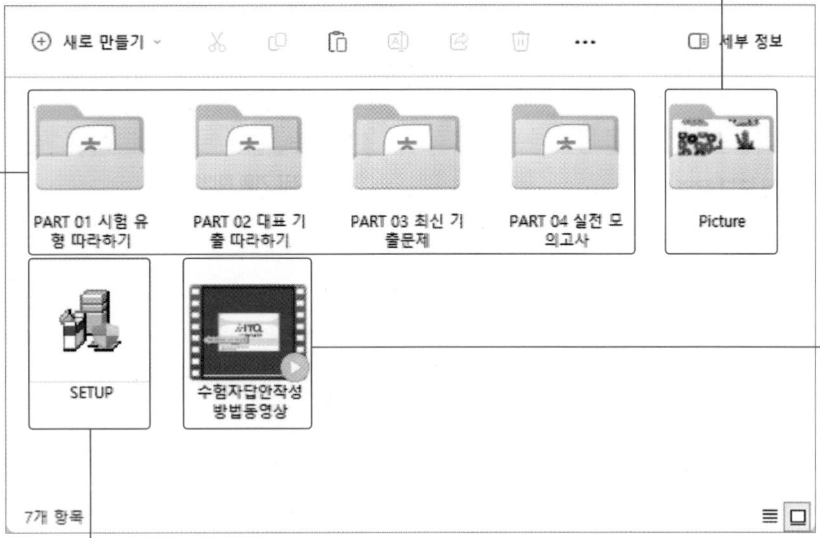

❸ SETUP.EXE
답안 전송 프로그램
설치 파일

❹ 수험자답안작성방법동영상.wmv
ITQ 답안작성 방법
동영상

다운로드 방법

① 이기적 영진닷컴(license.youngjin.com)에 접속한다.
② 상단 메인 메뉴에서 [자료실] – [ITQ]를 클릭한다.
③ '[2026] 이기적 ITQ 한글 ver.2022 부록 자료' 게시글을 클릭하여 첨부파일을 다운로드한다.

사용 방법

① 다운로드한 '7948.zip' 압축 파일에서 마우스 오른쪽 버튼을 눌러 압축을 해제한다.
② 압축이 풀린 후 '7948' 폴더를 더블 클릭하여 모든 파일이 들어 있는지 확인한다.

※ ITQ 시험은 빈 문서에서 내용을 입력하는 것부터 시험 시작입니다. 처음 시험 공부를 하실 때에는 빈 문서에서 차근차근 연습해 주세요.

이 책의 구성

STEP 1

시험 유형 따라하기로 제대로 유형 학습

처음부터 끝까지 세심하게,
구체적 작업과정 수록

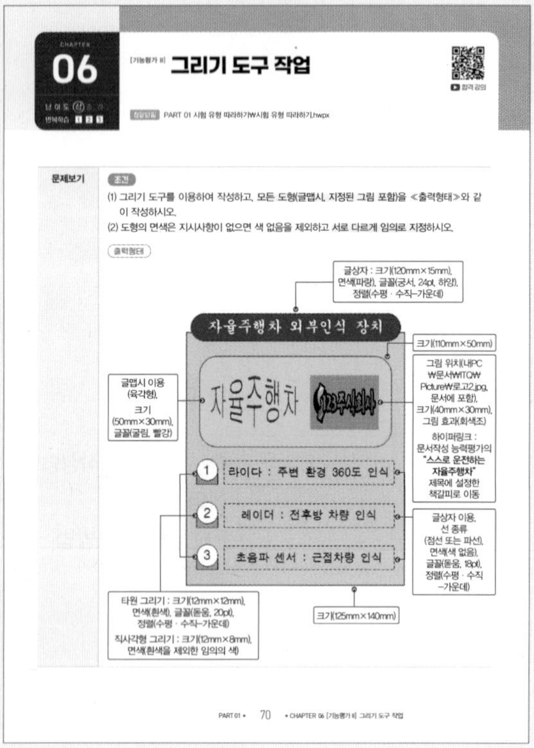

CHAPTER 06 [기능평가 II] **그리기 도구 작업**

합격 강의

난이도 상 중 하 반복학습 1 2 3

정답파일 PART 01 시험 유형 따라하기₩시험 유형 따라하기.hwpx

문제보기

조건

(1) 그리기 도구를 이용하여 작성하고, 모든 도형(글맵시, 지정된 그림 포함)을 ≪출력형태≫와 같이 작성하시오.

(2) 도형의 면색은 지시사항이 없으면 색 없음을 제외하고 서로 다르게 임의로 지정하시오.

출력형태

PART 01 • 70 • CHAPTER 06 [기능평가 II] 그리기 도구 작업

- 난이도별 집중 학습
- 복습에 유용한 정답파일
- 다양한 팁으로 학습 능률 상승

STEP 2

대표 기출 따라하기로 실제 시험 정복

동영상 강의와 함께,
시험 내용 전체 학습

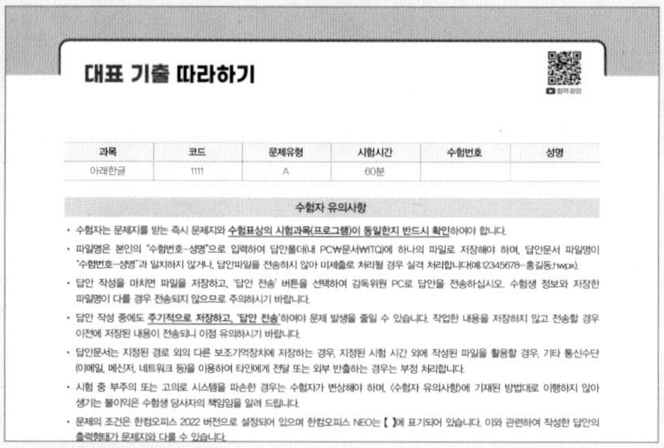

대표 기출 따라하기

합격 강의

과목	코드	문제유형	시험시간	수험번호	성명
아래한글	1111	A	60분		

수험자 유의사항

- 수험자는 문제지를 받는 즉시 문제지와 수험표상의 시험과목(프로그램)이 동일한지 반드시 확인하여야 합니다.
- 파일명은 본인의 "수험번호-성명"으로 입력하여 답안폴더(내 PC₩문서₩ITQ)에 하나의 파일로 저장해야 하며, 답안문서 파일명이 "수험번호-성명"과 일치하지 않거나, 답안파일을 전송하지 않아 미제출로 처리될 경우 실격 처리합니다(예:12345678-홍길동.hwpx).
- 답안 작성을 마치면 파일을 저장하고, '답안 전송' 버튼을 선택하여 감독위원 PC로 답안을 전송하십시오. 수험생 정보와 저장한 파일명이 다를 경우 전송되지 않으므로 주의하시기 바랍니다.
- 답안 작성 중에도 주기적으로 저장하고, '답안 전송'하여야 문제 발생을 줄일 수 있습니다. 작업한 내용을 저장하지 않고 전송할 경우 이전에 저장된 내용이 전송되니 이점 유의하시기 바랍니다.
- 답안문서는 지정된 경로 외의 다른 보조기억장치에 저장하는 경우, 지정된 시험 시간 외에 작성된 파일을 활용할 경우, 기타 통신수단(이메일, 메신저, 네트워크 등)을 이용하여 타인에게 전달 또는 외부 반출하는 경우는 부정 처리합니다.
- 시험 중 부주의 또는 고의로 시스템을 파손한 경우는 수험자가 변상해야 하며, 〈수험자 유의사항〉에 기재된 방법대로 이행하지 않아 생기는 불이익은 수험생 당사자의 책임임을 알려 드립니다.
- 문제의 조건은 한컴오피스 2022 버전으로 설정되어 있으며 한컴오피스 NEO는 【 】에 표기되어 있습니다. 이와 관련하여 작성한 답안의 출력형태가 문제지와 다를 수 있습니다.

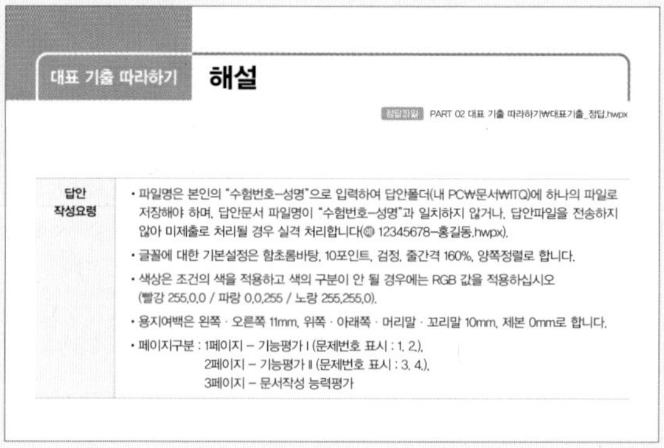

대표 기출 따라하기 **해설**

정답파일 PART 02 대표 기출 따라하기₩대표기출_정답.hwpx

답안 작성요령

- 파일명은 본인의 "수험번호-성명"으로 입력하여 답안폴더(내 PC₩문서₩ITQ)에 하나의 파일로 저장해야 하며, 답안문서 파일명이 "수험번호-성명"과 일치하지 않거나, 답안파일을 전송하지 않아 미제출로 처리될 경우 실격 처리합니다(예 12345678-홍길동.hwpx).
- 글꼴에 대한 기본설정은 함초롬바탕, 10포인트, 검정, 줄간격 160%, 양쪽정렬로 합니다.
- 색상은 조건의 색을 적용하고 색의 구분이 안 될 경우에는 RGB 값을 적용하십시오 (빨강 255,0,0 / 파랑 0,0,255 / 노랑 255,255,0).
- 용지여백은 왼쪽 · 오른쪽 11mm, 위쪽 · 아래쪽 · 머리말 · 꼬리말 10mm, 제본 0mm로 합니다.
- 페이지구분 : 1페이지 – 기능평가 I (문제번호 표시 : 1, 2.),
  2페이지 – 기능평가 II (문제번호 표시 : 3, 4.),
  3페이지 – 문서작성 능력평가

- QR 코드로 강의 바로 시청
- 단계별 풀이과정으로 쉬운 연습

STEP 3

최신 기출문제, 실전 모의고사로 마무리 학습

총 20회분 시험 문제로
막판 스퍼트

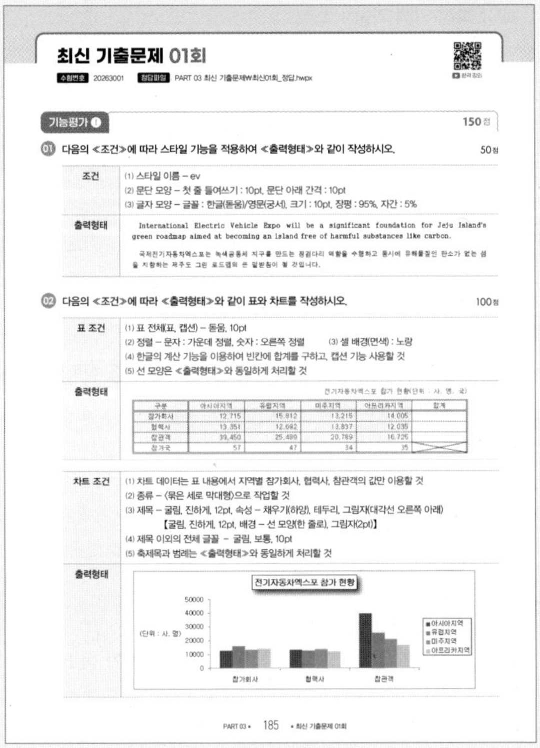

최신 기출문제 01회

수험번호 20263001 정답파일 PART 03 최신 기출문제₩최신01회_정답.hwpx

기능평가 Ⅰ 150점

01 다음의 ≪조건≫에 따라 스타일 기능을 적용하여 ≪출력형태≫와 같이 작성하시오. 50점

조건
(1) 스타일 이름 – ev
(2) 문단 모양 – 첫 줄 들여쓰기 : 10pt, 문단 아래 간격 : 10pt
(3) 글자 모양 – 글꼴 : 한글(돋움)/영문(궁서), 크기 : 10pt, 장평 : 95%, 자간 : 5%

출력형태
International Electric Vehicle Expo will be a significant foundation for Jeju Island's green roadmap aimed at becoming an island free of harmful substances like carbon.
국제전기자동차엑스포는 녹색공동체 지구를 만드는 징검다리 역할을 수행하고 동시에 유해물질인 탄소가 없는 섬을 지향하는 제주도 그린 로드맵의 큰 밑받침이 될 것입니다.

02 다음의 ≪조건≫에 따라 ≪출력형태≫와 같이 표와 차트를 작성하시오. 100점

표 조건
(1) 표 전체(표, 캡션) – 돋움, 10pt
(2) 정렬 – 문자 : 가운데 정렬, 숫자 : 오른쪽 정렬 (3) 셀 배경(면색) : 노랑
(4) 한글의 계산 기능을 이용하여 빈칸에 합계를 구하고, 캡션 기능 사용할 것
(5) 선 모양은 ≪출력형태≫와 동일하게 처리할 것

출력형태
전기자동차엑스포 참가 현황(단위 : 사, 명, 국)

구분	아시아지역	유럽지역	미주지역	아프리카지역	합계
참가회사	12,715	15,812	13,215	14,005	
협력사	13,351	12,692	13,837	12,035	
참관객	39,450	25,489	20,789	16,725	
참가국	57	47	34	35	

차트 조건
(1) 차트 데이터는 표 내용에서 지역별 참가회사, 협력사, 참관객의 값만 이용할 것
(2) 종류 – 〈묶은 세로 막대형〉으로 작업할 것
(3) 제목 – 굴림, 진하게, 12pt, 속성 – 채우기(하양), 테두리, 그림자(대각선 오른쪽 아래)
【굴림, 진하게, 12pt, 배경 – 선 모양(한 줄로), 그림자(2pt)】
(4) 제목 이외의 전체 글꼴 – 굴림, 보통, 10pt
(5) 축제목과 범례는 ≪출력형태≫와 동일하게 처리할 것

출력형태

PART 03 • 185 • 최신 기출문제 01회

- 최신 기출문제로 출제경향 파악
- 실전과 동일한 모의고사로 완벽 마무리

BONUS

또기적 합격자료집

도서 구매자 특별 제공

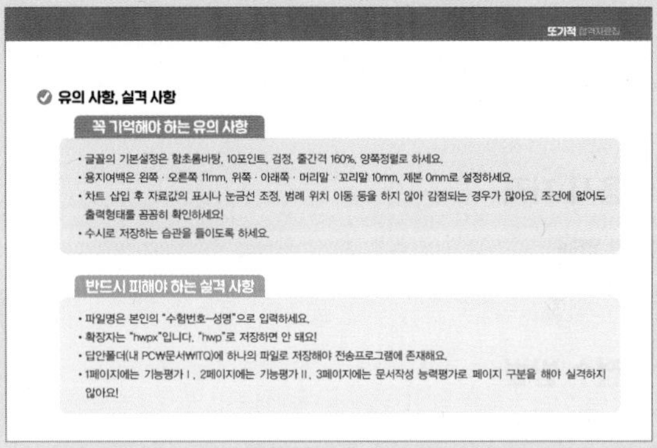

또기적 합격자료집

유의 사항, 실격 사항

꼭 기억해야 하는 유의 사항
- 글꼴의 기본설정은 함초롬바탕, 10포인트, 검정, 줄간격 160%, 양쪽정렬로 하세요.
- 용지여백은 왼쪽 · 오른쪽 11mm, 위쪽 · 아래쪽 · 머리말 · 꼬리말 10mm, 제본 0mm로 설정하세요.
- 차트 삽입 후 자료값의 표시나 눈금선 조정, 범례 위치 이동 등을 하지 않아 감점되는 경우가 많아요. 조건에 없어도 출력형태를 꼼꼼히 확인하세요!
- 수시로 저장하는 습관을 들이도록 하세요.

반드시 피해야 하는 실격 사항
- 파일명은 본인의 "수험번호-성명"으로 입력하세요.
- 확장자는 "hwpx"입니다. "hwp"로 저장하면 안 돼요!
- 답안폴더(내 PC₩문서₩ITQ)에 하나의 파일로 저장해야 전송프로그램에 존재해요.
- 1페이지에는 기능평가 Ⅰ, 2페이지에는 기능평가 Ⅱ, 3페이지에는 문서작성 능력평가로 페이지 구분을 해야 실격하지 않아요!

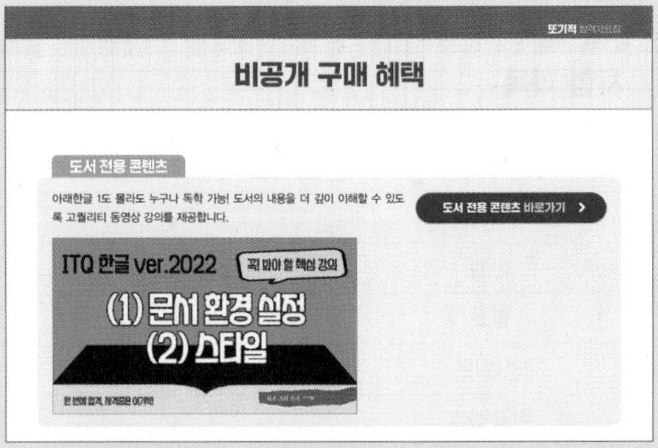

또기적 합격자료집

비공개 구매 혜택

도서 전용 콘텐츠

아래한글 1도 몰라도 누구나 독학 가능! 도서의 내용을 더 깊이 이해할 수 있도록 고퀄리티 동영상 강의를 제공합니다.

도서 전용 콘텐츠 바로가기 >

- 시험장 스케치
- 비공개 구매 혜택
- 스터디 플래너

시험 알아보기

자격 소개 및 이슈

- 정보화 시대의 구성원들에 대한 정보기술능력 또는 정보기술 활용능력을 객관적으로 평가하는 시험
- 정보기술 관리 및 실무능력 수준을 지수화, 등급화하여 객관성을 높인 과학기술정보통신부 공식 인증 자격 시험
- 산업인력의 정보경쟁력 강화를 통한 국가정보화 촉진을 목적으로 시행, 초등학생부터 노년층에 이르기까지 다양한 계층에서 ITQ시험을 통해 IT실력을 검증

응시 자격

제한 없음

접수 방법

온라인/방문 접수

시험 과목

과목	이기적 도서
아래한글	✔
한셀	
한쇼	
MS워드	
한글엑셀	✔
한글액세스	✔
한글파워포인트	✔
인터넷	✔

응시 인원

검정 연도	응시자 수
2024년	245,068명
2023년	247,460명
2022년	241,754명
2021년	242,868명
2020년	220,321명

활용 사례

학점은행제

- 「학점인정 등에 관한 법률」에 의거, 전공학점 인정 가능
- 제27차 자격 학점인정 기준 참고
  (학점은행제 : https://www.cb.or.kr)
- 아래한글 · MS워드, 한글엑셀 · 한셀, 한글파워포인트 · 한쇼, 한글액세스, 인터넷 중 3개 과목을 각각 A 또는 B등급을 획득해야 학점 인정 가능

등급	대분류	중분류	인정학점
A	20. 공통/기초사무	기초사무	6
B			4

생활기록부

- 「초 · 중등교육법」에 의거, 자격 취득상황을 고교생활기록부에 등재 가능
- 기술 관련 국가공인 민간자격 ※ 고등학교 재학 중 취득한 경우 '자격증 및 인증 취득상황' 기입 가능

기타 활용 사례

- 군가산점제
- KPC자격 전문강사
- 마스터(MASTER) 제도
- 기업 채용우대, 인사고과, 내부직원 교육, 승진평가 등 HRM(D) 제도로 활용
- 대학교, 고등학교, 직업훈련기관의 인재양성제도

시험 기준

프로그램 버전

※ 2025년 기준

과목	버전
아래한글	한컴오피스 2022/2020 병행 (한셀, 한쇼 : 2022)
한셀	
한쇼	
MS워드	MS오피스 2021/2016 병행
한글엑셀	
한글액세스	
한글파워포인트	
인터넷	내장브라우저 IE8.0 이상

배점 및 시험 시간

시험 배점	과목당 500점
시험 방법	실무작업형 실기시험
시험 시간	과목당 60분

등급 점수 및 기준

500점 만점을 기준으로 200점 이상 취득자에게 등급별 자격을 부여하며, 200점 미만은 불합격 처리

등급	점수	수준
A	500~400	주어진 과제의 100~80%를 정확히 해결할 수 있는 능력 수준
B	399~300	주어진 과제의 79~60%를 정확히 해결할 수 있는 능력 수준
C	299~200	주어진 과제의 59~40%를 정확히 해결할 수 있는 능력 수준

출제 기준

아래한글/MS워드

문항	배점
스타일	50
표와 차트	100
수식편집기	40
그림/그리기	110
문서작성능력	200

한글엑셀/한셀

문항	배점
표작성	240
필터, 목표값찾기, 자동서식	80
부분합/피벗테이블	80
차트	100

한글파워포인트/한쇼

문항	배점
전체 구성	60
표지 디자인	40
목차 슬라이드	60
텍스트/동영상 슬라이드	60
표 슬라이드	80
차트 슬라이드	100
도형 슬라이드	100

고사장 및 시험 관련 문의

- 시행처 : 한국생산성본부(kpc)
- license.kpc.or.kr

1577-9402

답안 전송 프로그램 설치법

답안 전송 프로그램이란?

ITQ 시험은 답안 작성을 마친 후 저장한 답안 파일을 감독위원 PC로 전송하여 제출해야 합니다. 시험장에서 당황하는 일이 없도록, 답안 전송 프로그램으로 미리 연습해 보세요.

다운로드 및 설치법

01 이기적 홈페이지(license.youngjin.com)에 접속한 후 상단에 있는 [자료실]-[ITQ]를 클릭한다. '[2026] 이기적 ITQ 한글 ver.2022 부록 자료'를 클릭하고 첨부 파일을 다운로드 받아 압축을 해제한다.

02 다음과 같은 폴더가 열리면 'SETUP.EXE'를 더블클릭하여 프로그램을 실행시킨다.

※ 운영체제가 Windows 7 이상인 경우는 마우스 오른쪽 버튼을 클릭해 '관리자 권한으로 실행'을 선택하여 실행시킨다.

03 다음과 같이 설치 화면이 나오면 [다음]을 클릭하고 설치를 진행한다.

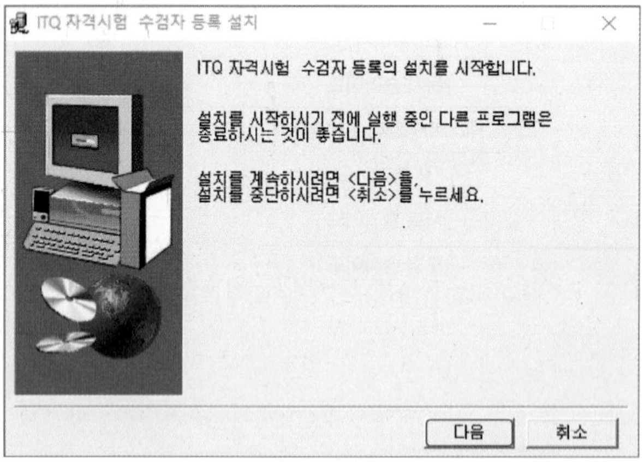

04 설치 진행이 완료되면 'ITQ 수험자용' 아이콘을 더블클릭하여 프로그램을 실행한다.

※ 여러 과목의 ITQ 시험을 함께 준비하는 수험생은 기존 과목의 프로그램을 삭제하지 마시고 그대로 사용하세요.

답안 전송 프로그램 사용법

시험 진행 순서

수험자 시험 시작 (20분 전 입실) ➡ 수험자 등록 (수험번호 등록) ➡ 시험 시작 ➡ 답안 파일 저장 (수험자 PC 저장) ➡ (감독 PC로 전송) ➡ 시험 종료 (수험자 퇴실)

01 수험자 수험번호 등록

① 바탕화면에서 'ITQ 수험자용' 아이콘을 실행한다. [수험자 등록] 화면에 수험번호를 입력한 후 [확인]을 클릭한다.

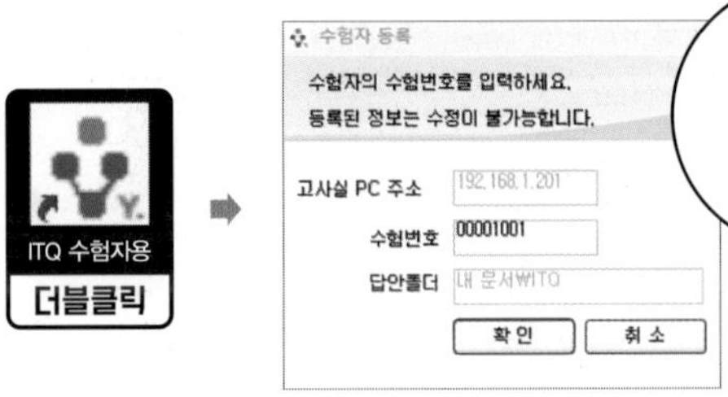

수험번호는 기출문제, 모의고사의 각 회차별 시작 페이지에 있습니다.

② 수험번호가 화면과 같으면 [예]를 클릭한다. 다음 화면에서 수험번호, 성명, 수험과목, 좌석번호를 확인한다.

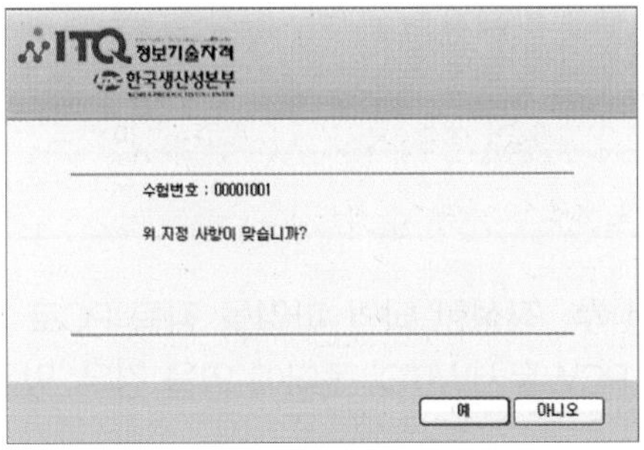

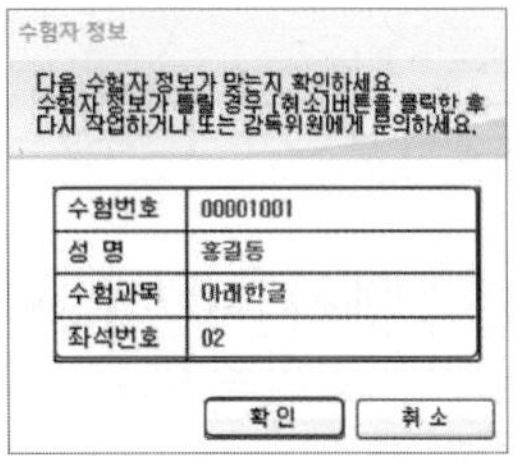

③ 다음과 같은 출력화면 확인 후 감독위원의 지시를 기다린다.

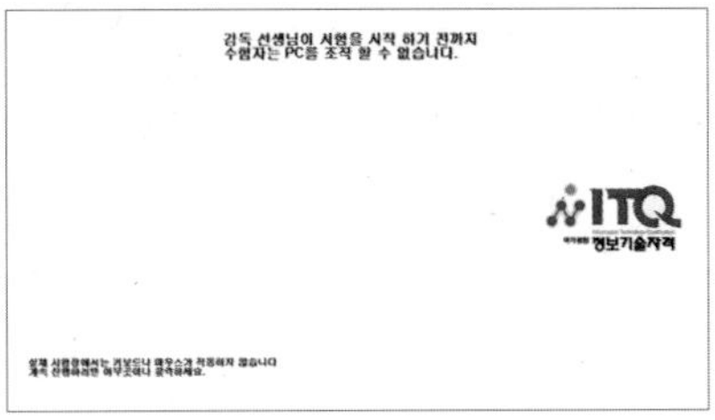

02 시험 시작(답안 파일 작성)

① 과목에 맞는 수검 프로그램(아래한글, MS오피스) 실행 후 답안 파일을 작성한다.

② 이미지 파일은 '내 PC₩문서₩ITQ₩Picture' 폴더 내의 파일을 참조한다.

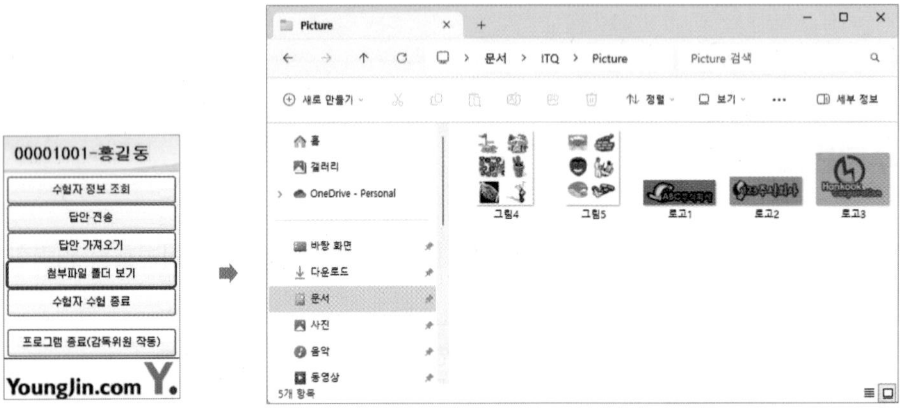

03 답안 파일 저장(수험자 PC 저장)

① 답안 파일은 '내 PC₩문서₩ITQ' 폴더에 저장한다.

② 답안 파일명은 '수험번호-성명'으로 저장해야 한다.
(단, 인터넷 과목은 '내 PC₩문서₩ITQ'의 '답안 파일-인터넷.hwpx' 파일을 불러온 후 '수험번호-성명-인터넷.hwpx'로 저장)

04 답안 파일 전송(감독 PC로 전송)

① 바탕화면의 실행 화면에서 [답안 전송]을 클릭한 후, 작성한 답안 파일을 감독 PC로 전송한다. 화면에서 작성한 답안 파일의 존재 유무(파일이 '내 PC₩문서₩ITQ' 폴더에 있을 경우 '있음'으로 표시됨)를 확인 후 [답안 전송]을 클릭한다.

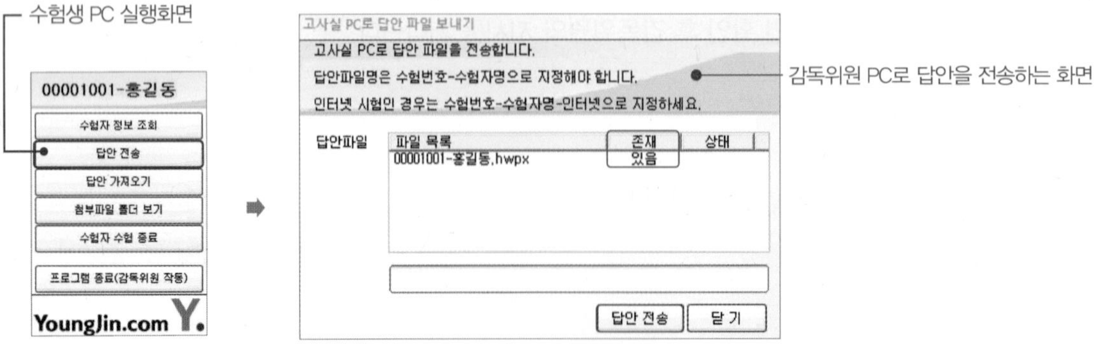

② 전송이 성공적으로 끝나면 상태 부분에 '성공'이라 표시된다.

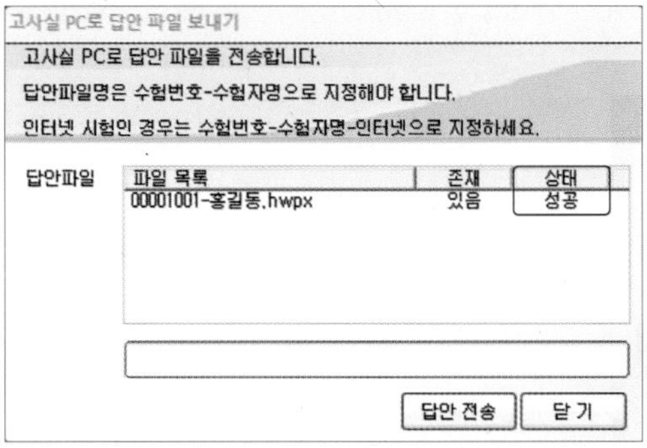

05 시험 종료

① 수험자 PC화면에서 [수험자 수험 종료]를 클릭한 후 감독위원의 지시를 기다린다.

② 감독위원의 퇴실 지시에 따라 퇴실한다.

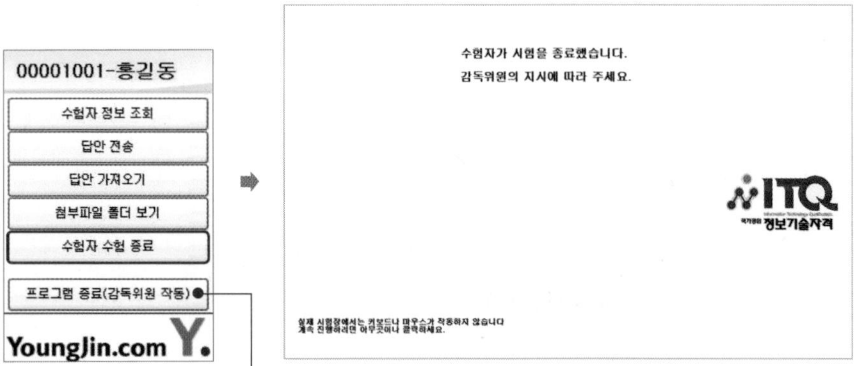

실제 시험장에서 감독위원이 사용하는 버튼입니다.
수험자는 사용하지 않습니다.

답안 전송 프로그램 안내

- **프로그램을 설치했는데 '339 런타임 오류가 발생하였습니다'라는 오류 메시지가 나타나는 경우**
  프로그램 설치 시 마우스 오른쪽 버튼을 클릭하여 '관리자 권한으로 실행'을 선택하여 설치하고, 설치 후 실행 시에도 '관리자 권한으로 실행'을 선택해 주세요. mscomctl.ocx 오류 시 이기적 홈페이지의 ITQ 자료실 공지사항에서 첨부 파일을 다운로드 해주세요.
- **프로그램을 실행하는데 'vb6ko.dll' 파일 오류가 나타나는 경우**
  이기적 홈페이지의 ITQ 자료실 공지사항을 확인해 주시고, 첨부 파일을 다운로드하여 해당 폴더에 넣어주세요.
  – 윈도우 XP : C:₩Windows₩System
  – 윈도우 7/10 32bit : C:₩Windows₩System32
  – 윈도우 7/10 64bit : C:₩Windows₩System32와 C:₩Windows₩Syswow64

자동 채점 서비스 사용법

01 채점 서비스(itq.youngjin.com)에 접속한 후 ISBN 5자리 번호(도서 표지에서 확인)를 입력하고 [체크]를 클릭한다. 체크가 완료되면 [확인]을 클릭한다.

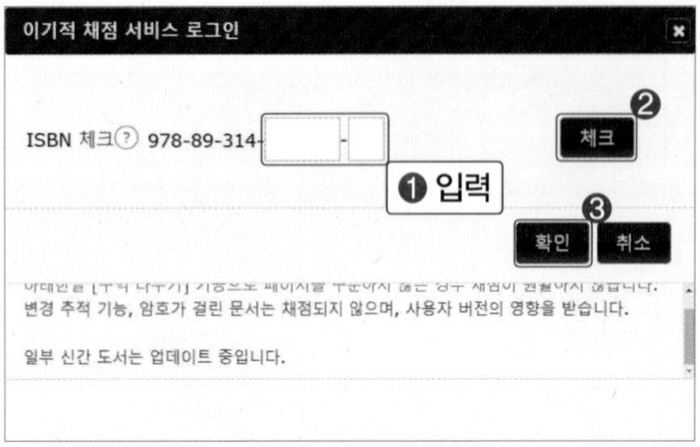

02 [작성한 파일 선택] 버튼을 클릭한다. 직접 작성하여 저장한 파일을 선택하고 '열기'를 클릭한다. 화면에 보이는 보안문자를 똑같이 입력하고 [실행]을 클릭한다.

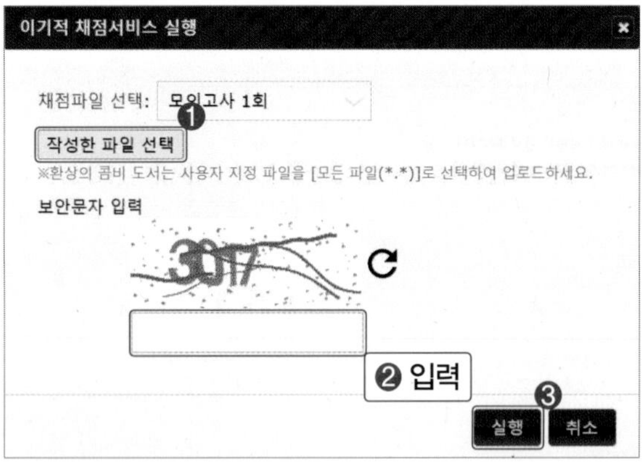

03 채점 결과를 확인한다(왼쪽 상단이 정답 파일, 하단이 사용자 작성 파일).

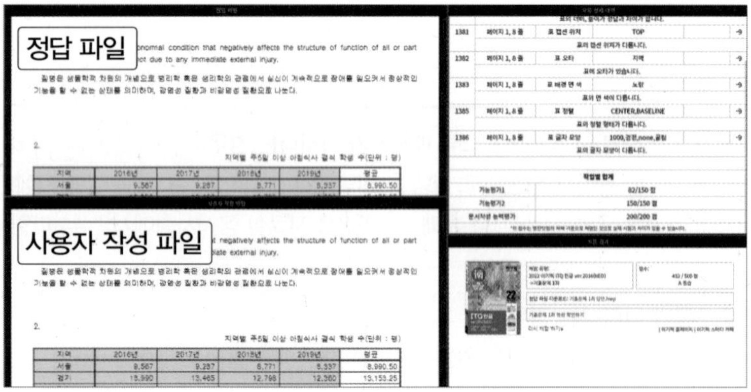

※ 현재 시범 서비스 중으로 도서의 일부 회차만 제공하고 있으며, 답안의 일부 요소는 정확한 인식이 되지 않을 수 있습니다.

※ 본 서비스는 영진닷컴이 직접 설정한 기준에 의해 채점되므로 참고용으로만 활용 바랍니다.

Q&A

Q **ITQ는 어떤 시험인가요?**

A ITQ는 실기 시험으로만 자격을 평가하는 시험으로 아래한글(MS워드), 엑셀, 파워포인트, 액세스, 인터넷 등의 과목으로 이루어져 있습니다. 이 중 한 가지만 자격을 취득하여도 국가공인 자격으로 인정됩니다.

Q **언제, 어디서 시험이 시행되나요?**

A 정기 시험은 매월 둘째 주 토요일에, 특별 시험은 2, 5, 8, 11월 넷째 주 일요일에 시행됩니다. 지역센터에서 시험을 응시할 수 있습니다.

※ 시험 시행일은 시행처 사정에 따라 변경될 수 있으므로, 응시 전 꼭 시행처에 확인하세요.

Q **OA MASTER 자격 취득은 어떻게 하는 건가요?**

A OA MASTER는 ITQ 시험에 응시하여 3과목 이상 A등급을 취득한 자로, 온라인으로 신청 가능하며 발급 비용 및 수수료는 별도로 부과됩니다.

Q **작성한 답안과 정답 파일의 작성 방법이 달라요.**

A ITQ는 실무형 시험으로 작성 방법은 채점하지 않습니다. 정답 파일은 모범답안이며 꼭 똑같이 작성하지 않아도 됩니다. 문제의 지시사항대로 출력형태를 참고하여 작성하면 됩니다.

Q **채점기준 및 부분점수 기준은 어떻게 되나요?**

A 주어진 지시사항에 따라 출력형태가 동일하게 작성된 경우 감점되지 않습니다. 또한 ITQ 인터넷을 제외한 모든 과목은 부분채점이 이루어지며 채점기준과 부분점수는 공개되지 않습니다.

Q **MS오피스, 아래한글 버전별로 문제지가 다른가요?**

A ITQ 시험은 과목별로 아래한글 2022/2020, MS오피스 2021/2016의 두 개 버전 중 선택 응시가 가능합니다. 각 과목의 문제지는 동일하며, 버전별로 조건이 다른 부분은 문제지에 표시되어 있습니다.

※ 소프트웨어 버전은 변경될 수 있으므로, 응시 전 꼭 시행처에 확인하세요.

Q **취득 시 어떻게 활용할 수 있나요?**

A 공기업/공단과 사기업에서 입사 시 우대 및 승진 가점을 획득할 수 있으며, 대학교 학점인정을 받을 수 있습니다. 정부부처/지자체에서도 의무취득 및 채용 가점, 승진 가점이 주어집니다.

PART

01

시험 유형 따라하기

하 CHAPTER 01 문서 환경 설정 24
중 CHAPTER 02 [기능평가 I] 스타일 28
중 CHAPTER 03 [기능평가 I] 표 만들기 34
상 CHAPTER 04 [기능평가 I] 차트 만들기 44
중 CHAPTER 05 [기능평가 II] 수식 만들기 60
상 CHAPTER 06 [기능평가 II] 그리기 도구 작업 70
상 CHAPTER 07 [문서작성 능력평가] 문서 작성 90

유형분석 문항 0

문서 환경 설정

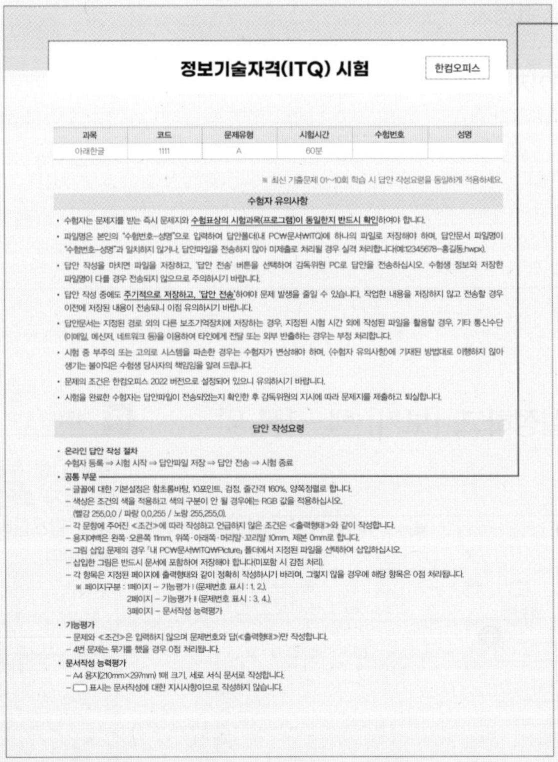

정보기술자격(ITQ) 시험

한컴오피스

과목	코드	문제유형	시험시간	수험번호	성명
아래한글	1111	A	60분		

※ 최신 기출문제 01~10회 학습 시 답안 작성요령을 동일하게 적용하세요.

수험자 유의사항

- 수험자는 문제지를 받는 즉시 문제지와 **수험표상의 시험과목(프로그램)이 동일한지 반드시 확인**하여야 합니다.
- 파일명은 본인의 "수험번호-성명"으로 입력하여 답안폴더(내 PC₩문서₩ITQ)에 하나의 파일로 저장해야 하며, 답안문서 파일명이 "수험번호-성명"과 일치하지 않거나, 답안파일을 전송하지 않아 미제출로 처리될 경우 실격 처리합니다(예:12345678-홍길동.hwpx).
- 답안 작성을 마치면 파일을 저장하고, '답안 전송' 버튼을 선택하여 감독위원 PC로 답안을 전송하십시오. 수험생 정보와 저장한 파일명이 다를 경우 전송되지 않으므로 주의하시기 바랍니다.
- 답안 작성 중에도 **주기적으로 저장하고, '답안 전송'**하여야 문제 발생을 줄일 수 있습니다. 작업한 내용을 저장하지 않고 전송할 경우 이전에 저장된 내용이 전송되니 이점 유의하시기 바랍니다.
- 답안문서는 지정된 경로 외의 다른 보조기억장치에 저장하는 경우, 지정된 시험 시간 외에 작성된 파일을 활용할 경우, 기타 통신수단(이메일, 메신저, 네트워크 등)을 이용하여 타인에게 전달 또는 외부 반출하는 경우는 부정 처리합니다.
- 시험 중 부주의 또는 고의로 시스템을 파손한 경우는 수험자가 변상해야 하며, 〈수험자 유의사항〉에 기재된 방법대로 이행하지 않아 생기는 불이익은 수험생 당사자의 책임임을 알려 드립니다.
- 문제의 조건은 한컴오피스 2022 버전으로 설정되어 있으니 유의하시기 바랍니다.
- 시험을 완료한 수험자는 답안파일이 전송되었는지 확인한 후 감독위원의 지시에 따라 문제지를 제출하고 퇴실합니다.

답안 작성요령

- **온라인 답안 작성 절차**
  수험자 등록 ⇒ 시험 시작 ⇒ 답안파일 저장 ⇒ 답안 전송 ⇒ 시험 종료
- **공통 부문**
  - 글꼴에 대한 기본설정은 함초롬바탕, 10포인트, 검정, 줄간격 160%, 양쪽정렬로 합니다.
  - 색상은 조건의 색을 적용하고 색의 구분이 안 될 경우에는 RGB 값을 적용하십시오.
    (빨강 255,0,0 / 파랑 0,0,255 / 노랑 255,255,0).
  - 각 문항에 주어진 <조건>에 따라 작성하고 언급하지 않은 조건은 <출력형태>와 같이 작성합니다.
  - 용지여백은 왼쪽·오른쪽 11mm, 위쪽·아래쪽·머리말·꼬리말 10mm, 제본 0mm로 합니다.
  - 그림 삽입 문제의 경우 「내 PC₩문서₩ITQ₩Picture」 폴더에서 지정된 파일을 선택하여 삽입하십시오.
  - 삽입한 그림은 반드시 문서에 포함하여 저장해야 합니다(미포함 시 감점 처리).
  - 각 항목은 지정된 페이지에 출력형태와 같이 정확히 작성하시기 바라며, 그렇지 않을 경우에 해당 항목은 0점 처리됩니다.
    ※ 페이지구분 : 1페이지 – 기능평가 I (문제번호 표시 : 1, 2.),
    2페이지 – 기능평가 II (문제번호 표시 : 3, 4.),
    3페이지 – 문서작성 능력평가
- **기능평가**
  - 문제와 <조건>은 입력하지 않으며 문제번호와 답(<출력형태>)만 작성합니다.
  - 4번 문제는 묶기를 했을 경우 0점 처리됩니다.
- **문서작성 능력평가**
  - A4 용지(210mm×297mm) 1매 크기, 세로 서식 문서로 작성합니다.
  - ▭ 표시는 문서작성에 대한 지시사항이므로 작성하지 않습니다.

CHAPTER 01 문서 환경 설정

출제포인트

글자 속성 지정 · 편집 용지 설정 · 페이지 구분 · 파일 저장

A등급 TIP

문서 환경 설정은 배점은 따로 없으나 앞으로 작성할 모든 문서의 틀이 되는 부분이므로 실수 없이 꼼꼼히 작업하도록 합니다. 답안 작성요령에서 지시하는 대로 글꼴에 대한 설정과 용지 여백, 페이지 구분 등을 정확하게 지정해야 합니다.

CHAPTER
01 문서 환경 설정

난이도 상 중 (하)
반복학습 1 2 3

▶ 합격 강의

정답파일 PART 01 시험 유형 따라하기₩시험 유형 따라하기.hwpx

답안 작성요령	• 파일명은 본인의 "수험번호-성명"으로 입력하여 답안폴더(내 PC₩문서₩ITQ)에 하나의 파일로 저장해야 하며, 답안문서 파일명이 "수험번호-성명"과 일치하지 않거나, 답안파일을 전송하지 않아 미제출로 처리될 경우 실격 처리합니다(예 12345678-홍길동.hwpx). • 글꼴에 대한 기본설정은 함초롬바탕, 10포인트, 검정, 줄간격 160%, 양쪽정렬로 합니다. • 색상은 조건의 색을 적용하고 색의 구분이 안 될 경우에는 RGB 값을 적용하십시오 (빨강 255,0,0 / 파랑 0,0,255 / 노랑 255,255,0). • 용지여백은 왼쪽 · 오른쪽 11mm, 위쪽 · 아래쪽 · 머리말 · 꼬리말 10mm, 제본 0mm로 합니다. • 페이지구분 : 1페이지 – 기능평가 Ⅰ (문제번호 표시 : 1. 2.), 2페이지 – 기능평가 Ⅱ (문제번호 표시 : 3. 4.), 3페이지 – 문서작성 능력평가

과정 한눈에 보기 글자 속성 지정 ➡ 편집 용지 설정 ➡ 페이지 구분 ➡ 파일 저장

SECTION 01 글자 속성 지정

① [서식] 도구상자에서 '함초롬바탕', '10pt'를 설정하고, [보기] 탭 – [폭 맞춤]을 설정한다.

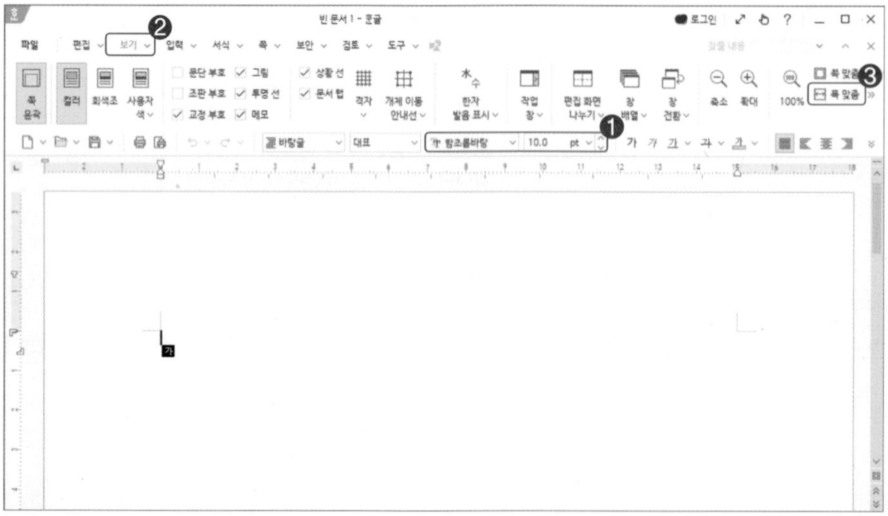

기적의 TIP

Alt+L을 누르거나 [편집] 탭–[글자 모양](가)을 선택하여 '함초롬바탕', '10pt'를 확인한다.

기적의 TIP

[도구] 탭–[환경 설정]–기타–입력기 언어 표시

가: 한글 입력 상태
A: 영문 입력 상태

SECTION 02 편집 용지 설정

① F7을 누르거나 [파일] 탭 – [편집 용지]를 선택하여, 왼쪽 · 오른쪽 '11mm', 위쪽 · 아래쪽 · 머리말 · 꼬리말 '10mm', 제본 '0mm'로 설정한다.

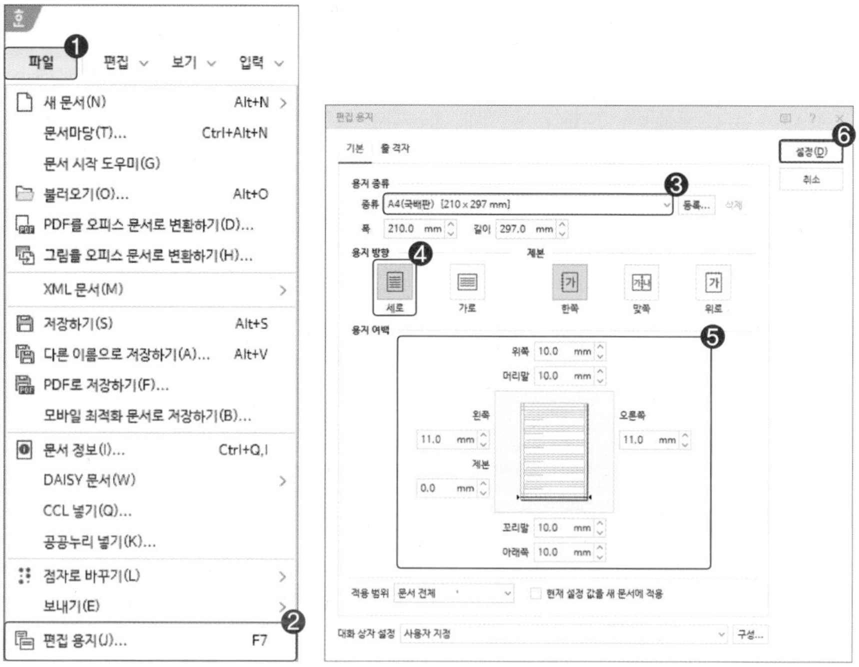

기적의 TIP

용지 여백 설정은 문제를 풀기 전에 지정한다.

SECTION 03 페이지 설정

① 문제 번호 「1.」을 입력하고 Enter를 세 번 누른다.
→ 「2.」를 입력하고 Enter를 한 번 누른다.

② [쪽] 탭 – [구역 나누기]()(Alt+Shift+Enter)를 클릭하여 페이지를 구분한다.

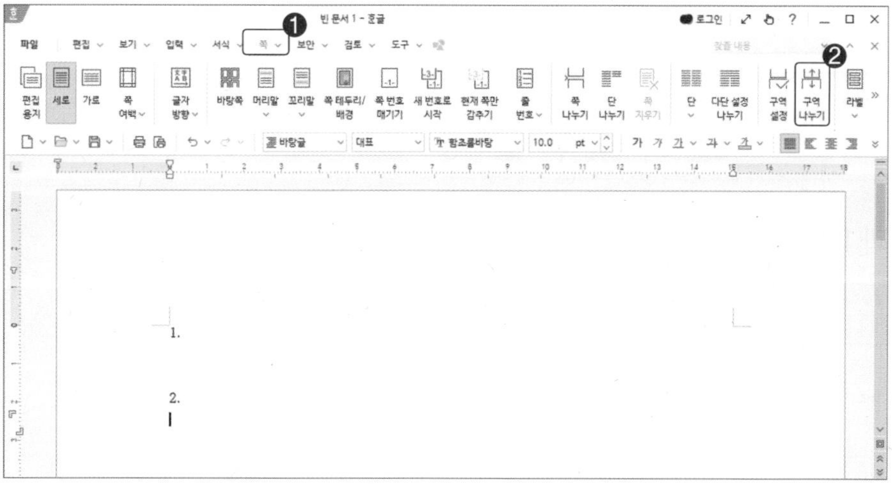

기적의 TIP

1~4번까지의 문제 번호를 적지 않고 작성하는 경우 해당 문제에 배당된 점수를 받지 못한다. 그러므로 각 문제의 번호를 꼭 입력하도록 한다.

③ 두 번째 페이지로 커서가 이동되면 문제 번호 「3.」, 「4.」를 첫 번째 페이지와 같이 입력한 후 [구역 나누기]( )를 한 번 더 클릭한다.

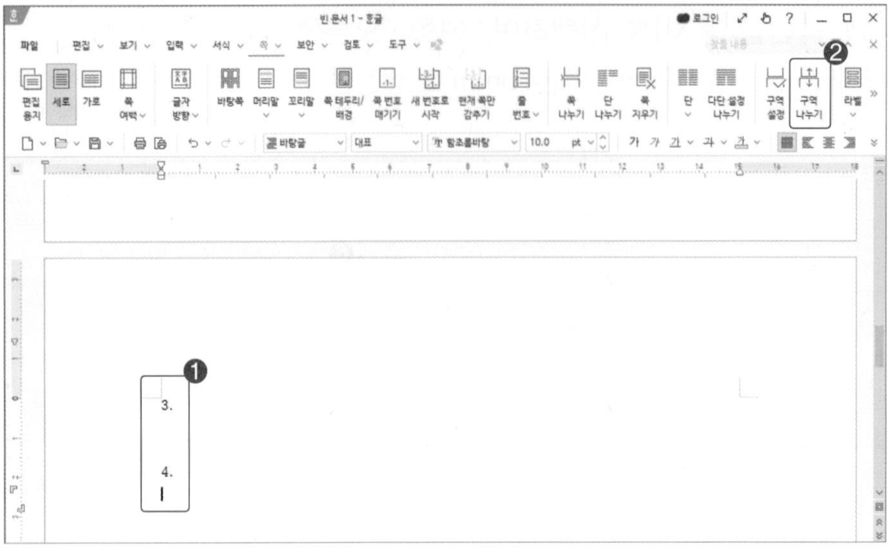

SECTION 04 파일 저장

① Alt+S를 누르거나 [파일] 탭 – [저장하기]( )를 선택하고, '내 PC₩문서₩ITQ₩' 폴더로 이동한다.

② 파일 이름을 '수험번호–이름.hwpx'로 저장한다.

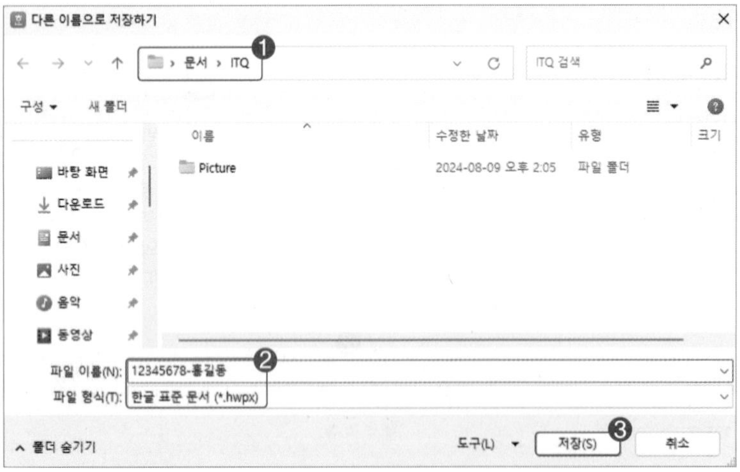

③ 제목 표시줄에서 파일명과 파일의 위치를 확인할 수 있다.

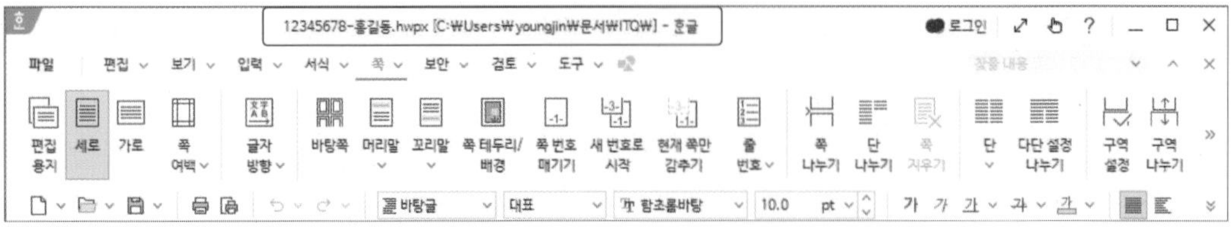

기적의 TIP

답안 작성 중에도 수시로 저장하여 시험 중 불의의 피해를 보지 않도록 한다.

유형분석 문항 ①

기능평가 I

배점 **150점** | A등급 목표점수 **130점**

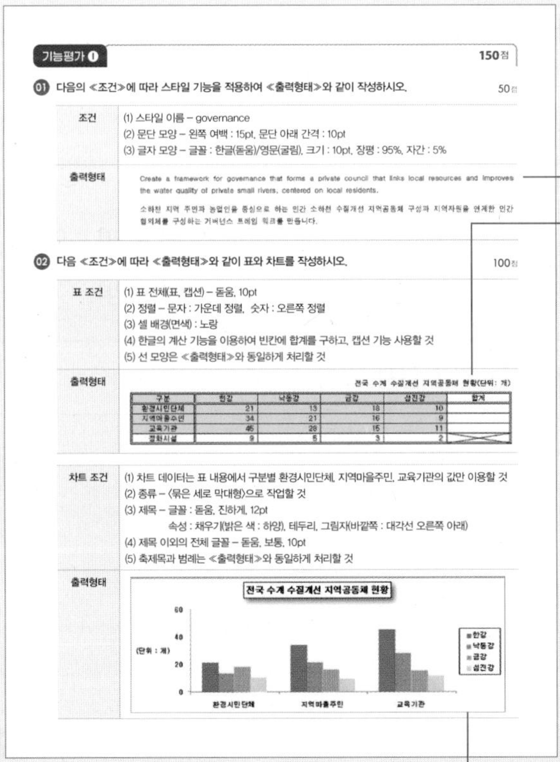

기능평가 Ⅰ 150점

01 다음의 ≪조건≫에 따라 스타일 기능을 적용하여 ≪출력형태≫와 같이 작성하시오. 50점

조건
(1) 스타일 이름 – governance
(2) 문단 모양 – 왼쪽 여백 : 15pt, 문단 아래 간격 : 10pt
(3) 글자 모양 – 글꼴 : 한글(돋움)/영문(굴림), 크기 : 10pt, 장평 : 95%, 자간 : 5%

출력형태
Create a framework for governance that forms a private council that links local resources and improves the water quality of private small rivers, centered on local residents.

소하천 지역 주민과 농업인을 중심으로 하는 민간 소하천 수질개선 지역공동체 구성과 지역자원을 연계한 민간 협의체를 구성하는 거버넌스 프레임 워크를 만듭니다.

02 다음 ≪조건≫에 따라 ≪출력형태≫와 같이 표와 차트를 작성하시오. 100점

표 조건
(1) 표 전체(표, 캡션) – 돋움, 10pt
(2) 정렬 – 문자 : 가운데 정렬, 숫자 : 오른쪽 정렬
(3) 셀 배경(면색) : 노랑
(4) 한글의 계산 기능을 이용하여 빈칸에 합계를 구하고, 캡션 기능 사용할 것
(5) 선 모양은 ≪출력형태≫와 동일하게 처리할 것

출력형태

전국 수계 수질개선 지역공동체 현황(단위: 개)

구분	한강	낙동강	금강	섬진강	합계
환경시민단체	21	13	18	10	
지역마을주민	34	21	16	9	
교육기관	45	28	15	11	
정화시설	9	5	3	2	

차트 조건
(1) 차트 데이터는 표 내용에서 구분별 환경시민단체, 지역마을주민, 교육기관의 값만 이용할 것
(2) 종류 – 〈묶은 세로 막대형〉으로 작업할 것
(3) 제목 – 글꼴 : 돋움, 진하게, 12pt
속성 : 채우기(밝은 색 : 하양), 테두리, 그림자(바깥쪽 : 대각선 오른쪽 아래)
(4) 제목 이외의 전체 글꼴 – 돋움, 보통, 10pt
(5) 축제목과 범례는 ≪출력형태≫와 동일하게 처리할 것

출력형태

CHAPTER 02 스타일

CHAPTER 03 표 만들기

CHAPTER 04 차트 만들기

출제포인트

스타일 지정 · 한글과 영문 텍스트 작성 · 표 작성 및 정렬 · 표/셀 속성 · 캡션 기능 · 계산 기능 · 차트 작성 · 차트 제목 설정 · 축 제목 및 범례

출제기준

① 한글과 영문 텍스트 작성능력 및 스타일 기능 사용능력, ② 표와 차트의 작성능력을 평가합니다.

A등급 TIP

기능평가 I에는 ① 스타일, ② 표와 차트의 두 문제가 출제됩니다. 한글과 영문 텍스트를 정확하게 입력하고, 표를 기반으로 차트를 만든 뒤 조건대로 서식을 지정하는 것이 중요합니다.

CHAPTER
02
난이도 상 중 하
반복학습 1 2 3

[기능평가 I]

스타일

합격 강의

정답파일 PART 01 시험 유형 따라하기₩시험 유형 따라하기.hwpx

문제보기

조건

(1) 스타일 이름 – autonomous
(2) 문단 모양 – 첫 줄 들여쓰기 : 10pt, 문단 아래 간격 : 10pt
(3) 글자 모양 – 글꼴 : 한글(굴림)/영문(돋움), 크기 : 10pt, 장평 : 105%, 자간 : –5%

출력형태

Autonomous cars have control systems that are capable of analyzing sensory data to distinguish between different cars on the road, which is very useful in planning a path to the desired destination.

이미 실용화되고 있는 무인자동차로는 이스라엘 군에서 운용되는 미리 설정된 경로를 순찰하는 무인차량과 해외 광산, 건설 현장 등에서 운용되고 있는 덤프트럭 등의 무인운행 시스템 등이 있다.

핵심기능

기능	바로 가기	메뉴
스타일	스타일 아이콘, F6	[서식]-[스타일]
스타일 해제	바탕글, Ctrl+1	
한/영 전환	한/영, 왼쪽 Shift+Space Bar	
문단 모양	문단 모양 아이콘, Alt+T	[서식]-[문단 모양]
글자 모양	글자 모양 아이콘, Alt+L	[서식]-[글자 모양]

과정 한눈에 보기

글자 입력 ➡ 스타일 지정 ➡ 스타일 편집(문단 모양, 글자 모양)

SECTION 01 글자 입력

① 문제 번호 「1.」 다음 줄에 [한/영](또는 왼쪽 [Shift]+[Space Bar])을 눌러 영문으로 변환 후 영문을 입력한다.
→ 다시 [한/영]을 눌러 한글로 변환 후 한글을 입력한다.

1.
Autonomous cars have control systems that are capable of analyzing sensory data to distinguish between different cars on the road, which is very useful in planning a path to the desired destination. 이미 실용화되고 있는 무인자동차로는 이스라엘 군에서 운용되는 미리 설정된 경로를 순찰하는 무인차량과 해외 광산, 건설 현장 등에서 운용되고 있는 덤프트럭 등의 무인운행 시스템 등이 있다.

기적의 TIP

반드시 오타 없이 입력하도록 한다.

기적의 TIP

[도구] 탭–[맞춤법 도우미 동작]이 적용 중이면 사전에 등록되지 않은 단어에 빨간색 물결이 표시되는데, 이와 상관없이 입력한다.

SECTION 02 스타일 지정

① 입력한 내용을 블록 설정한 후 [F6]을 눌러 [스타일] 대화상자에서 [스타일 추가하기](+)를 클릭한다.

1.
❶ Autonomous cars have control systems that are capable of analyzing sensory data to distinguish between different cars on the road, which is very useful in planning a path to the desired destination. 이미 실용화되고 있는 무인자동차로는 이스라엘 군에서 운용되는 미리 설정된 경로를 순찰하는 무인차량과 해외 광산, 건설 현장 등에서 운용되고 있는 덤프트럭 등의 무인운행 시스템 등이 있다.

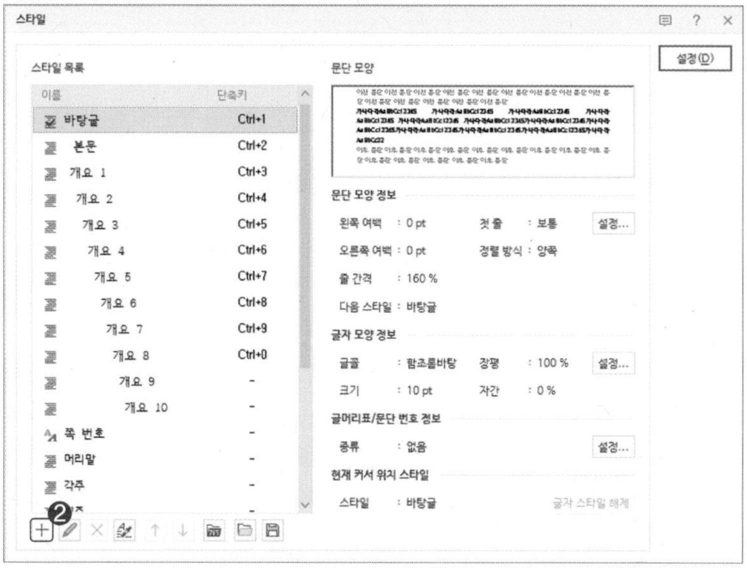

기적의 TIP

스타일 지정은 메뉴에서 [서식]–[스타일]을 클릭해도 된다.

② [스타일 추가하기] 대화상자의 스타일 이름에 「autonomous」를 입력하고 [추가]를 클릭하여 스타일을 추가한다.

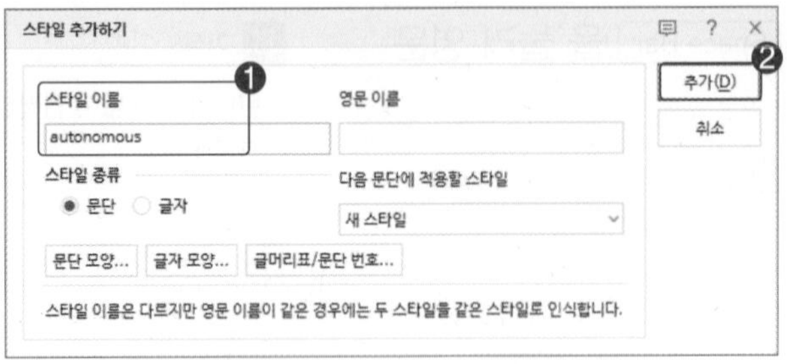

SECTION 03 스타일 편집

① [스타일] 대화상자의 스타일 목록에서 'autonomous'를 선택하고 [스타일 편집하기](✎)를 클릭한다.

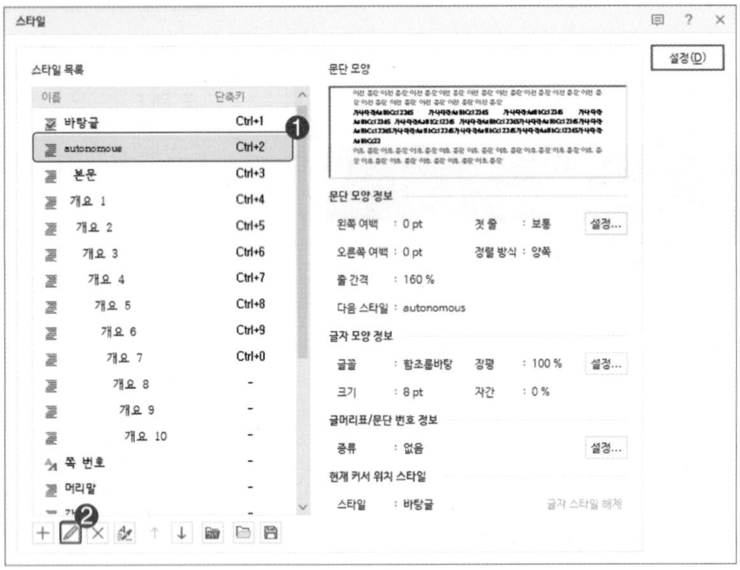

가적의 TIP

[스타일 편집하기] 대화상자에서는 스타일의 문단 모양, 글자 모양, 문단 번호/글머리표를 편집할 수 있다.

② [스타일 편집하기] 대화상자에서 [문단 모양]을 클릭한 후 [문단 모양] 대화상자에서 지시사항대로 첫 줄 들여쓰기 '10pt', 문단 아래 간격 '10pt'를 설정한다.

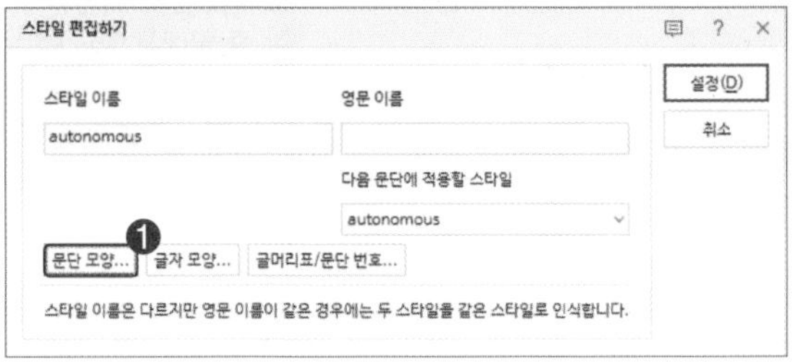

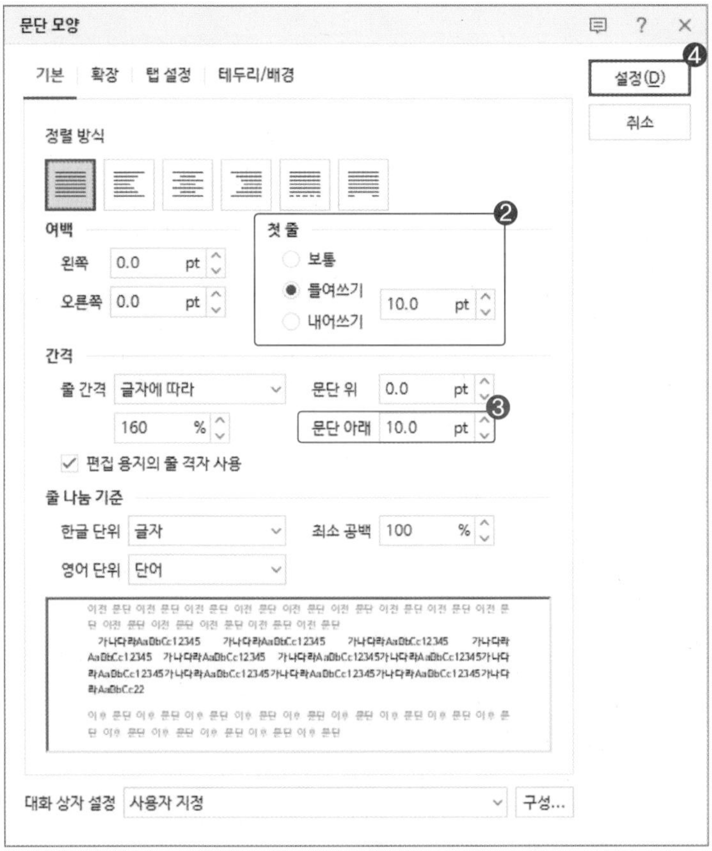

> **기적의 TIP**
>
> [문단 모양]에서는 정렬, 여백, 간격을 조절한다. 주로 왼쪽 여백, 첫 줄 들여쓰기, 문단 아래 간격 조절이 출제된다.

③ [스타일 편집하기] 대화상자에서 [글자 모양]을 클릭한다.

→ [글자 모양] 대화상자에서 지시사항대로 '10pt', 장평 '105%', 자간 '−5%'를 설정하고, 한글 글꼴을 지정하기 위해 언어 '한글', 글꼴 '굴림'을 선택한다.

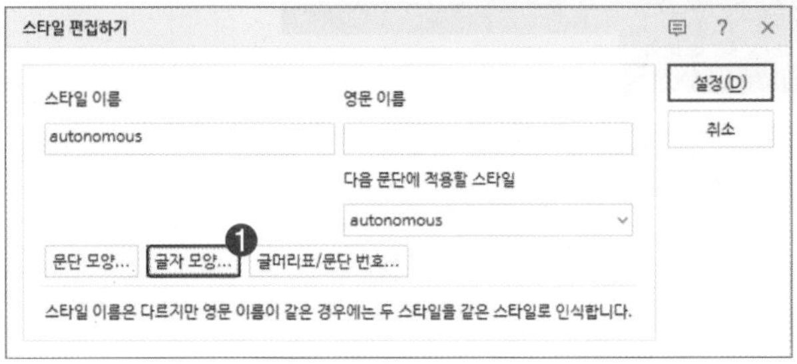

> **기적의 TIP**
>
> [글자 모양]에서는 글자 크기, 글꼴, 장평, 자간 등의 속성을 설정한다.

> **기적의 TIP**
>
> 한글 글꼴 지정 후, 영문 글꼴을 지정해야 하므로 한글 글꼴 지정 후 바로 설정을 누르지 않는다.

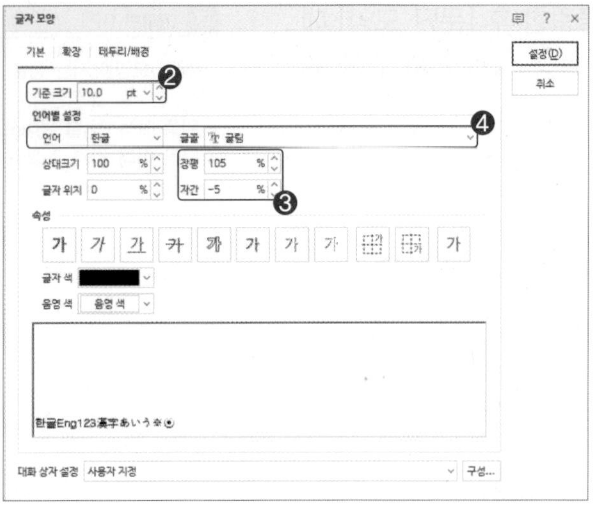

④ 영문 글꼴을 지정하기 위해 언어 '영문', 글꼴 '돋움'을 설정한다.

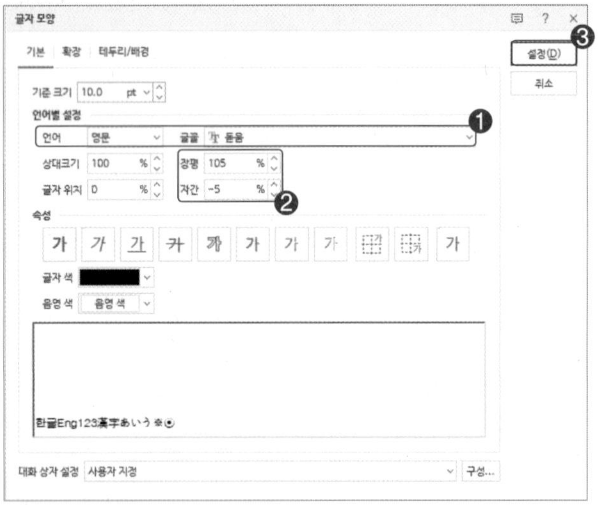

⑤ [스타일 편집하기] 대화상자에서 [설정]을 클릭하고, [스타일] 대화상자에서 [설정]을 클릭하여 대화상자를 닫는다.

⑥ 블록으로 지정된 내용에 스타일이 적용된 것을 확인한다.

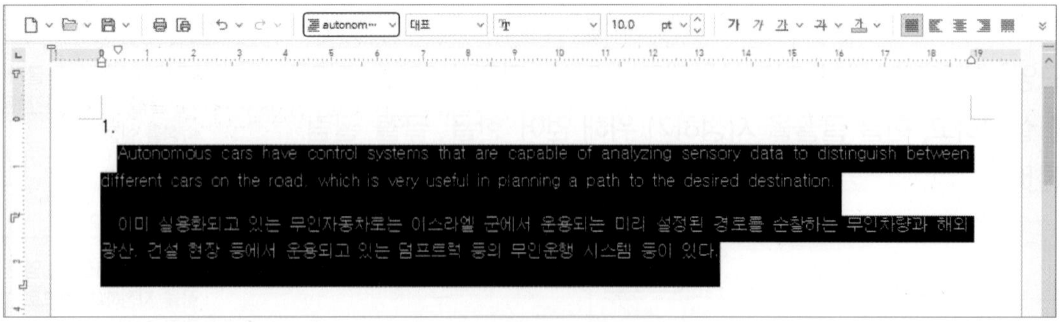

해결 TIP

작업 결과가 출력형태와 달라요!

우선 편집용지 설정이 제대로 되었는지 확인한다. 또 한 줄 끝에서 Enter를 누르지 말고, 문단이 바뀔 때만 Enter를 입력했는지 확인한다.

유형을 확인하는 기출문제

문제유형 ❶-1

정답파일 PART 01 시험 유형 따라하기₩유형1-1번_정답.hwpx

조건	(1) 스타일 이름 – water (2) 문단 모양 – 첫 줄 들여쓰기 : 10pt, 문단 아래 간격 : 5pt (3) 글자 모양 – 글꼴 : 한글(돋움)/영문(굴림), 크기 : 10pt, 장평 : 105%, 자간 : –5%
출력형태	Water is a common chemical substance that is essential to all known forms of life. About 70% of the fat free mass of the human body is made of water. 물은 알려진 모든 생명체에 필수적인 화학물질입니다. 인체의 질량의 약 70%가 물로 구성되어 있습니다.

문제유형 ❶-2

정답파일 PART 01 시험 유형 따라하기₩유형1-2번_정답.hwpx

조건	(1) 스타일 이름 – robot (2) 문단 모양 – 왼쪽 여백 : 10pt, 문단 아래 간격 : 10pt (3) 글자 모양 – 글꼴 : 한글(궁서)/영문(돋움), 크기 : 10pt, 장평 : 110%, 자간 : –5%
출력형태	Japan Robot Association(JARA)'s have biennially organized international Robot Exhibition (IREX) since 1974 for the purpose of contribution further progress of world's robot industry. 일본 로봇 협회는 1974년부터 세계 로봇 산업의 발전을 위해 국제 로봇 전시회를 2년마다 개최했습니다.

문제유형 ❶-3

정답파일 PART 01 시험 유형 따라하기₩유형1-3번_정답.hwpx

조건	(1) 스타일 이름 – ncsi (2) 문단 모양 – 왼쪽 여백 : 15pt, 문단 아래 간격 : 5pt (3) 글자 모양 – 글꼴 : 한글(바탕)/영문(굴림), 크기 : 10pt, 장평 : 105%, 자간 : –5%
출력형태	The NCSI is an index model based on the modeling of the degree of satisfaction of the final consumers, who have used the product or services provided by domestic and foreign companies. 시뮬레이션 소프트웨어는 고객 만족도의 변화를 고객 유지 비율로 표현하며, 수익성에 영향을 미치는지 분석할 수 있습니다.

CHAPTER

03

난이도 상 중 하

반복학습 1 2 3

[기능평가 I] **표 만들기**

합격 강의

정답파일 PART 01 시험 유형 따라하기₩시험 유형 따라하기.hwpx

문제보기

표 조건

(1) 표 전체(표, 캡션) – 돋움, 10pt
(2) 정렬 – 문자 : 가운데 정렬, 숫자 : 오른쪽 정렬
(3) 셀 배경(면색) : 노랑
(4) 한글의 계산 기능을 이용하여 빈칸에 평균(소수 두 자리)을 구하고, 캡션 기능 사용할 것
(5) 선 모양은 ≪출력형태≫와 동일하게 처리할 것

출력형태

무인자동차 관련 상장사(단위 : 억 원, %)

종목	매출액	영업이익	순이익	주가수익비율	주가순자산비율
테크닉스	2,024	308	300	16.8	2.3
셀프드라이빙	1,967	232	234	8.9	2.1
일렉트로	2,208	229	126	15.3	1.2
평균					

핵심기능

기능	바로 가기	메뉴
표	, Ctrl+N, T	[입력]-[표]
블록 설정	F5	
셀 합치기	, 블록 설정 후 M	[표]-[셀 합치기]
셀 나누기	, 블록 설정 후 S	[표]-[셀 나누기]
선 모양	블록 설정 후 L	[표]-[셀 테두리/배경]
캡션 달기	, Ctrl+N, C	[입력]-[캡션 넣기]
블록 합계	Ctrl+Shift+S	[표]-[블록 계산식]-[블록 합계]
블록 평균	Ctrl+Shift+A	[표]-[블록 계산식]-[블록 평균]
블록 곱	Ctrl+Shift+P	[표]-[블록 계산식]-[블록 곱]

과정 한눈에 보기

표 만들기 ➡ 셀 합치기 ➡ 표 데이터 입력 ➡ 표 글자 속성 지정 ➡ 정렬 지정 ➡ 셀 테두리 지정 ➡ 셀 배경색 지정 ➡ 블록 계산식 ➡ 캡션 달기 ➡ 표 크기 조절

SECTION 01 표 만들기

① 문제 번호 「2.」 다음 줄에 커서를 위치시킨다.

② 표를 만들기 위해 [입력] 탭 – [표](▦)를 클릭한다.

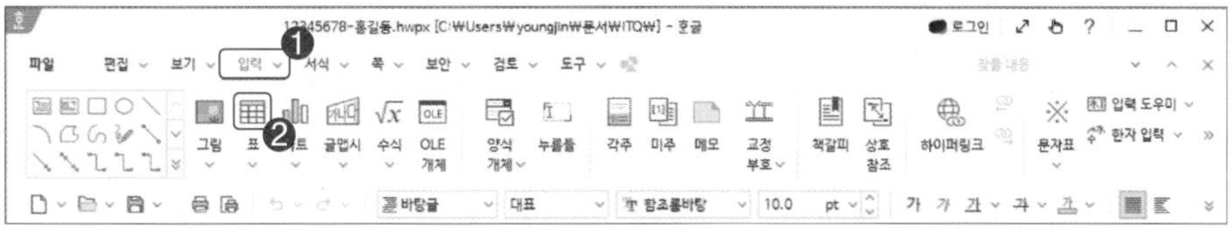

③ [표 만들기] 대화상자에서 줄 수 '5', 칸 수 '6'를 설정한 후 '글자처럼 취급'에 체크한다.

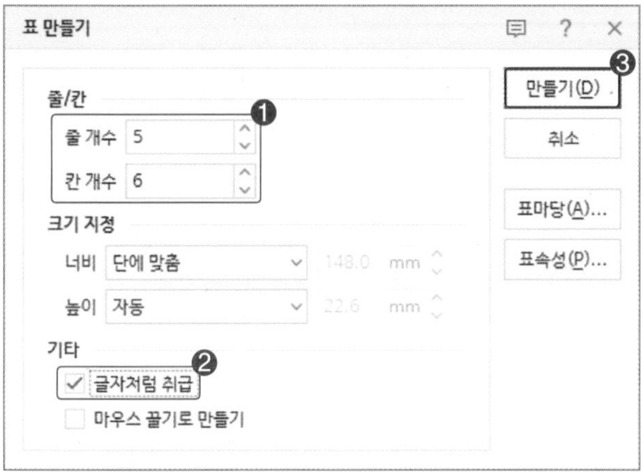

> **기적의 TIP**
>
> 마우스를 이용해 표를 만들 수도 있다.
>
> 
>
>
> 표 단축키 Ctrl+N, T

> **기적의 TIP**
>
> '글자처럼 취급'을 설정하면 표의 위치가 문서 변동에 따라 자동적으로 움직인다.

SECTION 02 표 데이터 입력, 글자 속성 지정

① 표에 내용을 입력한다.

종목	매출액	영업이익	순이익	주가수익비율	주가순자산비율
테크닉스	2024	308	300	16.8	2.3
셀프드라이빙	1967	232	234	8.9	2.1
일렉트로	2208	229	126	15.3	1.2
평균					

② 표 전체를 블록 설정(F5 세 번)한 후, 글꼴 '돋움', '10pt'를 설정한다.

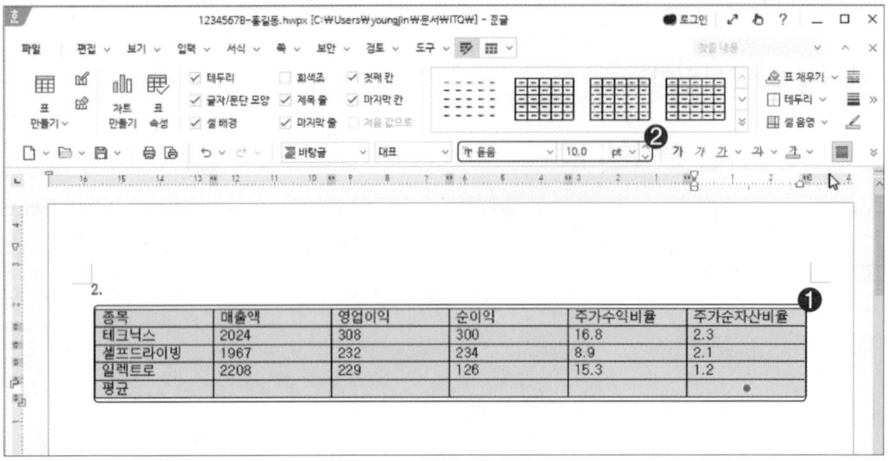

해결 TIP

돋움 폰트가 안 보여요!

폰트를 선택할 때, 왼쪽 분류에 '모든 글꼴'을 선택해야 한다.

기적의 TIP

블록 설정

- F5 한 번 : 현재 커서 위치의 셀을 블록 설정
- F5 두 번 : 현재 커서 위치를 포함해서 방향키로 블록 설정
- F5 세 번 : 전체 셀을 블록 설정

셀 블록 설정 후 단축 메뉴(마우스 오른쪽 클릭)

① 글자 모양 : 표의 글꼴 등 글자 모양을 변경
② 셀 테두리/배경 : 셀의 테두리, 대각선이나 배경색 지정
③ 셀 합치기 : 블록 설정한 셀 모두 합치기
④ 셀 나누기 : 지정한 셀의 줄, 칸을 나누기
⑤ 블록 계산식 : 블록 설정한 셀의 블록 합계, 블록 곱, 블록 평균을 구하기

SECTION 03 정렬 지정

① [Ctrl]+마우스 드래그로 문자 부분을 블록 설정하고 [가운데 정렬](☰)을 설정한다.

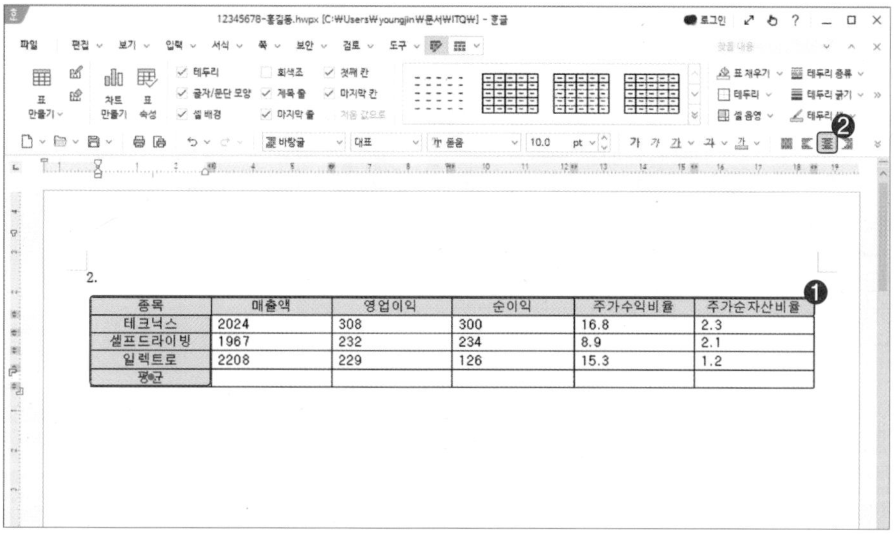

> **기적의 TIP**
>
> **셀 블록 설정**
> - [Shift]+클릭 : 연속된 셀을 블록 설정
> - [Ctrl]+클릭 : 비연속된 셀을 블록 설정

② 숫자 부분을 블록 설정한 후 [오른쪽 정렬](☰)을 설정한다.
→ [표 레이아웃] 탭 – [1,000 단위 구분 쉼표](1,000) – [자릿점 넣기]를 선택한다.

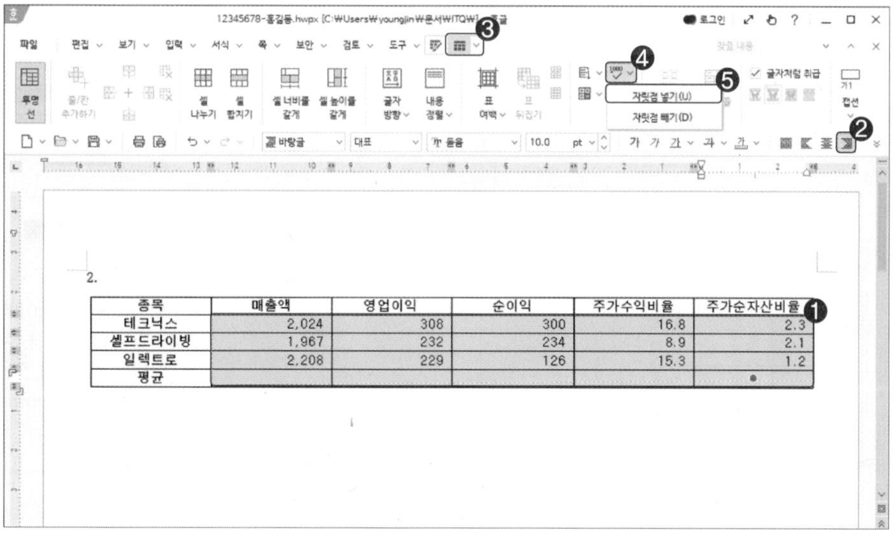

> **기적의 TIP**
>
> **정렬**
> - 가운데 정렬 : [Ctrl]+[Shift]+[C]
> - 오른쪽 정렬 : [Ctrl]+[Shift]+[R]
> - 왼쪽 정렬 : [Ctrl]+[Shift]+[L]

SECTION 04 셀 테두리 지정

① 표 전체를 블록 설정(F5 세 번)한다.
→ L을 누르거나 마우스 오른쪽 클릭하여 [셀 테두리/배경] – [각 셀마다 적용]을 선택한다.

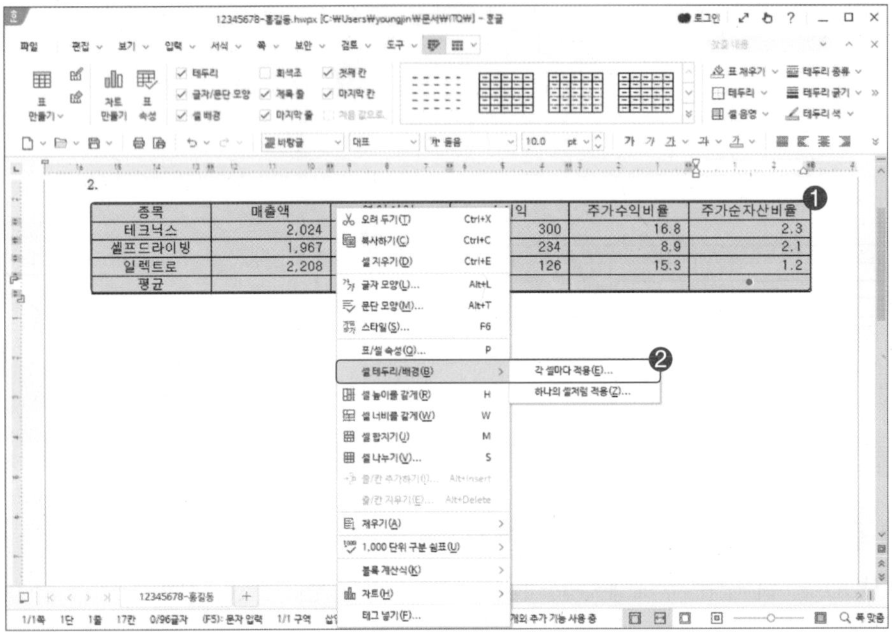

② [셀 테두리/배경] 대화상자의 [테두리] 탭에서 '이중 실선'을 선택하고, '바깥쪽'에 설정한다.

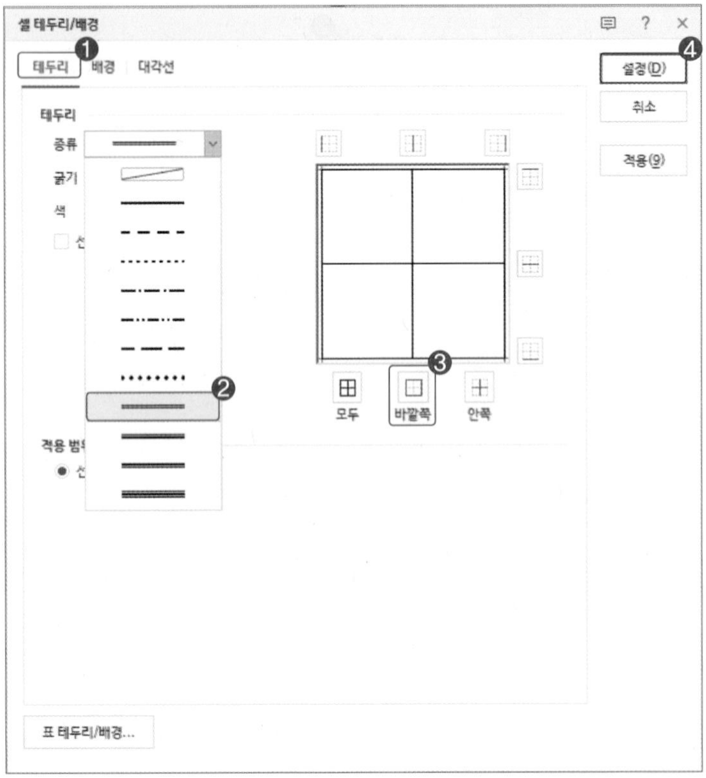

해결 TIP

테두리 종류를 고르기만 하면 저절로 적용돼요!

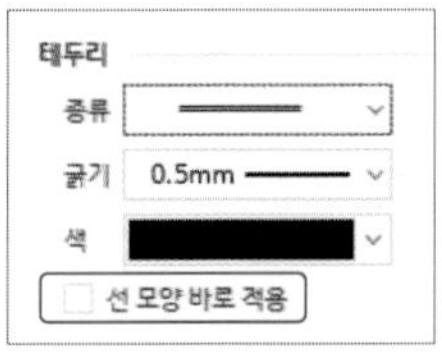

[선 모양 바로 적용]이 체크되어 있기 때문이다. 체크를 해제한 후 실제 적용될 테두리 부분만 클릭하도록 한다.

③ 다시 첫째 줄을 블록 설정하고 마우스 오른쪽 클릭하여 [셀 테두리/배경] – [각 셀마다 적용]을 클릭한다.

종목	매출액	영업이익	순이익	주가수익비율	주가순자산비율
테크닉스	2,024	308	300	16.8	2.3
셀프드라이빙	1,967	232	234	8.9	2.1
일렉트로	2,208	229	126	15.3	1.2
평균					

④ [테두리] 탭에서 '이중 실선'을 '아래쪽 테두리'에 설정한다.

기적의 TIP

선 모양을 바꿀 범위가 같아도 적용되는 선 모양이 다르다면 모양에 따라 각각 지정해야 한다.

⑤ 같은 방법으로 첫째 칸을 모두 블록 설정하여 '이중 실선'을 '오른쪽 테두리'에 설정한다.

종목	매출액	영업이익	순이익	주가수익비율	주가순자산비율
테크닉스	2,024	308	300	16.8	2.3
셀프드라이빙	1,967	232	234	8.9	2.1
일렉트로	2,208	229	126	15.3	1.2
평균					

기적의 TIP

되돌리기

단축키 Ctrl + Z

⑥ 대각선이 들어가는 셀에 마우스 오른쪽 클릭하여 [셀 테두리/배경] – [각 셀마다 적용]을 클릭한다.

종목	매출액	영업이익	순이익	주가수익비율	주가순자산비율
테크닉스	2,024	308	300	16.8	2.3
셀프드라이빙	1,967	232	234	8.9	2.1
일렉트로	2,208	229	126	15.3	1.2
평균					

⑦ [대각선] 탭을 선택하고 ◸과 ◹를 클릭하여 설정한다.

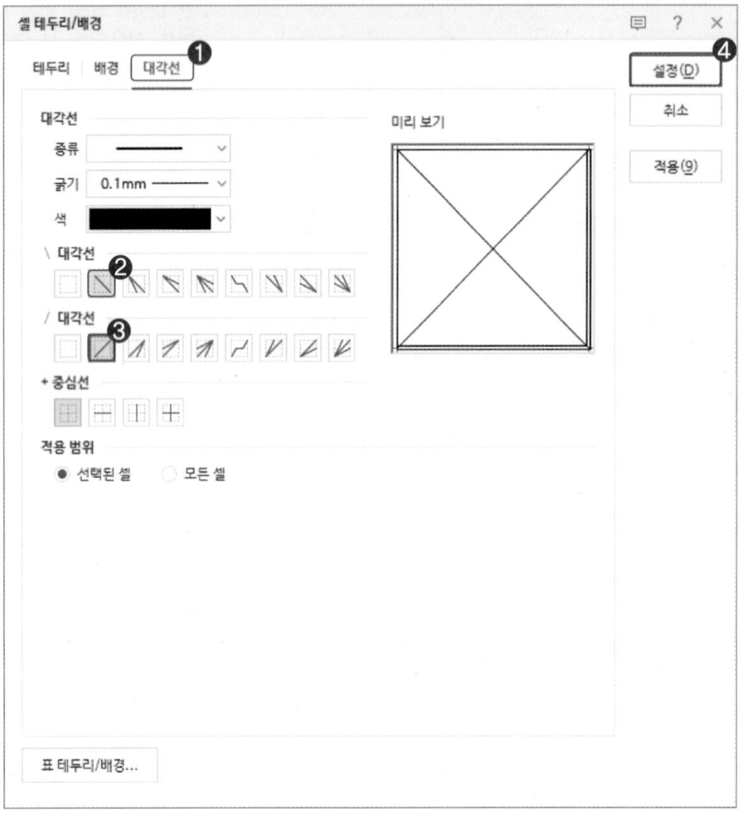

기적의 TIP

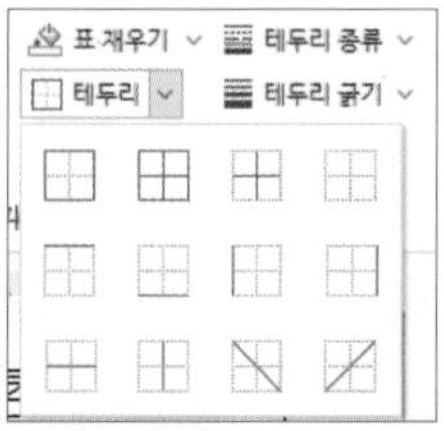

[표 디자인] 탭의 리본메뉴에서도 간단히 적용할 수 있다.

SECTION 05 셀 배경색 지정

① 배경색을 지정할 부분을 블록 설정한 후 C를 누른다.

종목	매출액	영업이익	순이익	주가수익비율	주가순자산비율
테크닉스	2,024	308	300	16.8	2.3
셀프드라이빙	1,967	232	234	8.9	2.1
일렉트로	2,208	229	126	15.3	1.2
평균					

기적의 TIP

선택해야 할 셀의 영역이 떨어져 있을 때 Ctrl을 누른 채 클릭하면 한 번에 블록 설정할 수 있다.

② [셀 테두리/배경] 대화상자의 [배경] 탭에서 '색'을 선택한다.
→ 면 색에서 [테마 색상표](>)를 클릭하여 '오피스' 테마를 클릭하고 '노랑'으로 설정한다.

> **기적의 TIP**
> [적용 범위]를 '선택된 셀'에 놓고 변경해야 범위를 설정한 셀에만 적용된다.

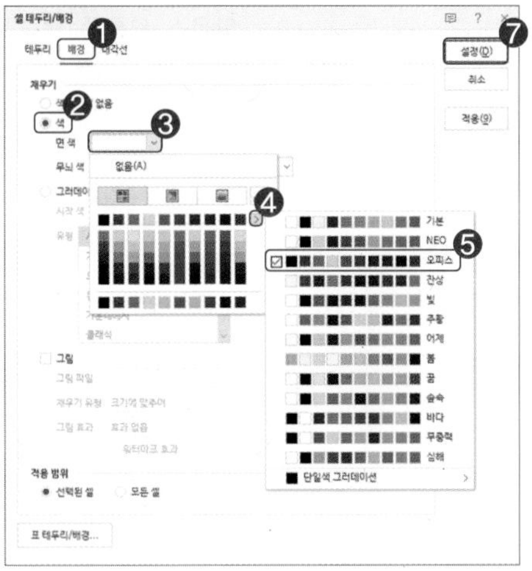

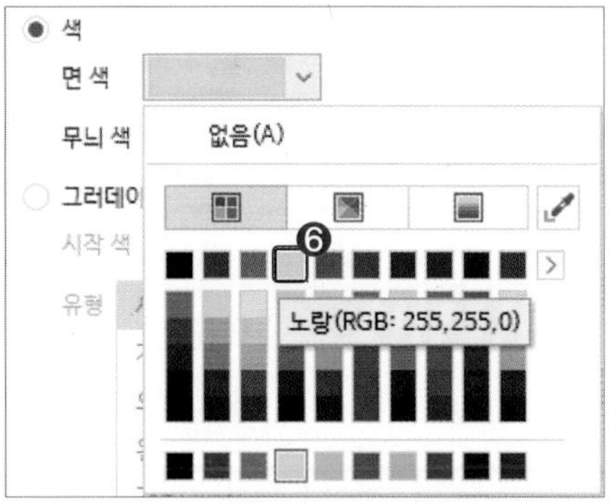

기적의 TIP

RGB값 입력

- [셀 테두리/배경] 대화 상자의 [배경] 탭에서 [면 색]-[스펙트럼]을 선택하면 빨강(R), 녹색(G), 파랑(B)의 값을 직접 입력할 수 있다.

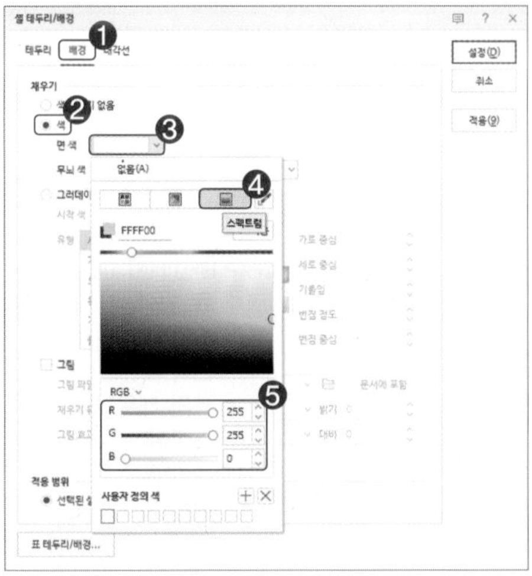

- [표 디자인] 탭( )에서 [표 채우기]의 드롭다운 단추를 클릭하여 셀 배경색을 설정할 수도 있다.

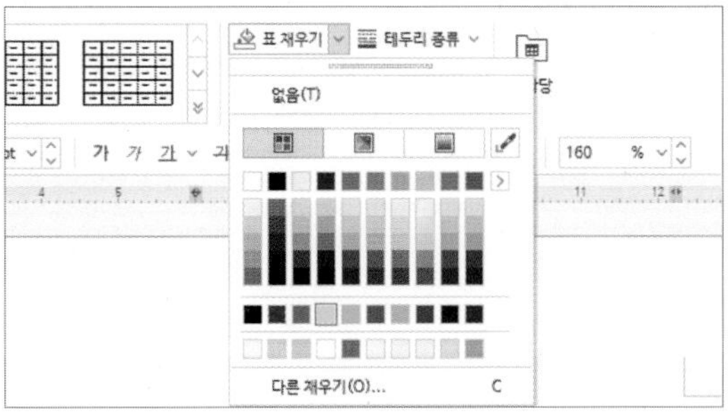

SECTION 06 블록 계산식

① 계산식이 이루어지는 부분을 블록 설정한 후 [표 레이아웃] 탭(▦)에서 [계산식](▦) – [블록 평균]을 선택한다.

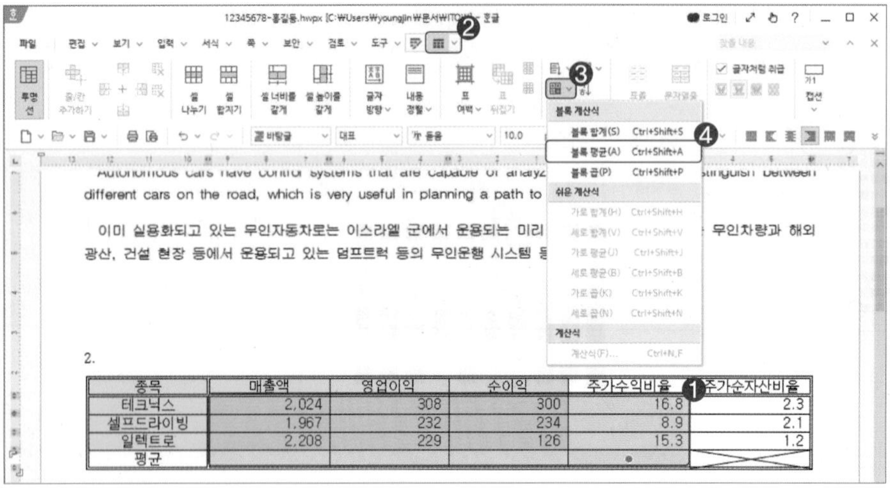

> **기적의 TIP**
>
> 마우스 오른쪽 클릭하여 [블록 계산식]을 선택하는 방법도 있다.

> **기적의 TIP**
>
> **정렬**
> - 블록 합계 : Ctrl + Shift + S
> - 블록 평균 : Ctrl + Shift + A
> - 블록 곱 : Ctrl + Shift + P

SECTION 07 캡션 달기

① 표를 선택하거나 표 안에 커서를 위치시키고 [표 레이아웃] 탭 – [캡션](▭)의 드롭다운 단추(∨)를 클릭한 후 '위'를 선택한다.

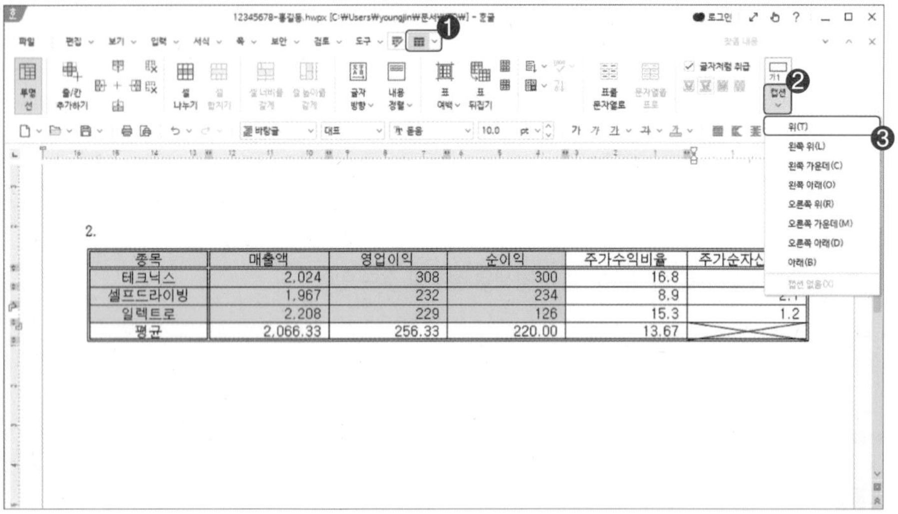

> **기적의 TIP**
>
> **캡션**
> - Ctrl + N, C : 표 안에 커서를 위치시킨 상태에서 누름
> - 단축 메뉴를 이용 : 표의 테두리를 선택하여 조절점이 나타나면 마우스 오른쪽 클릭–[캡션 넣기]
> - [표 레이아웃] 탭–[캡션] : 표 안에 커서를 위치시킨 상태에서 선택

② 캡션 번호 '표1'이 자동으로 만들어지면 지우고 「무인자동차 관련 상장사(단위 : 억 원, %)」를 입력한다.

무인자동차 관련 상장사(단위 : 억 원, %)

종목	매출액	영업이익	순이익	주가수익비율	주가순자산비율
테크닉스	2,024	308	300	16.8	2.3
셀프드라이빙	1,967	232	234	8.9	2.1
일렉트로	2,208	229	126	15.3	1.2
평균	2,066.33	256.33	220.00	13.67	

해결 TIP

캡션을 완전히 지우고 싶어요!

캡션 영역에서 Delete를 눌러 내용을 모두 지워도 캡션 영역은 남아있으므로, 삭제하려면 [캡션]–[캡션 없음]을 선택한다.

③ 캡션 내용을 블록 설정하고 글꼴 '돋움', '10pt', [오른쪽 정렬](≡)을 설정한다.

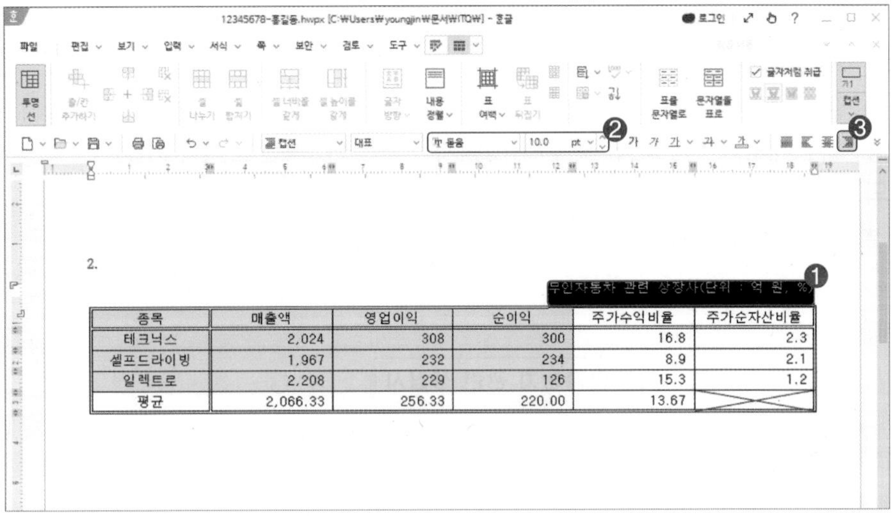

SECTION 08 셀 간격 조절

① 줄, 칸 너비와 높이 조절이 필요한 부분은 블록 설정한 후, Ctrl을 누른 채 방향키(←, →, ↑, ↓)를 눌러 셀 간격을 조절한다.

무인자동차 관련 상장사(단위 : 억 원, %)

종목	매출액	영업이익	순이익	주가수익비율	주가순자산비율
테크닉스	2,024	308	300	16.8	2.3
셀프드라이빙	1,967	232	234	8.9	2.1
일렉트로	2,208	229	126	15.3	1.2
평균	2,066.33	256.33	220.00	13.67	

CHAPTER
04

난 이 도 (상) 중 하
반복학습 1 2 3

[기능평가 I] **차트 만들기**

합격 강의

정답파일 PART 01 시험 유형 따라하기₩시험 유형 따라하기.hwpx

문제보기

차트 조건

(1) 차트 데이터는 표 내용에서 종목별 매출액, 영업이익, 순이익의 값만 이용할 것
(2) 종류 – 〈묶은 가로 막대형〉으로 작업할 것
(3) 제목 – 글꼴 : 굴림, 진하게, 12pt
　　　속성 : 채우기(밝은 색 : 하양), 테두리, 그림자(바깥쪽 : 대각선 오른쪽 아래)
(4) 제목 이외의 전체 글꼴 – 굴림, 보통, 10pt
(5) 축 제목과 범례는 ≪출력형태≫와 동일하게 처리할 것

출력형태

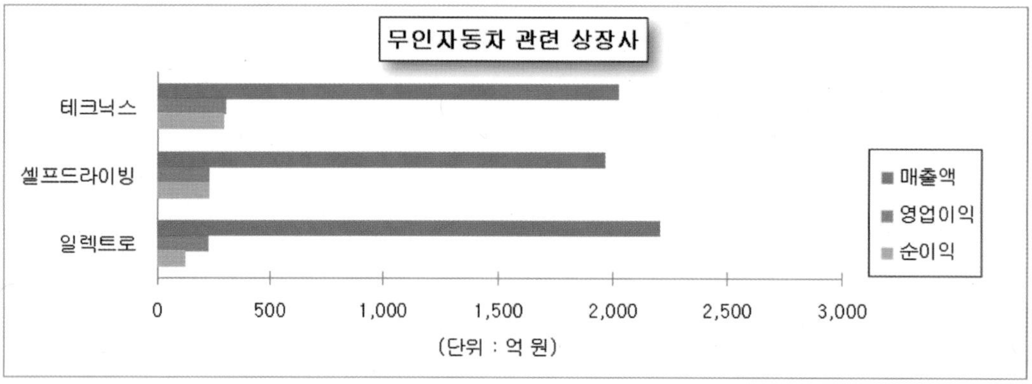

차트의 명칭

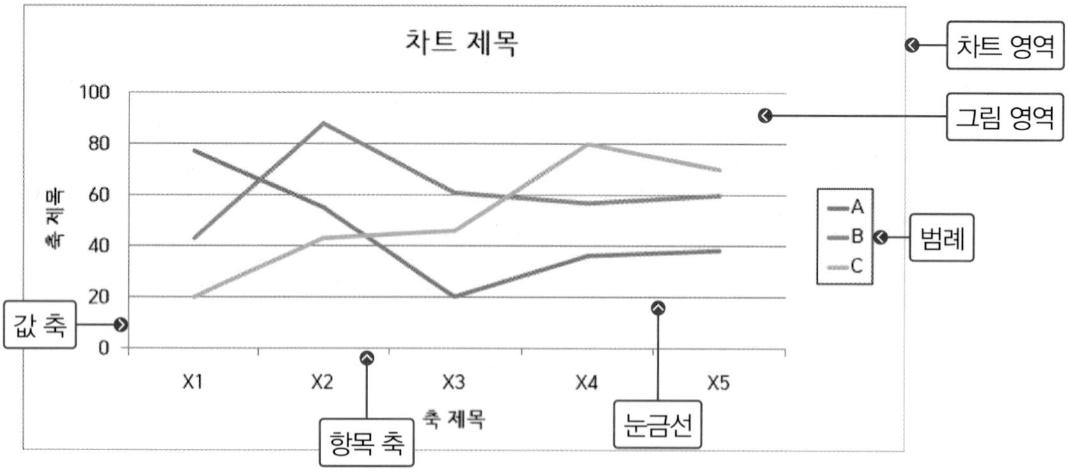

과정 한눈에 보기

차트 만들기 ➡ 차트 종류 선택 ➡ 제목 설정 ➡ 축 설정 ➡ 범례 설정

SECTION 01 차트 만들기

① 작성한 표에서 차트에 반영되는 영역을 블록 설정한다.
→ [표 디자인] 탭 – [차트 만들기]( )를 클릭한다.

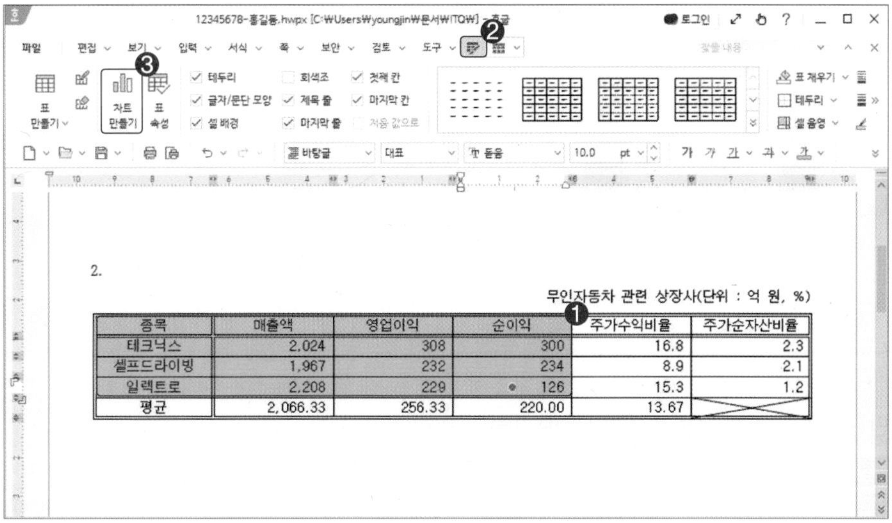

② [차트 데이터 편집] 대화상자가 나타나면 닫는다.

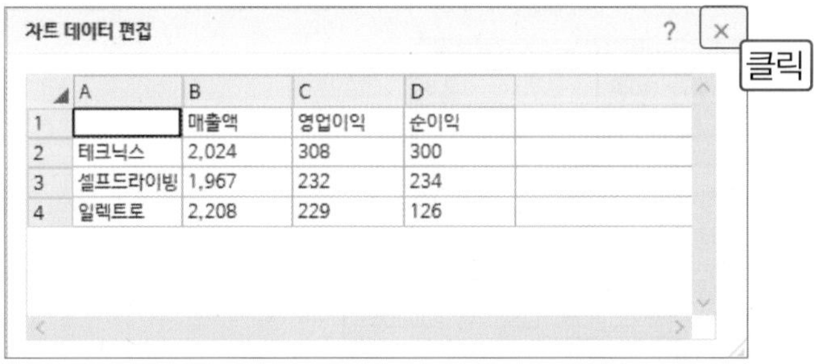

③ 차트를 선택하고 마우스 드래그하여 표 아래로 이동한다.

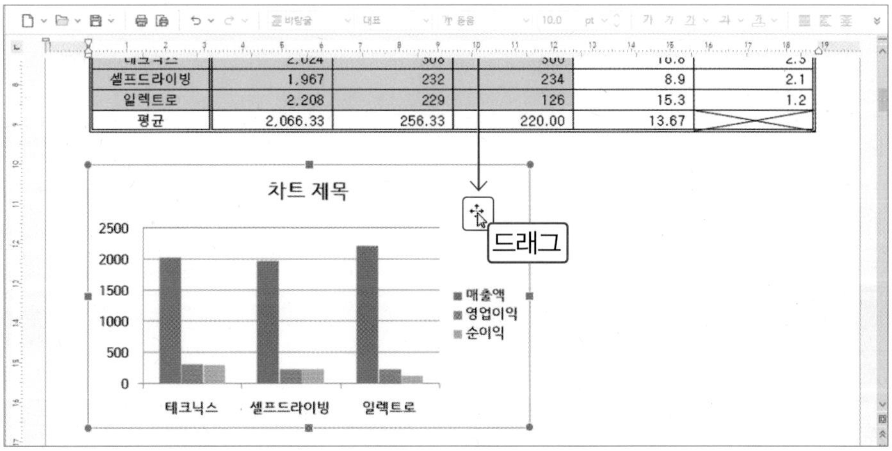

기적의 TIP

블록 설정한 후 마우스 오른쪽 클릭하여 차트를 만들 수도 있다.

④ 차트의 크기 조절점을 드래그하여 표의 너비와 비슷하게 조절한다.

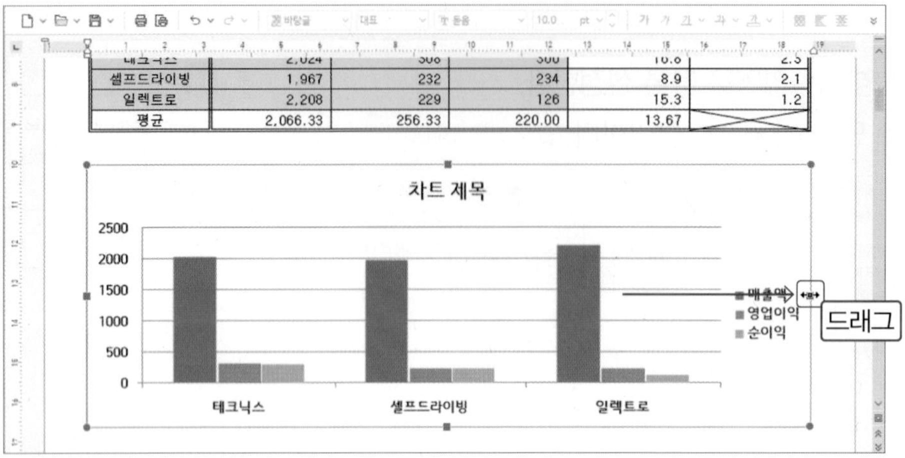

기적의 TIP

불연속 데이터로 차트 만들기

방법 ① 차트에 반영될 만큼의 영역만 Ctrl 을 누른 채 블록 설정하여 [차트 만들기]를 한다.

종목	매출액	영업이익	순이익	주가수익비율	주가순자산비율
테크닉스	2,024	308	300	16.8	2.3
셀프드라이빙	1,967	232	234	8.9	2.1
일렉트로	2,208	229	126	15.3	1.2
평균	2,066.33	256.33	220.00	13.67	

방법 ② 영역을 넓게 블록 설정하여 [차트 만들기]를 하고 [차트 데이터 편집] 대화상자에서 불필요한 행과 열을 지운다.

종목	매출액	영업이익	순이익	주가수익비율	주가순자산비율
테크닉스	2,024	308	300	16.8	2.3
셀프드라이빙	1,967	232	234	8.9	2.1
일렉트로	2,208	229	126	15.3	1.2
평균	2,066.33	256.33	220.00	13.67	

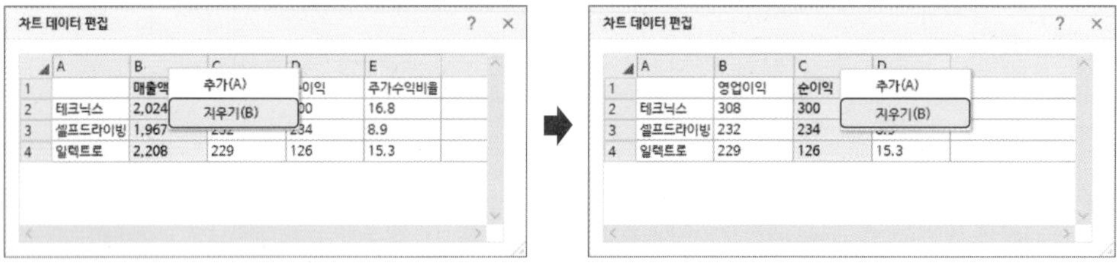

≪출력형태≫

두 방법의 결과는 동일하다.

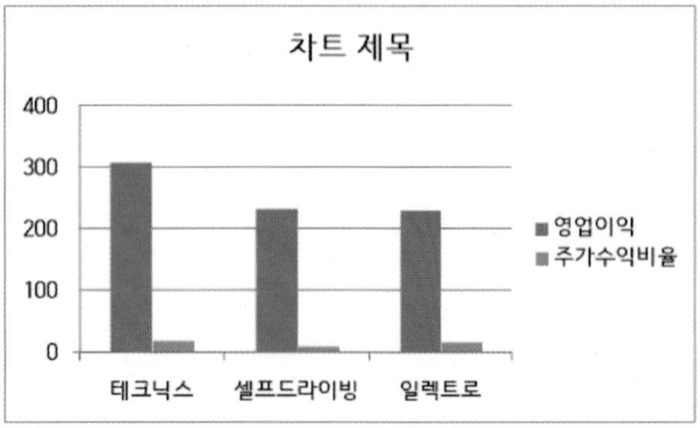

SECTION 02 차트 종류 선택

① 차트가 선택된 상태에서 [차트 디자인] 탭(ılı) – [차트 종류 변경](ıllı)을 클릭한다.
→ '묶은 가로 막대형'을 선택한다.

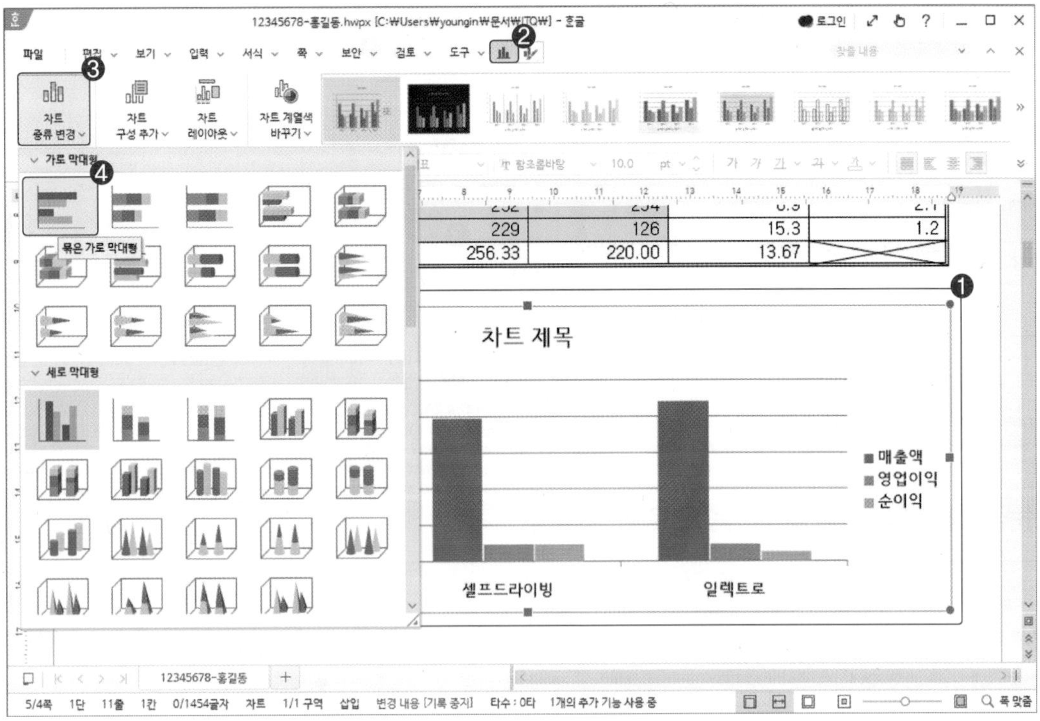

② 차트가 선택된 상태에서 항목 축을 클릭하여 선택한다.
→ 마우스 오른쪽 클릭한 후 [축 속성]을 클릭한다.

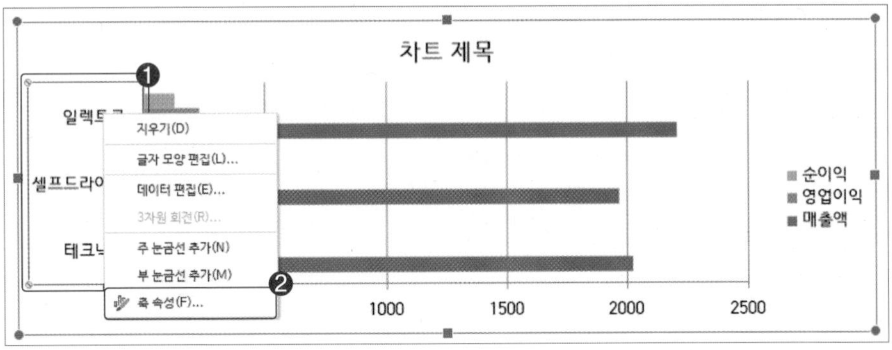

③ [축 종류] – [텍스트 축], [축 위치] – [눈금 사이], [축 교차] – [최대 항목]을 선택하고 [항목을 거꾸로]에 체크하여 ≪출력형태≫처럼 항목 순서를 맞춘다.

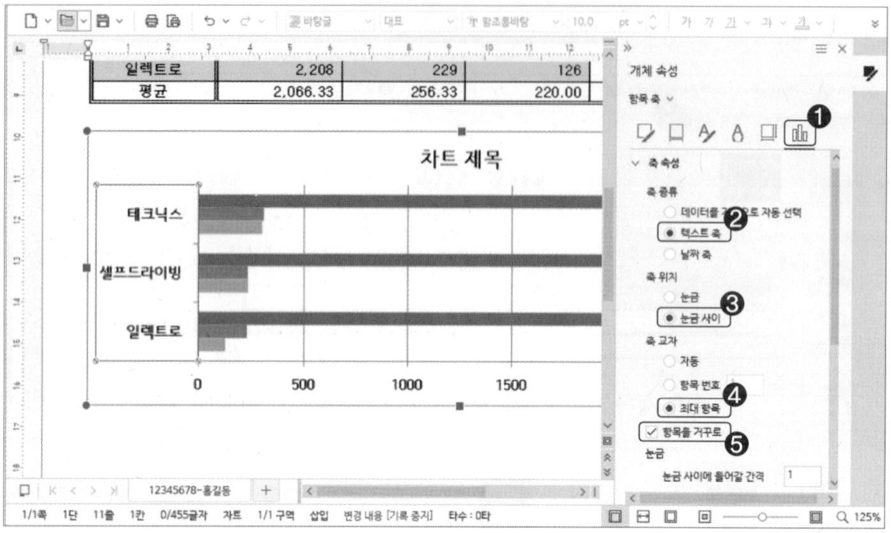

④ [눈금] – [주 눈금]과 [보조 눈금]을 '없음'으로 지정한다.

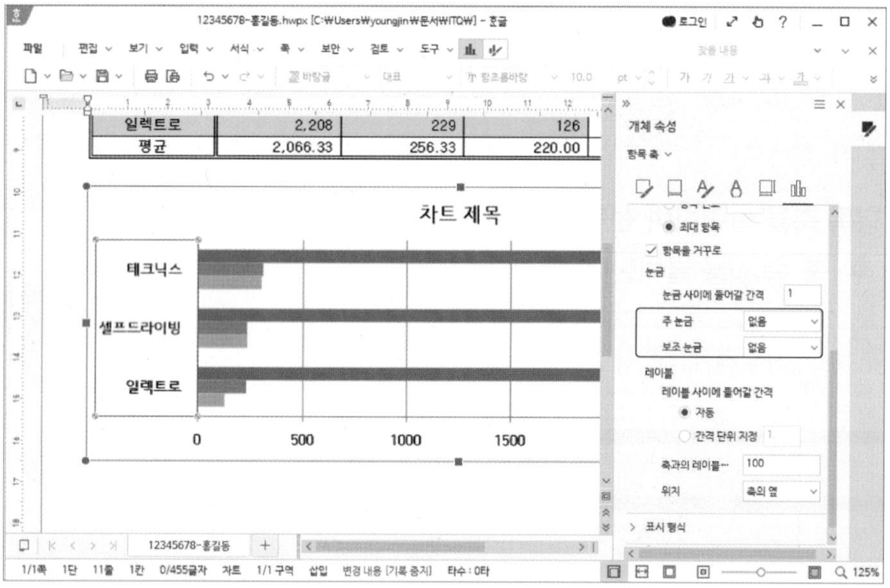

기적의 TIP

축 교차

가로축과 세로축이 어느 위치에서 서로 교차할지 지정할 수 있다.

⑤ 차트에서 '값 축'의 영역을 클릭하거나 [개체 속성] 작업 창에서 [값 축]을 직접 선택한다.

→ [경계] – [최솟값]에 「0」, [최댓값]에 「3000」, [단위] – [주]에 「500」을 입력한다.

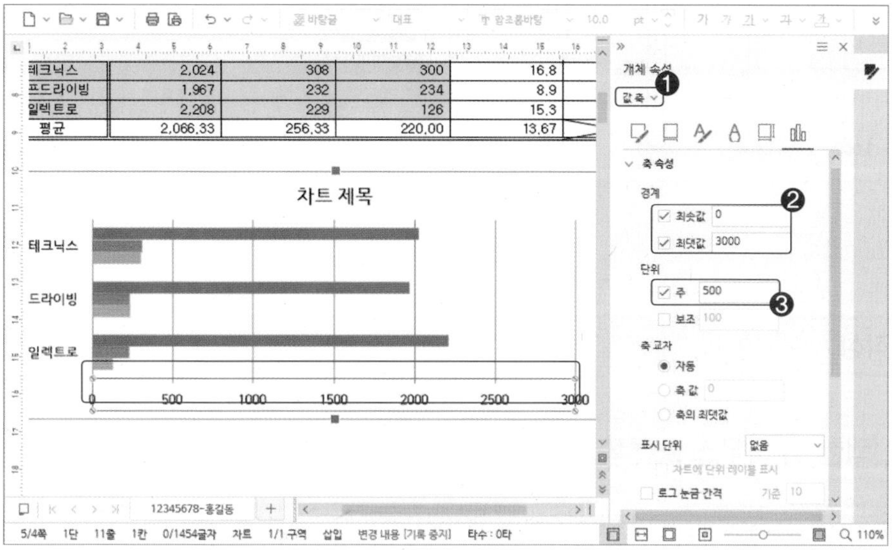

⑥ [눈금] – [주 눈금]을 '교차'로 지정한다.

→ [표시 형식] – [범주]에서 '숫자'를 선택하고 [1000단위 구분기호(,) 사용]에 체크하고 작업 창을 닫는다.

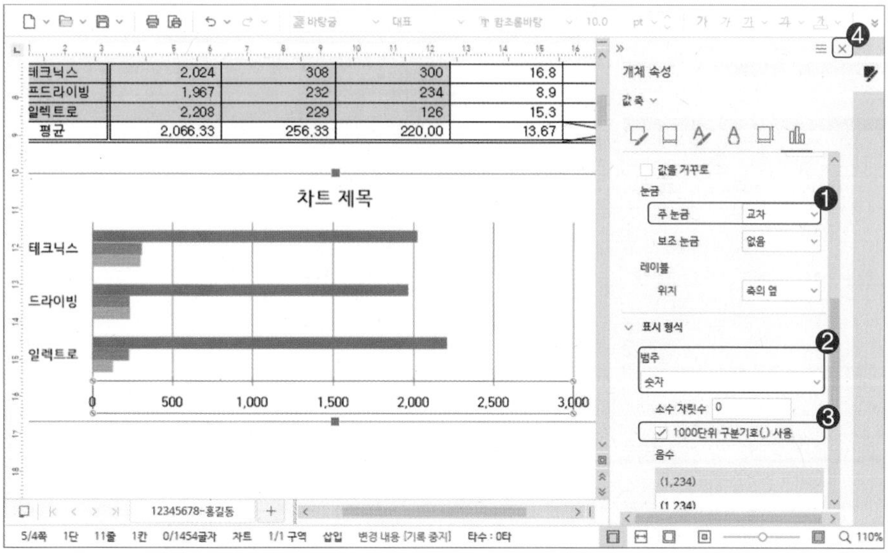

기적의 TIP

[단위] 값을 직접 입력하지 않으면 차트의 높이나 너비에 따라 바뀔 수 있음에 유의한다.

⑦ 눈금선을 클릭하여 선택하고 [Delete]를 눌러 삭제한다.

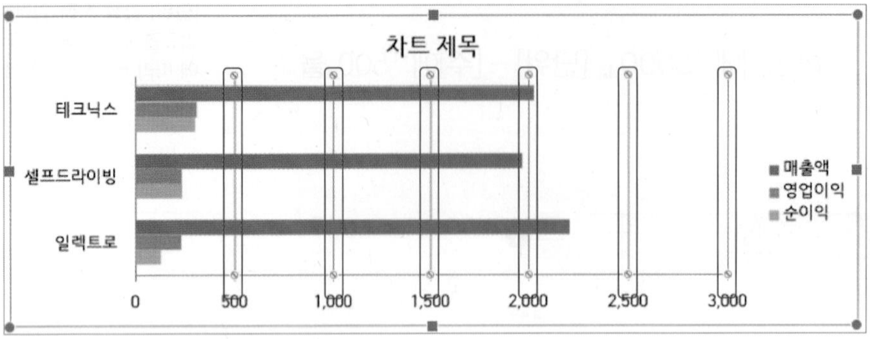

기적의 TIP

눈금선은 하나만 클릭해도 모두 선택된다.

SECTION 03 차트 제목 작성

① '차트 제목'을 클릭하여 선택한 뒤 마우스 오른쪽 클릭하여 [제목 편집]을 클릭한다.

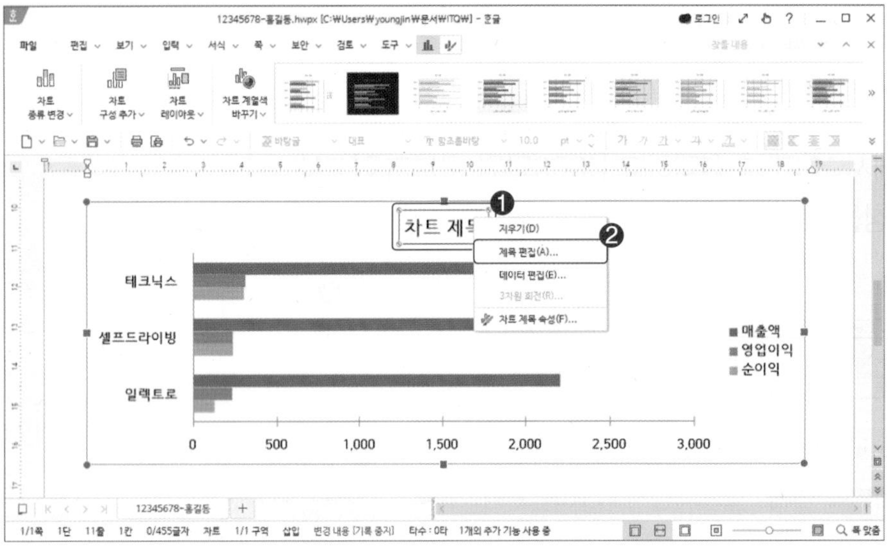

② [차트 글자 모양] 대화상자가 나타나면 [글자 내용]에 「무인자동차 관련 상장사」를 입력한다.
→ [한글 글꼴], [영어 글꼴]에 '굴림', [속성]에서 '진하게', 크기 '12pt'를 설정한다.

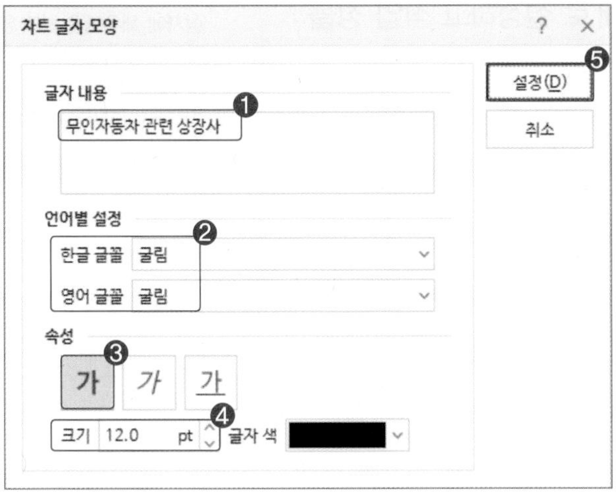

③ 다시 '차트 제목'에서 마우스 오른쪽 클릭하여 [차트 제목 속성]을 클릭한다.

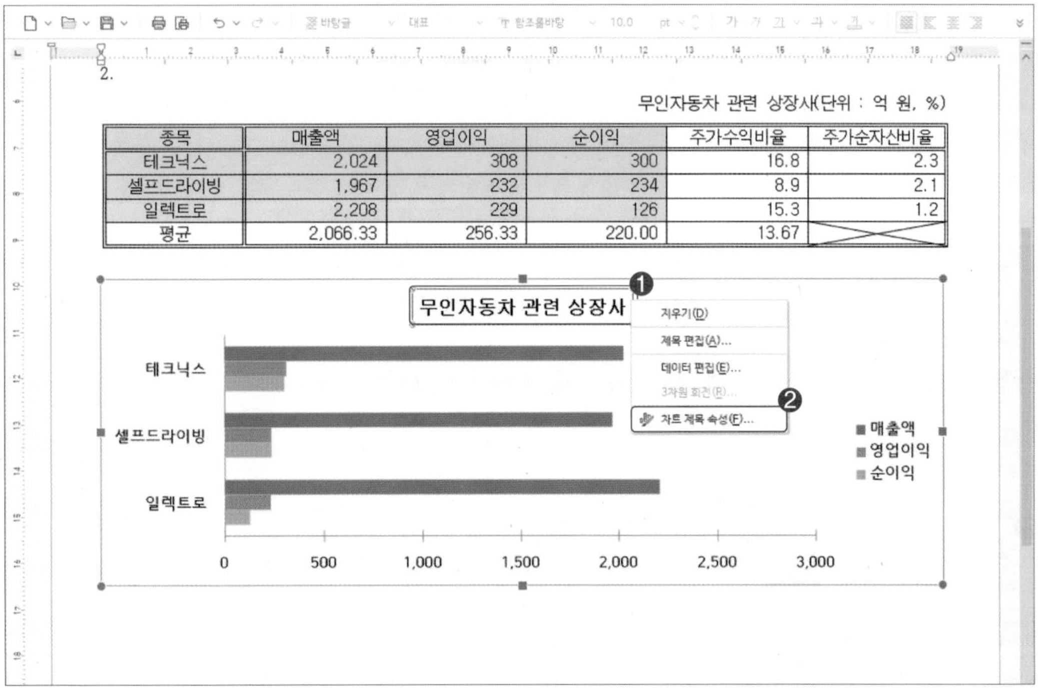

④ [개체 속성] 작업 창이 열리면 [그리기 속성]( )에서 [채우기]는 '밝은 색', [선]은 '어두운 색'을 지정한다.

→ [효과]( )에서 [그림자]를 '대각선 오른쪽 아래'로 설정하고 작업 창을 닫는다.

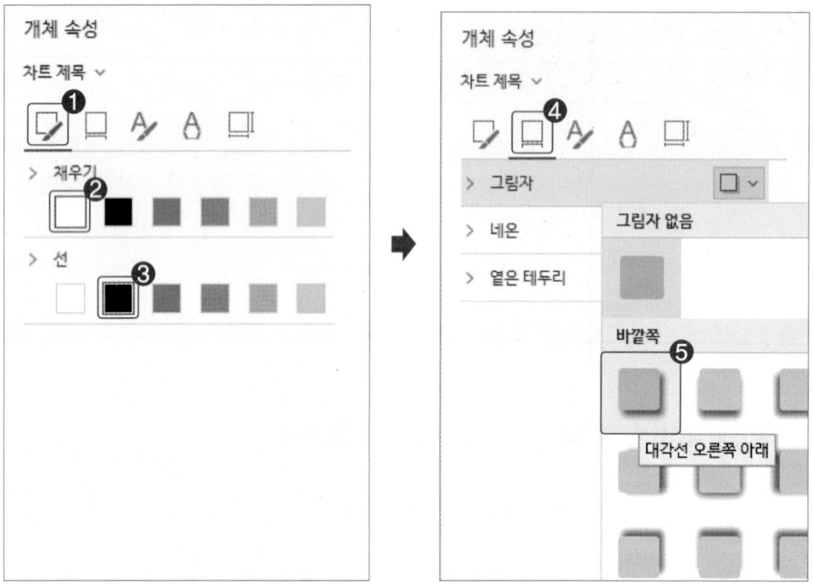

해결 TIP

그림자가 선이 아닌 글자에 지정돼요.

상자에 채우기를 하지 않은 상태에서는 글자에 그림자가 생기므로, 채우기 색을 먼저 지정하고 그림자를 설정한다.

SECTION 04 축 제목 추가

① [차트 디자인] 탭( )에서 [차트 구성 추가]( ) – [축 제목] – [기본 가로]를 선택한다.

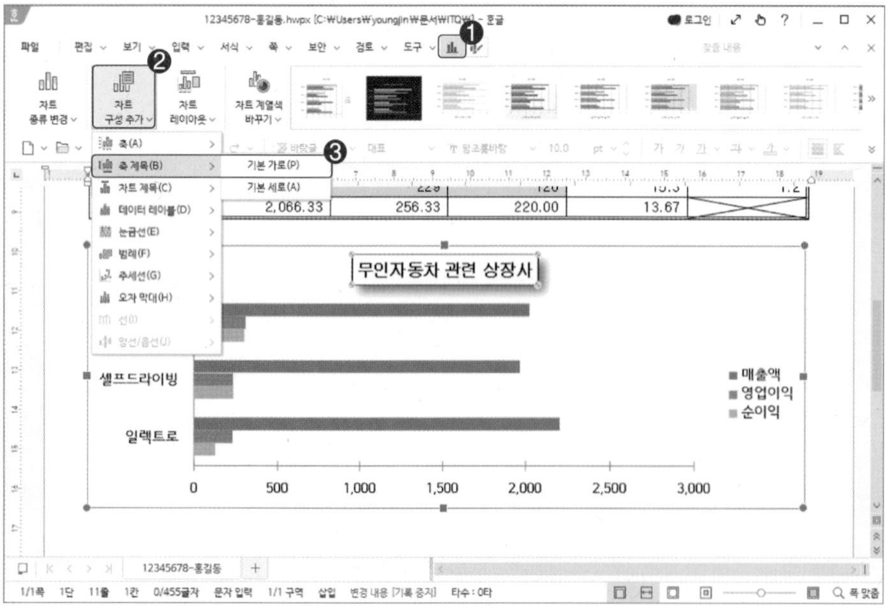

② '축 제목'을 클릭하여 선택한다.

→ 마우스 오른쪽 클릭하여 [제목 편집]을 클릭한다.

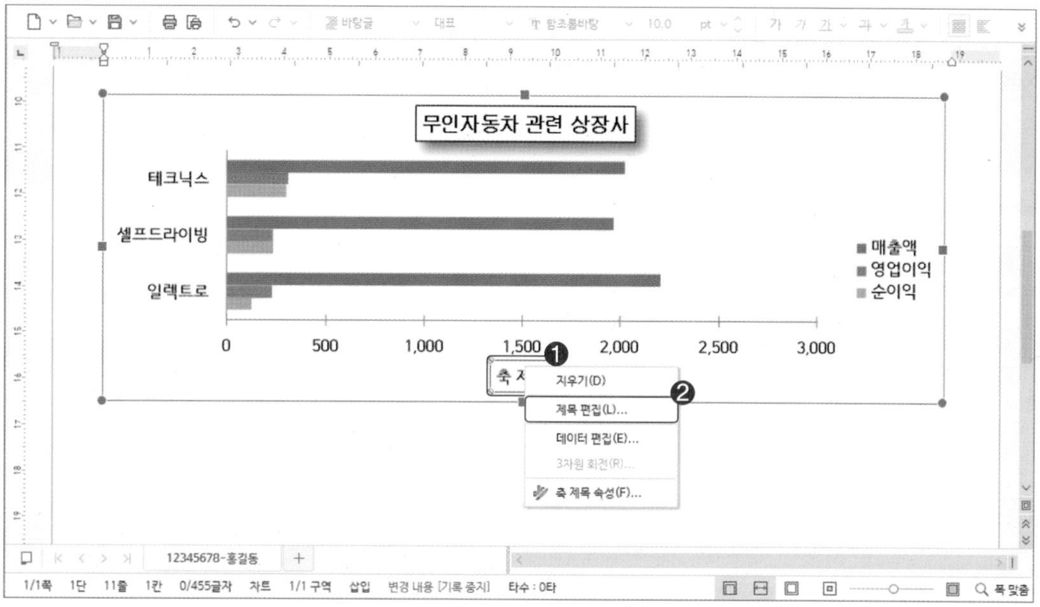

③ [차트 글자 모양] 대화상자가 나타나면 [글자 내용]에 「(단위 : 억 원)」을 입력한다.

→ [한글 글꼴], [영어 글꼴]에 '굴림', [속성]에서 크기 '10pt'를 설정한다.

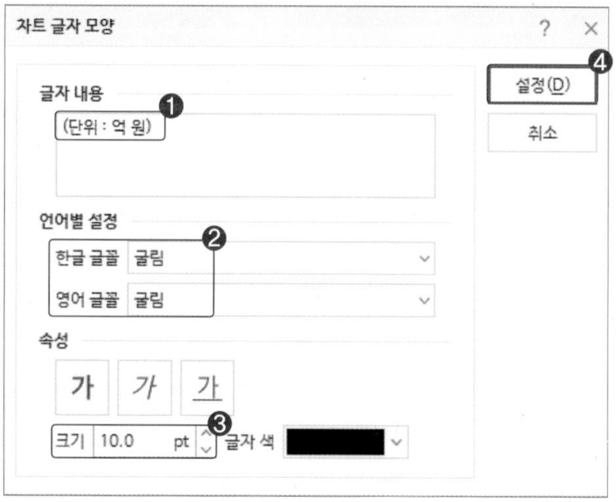

기적의 TIP

차트 문제에서는 제목과 제목 이외의 전체 글꼴이 다르게 제시된다. 한 번에 바꾸는 기능이 없으므로 각 요소들의 글꼴을 일일이 변경해야 한다.

SECTION 05 글꼴 설정

① 차트의 항목 축을 클릭하여 선택한다.
→ 마우스 오른쪽 클릭한 후 [글자 모양 편집]을 클릭한다.

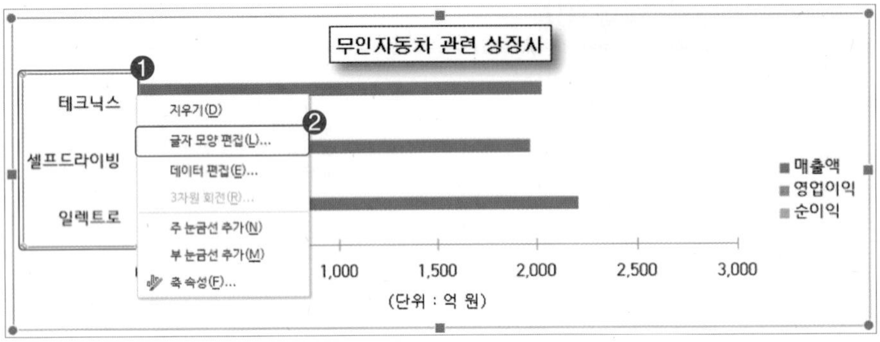

② [차트 글자 모양] 대화상자가 나타나면 [한글 글꼴], [영어 글꼴]에 '굴림', [속성]에서 크기 '10pt'를 설정한다.

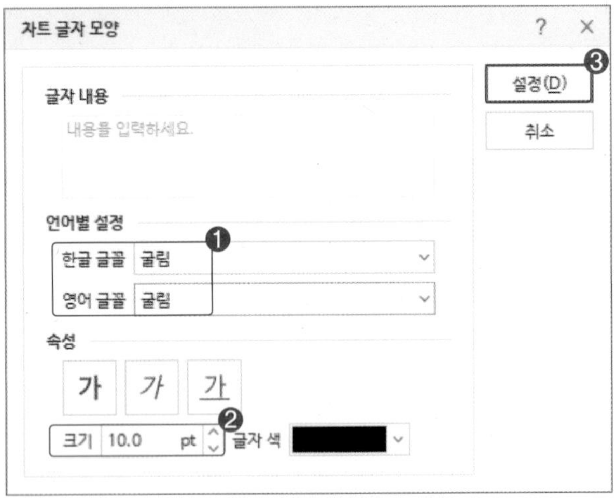

③ 같은 방법으로 값 축과 범례도 [글자 모양 편집]을 이용하여 '굴림', '10pt'를 설정한다.

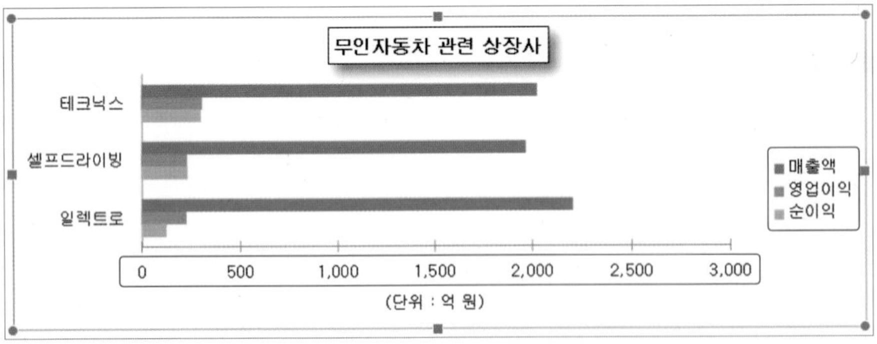

SECTION 06 범례 설정

① '범례'를 더블 클릭하거나 마우스 오른쪽 클릭하여 [범례 속성]을 클릭한다.

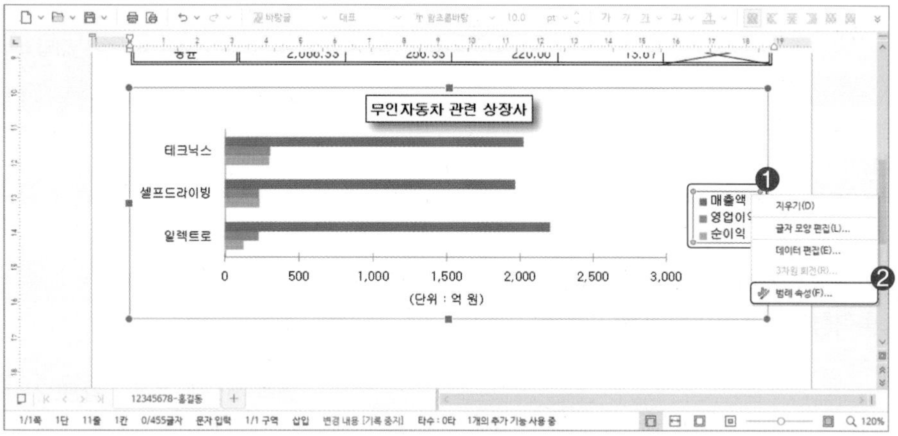

② [개체 속성] 작업 창이 열리면 [그리기 속성]()에서 [선]에 '어두운 색'을 지정하고 작업 창을 닫는다.

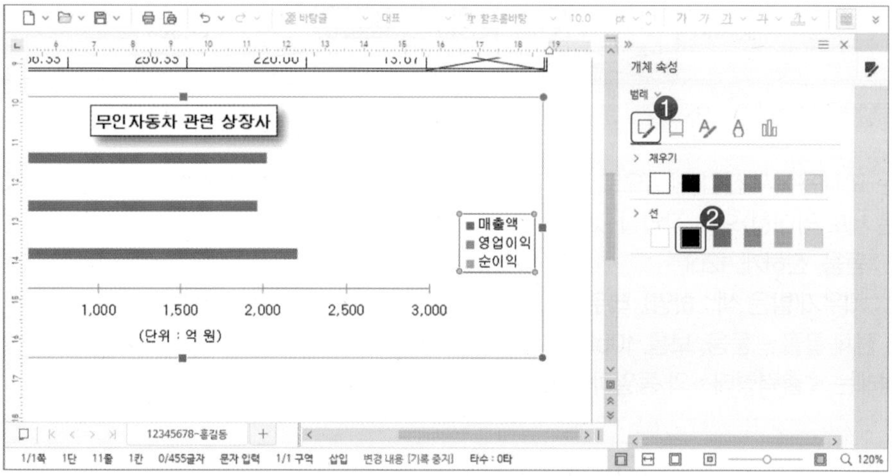

③ 조절점을 마우스 드래그하여 범례의 크기와 위치를 조절한다.

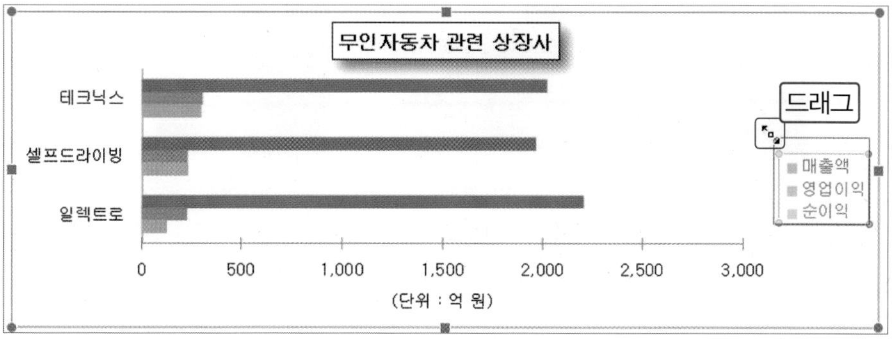

기적의 TIP

차트의 글자처럼 취급

[차트 서식] 탭()에서 [글자처럼 취급]에 체크한 상태에서는 차트 요소들의 크기와 위치 조절이 어려우니 체크 해제 후 조절한다.

유형을 확인하는 **기출문제**

문제유형 ❷-1

정답파일 PART 01 시험 유형 따라하기₩유형2-1번_정답.hwpx

표 조건	(1) 표 전체(표, 캡션) – 굴림, 10pt (2) 정렬 – 문자 : 가운데 정렬, 숫자 : 오른쪽 정렬 (3) 셀 배경(면색) : 노랑 (4) 한글의 계산 기능을 이용하여 빈칸에 합계를 구하고, 캡션 기능 사용할 것 (5) 선 모양은 ≪출력형태≫와 동일하게 처리할 것

출력형태

개최 연도별 전시장 참관(단위 : 명)

전시 영역	2015년	2016년	2017년	2018년	2019년
산업용	27,476	31,575	32,191	31,524	34,514
모의실험용	32,741	34,874	37,447	41,782	43,527
홈오토	22,659	24,487	27,185	26,171	29,948
초미립자	19,431	21,311	24,943	23,004	24,256
디바이스	12,397	14,589	13,826	17,383	18,359
합 계					

차트 조건	(1) 차트 데이터는 표 내용에서 산업용, 홈오토, 초미립자, 디바이스의 2015년, 2017년, 2019년 값만 이용할 것 (2) 종류 – 〈묶은 세로 막대형〉으로 작업할 것 (3) 제목 – 글꼴 : 돋움, 진하게, 12pt 속성 : 채우기(밝은 색 : 하양), 테두리, 그림자(바깥쪽 : 대각선 오른쪽 아래) (4) 제목 이외의 전체 글꼴 – 돋움, 보통, 10pt (5) 축 제목과 범례는 ≪출력형태≫와 동일하게 처리할 것

출력형태

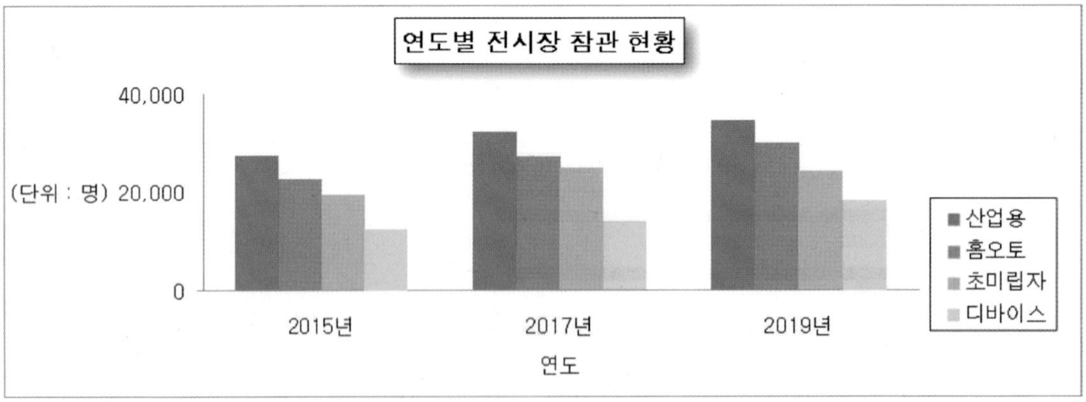

문제유형 ❷-2

정답파일 PART 01 시험 유형 따라하기₩유형2-2번_정답.hwpx

표 조건

(1) 표 전체(표, 캡션) – 돋움, 10pt
(2) 정렬 – 문자 : 가운데 정렬, 숫자 : 오른쪽 정렬
(3) 셀 배경(면색) : 노랑
(4) 한글의 계산 기능을 이용하여 빈칸에 평균(소수 두 자리)을 구하고, 캡션 기능 사용할 것
(5) 선 모양은 ≪출력형태≫와 동일하게 처리할 것

출력형태

공기업 대상 NCSI 추이

연도별 국가고객만족도 지수					증감률(%)
기관명	2017년	2018년	2019년	2020년	기준년도대비
농수산식품유통공사	77	86	83	86	34.3
한국관광공사	72	78	82	85	27.1
한국광물자원공사	77	81	82	82	22.4
한국석유공사	78	83	79	83	36.6
대한석탄공사	71	78	83	81	25.7
평균					

차트 조건

(1) 차트 데이터는 표 내용에서 연도별 한국관광공사, 한국석유공사 값만 이용할 것
(2) 종류 – 〈묶은 가로 막대형〉으로 작업할 것
(3) 제목 – 글꼴 : 궁서, 진하게, 12pt
속성 : 채우기(밝은 색 : 하양), 테두리, 그림자(바깥쪽 : 아래쪽)
(4) 제목 이외의 전체 글꼴 – 궁서, 보통, 10pt
(5) 축 제목과 범례는 ≪출력형태≫와 동일하게 처리할 것

출력형태

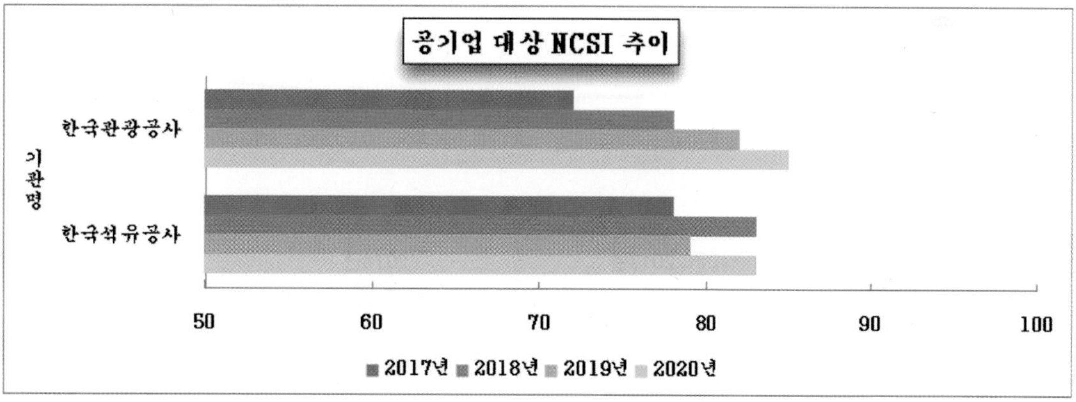

문제유형 ❷-3

정답파일 PART 01 시험 유형 따라하기₩유형2-3번_정답.hwpx

표 조건

(1) 표 전체(표, 캡션) – 돋움, 10pt
(2) 정렬 – 문자 : 가운데 정렬, 숫자 : 오른쪽 정렬
(3) 셀 배경(면색) : 노랑
(4) 한글의 계산 기능을 이용하여 빈칸에 합계를 구하고, 캡션 기능 사용할 것
(5) 선 모양은 ≪출력형태≫와 동일하게 처리할 것

출력형태

연도별 전시회 관심분야 참관 현황(단위 : 명)

관심분야	2017년	2018년	2019년	2020년
가공식품	3,978	3,916	4,781	5,958
농수축산물	2,973	3,709	2,616	4,958
제과제빵	2,961	4,352	2,253	3,056
커피류	2,612	1,621	4,303	2,347
합계				

차트 조건

(1) 차트 데이터는 표 내용에서 관심분야별 2017년, 2018년, 2019년 값만 이용할 것
(2) 종류 – 〈꺾은선형〉으로 작업할 것
(3) 제목 – 글꼴 : 굴림, 진하게 12pt
속성 : 채우기(밝은 색 : 하양), 테두리, 그림자(바깥쪽 : 대각선 오른쪽 아래)
(4) 제목 이외의 전체 글꼴 – 굴림, 보통, 10pt
(5) 축 제목과 범례는 ≪출력형태≫와 동일하게 처리할 것

출력형태

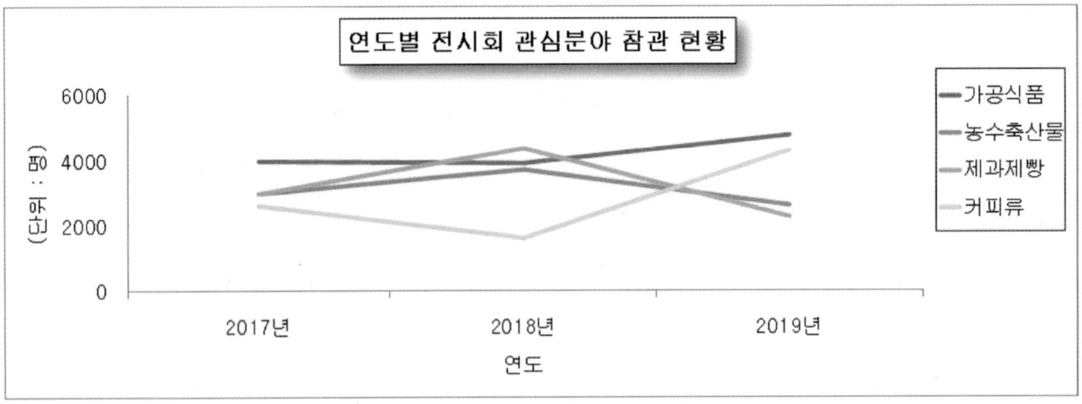

유형분석 문항 ❷

기능평가 II

배점 **150점** | A등급 목표점수 **130점**

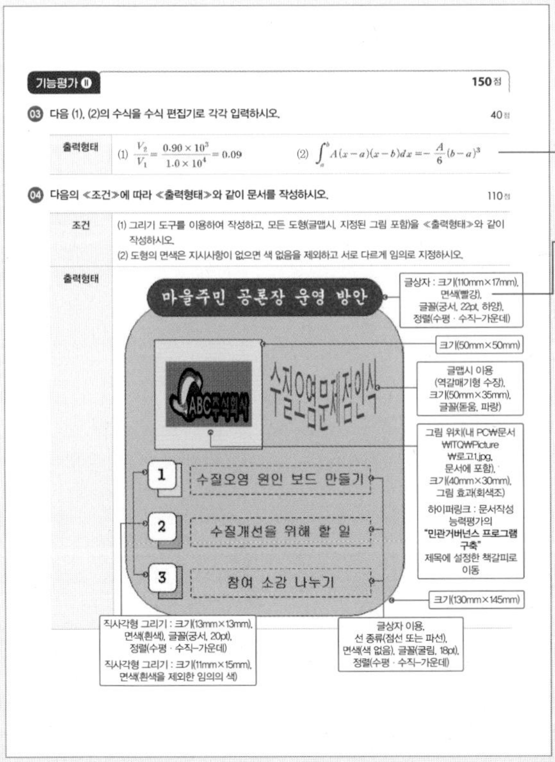

CHAPTER 05 수식 만들기

CHAPTER 06 그리기 도구 작업

출제포인트

수식 작성 · 도형 그리기 · 글상자 · 글맵시 · 그림 삽입 · 책갈피 · 하이퍼링크

출제기준

① 수식 편집기를 이용한 수식 작성능력, ② 그리기 도구의 다양한 기능을 통합한 문서 작성 응용능력을 평가합니다.

A등급 TIP

기능평가 II에는 ① 수식 편집기, ② 그림 그리기의 두 문제가 출제됩니다. 특히 그리기 도구 작업은 다양한 기능이 통합되어 출제되므로 모든 기능을 익힐 수 있도록 반복 학습을 해 보세요.

CHAPTER

05

난 이 도 상 (중) 하

반복학습 1 2 3

[기능평가 II] **수식 만들기**

합격 강의

정답파일 PART 01 시험 유형 따라하기₩시험 유형 따라하기.hwpx

문제보기

출력형태

(1) $K_f(1+r)^n = \dfrac{a(\sqrt{1+r}-b)}{r}$ (2) $(a\ b\ c)\begin{pmatrix} x \\ y \\ z \end{pmatrix} = (ab+by+cz)$

핵심기능

기능	바로 가기	메뉴
수식 만들기	√x, Ctrl+N, M	[입력]-[수식]

과정 한눈에 보기 왼쪽부터 순서대로 수식 입력

기적의 TIP

[수식 편집기] 화면

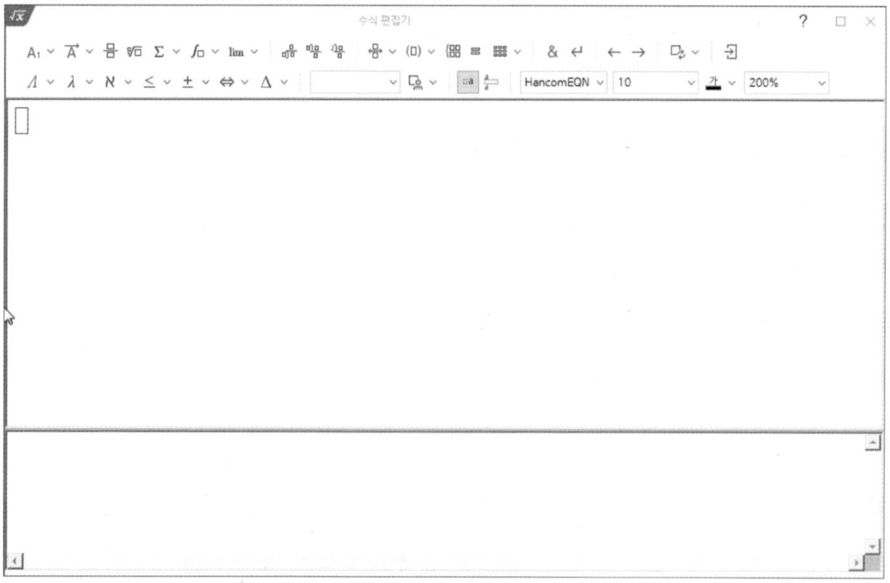

[수식 편집기] 기능 자세히 보기

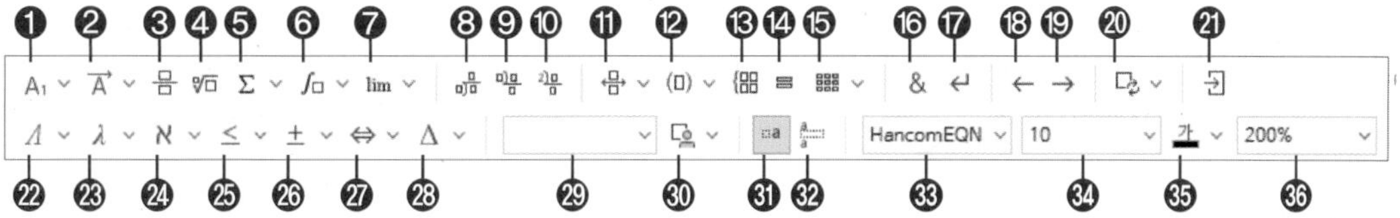

① 첨자

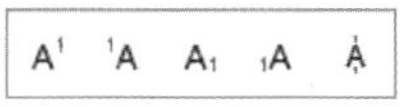

② 장식 기호

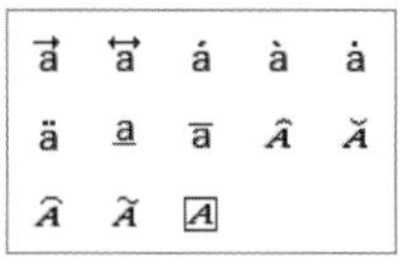

③ 분수

④ 근호

⑤ 합

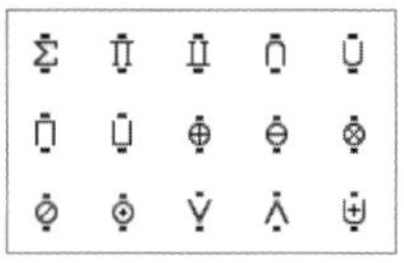

⑥ 적분

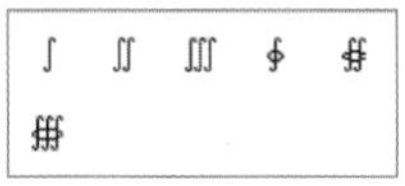

⑦ 극한

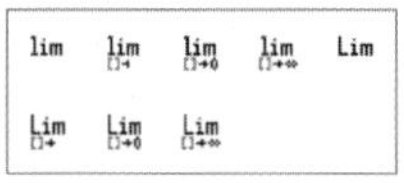

⑧ 세로 나눗셈

⑨ 최소공배수/최대공약수

⑩ 2진수로 변환

⑪ 상호 관계

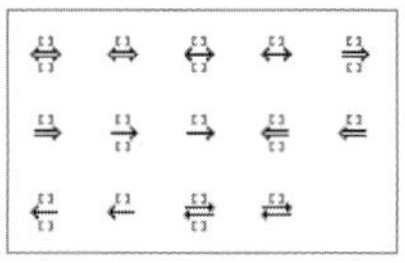

⑫ 괄호

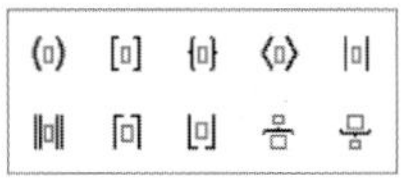

⑬ 경우

⑭ 세로 쌓기

⑮ 행렬

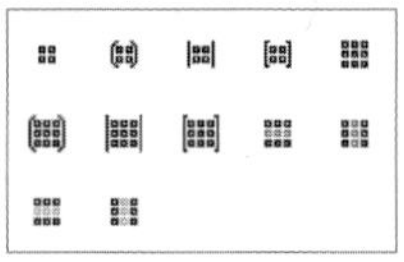

⑯ 줄 맞춤

⑰ 줄 바꿈

⑱ 이전 항목

⑲ 다음 항목

⑳ 수식 형식 변경

㉑ 넣기

㉒ 그리스 대문자

㉓ 그리스 소문자

㉔ 그리스 기호

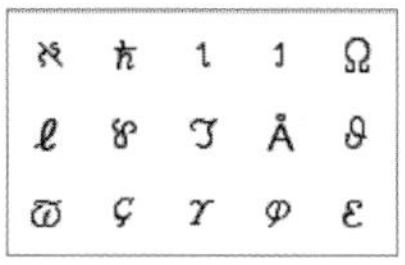

㉕ 합, 집합 기호

㉖ 연산, 논리 기호

㉗ 화살표

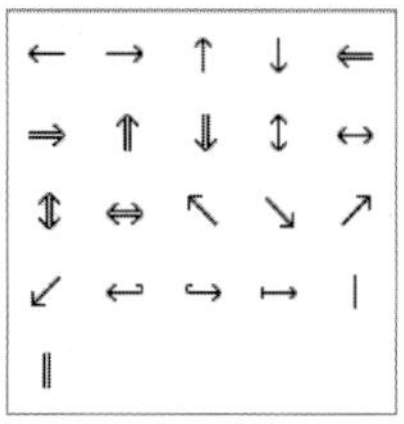

㉘ 기타 기호

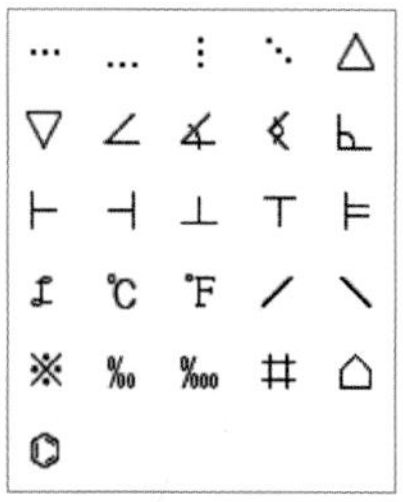

㉙ 명령어 입력

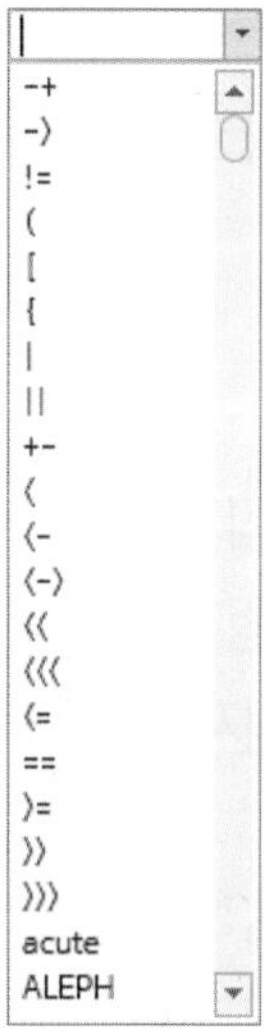

㉚ 수식 매크로

㉛ 글자 단위 영역

㉜ 줄 단위 영역

㉝ 글꼴

㉞ 글자 크기

㉟ 글자 색

㊱ 화면 확대

SECTION 01 수식 입력 (1)

① 입력한 문제 번호 「3.」 다음 줄에 「(1) 」을 입력한다.

→ [입력] 탭 – [수식]($\sqrt{x}$)을 선택한다.

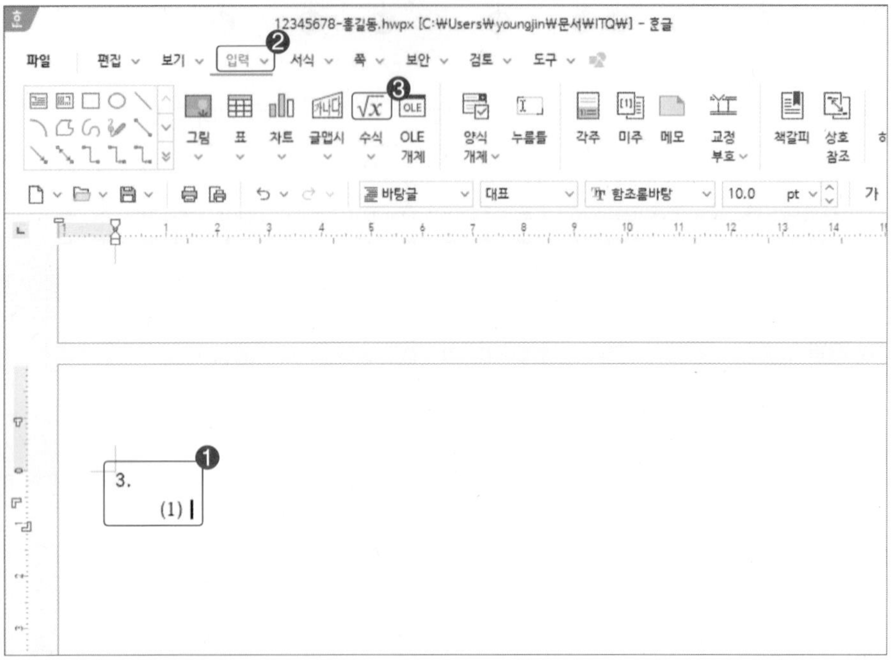

② [수식 편집기] 창에서 「K」를 입력한다.

→ [아래첨자](A_1)를 클릭하여 「f」를 입력하고 방향키(→)를 한 번 눌러 아래첨자 구역에서 빠져나온다.

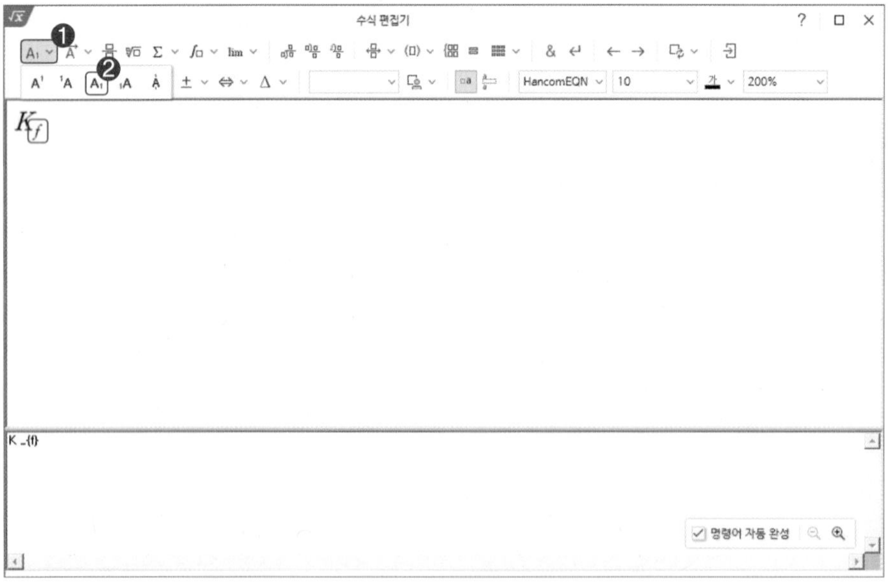

기적의 TIP

수식 문제의 채점 기준

수식 문제는 한 글자라도 오타가 있을 경우 0점 처리된다.

기적의 TIP

방향키 또는 [다음 항목](⇥)을 눌러 커서를 이동시킬수 있다.

③ 이어서 「(1+r)」을 입력한 뒤 [위첨자](A^1)를 클릭하여 「n」을 입력하고 방향키(→)를 한 번 누른다.

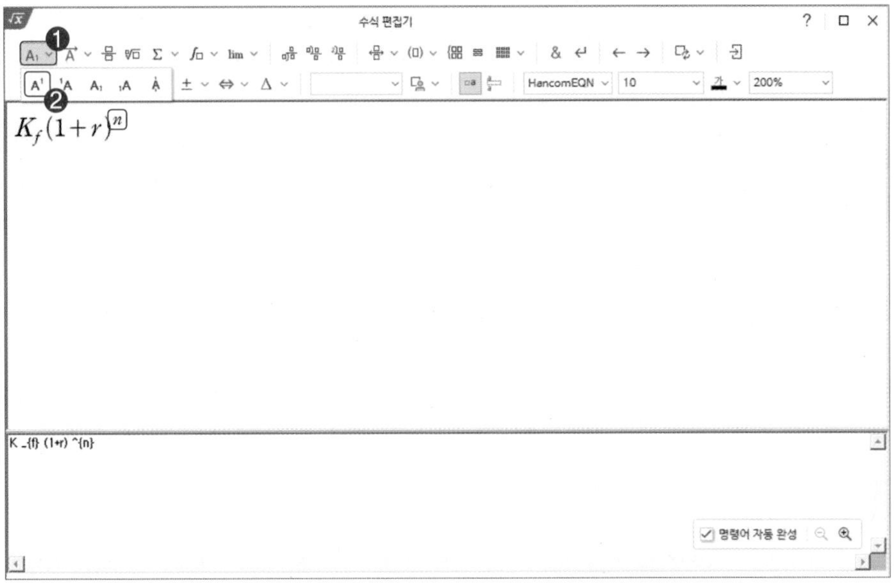

④ 「=」를 입력한 후 [분수](믐)를 클릭한다.

→ 분자에 「a(」를 입력하고 [근호](√□)를 클릭한다.

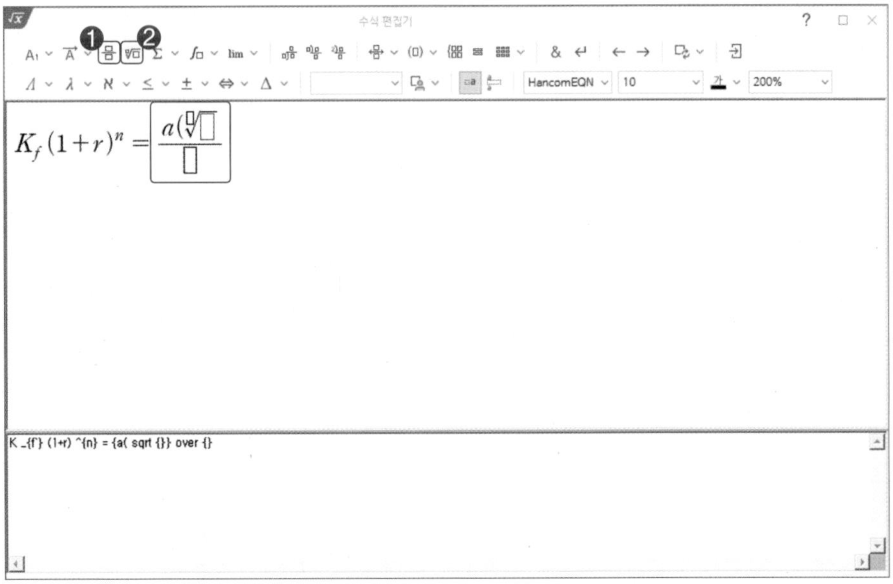

⑤ 근호 안에 「1+r」을 입력하고 방향키(➔)를 한 번 누른다.
→ 「 − b)」를 이어서 입력한다.

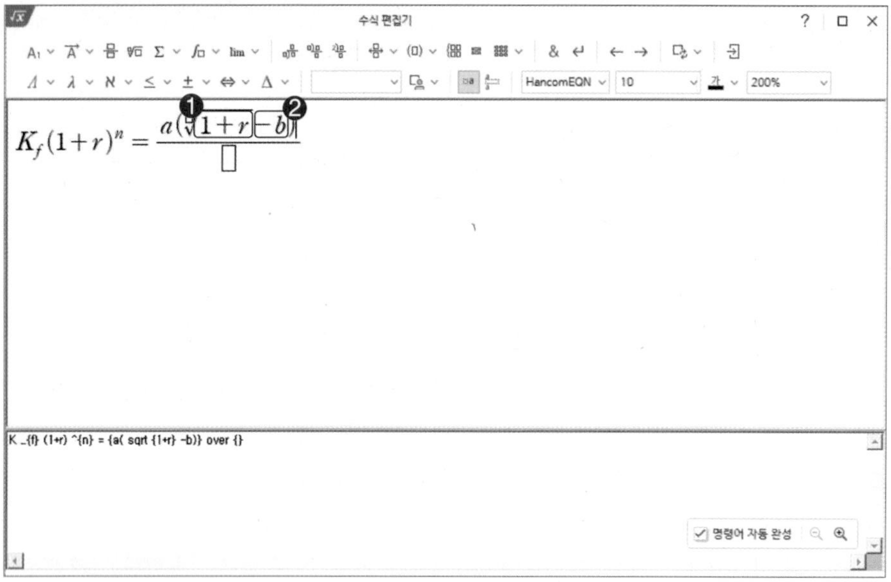

⑥ 분모에 「r」을 입력한다.
→ [넣기](⊡)를 클릭하여 수식을 완성한다.

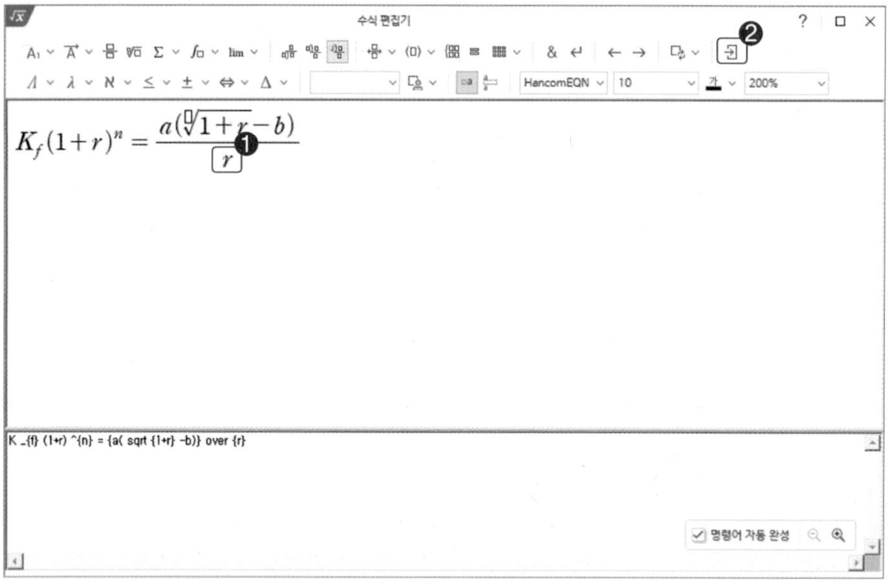

기적의 TIP

입력한 수식 수정
입력 완료한 수식을 더블 클릭하면 [수식 편집기] 창이 나타나며 수정할 수 있다.

SECTION 02 수식 입력 (2)

① 완성한 (1) 수식 옆에 [Space Bar]를 이용해 적당한 공백을 삽입한다.
→ 「(2) 」를 입력하고 [입력] 탭 – [수식]($\sqrt{x}$)을 선택한다.

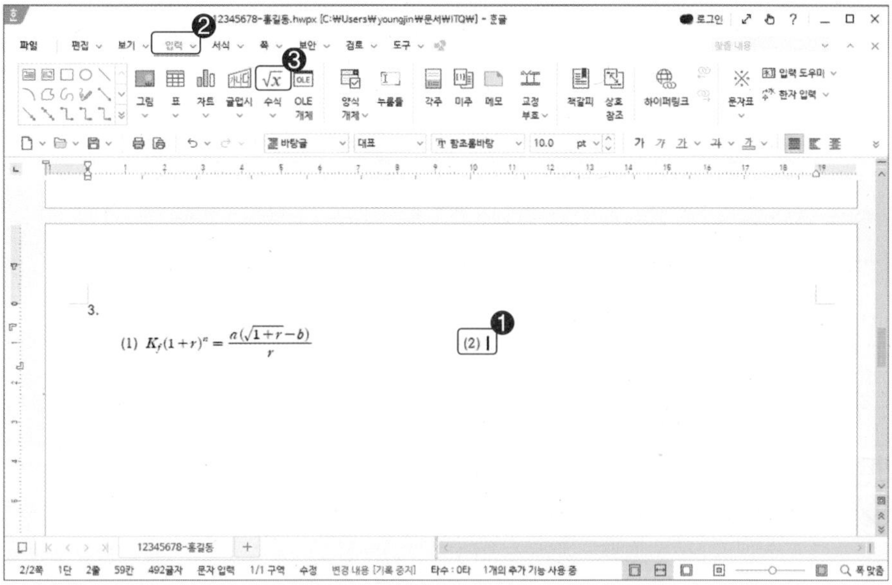

② [수식 편집기] 창에서 괄호가 있는 3×3 행렬(▦)을 클릭한다.

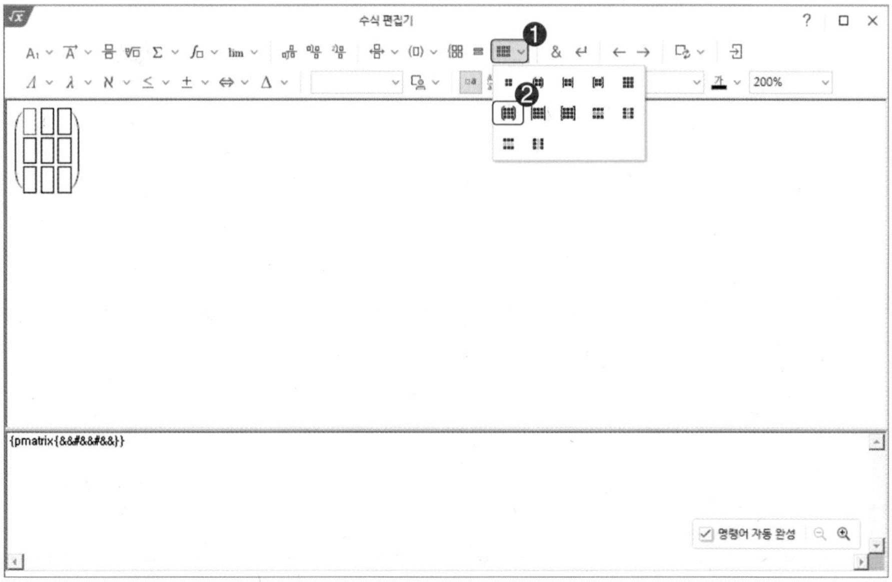

③ [행 삭제](▦)를 두 번 클릭하여 행 하나만 남긴다.

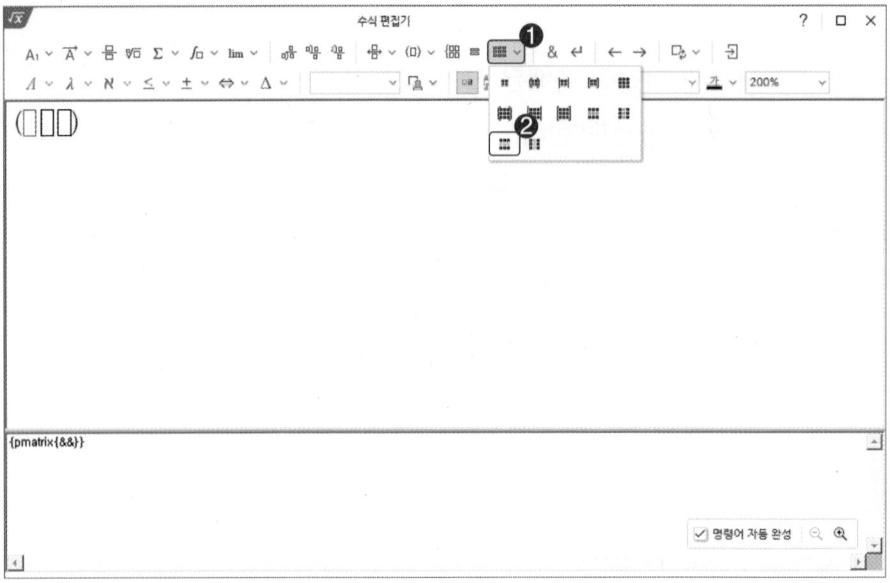

④ 각 칸에 「a b c」를 입력한다.
→ 이어서 괄호가 있는 3×3 행렬(▦)을 다시 만든다.

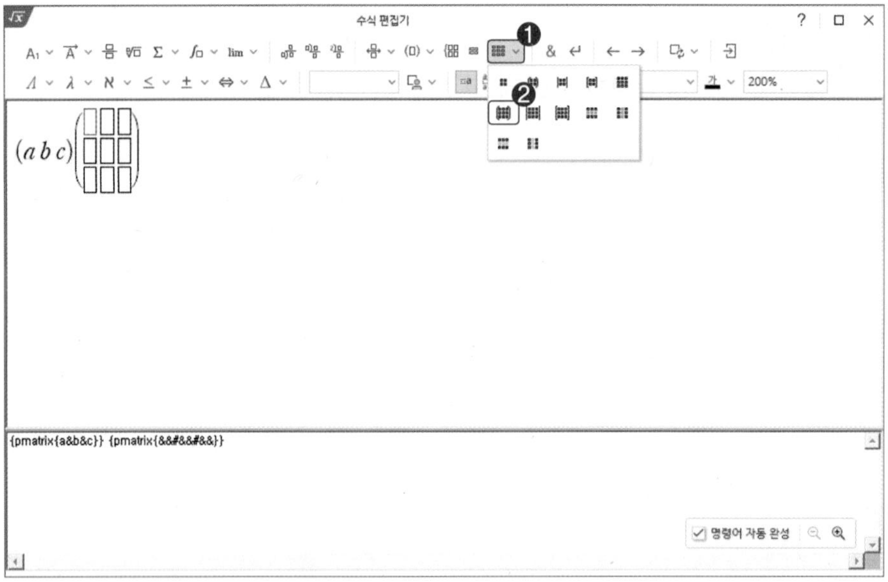

⑤ [열 삭제](▦)를 두 번 클릭하여 열 하나만 남긴다.

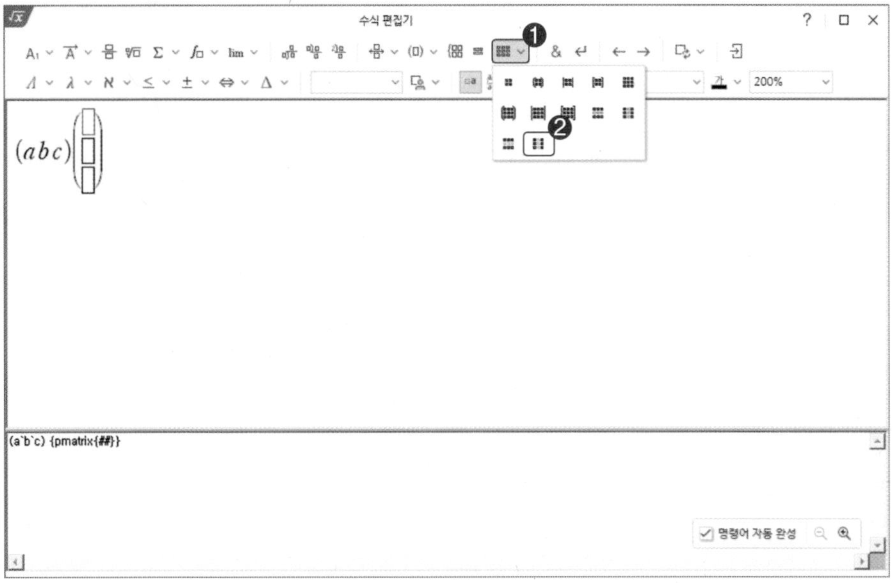

⑥ 각 칸에 「x y z」를 입력하고, 방향키(➔)를 눌러 커서를 끝에 위치시킨다.

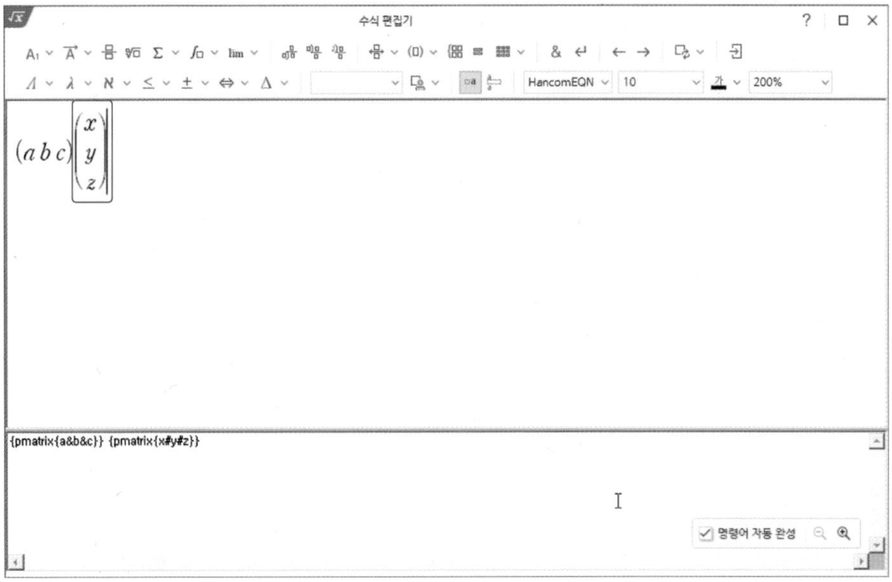

기적의 TIP

• **행 삽입**

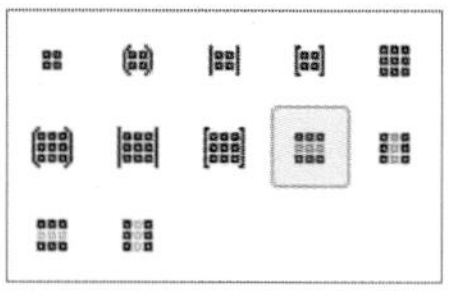

• **열 삽입**

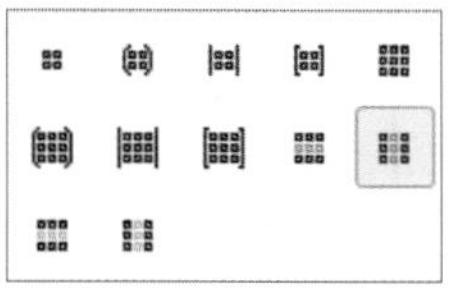

• **행 삭제**

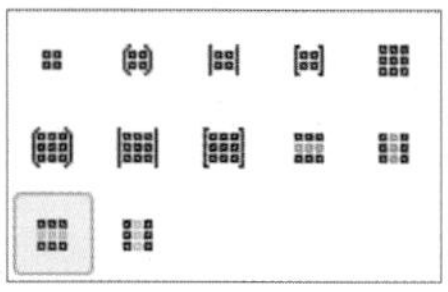

• **열 삭제**

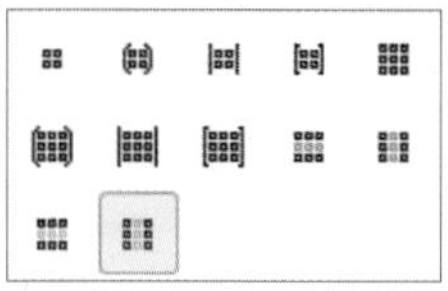

⑦ 「=(ab+by+cz)」를 입력한다.

→ [넣기](⊡)를 클릭하여 수식을 완성한다.

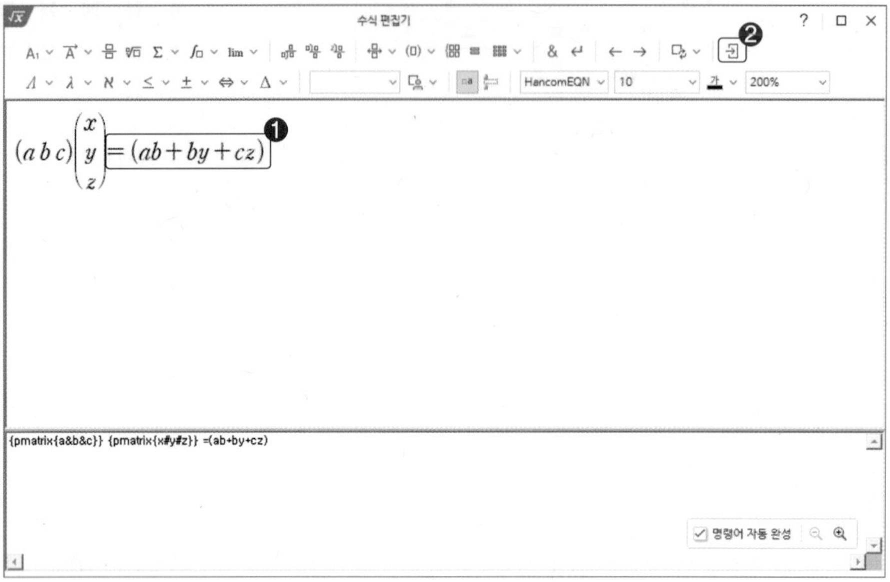

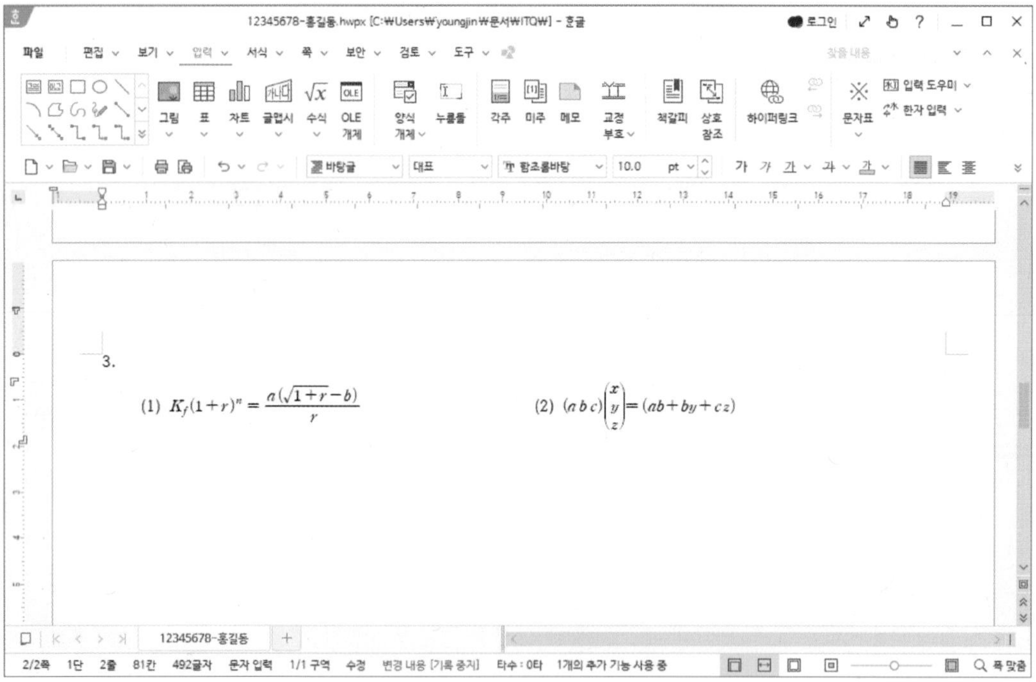

해결 TIP

수식 작성 시 특수문자 입력

수식 도구에 없는 기호는 [수식 편집기] 창에서 Ctrl+F10을 눌러 [문자표 입력] 대화상자가 나타나면 원하는 특수문자를 찾아 지정한다.

유형을 확인하는 **기출문제**

정답파일 PART 01 시험 유형 따라하기₩유형3번_정답.hwpx

문제유형 ❸-1

$$\sqrt{a^2} = |a| = \begin{cases} a & (a \geq 0) \\ -a & (a < 0) \end{cases}$$

문제유형 ❸-2

$$\frac{c}{\sqrt[3]{a} \pm \sqrt[3]{b}} = \frac{c(\sqrt[3]{a^2} \mp \sqrt[3]{ab} + \sqrt[3]{b^2})}{a \pm b}$$

문제유형 ❸-3

$$\overline{AB} = \sqrt{(x_2 - x_1)^2 + (y_2 - y_1)^2}$$

문제유형 ❸-4

$$\tan A = \frac{1}{\tan(90^\circ - A)} = \frac{1}{\tan\theta}$$

문제유형 ❸-5

$$\sum_{k=1}^{n} k^2 = 1^2 + 2^2 + 3^2 + \cdots + n^2 = \frac{1}{6}n(n+1)(2n+1)$$

문제유형 ❸-6

$$f'(x) = \lim_{\Delta x \to 0} \frac{\Delta y}{\Delta x} = \lim_{\Delta x \to 0} \frac{f(x + \Delta x) + f(x)}{\Delta x}$$

CHAPTER 06

난 이 도 (상) 중 하

반복학습 1 2 3

[기능평가 II]

그리기 도구 작업

합격 강의

정답파일 PART 01 시험 유형 따라하기₩시험 유형 따라하기.hwpx

문제보기

조건

(1) 그리기 도구를 이용하여 작성하고, 모든 도형(글맵시, 지정된 그림 포함)을 ≪출력형태≫와 같이 작성하시오.

(2) 도형의 면색은 지시사항이 없으면 색 없음을 제외하고 서로 다르게 임의로 지정하시오.

출력형태

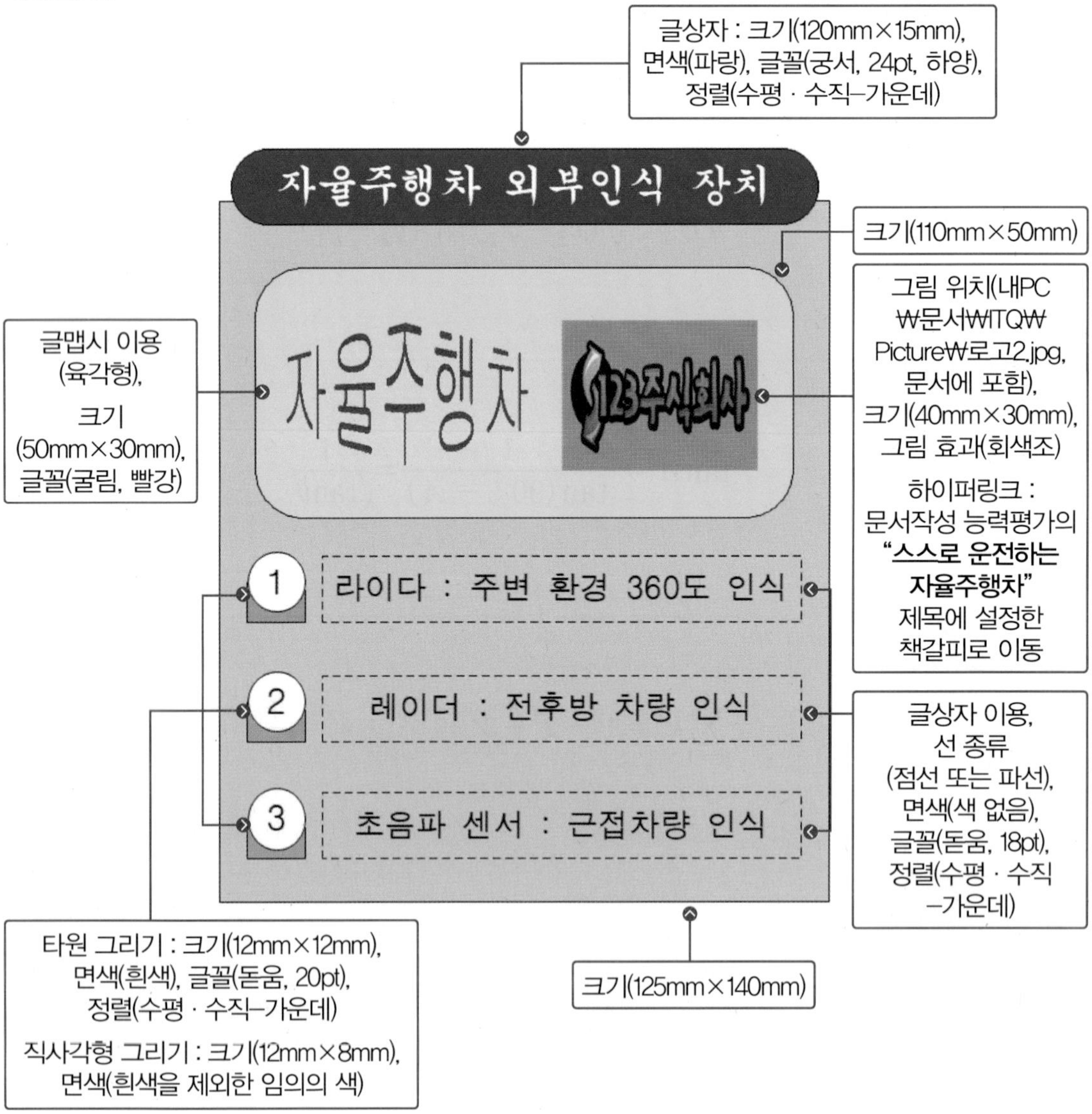

핵심기능

기능	바로 가기	메뉴
그리기 도구	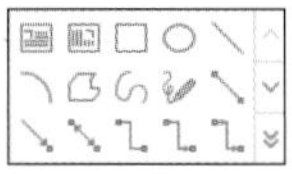	[입력]-[도형]
도형 여러 개 선택	Shift+클릭	
글상자	, Ctrl+N, B	[입력]-[글상자]
도형 회전	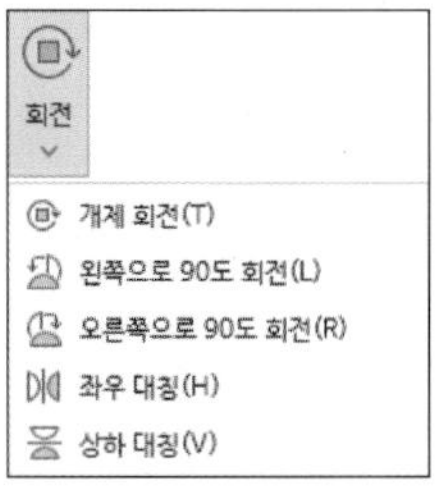	
도형 면 색 지정	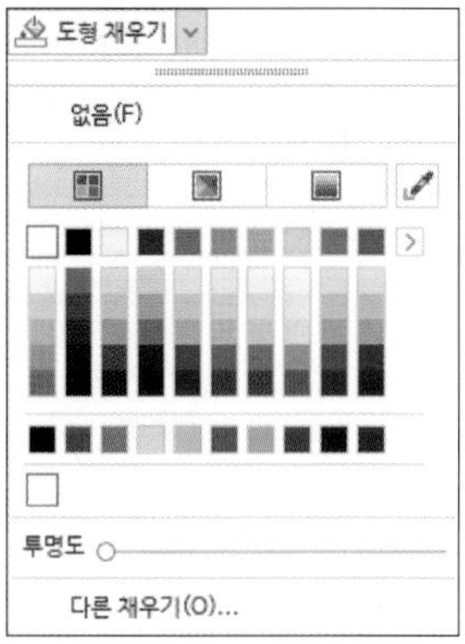	
도형 복사	Ctrl+드래그	
그림 삽입	, Ctrl+N, I	[입력]-[그림]-[그림]
글맵시		[입력]-[개체]-[글맵시]
하이퍼링크	, Ctrl+K, H	[입력]-[하이퍼링크]
책갈피	, Ctrl+K, B	[입력]-[책갈피]

과정 한눈에 보기

바탕 도형 그리기 ➡ 제목 글상자 ➡ 글맵시 ➡ 그림 삽입 ➡ 책갈피/하이퍼링크 ➡ 도형 그리기 ➡ 도형 복사

SECTION 01 바탕 도형 그리기

① 문제 번호 「4.」 다음 줄에 커서를 위치시킨다.

② [입력] 탭에서 [직사각형](□)을 클릭하여 사각형을 임의의 크기로 그린다.
→ 사각형을 더블 클릭하거나 마우스 오른쪽 클릭하여 [개체 속성]을 클릭한다.

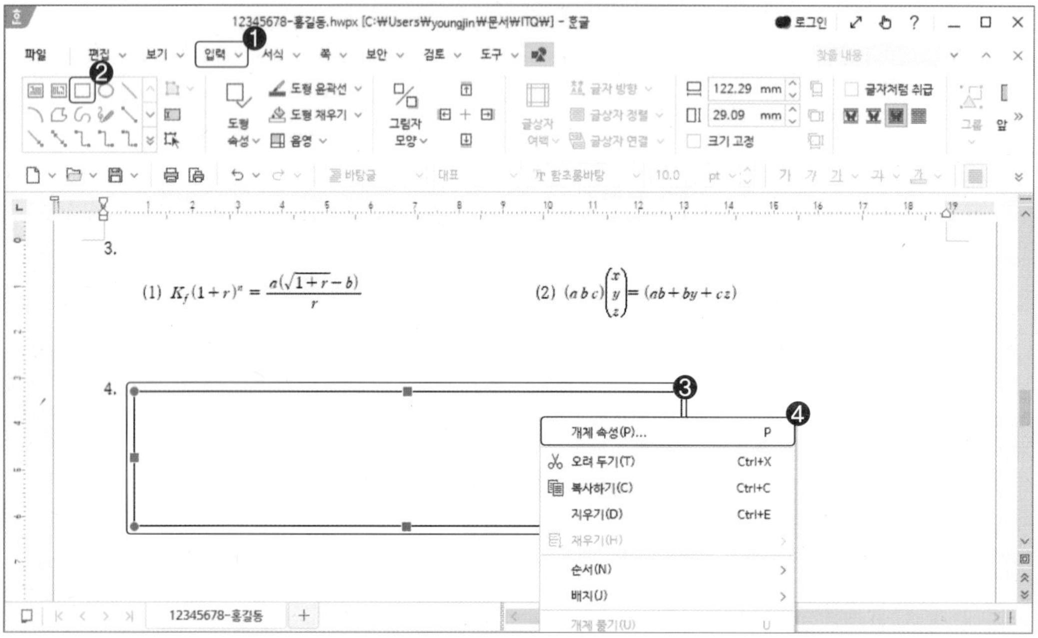

③ [개체 속성] 대화상자의 [기본] 탭 – [크기]에서 너비 「125mm」, 높이 「140mm」로 입력하고, '크기 고정'에 체크한다.

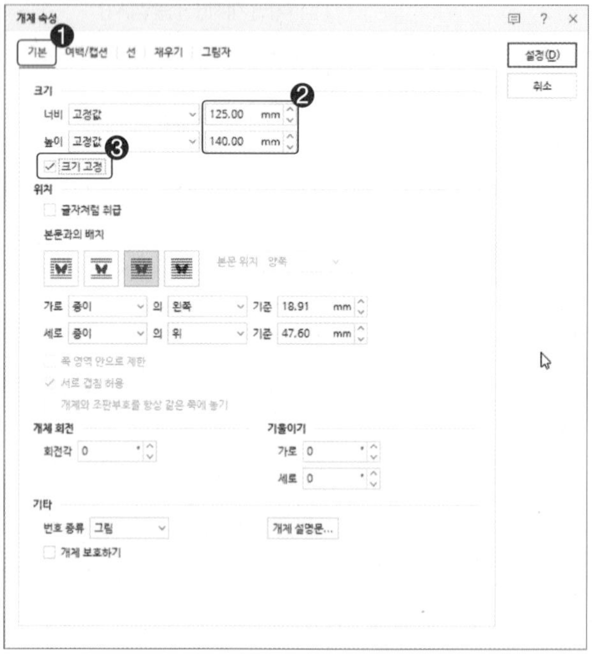

기적의 TIP

도형이나 그림 작성 시 '크기 고정'에 체크하면 문서 작성 과정에서 개체의 크기가 변경되는 것을 막을 수 있다.

④ [선] 탭에서 선 모양을 설정한다.
→ [채우기] 탭에서 면 색을 임의로 설정한다.

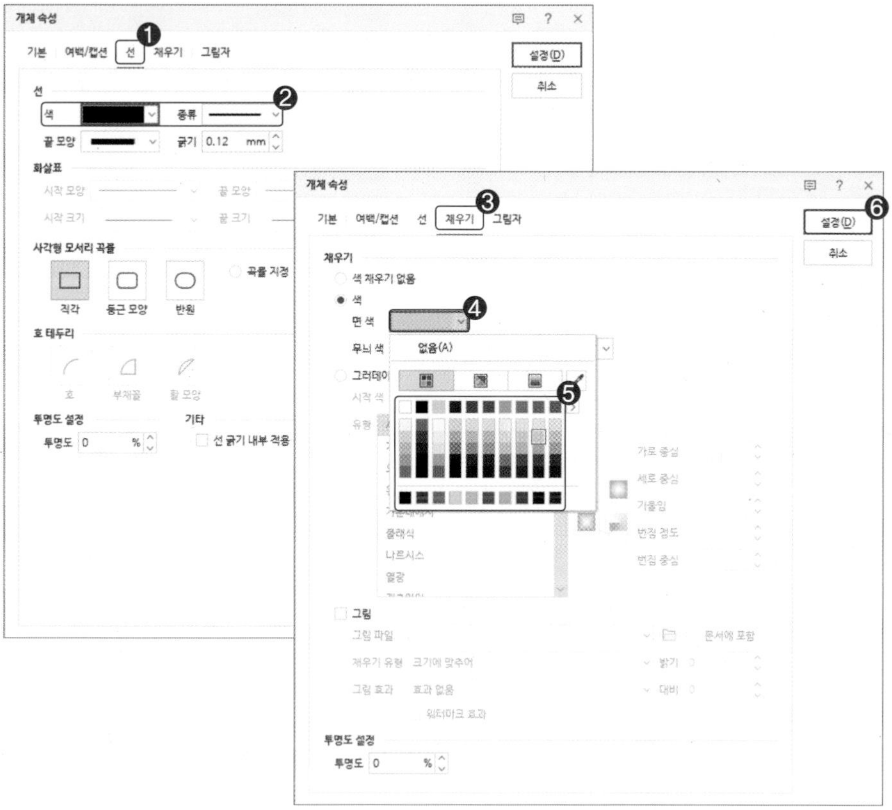

⑤ 다시 [입력] 탭에서 [직사각형](□)을 클릭하여 사각형을 그린다.
→ 마우스 오른쪽 클릭하여 [개체 속성]을 클릭한다.

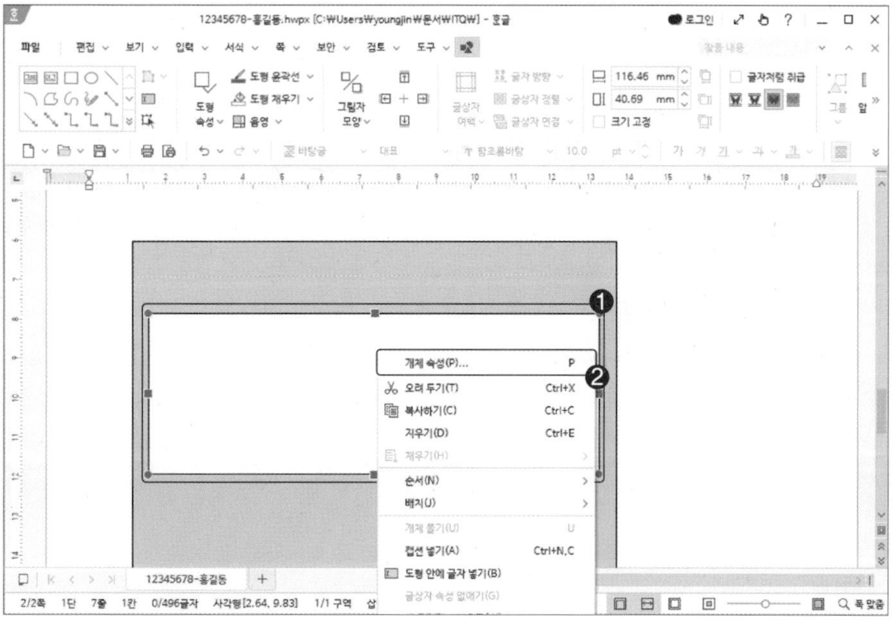

기적의 TIP

도형의 면 색 지정

지시되지 않은 색은 겹쳐 있는 도형과 구별될 수 있는 임의의 색을 직접 지정하면 된다.

기적의 TIP

도형의 순서

그려야 하는 도형들이 층층이 겹친 형태일 때, 가장 바닥에 있는 도형부터 그리면 더 쉽다.

⑥ [개체 속성] 대화상자의 [기본] 탭 – [크기]에서 너비 「110mm」, 높이 「50mm」로 입력하고, '크기 고정'에 체크한다.

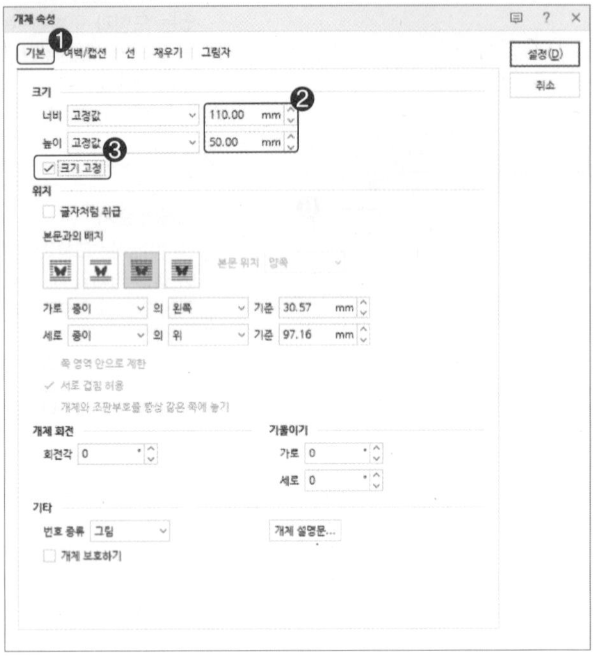

⑦ [선] 탭 – [사각형 모서리 곡률]에서 '둥근 모양'을 선택한다.
→ [채우기] 탭에서 면 색을 임의로 설정한다.

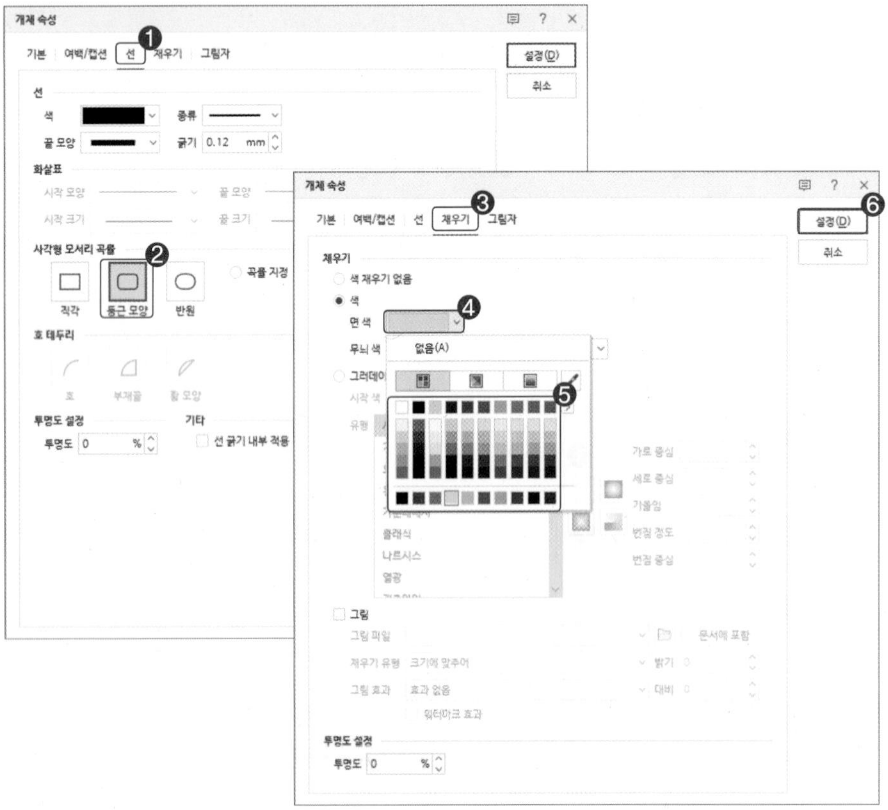

기적의 TIP

다양한 모양의 도형 그리기

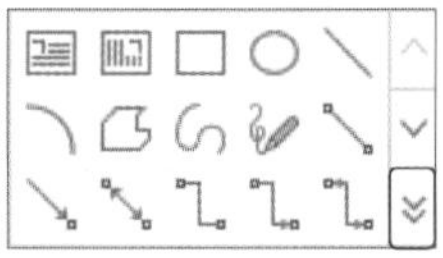

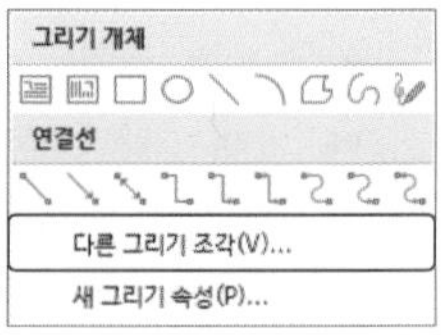

그리기마당 대화상자를 이용해 쉽게 여러 모양의 도형을 선택하여 그릴 수 있다.

⑧ ≪출력형태≫를 참고하여 도형의 위치를 조절한다.

SECTION 02 제목 글상자

① [입력] 탭에서 [가로 글상자]( )를 클릭하여 임의의 크기로 그린다.
→ 글상자에 마우스 오른쪽 클릭하여 [개체 속성]을 클릭한다.

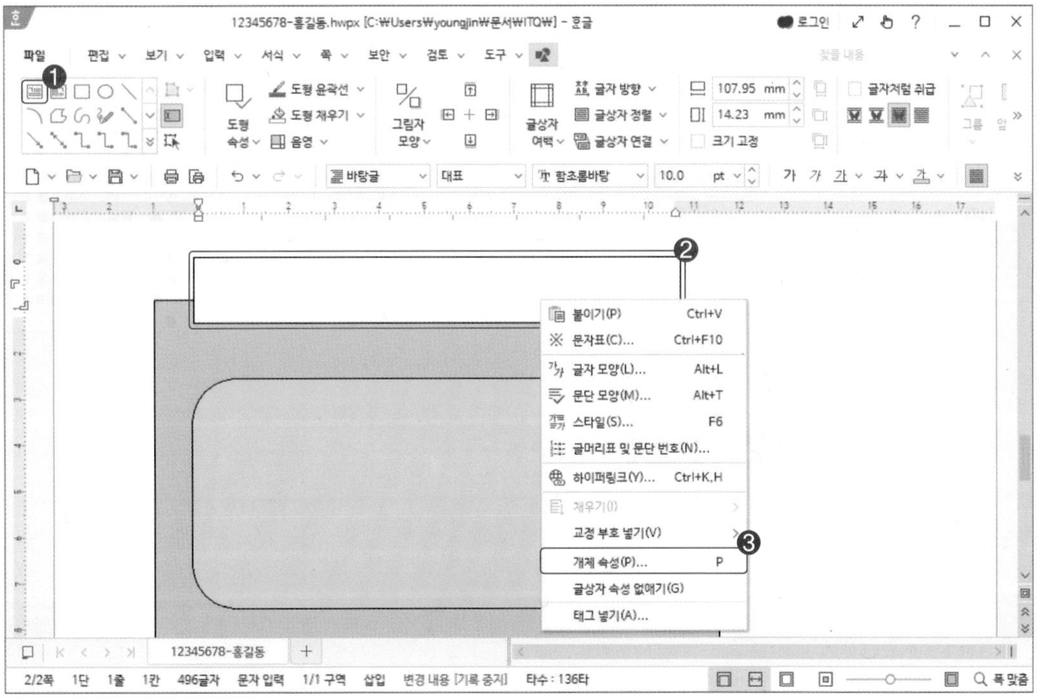

② [개체 속성] 대화상자의 [기본] 탭 – [크기]에서 너비 「120mm」, 높이 「15mm」로 입력하고, '크기 고정'에 체크한다.

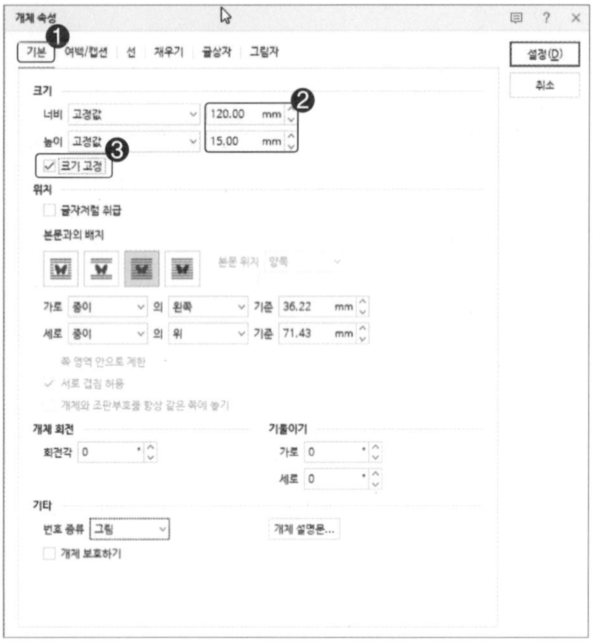

③ [선] 탭 – [사각형 모서리 곡률]에서 '반원'을 선택한다.
→ [채우기] 탭에서 면 색 '파랑'을 설정한다.

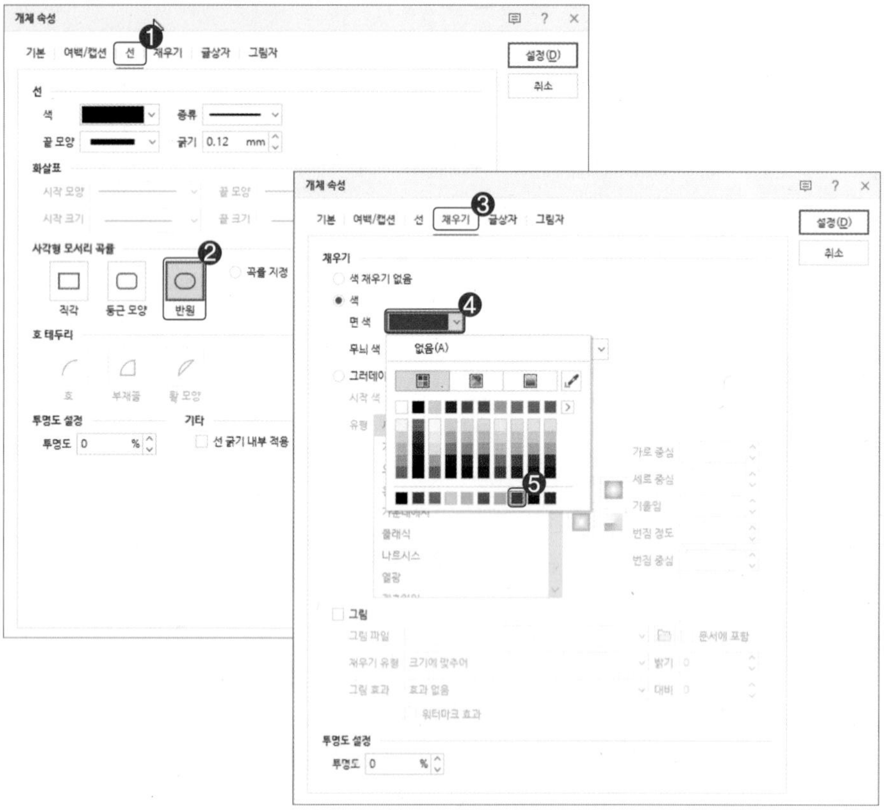

④ 글상자에 「자율주행차 외부인식 장치」를 입력한다.

기적의 TIP

노랑, 파랑 등의 색상은 [테마 색상표](▶)를 클릭하여 '오피스' 테마를 선택하면 쉽게 찾을 수 있다.

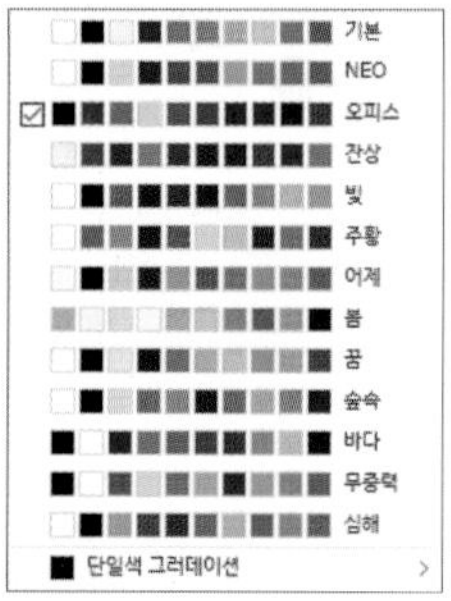

⑤ 입력한 글을 블록 설정하고, 글꼴 '궁서', '24pt', 글자색 '하양', [가운데 정렬](가운데 정렬 아이콘)을 설정한다.

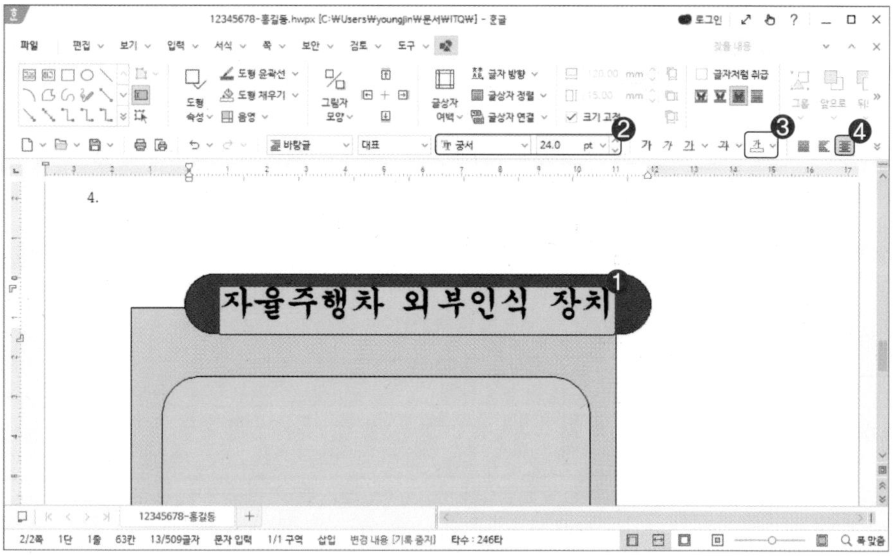

기적의 TIP

[도형] 탭–[글상자 정렬]에서 상하좌우 정렬을 설정할 수 있다.

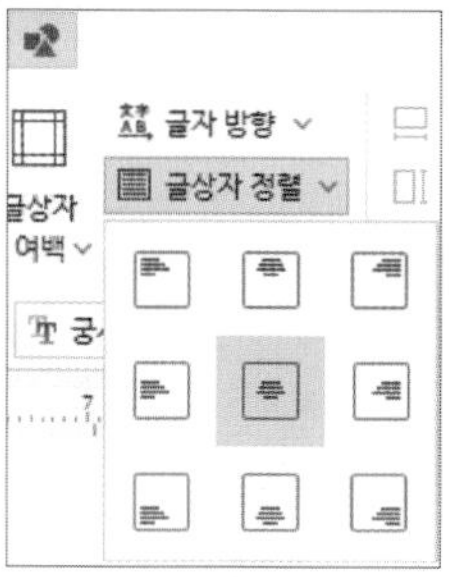

⑥ ≪출력형태≫를 참고하여 도형의 위치를 조절한다.

SECTION 03 글맵시

① [입력] 탭 – [글맵시](글맵시 아이콘)를 클릭한다.

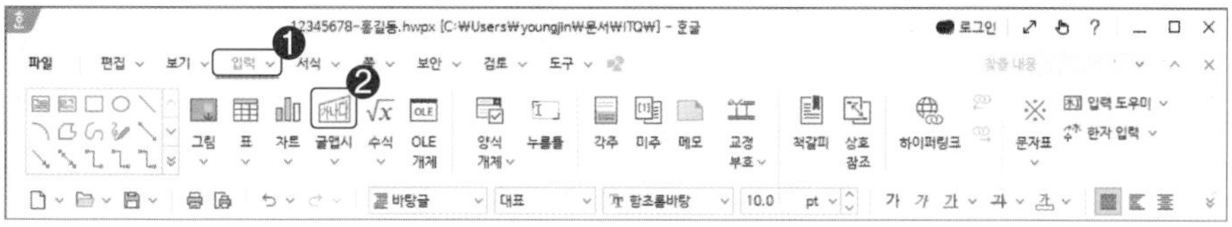

기적의 TIP

글맵시를 선택하기 전에 커서를 글상자 밖에 위치하도록 한다.

② [글맵시 만들기] 대화상자의 [내용]에 「자율주행차」를 입력한다.

→ 글꼴 '굴림', 글맵시 모양 '육각형'(⬢)을 설정한다.

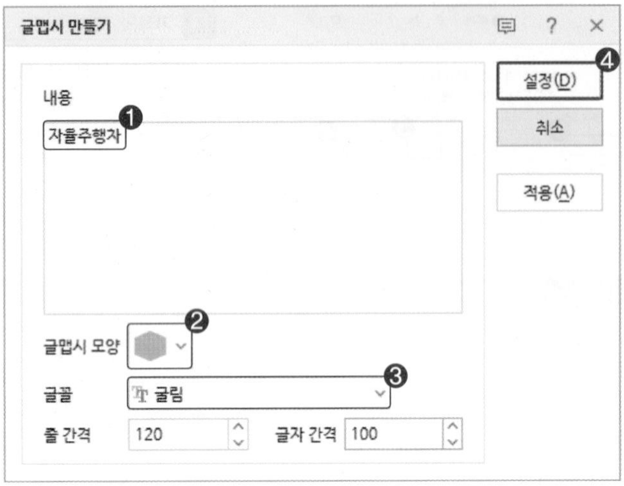

③ [글맵시] 탭(A)에서 [글맵시 채우기]를 클릭하여 '빨강'으로 설정한다.

→ 너비 「50mm」, 높이 「30mm」로 입력하고 '크기 고정'에 체크한다.

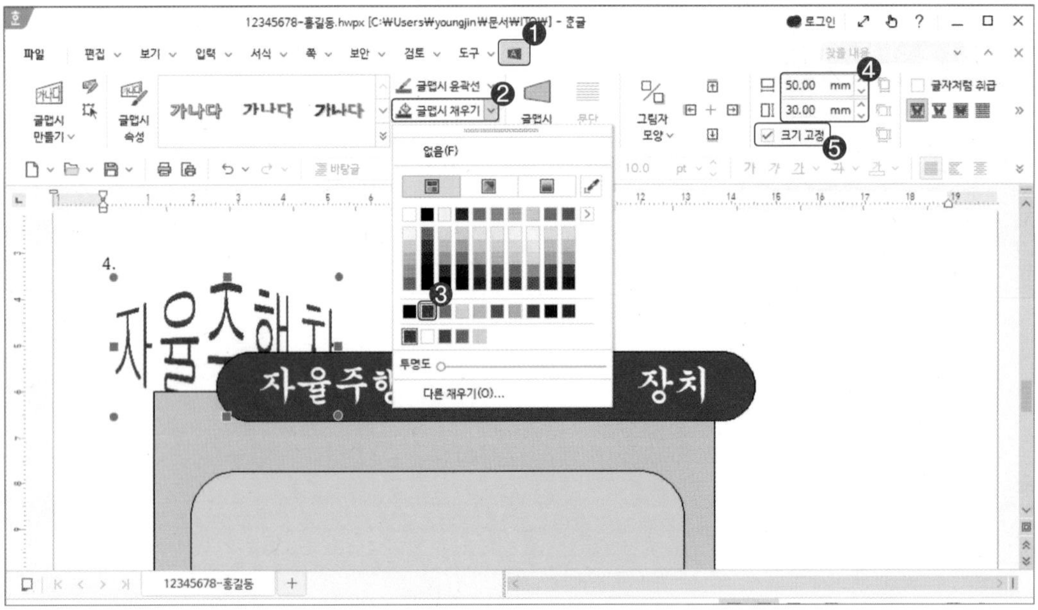

④ 입력한 글맵시에 마우스 오른쪽 클릭하여 [배치] – [글 앞으로]( )를 선택한 후, ≪출력형태≫를 참고하여 글맵시의 위치를 조절한다.

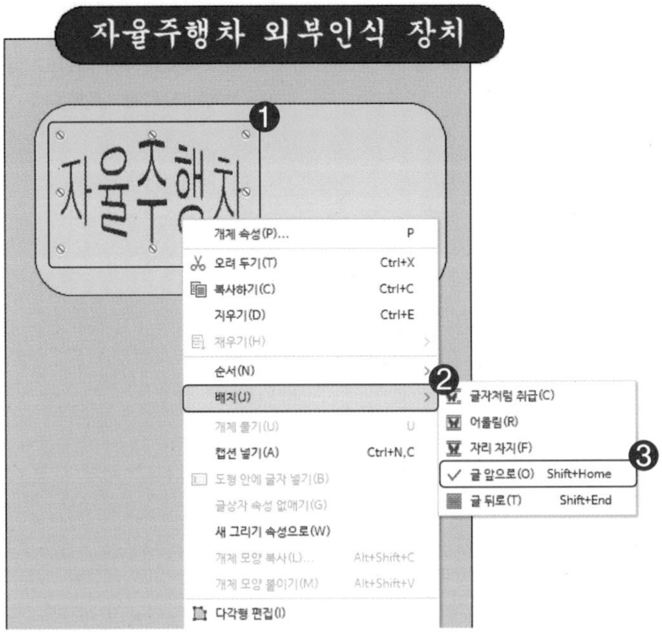

SECTION 04 그림 삽입

① [입력] 탭 – [그림]( )을 클릭한다.

② '내 PC₩문서₩ITQ₩Picture' 폴더에서 '로고2.jpg'를 선택한 뒤 '문서에 포함'에 체크하고 [열기]를 클릭한다.
→ 마우스로 여백에 드래그하면 그림이 삽입된다.

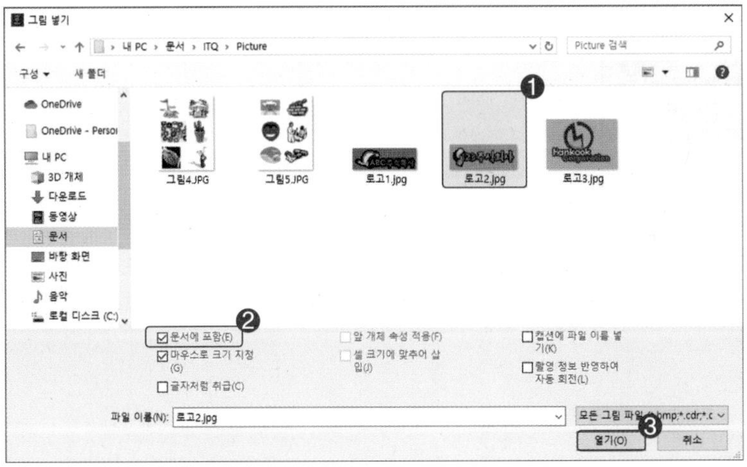

해결 TIP

삽입된 그림이 ☒로 나와요!

그림 보기가 설정되지 않았기 때문이다. [보기] 탭–[그림]을 체크하도록 한다.

③ 삽입된 그림에 마우스 오른쪽 클릭하여 [개체 속성]을 클릭한다.

→ [개체 속성] 대화상자의 [기본] 탭 – [크기]에서 너비 「40mm」, 높이 「30mm」로 입력한다.

→ '크기 고정'에 체크하고 [본문과의 배치]는 '글 앞으로'를 설정한다.

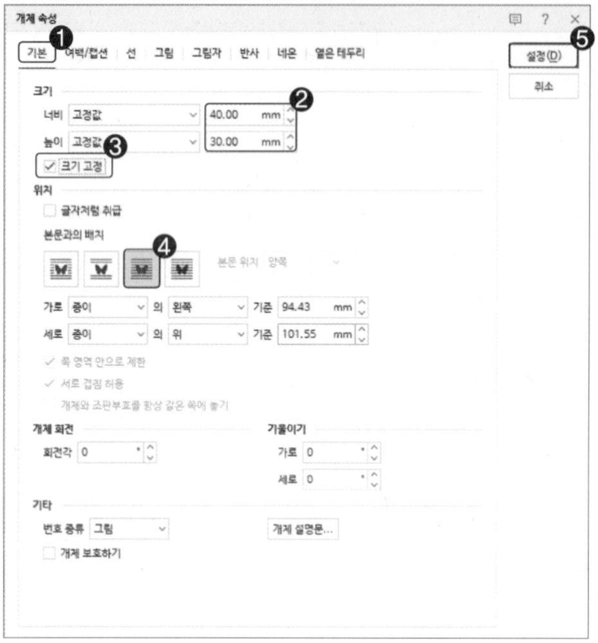

④ [그림] 탭( ) – [색조 조정] – [회색조]( )를 클릭한다.

→ ≪출력형태≫를 참고하여 그림의 위치를 조절한다.

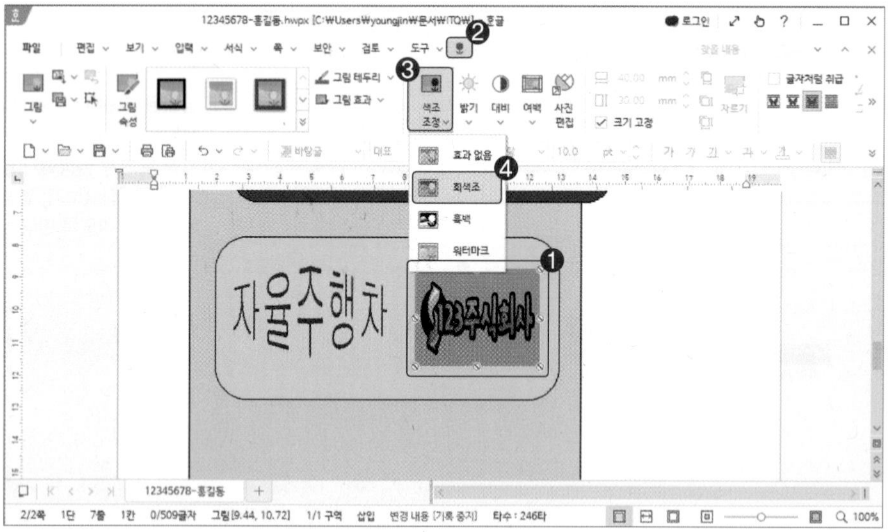

기적의 TIP

그림 삽입

• 그림 삽입 시 반드시 문제에서 제시한 파일명의 그림을 선택한다.
• 본문과의 배치는 '글 앞으로'를 설정한다.

SECTION 05 책갈피, 하이퍼링크

① 3페이지의 첫 줄에 「스스로 운전하는 자율주행차」를 입력한다.
→ 커서를 맨 앞에 위치시키고 [입력] 탭 – [책갈피](▤)를 클릭한다.

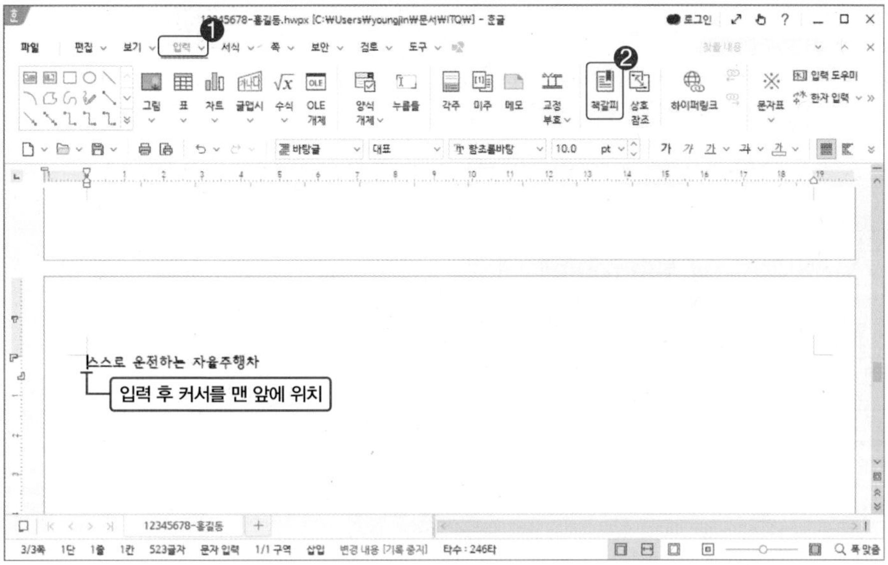

> **기적의 TIP**
> 하이퍼링크를 지정하기 전에 책갈피가 먼저 설정되어 있어야 한다. 책갈피 설정 시 3페이지 작업의 제목부터 먼저 입력하고 진행하면 쉽다.

② [책갈피] 대화상자에서 [책갈피 이름]에 「자율주행」을 입력하고 [넣기]를 클릭한다.

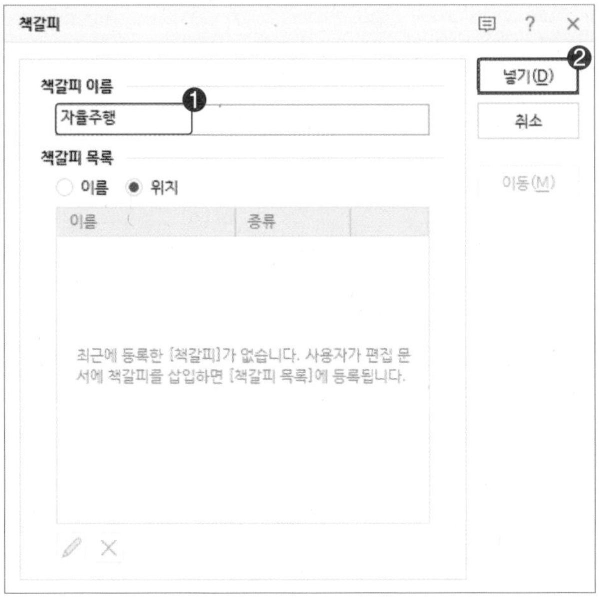

> **기적의 TIP**
> **입력된 책갈피 확인하기**
> [보기] 탭–[조판 부호]에 체크하면 책갈피가 적용되었는지 표시된다.

③ 하이퍼링크를 설정할 그림을 클릭하고 [입력] 탭 – [하이퍼링크]( )를 클릭한다.

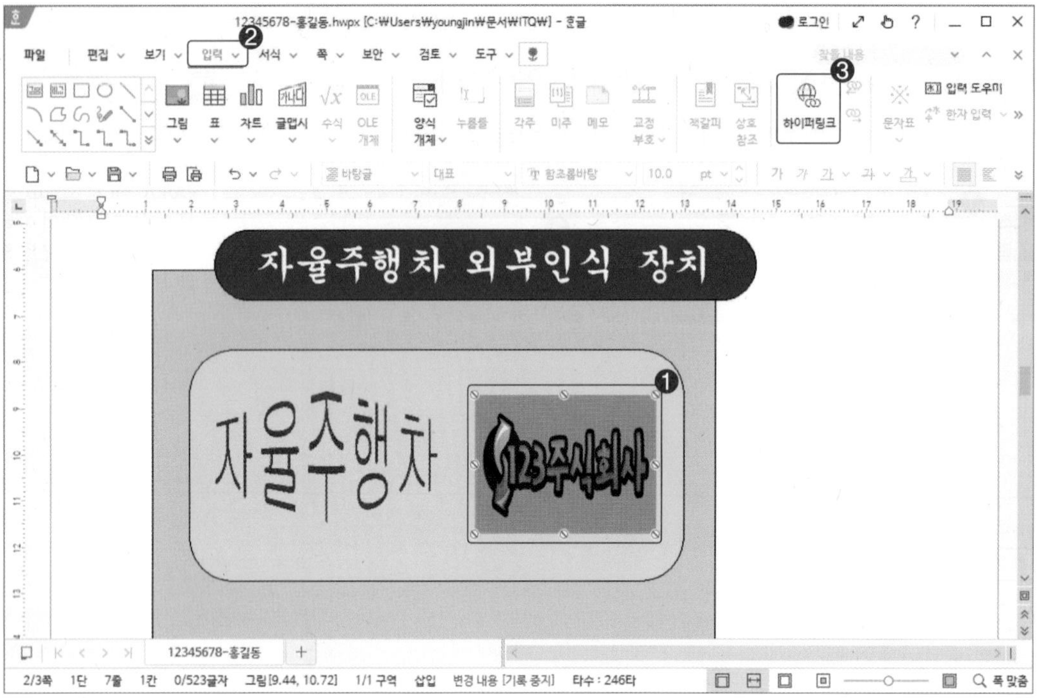

④ [하이퍼링크] 대화상자에서 [연결 대상] – [호글 문서]를 클릭한다.
→ '자율주행'을 선택하고 [넣기]를 클릭한다.

⑤ 그림 선택을 해제한다. 다시 그림에 [Ctrl]을 누른 상태로 마우스 포인터를 가져다 놓으면 포인터의 모양이 손 모양으로 바뀌는 것을 확인할 수 있다.

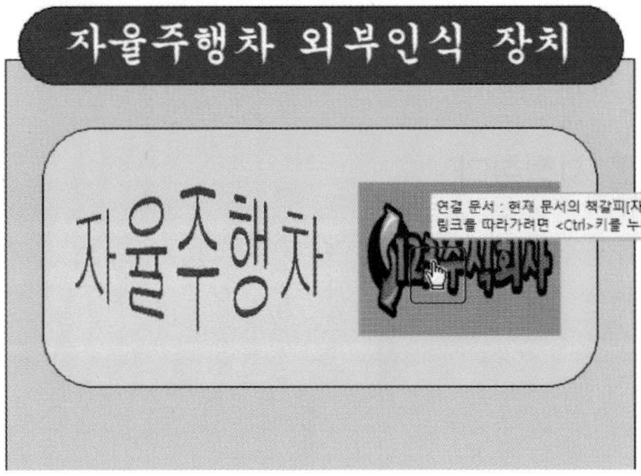

SECTION 06 도형 그리기

① [입력] 탭에서 [직사각형](□)을 클릭하여 임의의 크기로 그린 뒤, 마우스 오른쪽 클릭하여 [개체 속성]을 클릭한다.

② [개체 속성] 대화상자의 [기본] 탭 – [크기]에서 너비 「12mm」, 높이 「8mm」로 입력한다.
→ '크기 고정'에 체크하고 [본문과의 배치]는 '글 앞으로'를 지정한다.
→ [채우기] 탭에서 면 색을 흰 색을 제외한 임의의 색으로 설정한다.

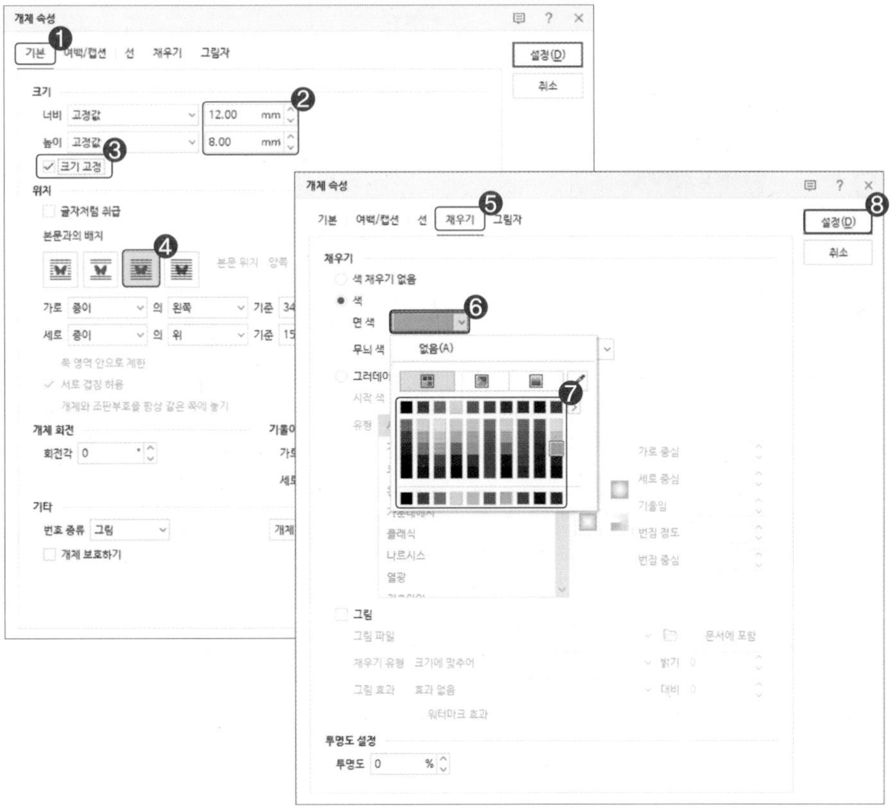

③ [입력] 탭에서 [타원]을 클릭하여 임의의 크기로 그린 뒤, 마우스 오른쪽 클릭하여 [개체 속성]을 클릭한다.

④ [개체 속성] 대화상자의 [기본] 탭 – [크기]에서 너비 「12mm」, 높이 「12mm」로 입력한다.
→ '크기 고정'에 체크하고 [본문과의 배치]는 '글 앞으로'를 지정한다.
→ [채우기] 탭에서 면 색을 '하양'으로 설정한다.

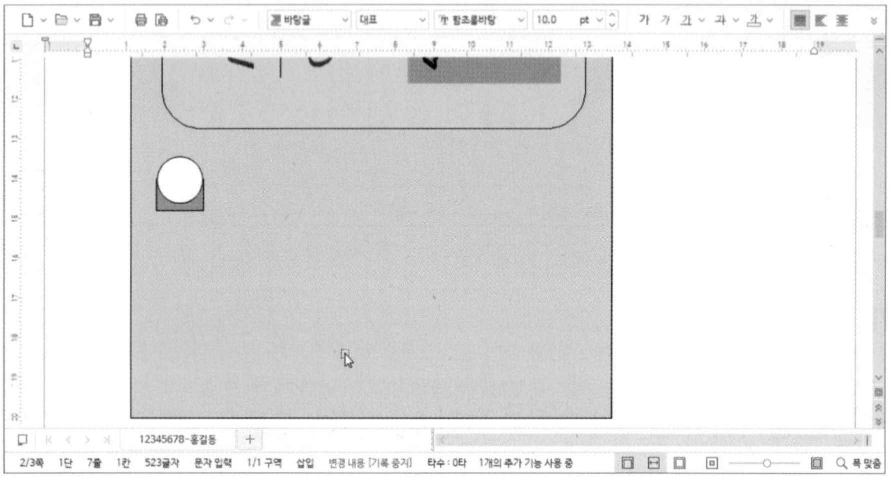

⑤ 타원 도형이 선택된 상태에서 [도형] 탭 – [글자 넣기]를 클릭하고 「1」을 입력한다.

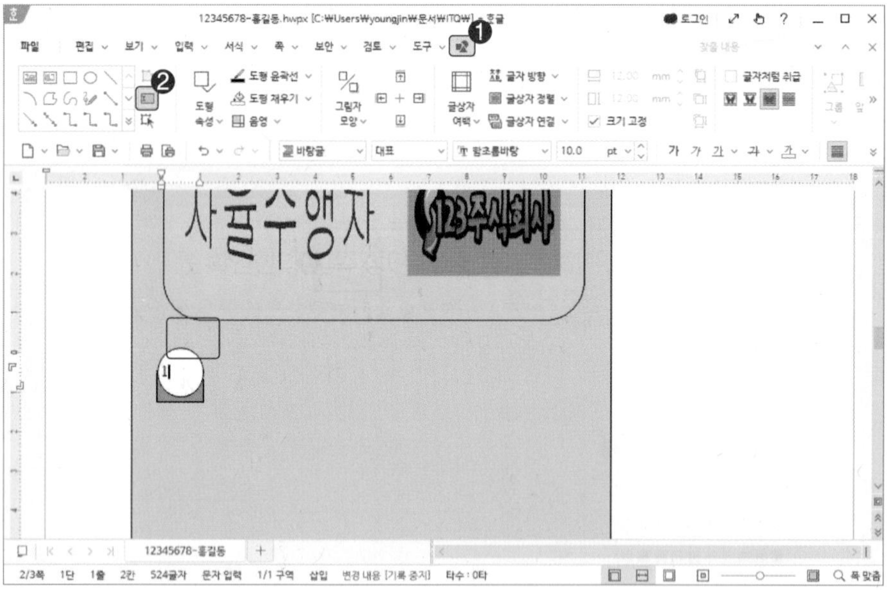

⑥ 입력한 글자를 블록 설정하고 글꼴 '돋움', '20pt', [가운데 정렬]을 설정한다.

기적의 TIP

글상자의 세로 정렬

[개체 속성] 대화상자의 [글상자] 탭에서 설정할 수 있다. 주로 [가운데 정렬]이 많이 사용된다.

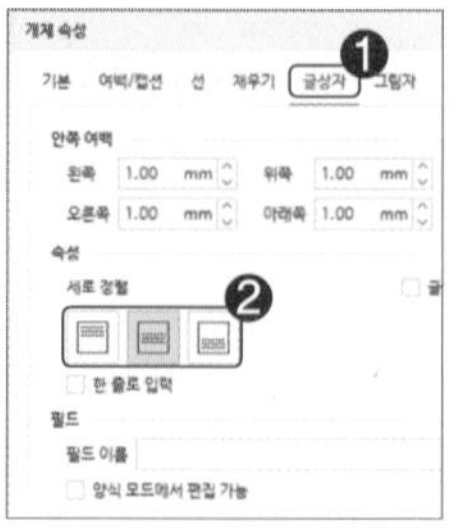

⑦ [입력] 탭 – [가로 글상자]( )를 클릭하고 ≪출력형태≫를 참고하여 적당한 크기의 글상자를 그린다.

→ [도형] 탭( ) – [도형 윤곽선] – [선 종류] – [파선]( )으로 설정한다.

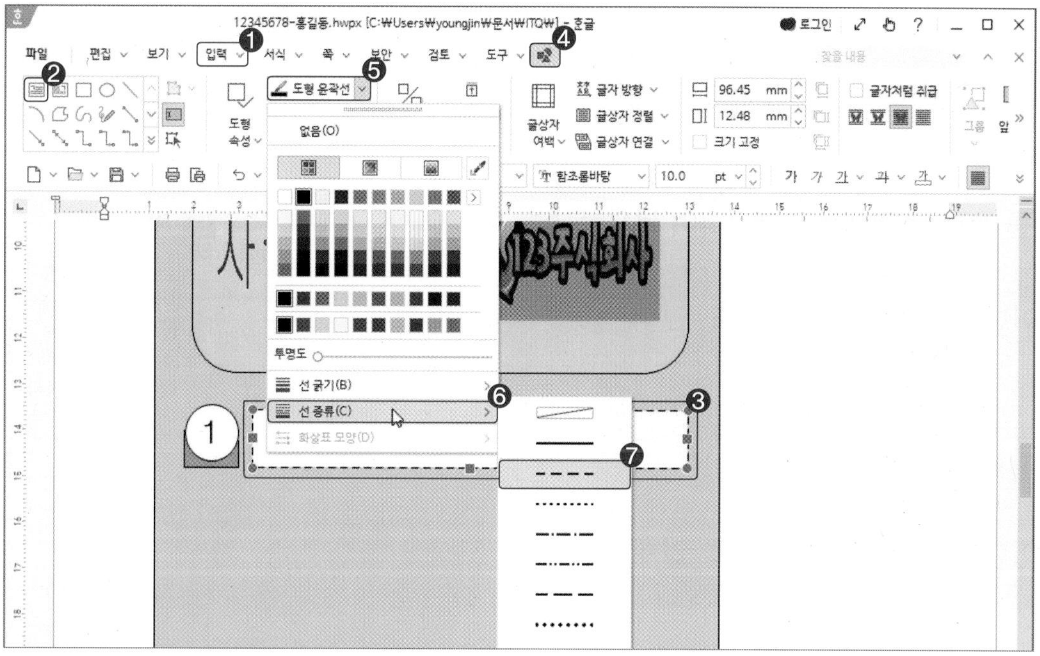

⑧ 글상자에 내용을 입력하고 글꼴 '돋움', '18pt', [가운데 정렬]( )을 설정한다.

→ [도형] 탭( ) – [도형 채우기]에서 '없음'으로 설정한다.

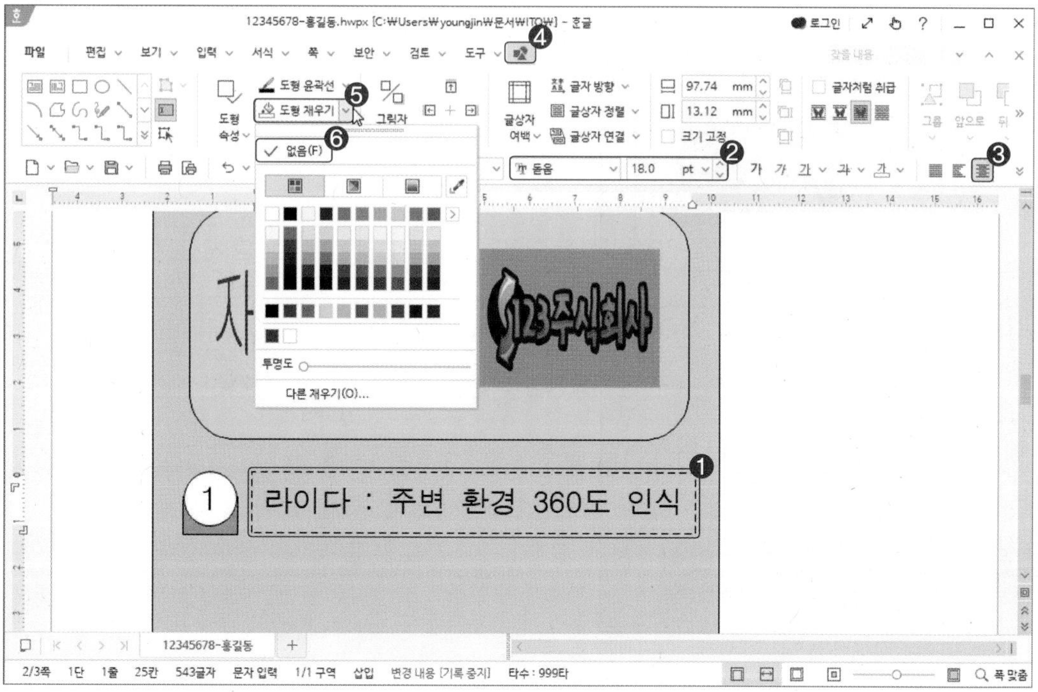

SECTION 07 도형 복사

① 작성된 도형들과 글상자를 [Shift]를 누른 채 클릭하여 모두 선택한다.

② [Ctrl]+[Shift]를 누른 채 아래로 드래그하여 복사한다.

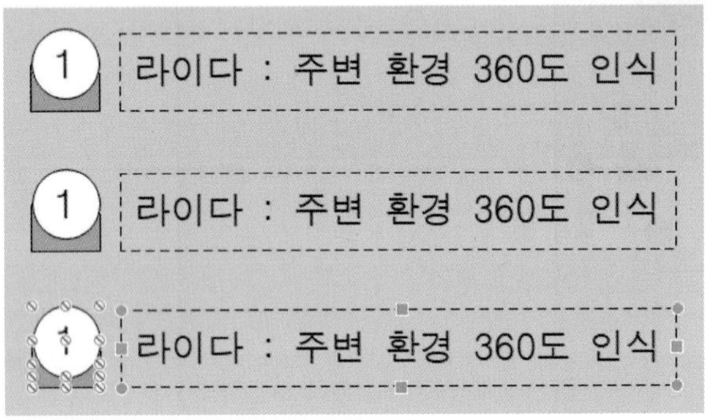

기적의 TIP

- [Ctrl]+드래그 : 복사
- [Shift]+드래그 : 수직 · 수평 이동
- [Ctrl]+[Shift]+드래그 : 수직 · 수평으로 복사

③ 복사된 개체의 색, 내용을 ≪출력형태≫를 참고하여 수정한다.

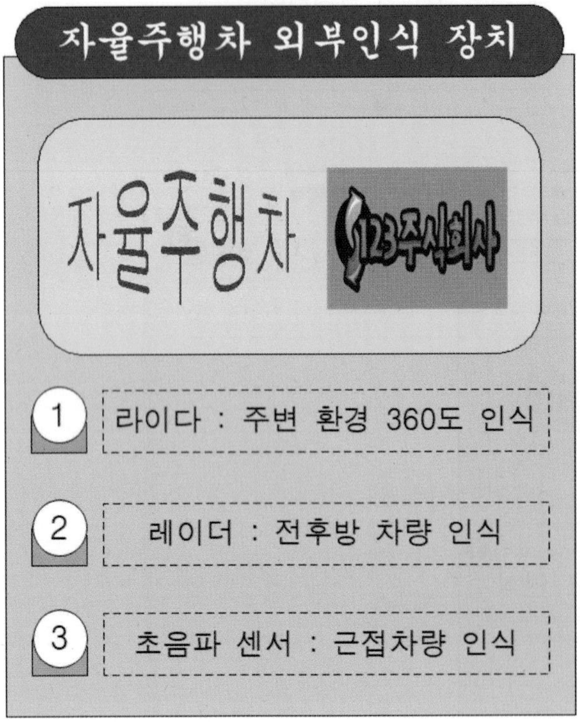

기적의 TIP

도형의 면 색
지시되지 않은 면 색은 서로 다르게 임의로 지정하면 된다.

문제유형 ❹-1

정답파일 PART 01 시험 유형 따라하기₩유형4-1번_정답.hwpx

조건	(1) 그리기 도구를 이용하여 작성하고, 모든 도형(글맵시, 지정된 그림 포함)을 ≪출력형태≫와 같이 작성하시오. (2) 도형의 면색은 지시사항이 없으면 색 없음을 제외하고 서로 다르게 임의로 지정하시오.
출력형태	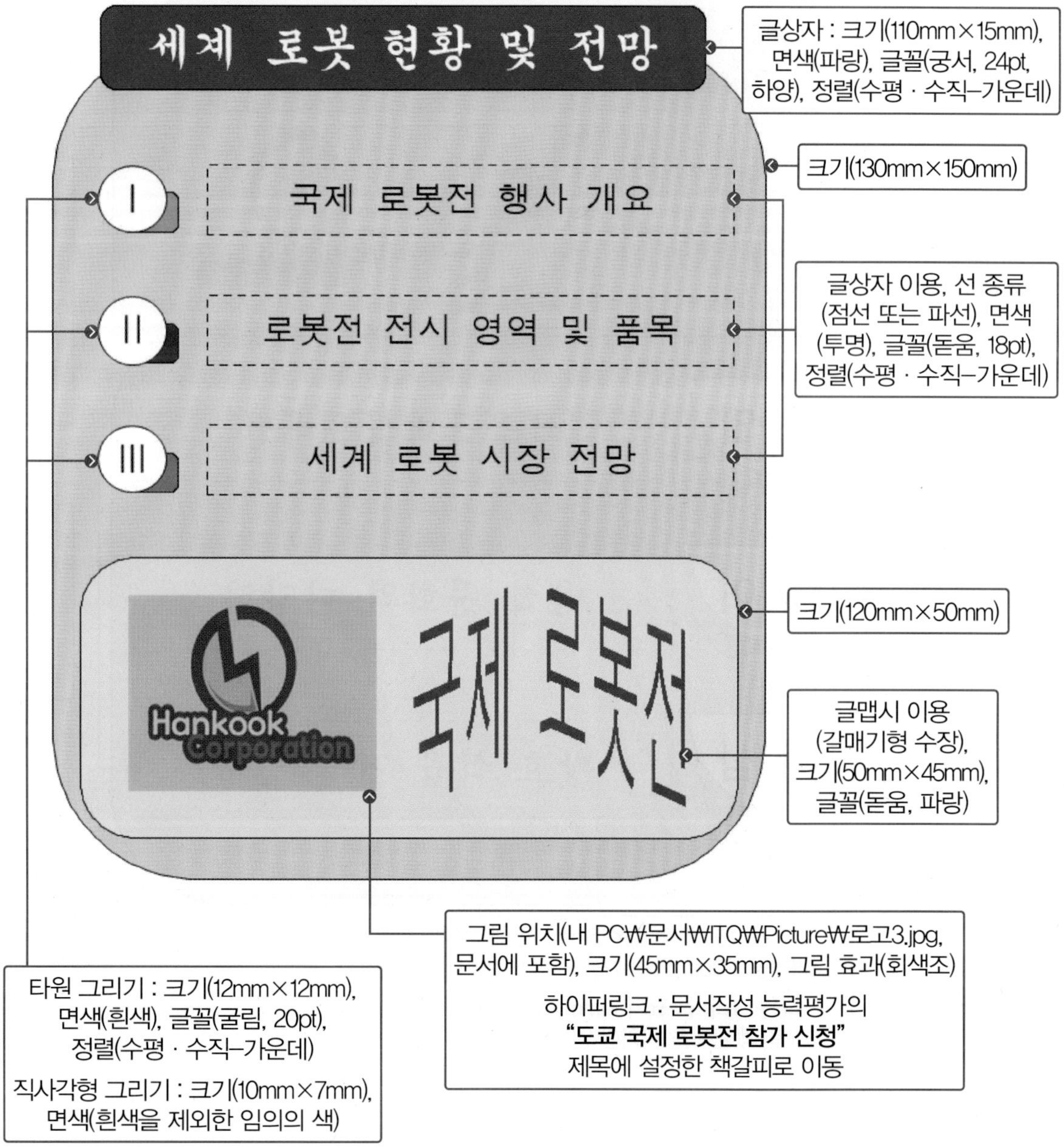

세계 로봇 현황 및 전망
글상자 : 크기(110mm×15mm), 면색(파랑), 글꼴(궁서, 24pt, 하양), 정렬(수평 · 수직-가운데)
크기(130mm×150mm)
Ⅰ
국제 로봇전 행사 개요
Ⅱ
로봇전 전시 영역 및 품목
Ⅲ
세계 로봇 시장 전망
글상자 이용, 선 종류(점선 또는 파선), 면색(투명), 글꼴(돋움, 18pt), 정렬(수평 · 수직-가운데)
크기(120mm×50mm)
Hankook Corporation
국제 로봇전
글맵시 이용(갈매기형 수장), 크기(50mm×45mm), 글꼴(돋움, 파랑)
그림 위치(내 PC₩문서₩ITQ₩Picture₩로고3.jpg, 문서에 포함), 크기(45mm×35mm), 그림 효과(회색조)
하이퍼링크 : 문서작성 능력평가의 "도쿄 국제 로봇전 참가 신청" 제목에 설정한 책갈피로 이동
타원 그리기 : 크기(12mm×12mm), 면색(흰색), 글꼴(굴림, 20pt), 정렬(수평 · 수직-가운데)
직사각형 그리기 : 크기(10mm×7mm), 면색(흰색을 제외한 임의의 색)

문제유형 ❹-2

정답파일 PART 01 시험 유형 따라하기₩유형4-2번_정답.hwpx

조건

(1) 그리기 도구를 이용하여 작성하고, 모든 도형(글맵시, 지정된 그림 포함)을 ≪출력형태≫와 같이 작성하시오.

(2) 도형의 면색은 지시사항이 없으면 색 없음을 제외하고 서로 다르게 임의로 지정하시오.

출력형태

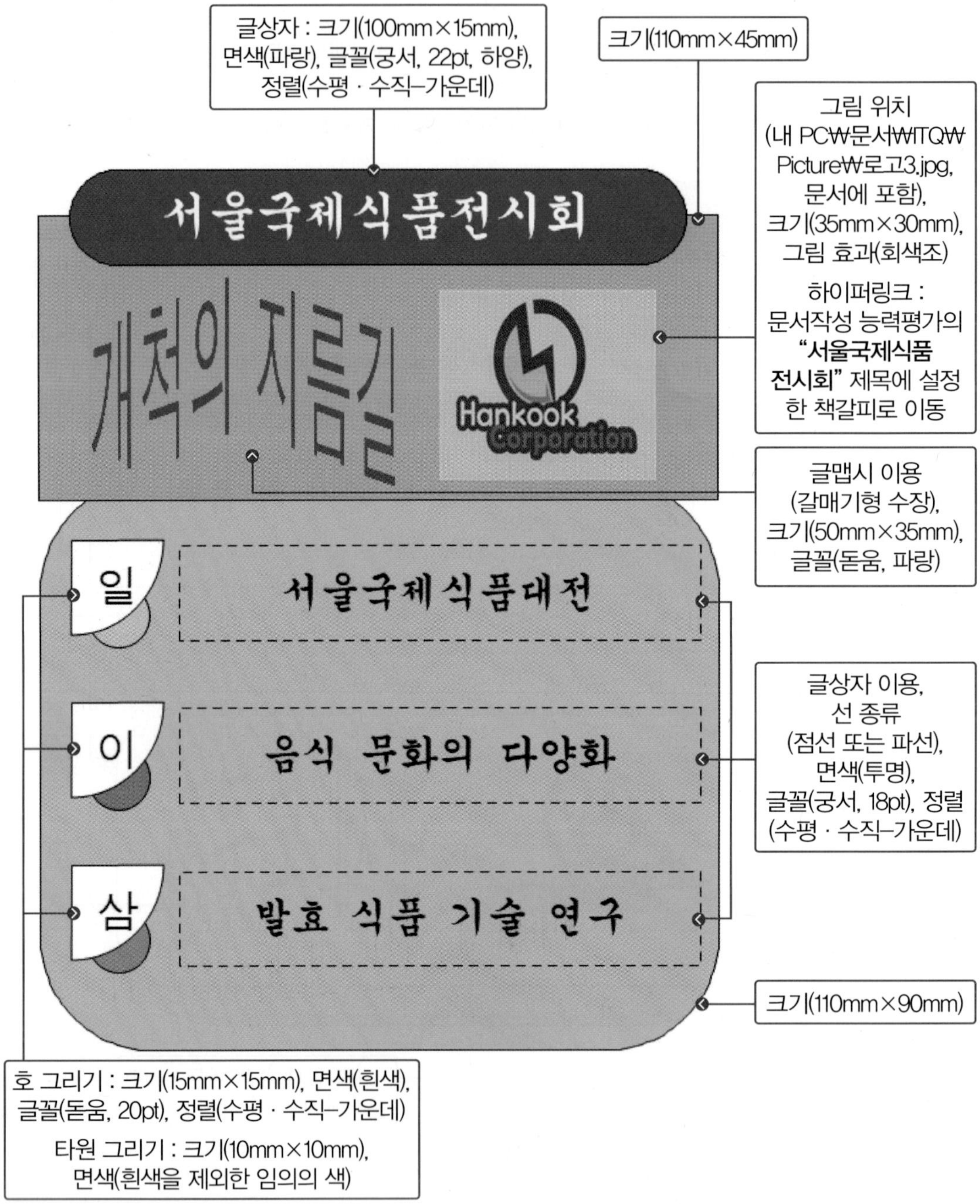

글상자 : 크기(100mm×15mm), 면색(파랑), 글꼴(궁서, 22pt, 하양), 정렬(수평 · 수직-가운데)
크기(110mm×45mm)
그림 위치 (내 PC₩문서₩ITQ₩Picture₩로고3.jpg, 문서에 포함), 크기(35mm×30mm), 그림 효과(회색조)
하이퍼링크 : 문서작성 능력평가의 "서울국제식품 전시회" 제목에 설정한 책갈피로 이동
서울국제식품전시회
개척의 지름길
Hankook Corporation
글맵시 이용 (갈매기형 수장), 크기(50mm×35mm), 글꼴(돋움, 파랑)
일
서울국제식품대전
이
음식 문화의 다양화
삼
발효 식품 기술 연구
글상자 이용, 선 종류 (점선 또는 파선), 면색(투명), 글꼴(궁서, 18pt), 정렬 (수평 · 수직-가운데)
크기(110mm×90mm)
호 그리기 : 크기(15mm×15mm), 면색(흰색), 글꼴(돋움, 20pt), 정렬(수평 · 수직-가운데)
타원 그리기 : 크기(10mm×10mm), 면색(흰색을 제외한 임의의 색)

유형분석 문항 ❸

문서작성 능력평가

배점 **200점** | A등급 목표점수 **170점**

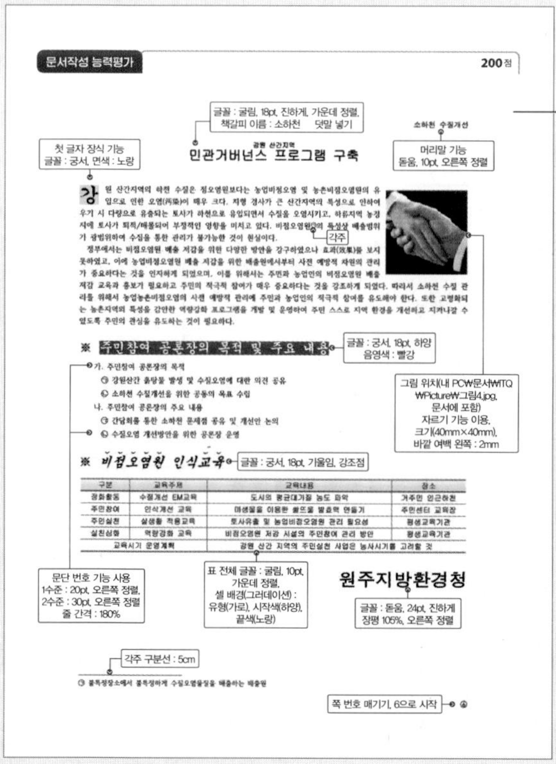

CHAPTER 07 문서 작성

출제포인트

데이터 입력 및 편집 · 머리말 · 덧말 · 제목 · 첫 글자 장식 · 각주 · 들여쓰기 · 그림 삽입 · 문단 번호 · 쪽 번호

출제기준

문서 작성에 필요한 여러 가지 능력을 평가하는 문항입니다.

A등급 TIP

가장 배점이 높은 문항으로 한글 문서 작성에 필요한 다양한 기능의 활용능력을 요구합니다. 여러 기능을 차근차근 따라 하며 익히고, 문서 내용도 정확하게 입력할 수 있도록 집중해서 작성해 보세요.

CHAPTER

07

난 이 도 (상) 중 하

반복학습 1 2 3

[문서작성 능력평가] **문서 작성**

합격 강의

정답파일 PART 01 시험 유형 따라하기₩시험 유형 따라하기.hwpx

문제보기

출력형태

글꼴 : 궁서, 18pt, 진하게, 가운데 정렬, 책갈피 이름 : 자율주행 덧말 넣기

자율주행

머리말 기능 굴림, 10pt, 오른쪽 정렬

문단 첫 글자 장식 기능 글꼴 : 돋움, 면색 : 노랑

도로위의 혁신

스스로 운전하는 자율주행차

자율주행 자동차란 운전자의 개입 없이 주변 환경을 인식하고, 주행 상황을 판단하여 차량을 제어(制御)함으로써 스스로 주어진 목적지까지 주행하는 자동차를 말한다. 최근에는 이러한 자율주행 자동차가 교통사고Ⓐ를 줄이고, 교통 효율성을 높이며, 연료를 절감하고, 운전을 대신 해줌으로써 편의를 증대시킬 수 있는 미래의 개인 교통수단으로 주목(注目)받고 있다.

각주

자율주행 자동차 기술로는 운전자 보조 기술, 자동주행 기술, 무인자동차 또는 자율주행 기술이 있다. 운전자 보조 기술은 종방향 또는 횡방향 중 한 가지에 대해서 운전자에게 경고하거나 제어를 도와주는 기술을 말한다. 자동주행 기술은 종횡 방향 모두에 대해 제어를 도와주는 기술을 말한다. 단, 항상 운전자가 주변 상황을 계속 모니터링하고 있다가 언제든지 개입할 수 있다는 가정을 가지고 있다. 자동주행과 자율주행의 차이는 운전자가 항상 개입을 할 수 있도록 준비해야 하는지 아닌지에 따라 구별한다. 자율주행 차량의 경우 운전자가 신문을 보거나 잠을 자도 상관없이 차량이 자율로 주행하는 개념이다.

★ 자율주행 프로세스

글꼴 : 굴림, 18pt, 하양, 음영 색 : 파랑

A. 인지
ⓐ 각종 센서를 이용하여 차선 및 차량에 관한 정보 인지
ⓑ 경로 선택, 차량 간 통신을 통해 주변 도로 및 상황 정보 획득
B. 판단 및 제어
ⓐ 주행상황 판단 및 주행전략 결정, 주행경로 생성
ⓑ 목표 조향각/토크, 목표 가감속

그림위치(내 PC₩문서₩ITQ ₩Picture₩그림4.jpg, 문서에 포함), 자르기 기능 이용, 크기(40mm×35mm), 바깥 여백 왼쪽 : 2mm

★ *자율주행 진행 단계*

글꼴 : 굴림, 18pt, 기울임, 강조점

단계	특징	내용	모니터링
1단계	운전자 지원	조향 또는 가속 및 감속 중 하나를 수행	운전자
2단계	부분 자동화	조향 또는 가속 및 감속 모두 수행하는 주행보조 기술	
3단계	조건부 자동화	차량 제어와 주행환경을 인식하지만 운전자가 적절하게 제어	자율주행 시스템
4단계	고도 자동화	모든 측면을 시스템이 수행하지만 전적으로 제어하는 것은 아님	

문단 번호 기능 사용 1수준 : 20pt, 오른쪽 정렬, 2수준 : 30pt, 오른쪽 정렬 줄 간격 : 180%

글꼴 : 굴림, 24pt, 진하게, 장평 95%, 오른쪽 정렬

한국전자통신연구원

표 전체 글꼴 : 돋움, 10pt, 가운데 정렬, 셀 배경(그러데이션) : 유형(왼쪽 대각선), 시작색(하양), 끝색(노랑)

각주 구분선 : 5cm

Ⓐ 94%에 이르는 대부분의 교통사고는 운전자의 부주의로 인해 발생

쪽 번호 매기기, 5로 시작 E

핵심기능

기능	바로 가기	메뉴
덧말 넣기		[입력]-[덧말 넣기]
머리말/꼬리말	, Ctrl+N, H	[쪽]-[머리말/꼬리말]
책갈피	, Ctrl+K, B	[입력]-[책갈피]
문단 첫 글자 장식		[서식]-[문단 첫 글자 장식]
그림 삽입	, Ctrl+N, I	[입력]-[그림]
한자 입력	, 한자 또는 F9	[입력]-[한자 입력]-[한자로 바꾸기]
각주	, Ctrl+N, N	[입력]-[주석]-[각주]
문자표	※, Ctrl+F10	[입력]-[문자표]
문단 번호	, Ctrl+K, N	[서식]-[문단 번호 모양]
문단 모양	, Alt+T	[서식]-[문단 모양]
글자 모양	, Alt+L	[서식]-[글자 모양]
표	, Ctrl+N, T	[입력]-[표]
쪽 번호 매기기	, Ctrl+N, P	[쪽]-[쪽 번호 매기기]
새 번호로 시작		[쪽]-[새 번호로 시작]

과정 한눈에 보기

문서 입력 ➡ 머리말 ➡ 제목 ➡ 문단 첫 글자 장식 ➡ 각주 ➡ 한자 ➡ 들여쓰기 ➡ 그림 삽입 ➡ 중간 제목 1 ➡ 문단 번호 ➡ 중간 제목 2 ➡ 표 작성 ➡ 기관명 ➡ 쪽 번호 매기기 ➡ 파일 저장

자율주행

① 3페이지 첫 줄에 입력되어 있는 제목 아래에 본문의 내용을 오타에 주의하여 입력한다.

② [쪽] 탭 – [머리말](▤) – [위쪽] – [양쪽] – [모양 없음]을 클릭한다.

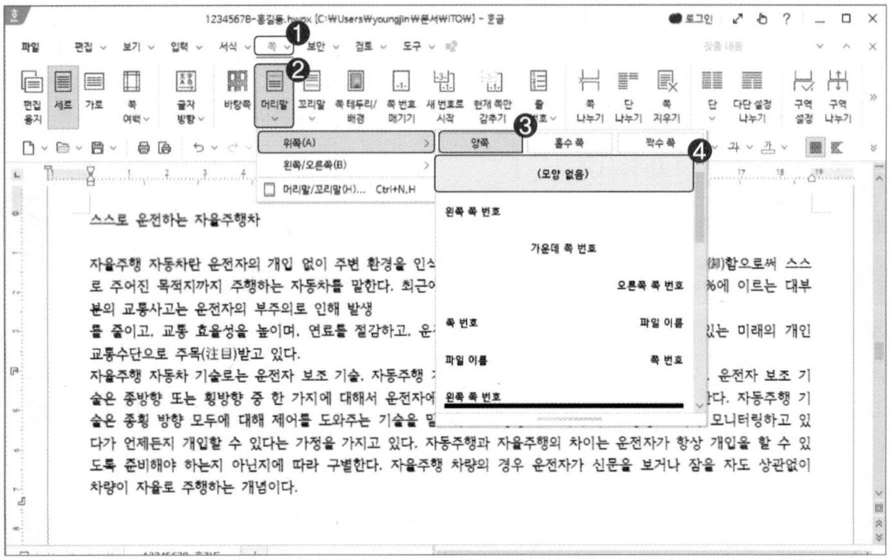

③ 머리말 영역이 표시되면 「자율주행」을 입력한다.
→ 텍스트를 블록 설정하여 글꼴 '굴림', '10pt', [오른쪽 정렬](▤)을 설정하고, [머리말/꼬리말] 탭 – [닫기](⊗)를 클릭한다.

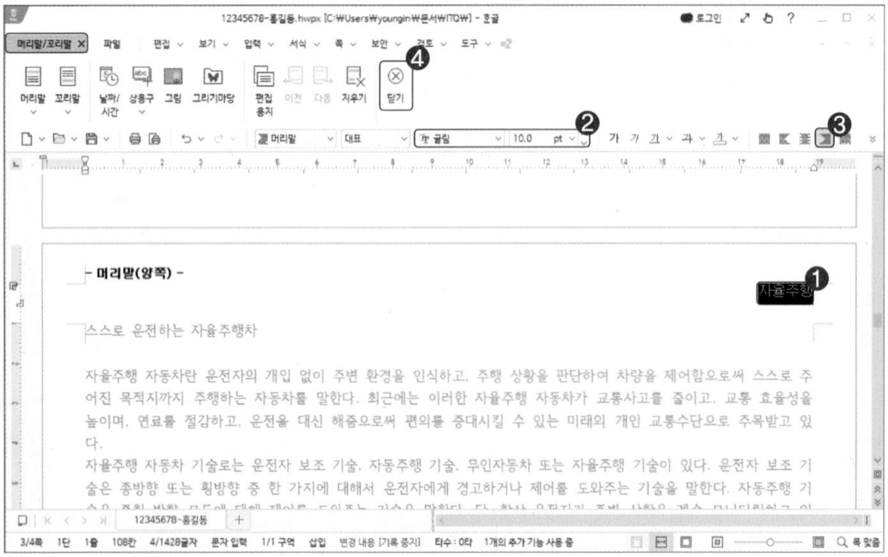

> **해결 TIP**
>
> **한글을 입력하는데 자꾸 영문으로 변경돼요.**
>
> [한영 자동 전환] 기능이 설정되어 있기 때문이다. [도구] 메뉴–[글자판]–[글자판 자동 변경] 체크를 해제하면 된다.

SECTION 02 제목

도로위의 혁신
스스로 운전하는 자율주행차

① 제목을 블록 설정하고 글꼴 '궁서', '18pt', '진하게', [가운데 정렬](≣)을 지정한다.

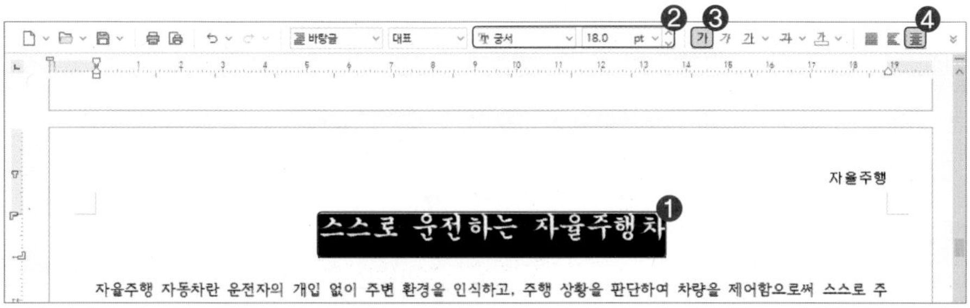

② [입력] 메뉴 – [덧말 넣기](덧말 가나)를 클릭한다.

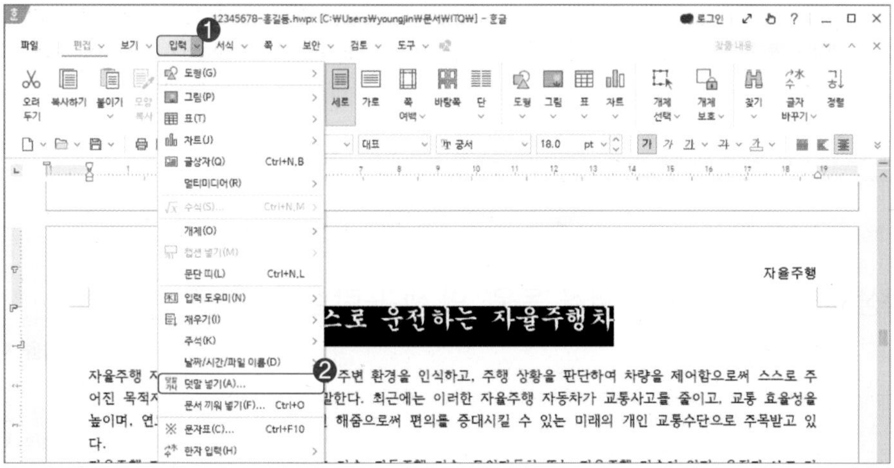

③ [덧말 넣기] 대화상자의 [덧말]에 「도로위의 혁신」을 입력하고 [덧말 위치]를 '위'로 설정한다.

기적의 TIP

덧말은 본말의 글자 속성에 따라 글꼴, 크기, 색 등이 자동으로 변경되며 본말의 가운데로 정렬된다.

기적의 TIP

덧말의 수정

덧말을 더블 클릭하거나 [편집] 메뉴–[고치기]를 클릭한다.

SECTION 03 문단 첫 글자 장식

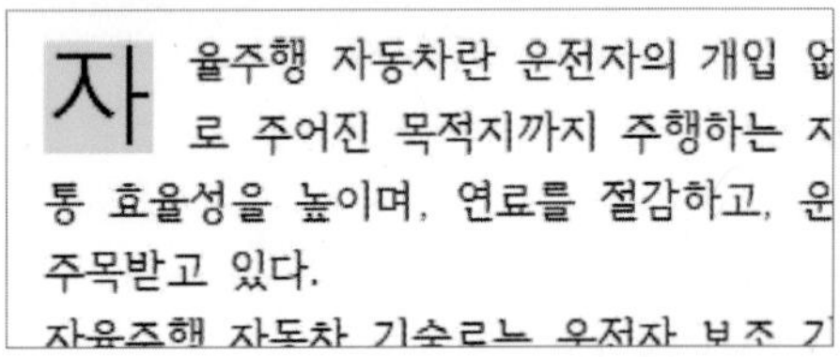

① 첫 번째 문단에 커서를 놓고 [서식] 탭 – [문단 첫 글자 장식](가)을 클릭한다.

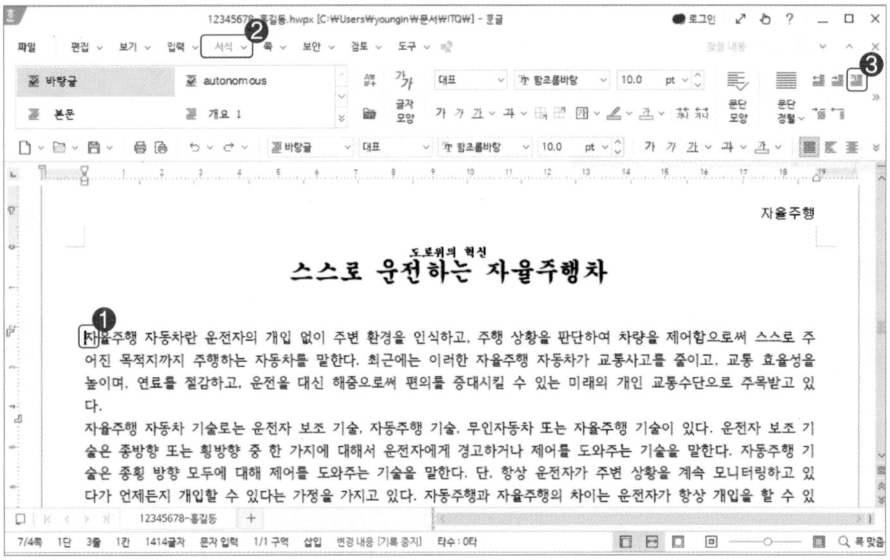

② [문단 첫 글자 장식] 대화상자에서 [모양] '2줄', 글꼴 '돋움', 면 색 '노랑'을 설정한다.

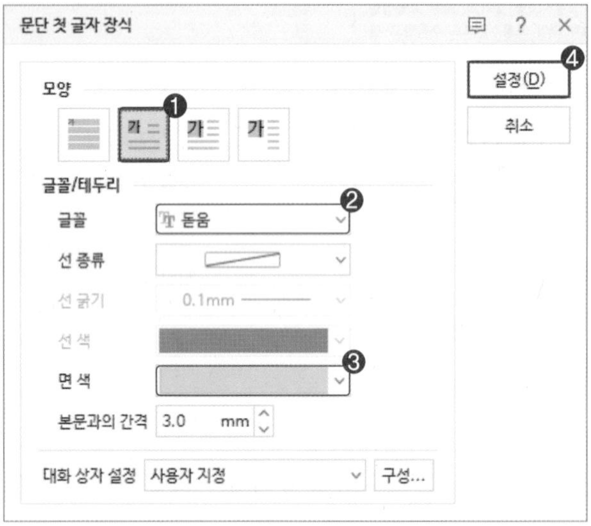

해결 TIP

문단 첫 글자 장식을 지우고 싶어요!

문단에 커서를 놓고 [문단 첫 글자 장식] 대화상자를 열어 [모양]에서 '없음'을 설정한다.

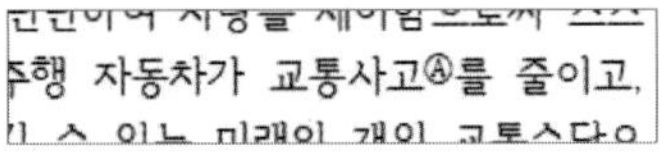
행 자동차가 교통사고Ⓐ를 줄이고,

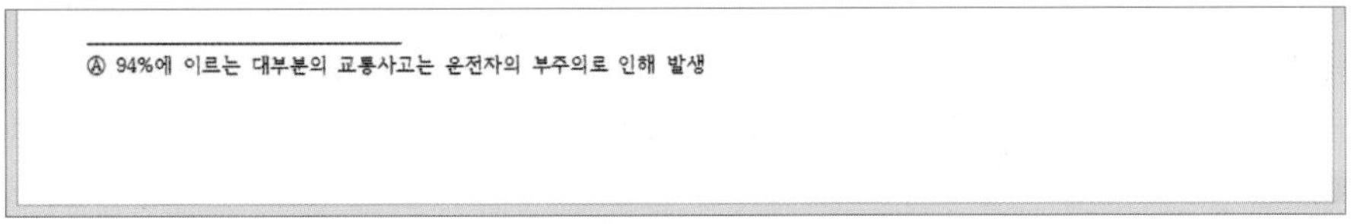
Ⓐ 94%에 이르는 대부분의 교통사고는 운전자의 부주의로 인해 발생

① 각주를 표시할 단어 뒤에 커서를 놓고, [입력] 탭 – [각주]( )를 클릭한다.

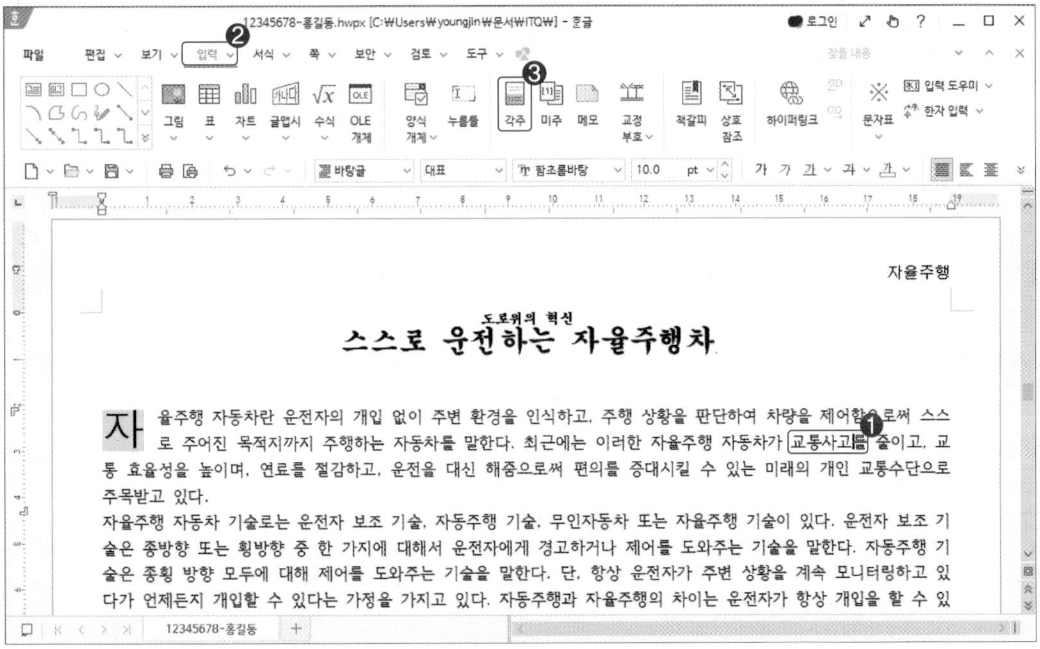

② 각주 입력 화면이 나타나면 [주석] 탭 – [각주/미주 모양]( )을 클릭한다.

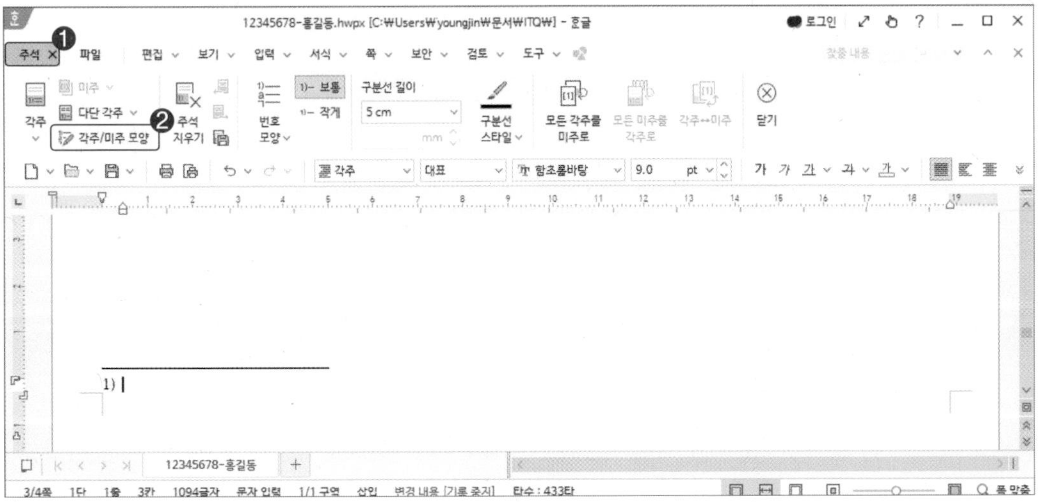

③ [주석 모양] 대화상자에서 번호 모양 'Ⓐ, Ⓑ, Ⓒ'를 선택한다.
→ 구분선 넣기를 체크하고 길이 '5cm'로 설정한다.

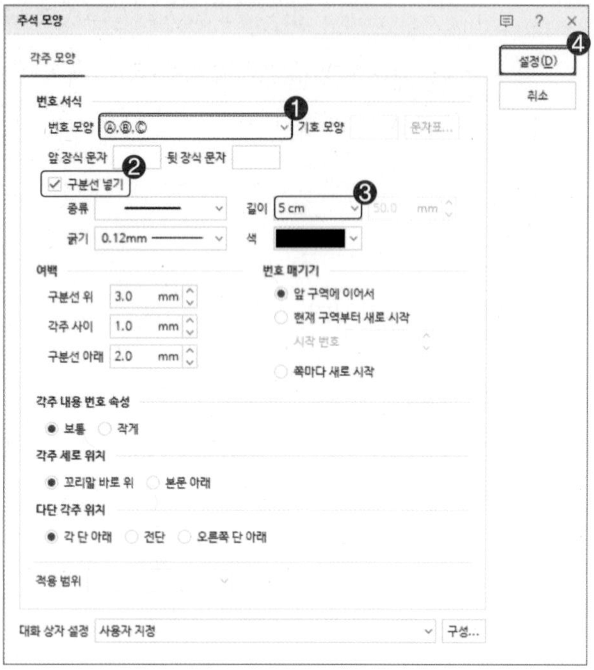

④ 각주 내용을 입력하고, [주석] 탭 – [닫기](ⓧ)를 클릭한다.

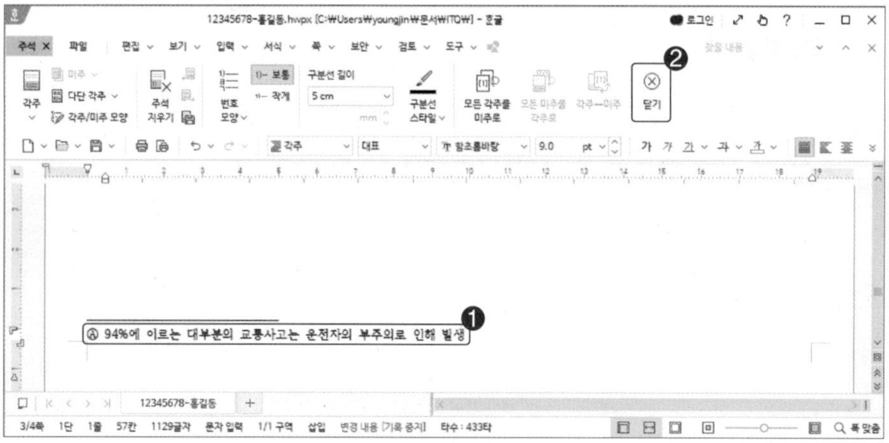

기적의 TIP

각주의 글꼴

각주는 별도의 지시사항이 없는 경우 프로그램의 기본값인 '함초롬바탕', '9pt'로 작성한다.

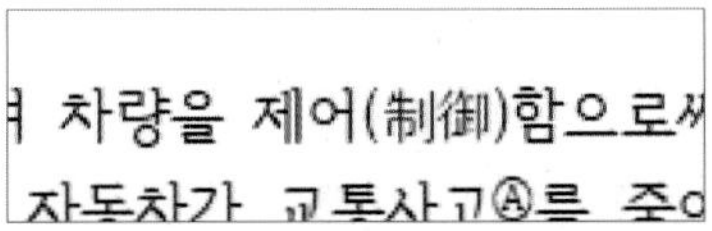

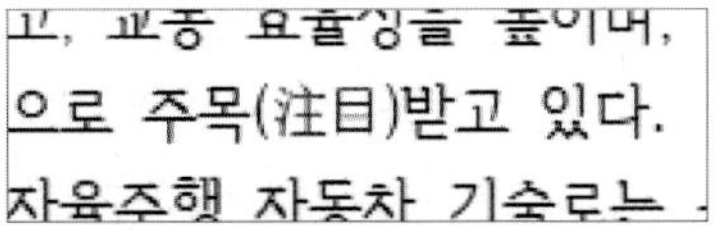

① 한자로 변환할 단어 뒤에 커서를 놓고 [입력] 탭 – [한자 입력]( )을 클릭하거나 한자 또는 F9를 누른다.

② [한자로 바꾸기] 대화상자의 한자 목록에서 변경할 한자를 선택한다.
→ 입력 형식을 '한글(漢字)'로 선택하고 [바꾸기]를 클릭한다.

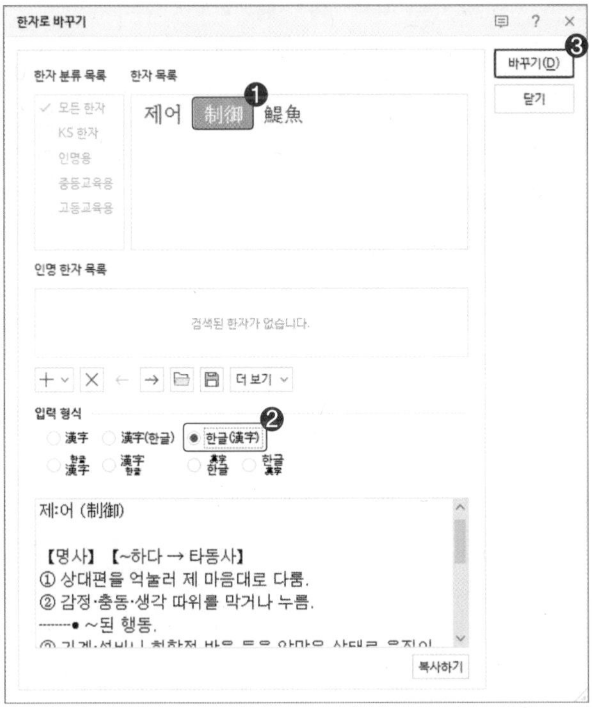

기적의 TIP

문서작성 능력평가에서 한자는 두 개 단어가 출제되고 있다.

기적의 TIP

[입력 형식]에 따른 한자 표현이 다양하므로 적절한 것을 선택한다.

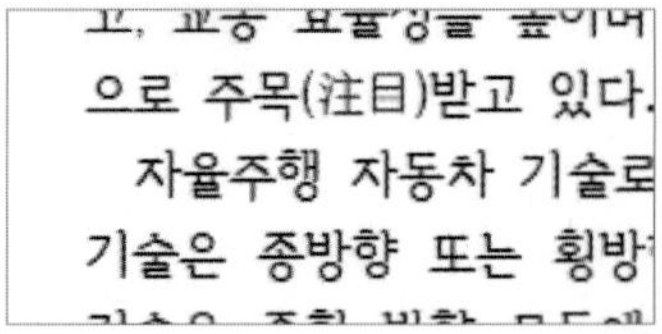
으로 주목(注目)받고 있다.
자율주행 자동차 기술로
기술은 종방향 또는 횡방

① 들여쓰기할 부분에서 [서식] 탭 – [문단 모양]( )을 클릭한다.

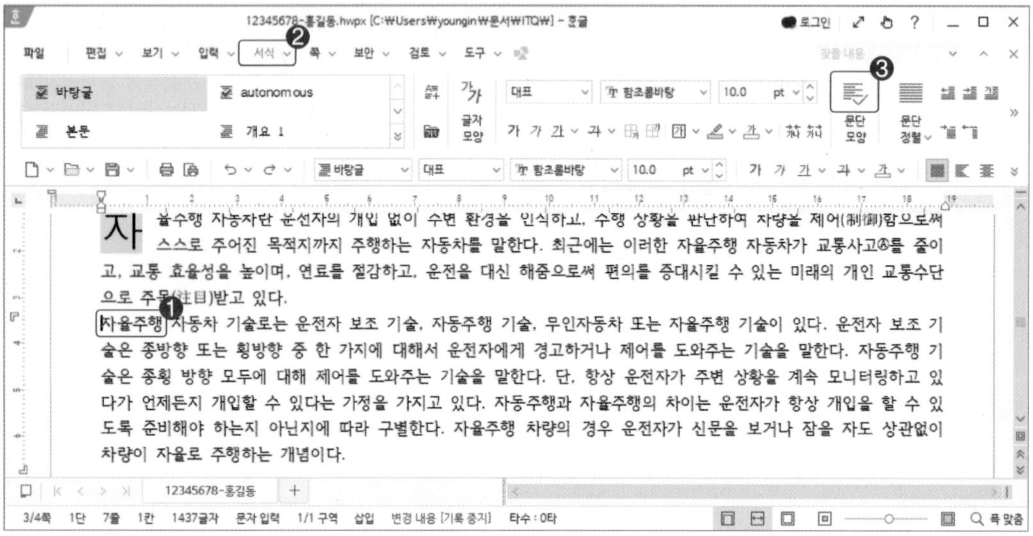

② [기본] 탭에서 [첫 줄] 들여쓰기를 '10pt'로 설정한다.

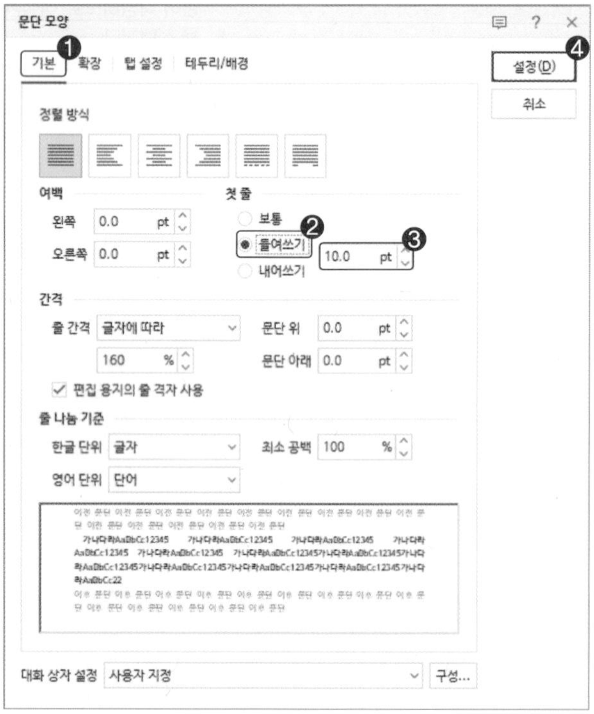

기적의 TIP

[첫 줄] 들여쓰기 기능 대신 Space Bar 를 두 번 눌러 공간을 띄어도 된다.

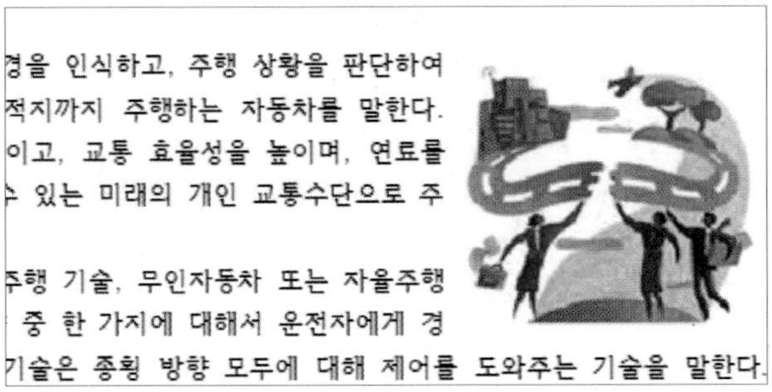
경을 인식하고, 주행 상황을 판단하여
적지까지 주행하는 자동차를 말한다.
이고, 교통 효율성을 높이며, 연료를
수 있는 미래의 개인 교통수단으로 주
주행 기술, 무인자동차 또는 자율주행
중 한 가지에 대해서 운전자에게 경
기술은 종횡 방향 모두에 대해 제어를 도와주는 기술을 말한다.

① [입력 탭] – [그림]( )을 클릭한다.

② '내 PC₩문서₩ITQ₩Picture' 폴더에서 '그림4.jpg'를 선택한 뒤, '문서에 포함'에 체크하고 [열기]를 클릭한다.
→ 마우스로 여백에 클릭하면 그림이 삽입된다.

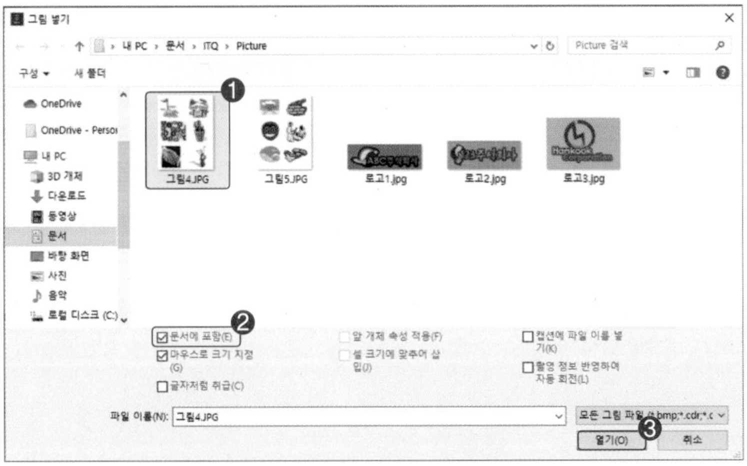
그림 넣기
내 PC › 문서 › ITQ › Picture
OneDrive
그림4.JPG
그림5.JPG
로고1.jpg
로고2.jpg
로고3.jpg
문서에 포함(E)
마우스로 크기 지정(G)
글자처럼 취급(C)
파일 이름(N): 그림4.JPG
열기(O)
취소

③ 그림을 삽입하고 [그림] 탭 – [자르기]( )를 클릭한다.
→ 마우스로 조절점을 드래그하여 그림을 자른다.

기적의 TIP

[자르기]( ) 대신 Shift 를 누른 상태에서 마우스로 조절점을 드래그해도 바로 그림을 자를 수 있다.

④ 삽입된 그림에 마우스 오른쪽 클릭하여 [개체 속성]을 클릭한다.

→ [개체 속성] 대화상자의 [기본] 탭 – [크기]에서 너비 「40mm」, 높이 「35mm」로 입력한다.

→ '크기 고정'에 체크하고 [본문과의 배치]는 '어울림'을 클릭한다.

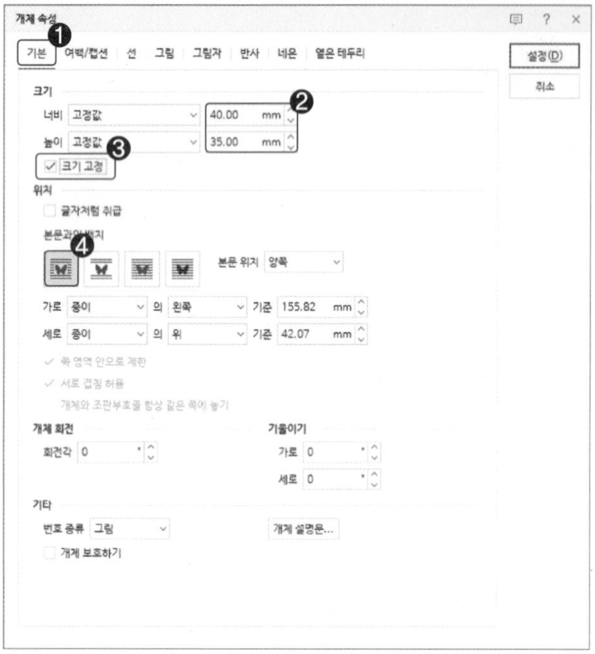

⑤ [여백/캡션] 탭에서 [바깥 여백] 왼쪽 '2mm'를 설정한다.

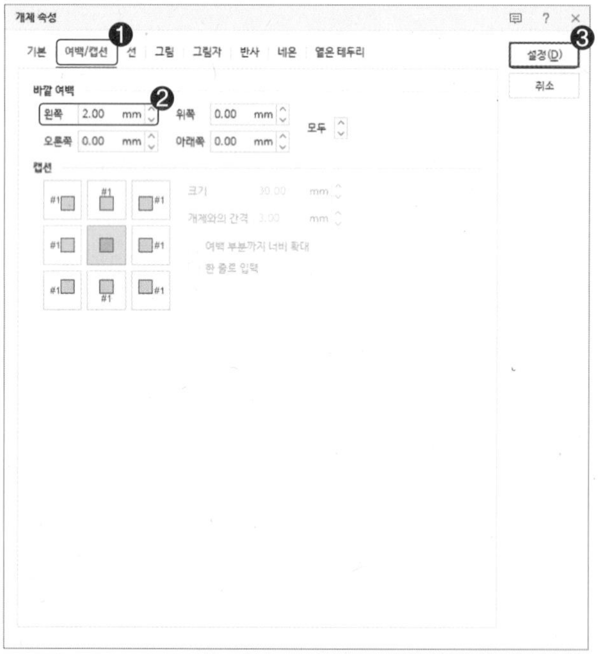

⑥ ≪출력형태≫를 참고하여 그림의 위치를 조절한다.

기적의 TIP

방향키를 이용하면 세밀한 조절이 가능하다.

★ 자율주행 프로세스

① 문자표가 필요한 위치에 커서를 놓고 [입력] 탭 – [문자표](※)를 클릭한다.

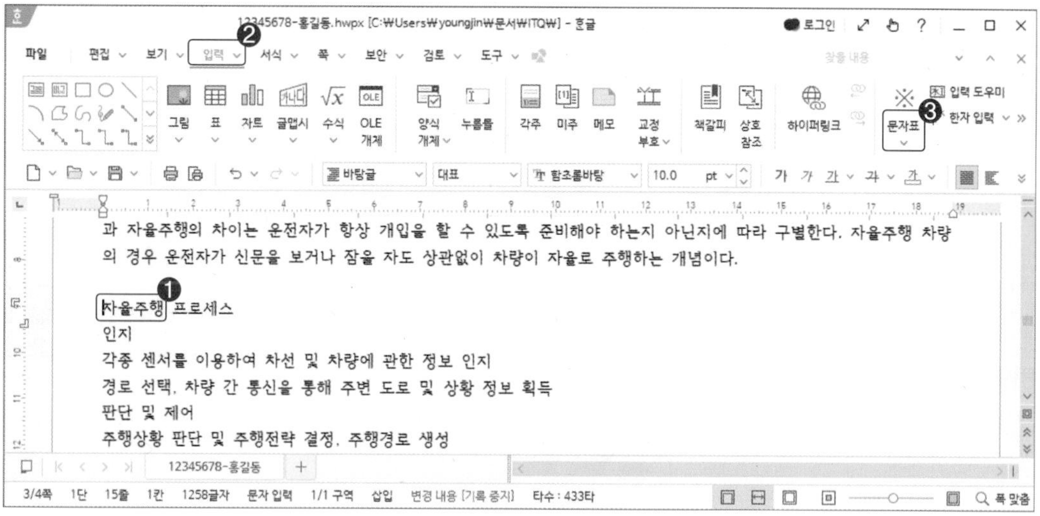

② [문자표] 대화상자에서 '★'를 선택하여 넣는다.

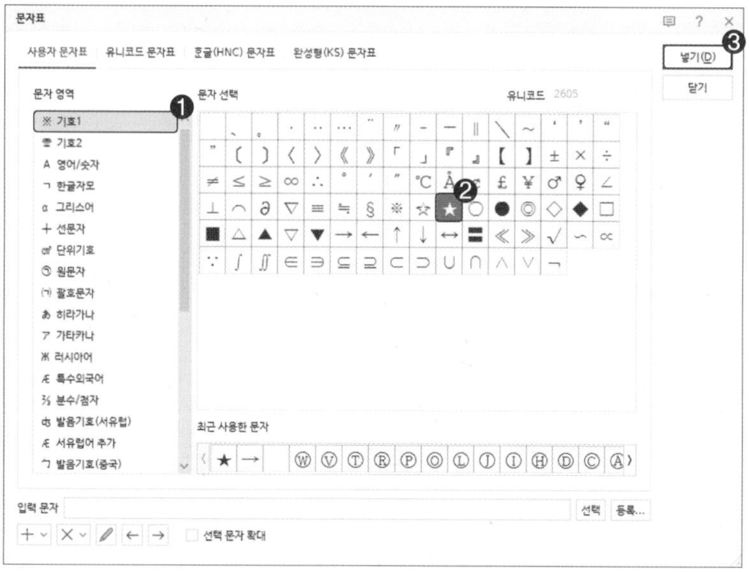

③ 문자표를 포함해서 제목에 블록 설정한다.
→ 글꼴 '굴림', '18pt'를 설정한다.

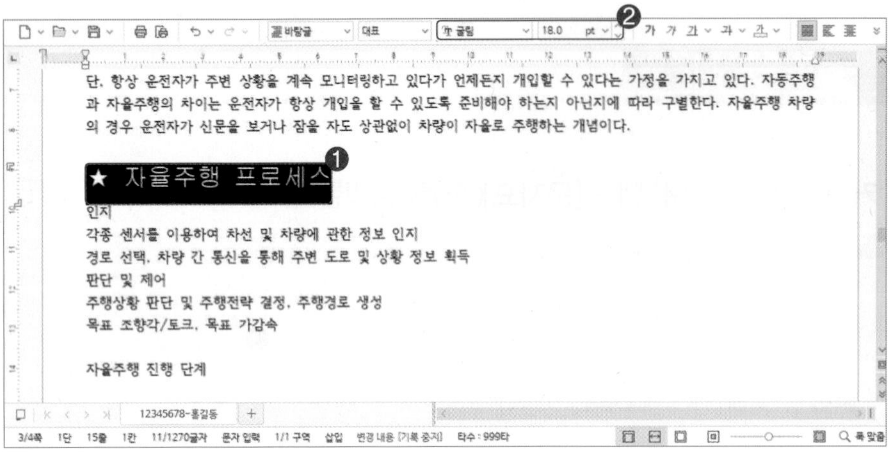

④ 문자표를 제외하고 제목에 블록 설정한다.
→ [서식] 탭 – [글자 모양](가)을 클릭한다.
→ 글자 색 '하양', 음영 색 '파랑'을 설정한다.

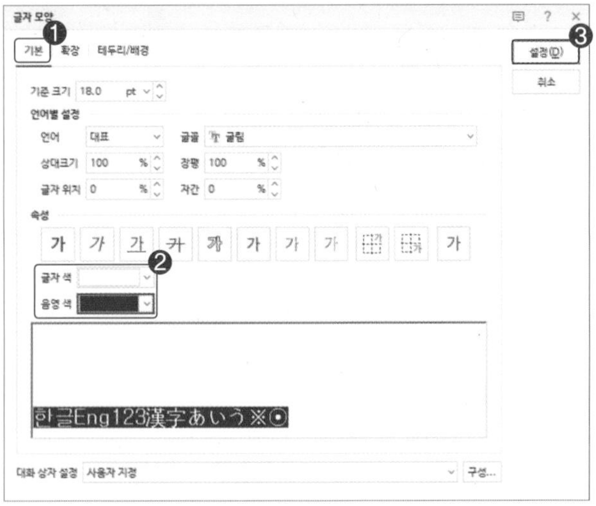

기적의 TIP

문자표는 색을 지정하지 않고 글꼴과 크기만 설정한다.

SECTION 09 문단 번호

A. 인지
  ⓐ 각종 센서를 이용하여 차선 및 차량에 관한 정보 인지
  ⓑ 경로 선택, 차량 간 통신을 통해 주변 도로 및 상황 정보 획득
B. 판단 및 제어
  ⓐ 주행상황 판단 및 주행전략 결정, 주행경로 생성
  ⓑ 목표 조향각/토크, 목표 가감속

① 문단 번호를 지정할 부분을 블록 설정한다.
→ [서식] 탭 – [문단 번호]의 드롭다운 단추를 클릭하고 [문단 번호 모양]을 클릭한다.

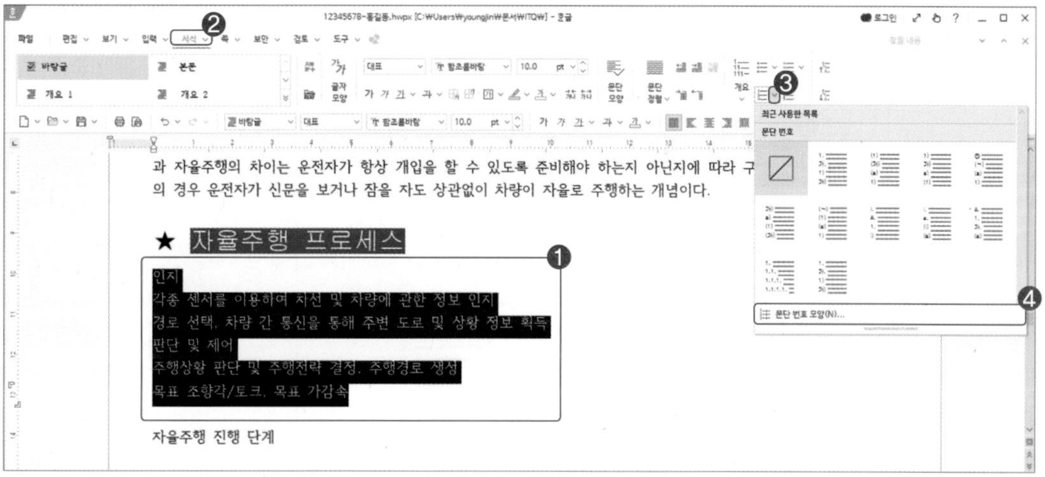

② [글머리표 및 문단 번호] 대화상자의 [문단 번호 모양]에서 'A.'가 첫 줄에 있는 모양을 선택하고 [사용자 정의]를 클릭한다.

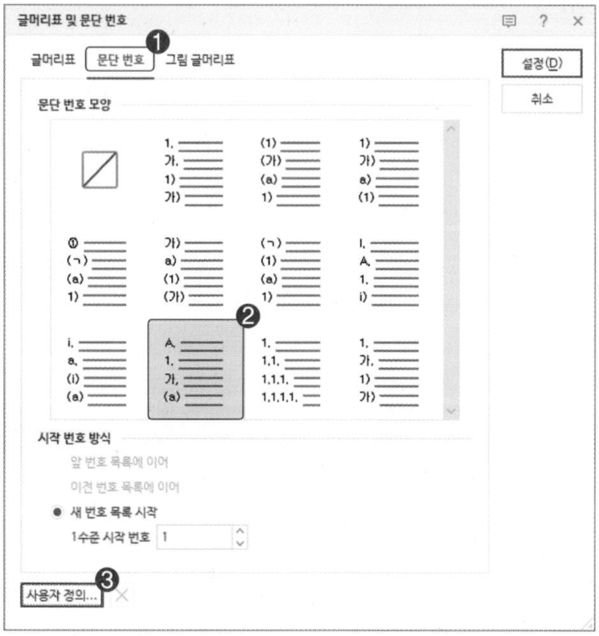

해결 TIP

문제에 맞는 문단 번호가 없어요.

문단 번호 모양 목록에서 가장 비슷한 모양을 선택한 후 [사용자 정의] 단추를 클릭하여 수준별 번호 서식 모양을 변경한다.

③ 1 수준에서 번호 서식 「^1.」, 너비 조정 '20pt', 정렬 '오른쪽'을 선택한다. → 2 수준을 클릭하고 번호 서식 「^2」, 번호 모양 'ⓐ,ⓑ,ⓒ', 너비 조정 '30pt', 정렬 '오른쪽'을 설정한다.

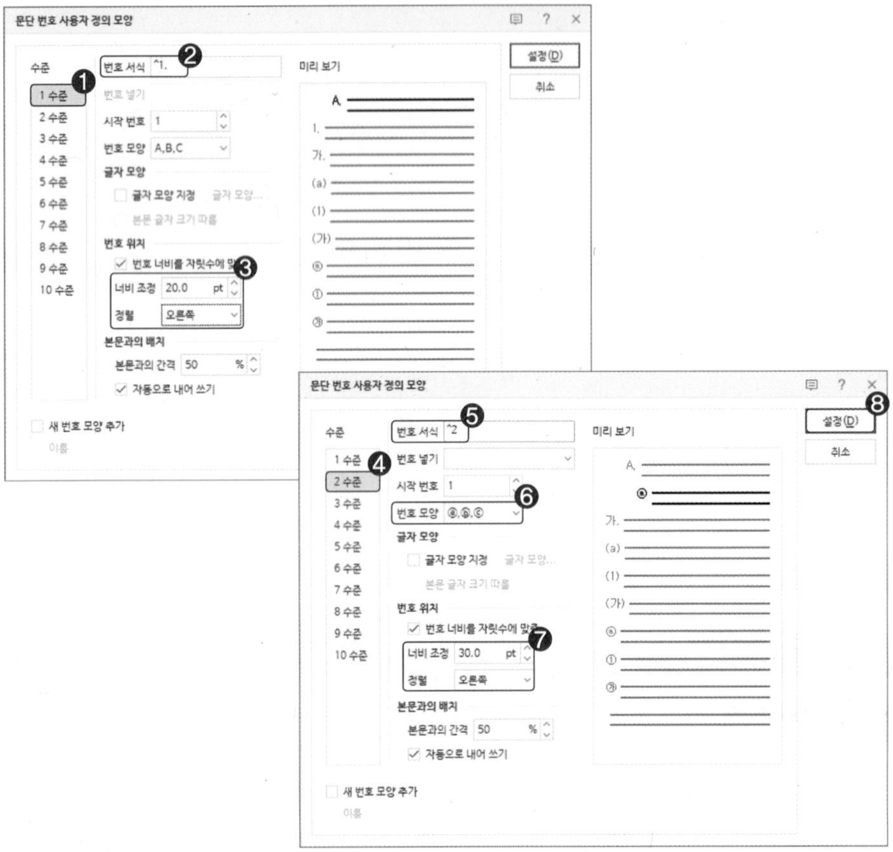

④ [글머리표 및 문단 번호] 대화상자에서 [문단 번호 모양]이 '사용자 정의'로 선택되어 있는 것을 확인하고 [설정]을 클릭한다.

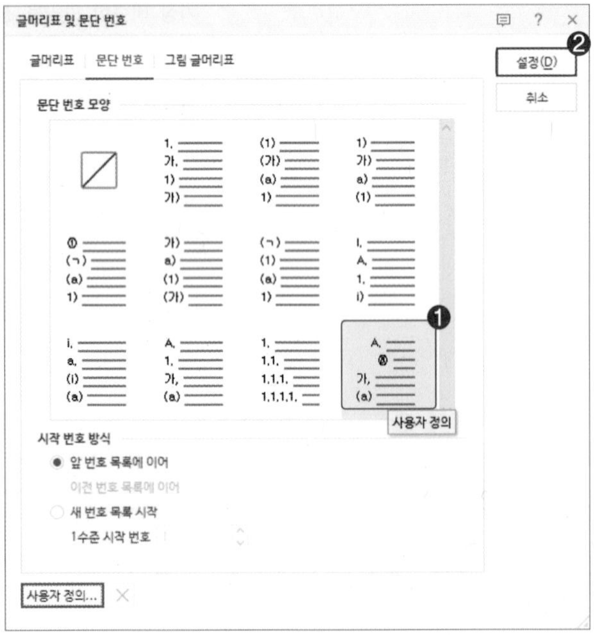

기적의 TIP

번호 서식

^1. → 1. 가. A. 로 표현

^1) → 1) 가) A) 로 표현

기적의 TIP

[번호 위치]의 정렬은 '오른쪽'으로 출제되고 있다.

⑤ 2 수준이 적용될 부분을 블록 설정한다.
→ [서식] 탭 – [한 수준 감소]( )를 클릭한다.

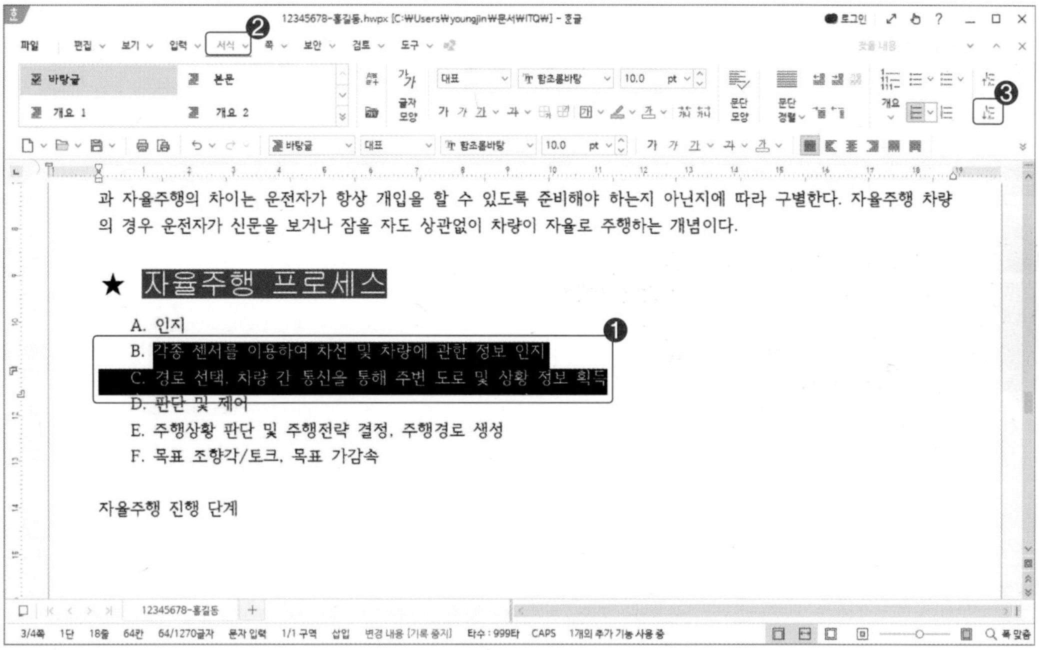

⑥ 나머지 2 수준이 적용될 부분을 블록 설정한다.
→ [서식] 탭 – [한 수준 감소]( )를 클릭한다.

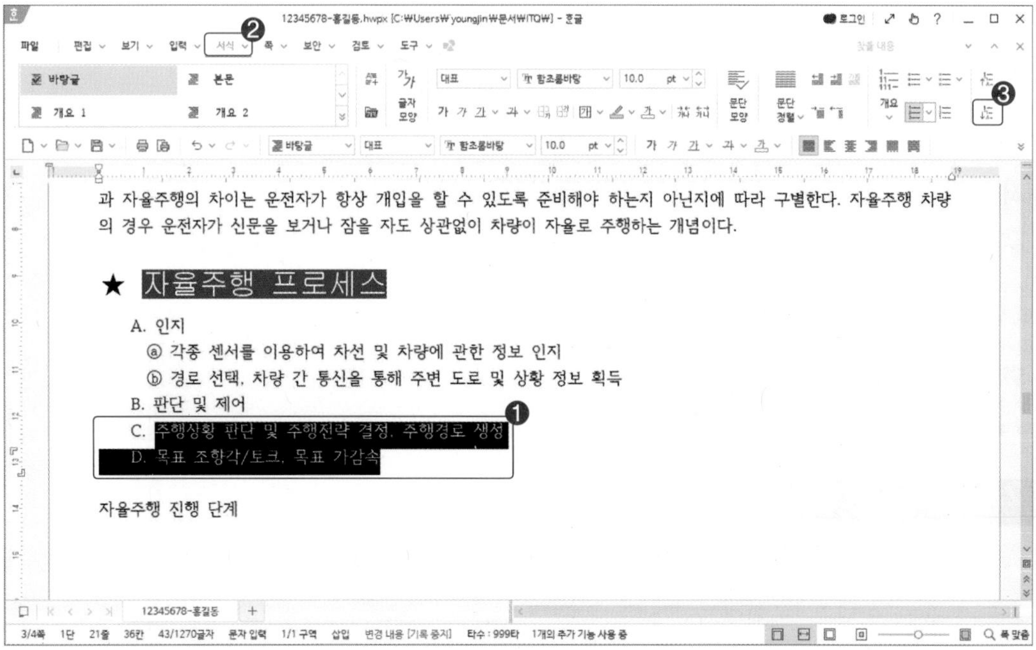

⑦ 문단 번호를 지정한 부분을 모두 블록 설정한다.
→ 줄 간격 '180%'를 설정한다.

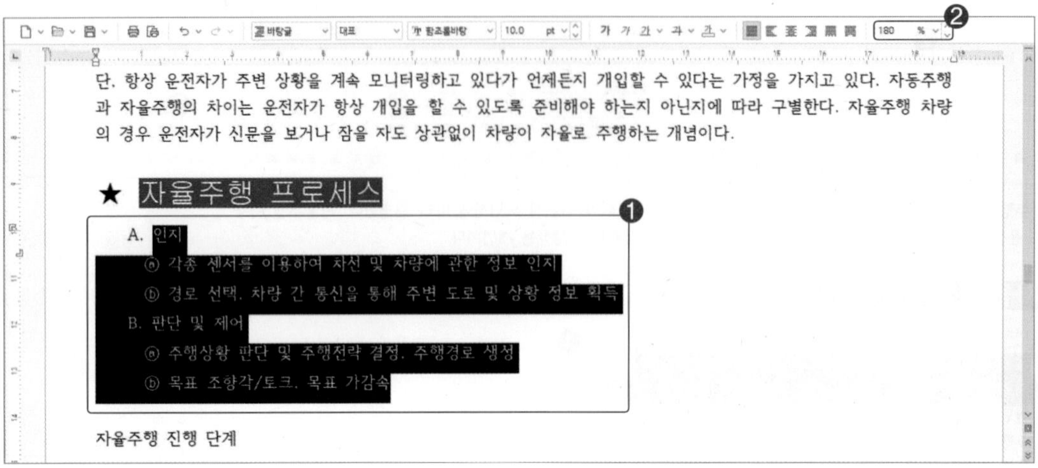

SECTION 10 중간 제목 (2)

★ *자율주행 진행 단계*

① 앞서 작업한 중간 제목 1과 같이 [입력] 탭 – [문자표](※)에서 '★'를 선택하여 넣는다.

② 문자표를 포함해서 제목에 블록 설정한다.
→ 글꼴 '굴림', '18pt'를 설정한다.
→ 문자표를 제외하고 다시 블록 설정하여 [기울임](가)을 설정한다.

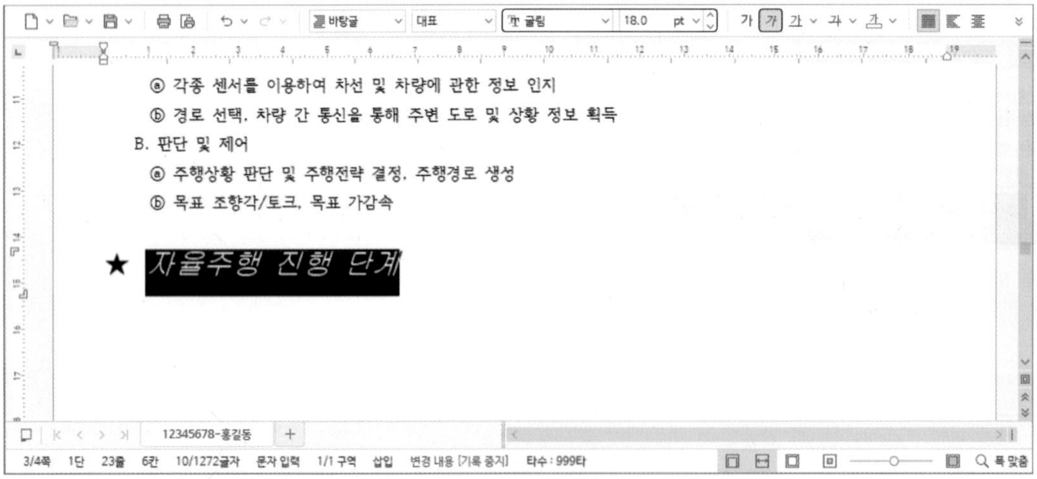

③ '자율주행'을 블록 설정한다.

→ [서식] 탭 – [글자 모양](가가)을 클릭하고, [확장] 탭에서 강조점 '。'을 설정한다.

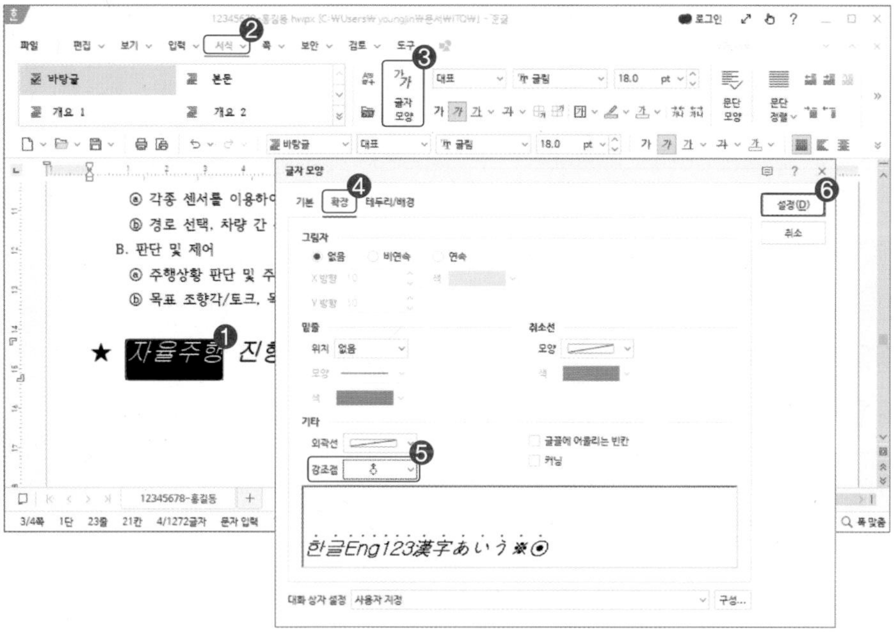

④ 같은 방법으로 '단계'를 블록 설정하여 강조점 '。'을 설정한다.

SECTION 11 표

단계	특징	내용	모니터링
1단계	운전자 지원	조향 또는 가속 및 감속 중 하나를 수행	운전자
2단계	부분 자동화	조향 또는 가속 및 감속 모두 수행하는 주행보조 기술	
3단계	조건부 자동화	차량 제어와 주행환경을 인식하지만 운전자가 적절하게 제어	자율주행 시스템
4단계	고도 자동화	모든 측면을 시스템이 수행하지만 전적으로 제어하는 것은 아님	

① [입력] 탭 – 표(▦)를 클릭한 뒤, [표 만들기] 대화상자에서 줄 개수 '5', 칸 개수 '4', 글자처럼 취급에 체크하고 [만들기]를 클릭한다.

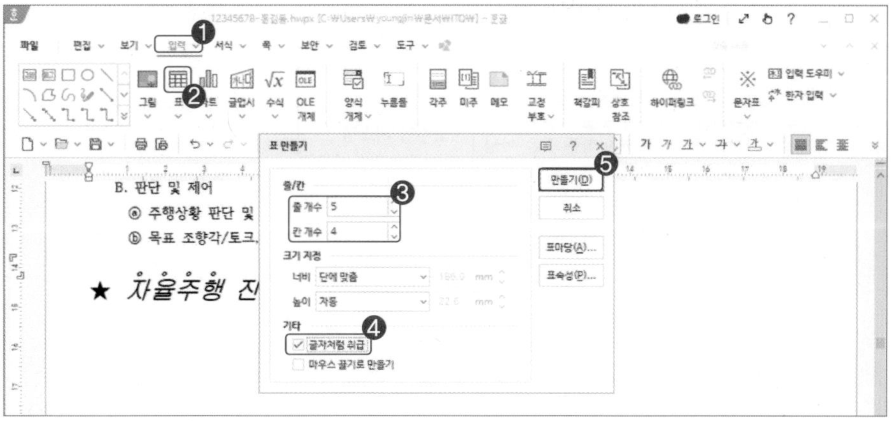

기적의 TIP

표

→ 칸 개수

↓ 줄 개수

② 표 앞에 커서를 놓고 [가운데 정렬](≡)을 설정한다.

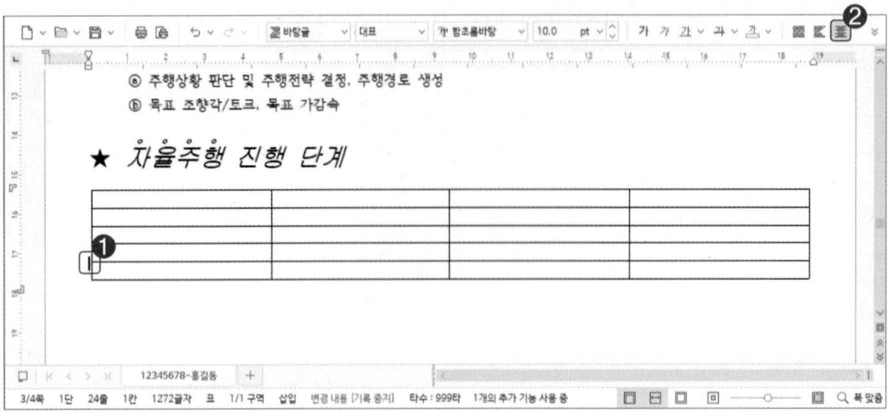

해결 TIP

커서가 표 앞으로 위치하지 않아요!

표에 [글자처럼 취급] 설정을 하지 않았기 때문이다. [표 디자인] 탭–[표 속성](▦)에서 해당 설정을 확인한다.

③ 4번째 칸에서 2, 3번째 줄을 블록 설정한다.
→ [표 레이아웃] 탭 – [셀 합치기](▦)를 클릭한다.

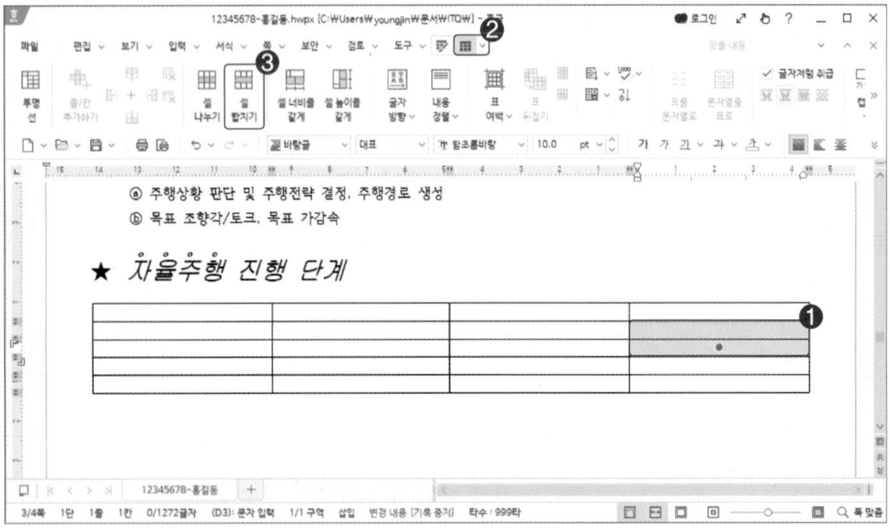

기적의 TIP

셀 합치기

블록 설정 후 단축키 M

④ 4번째 칸의 4, 5번째 줄도 블록 설정하여 셀을 합친다.

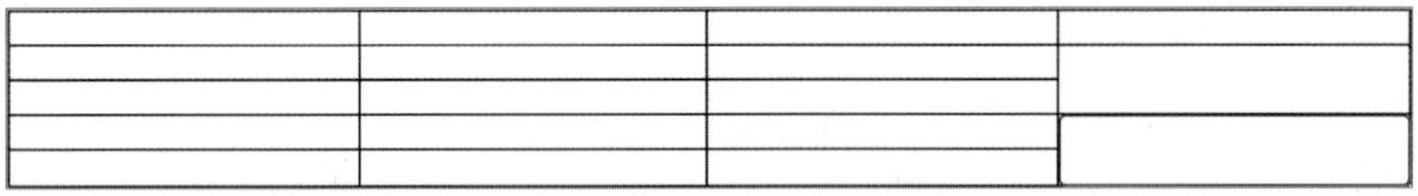

⑤ 표에 내용을 입력하고, 셀 경계선 부분을 드래그하여 너비를 조절한다.

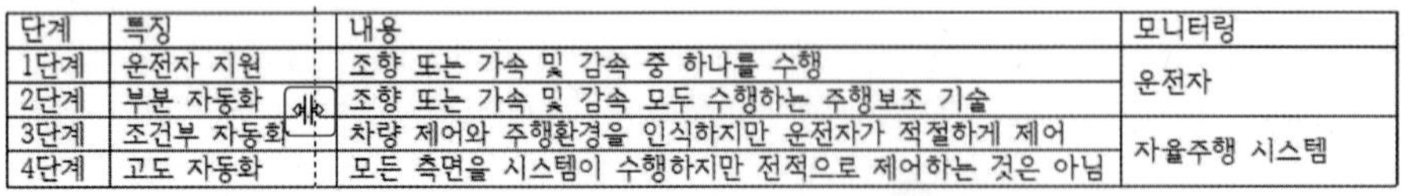

단계	특징	내용	모니터링
1단계	운전자 지원	조향 또는 가속 및 감속 중 하나를 수행	운전자
2단계	부분 자동화	조향 또는 가속 및 감속 모두 수행하는 주행보조 기술	
3단계	조건부 자동화	차량 제어와 주행환경을 인식하지만 운전자가 적절하게 제어	자율주행 시스템
4단계	고도 자동화	모든 측면을 시스템이 수행하지만 전적으로 제어하는 것은 아님	

기적의 TIP

표에 내용을 입력할 때 Tab을 누르면 다음 칸으로 이동한다.

⑥ 표 전체를 블록 설정(F5 세 번)하고 글꼴 '돋움', '10pt', [가운데 정렬]을 설정한다.

→ 블록 설정된 상태에서 Ctrl을 누른 채 ↓ 방향키를 눌러 높이를 조절한다.

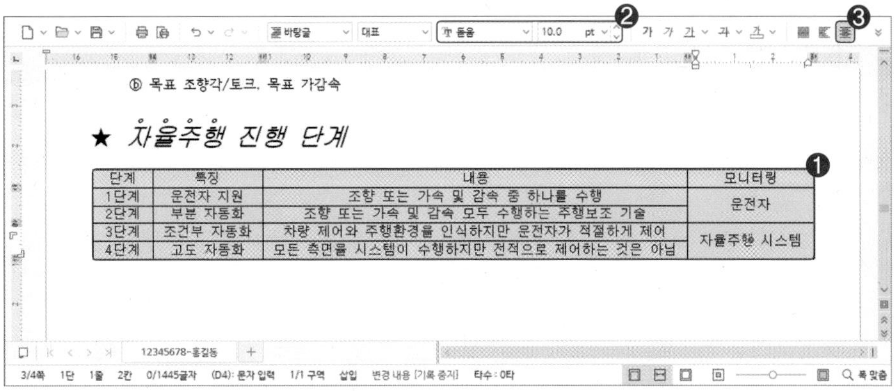

기적의 TIP

Ctrl+방향키로 블록 설정한 부분의 높이와 너비를 조절할 수 있다.

⑦ 첫째 줄을 블록 설정하고, 마우스 오른쪽 클릭하여 [셀 테두리/배경] – [각 셀마다 적용]을 클릭하여 [셀 테두리/배경] 대화상자를 연다.

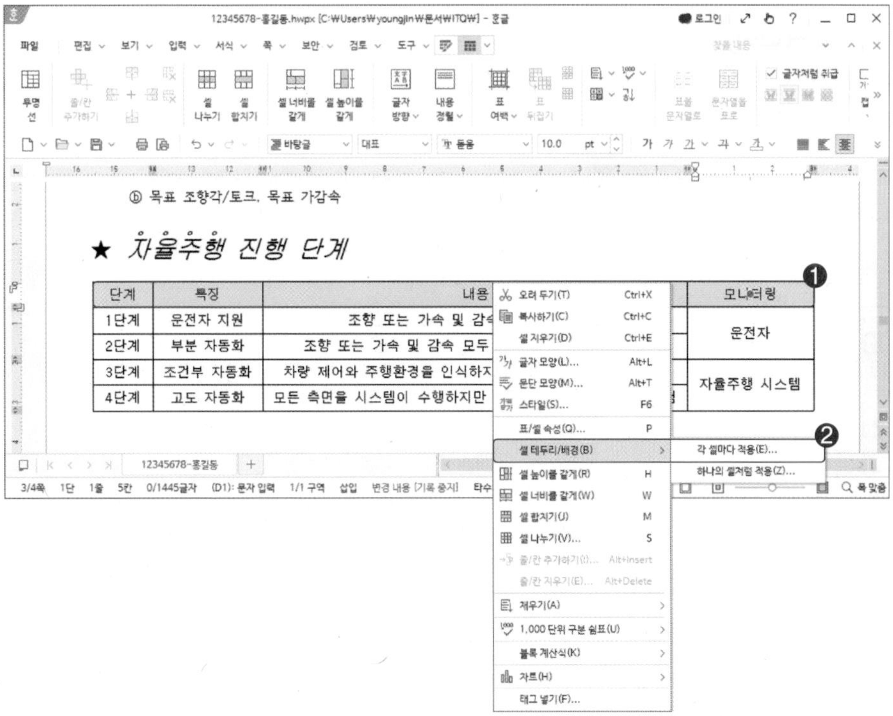

기적의 TIP

셀 테두리/배경 대화상자
블록 설정 후 단축키 L

⑧ [테두리] 탭에서 종류 '이중 실선'으로 지정하고 '위쪽 테두리', '아래쪽 테두리'를 클릭한다.

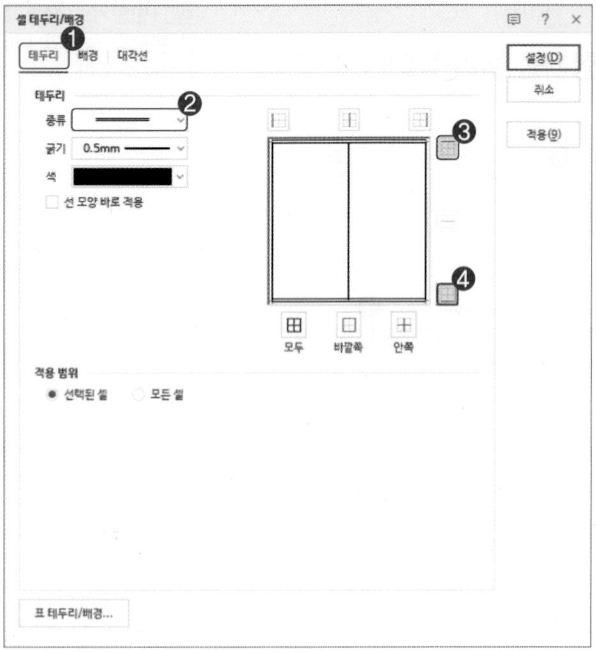

⑨ [배경] 탭에서 그러데이션을 클릭한다.
→ 시작 색 '하양', 끝 색 '노랑', 유형 '왼쪽 대각선'으로 설정한다.

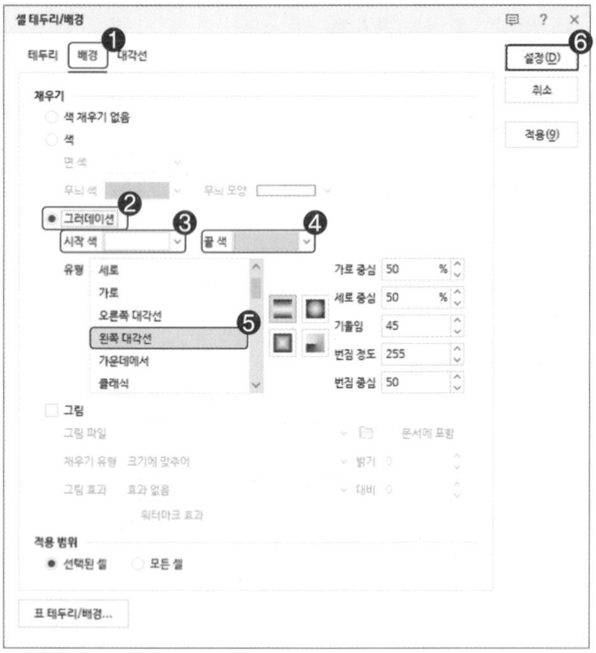

⑩ 가장 아랫줄을 블록 설정하고 [셀 테두리/배경] 대화상자를 열어 '이중 실선'을 '아래쪽 테두리'에 설정한다.

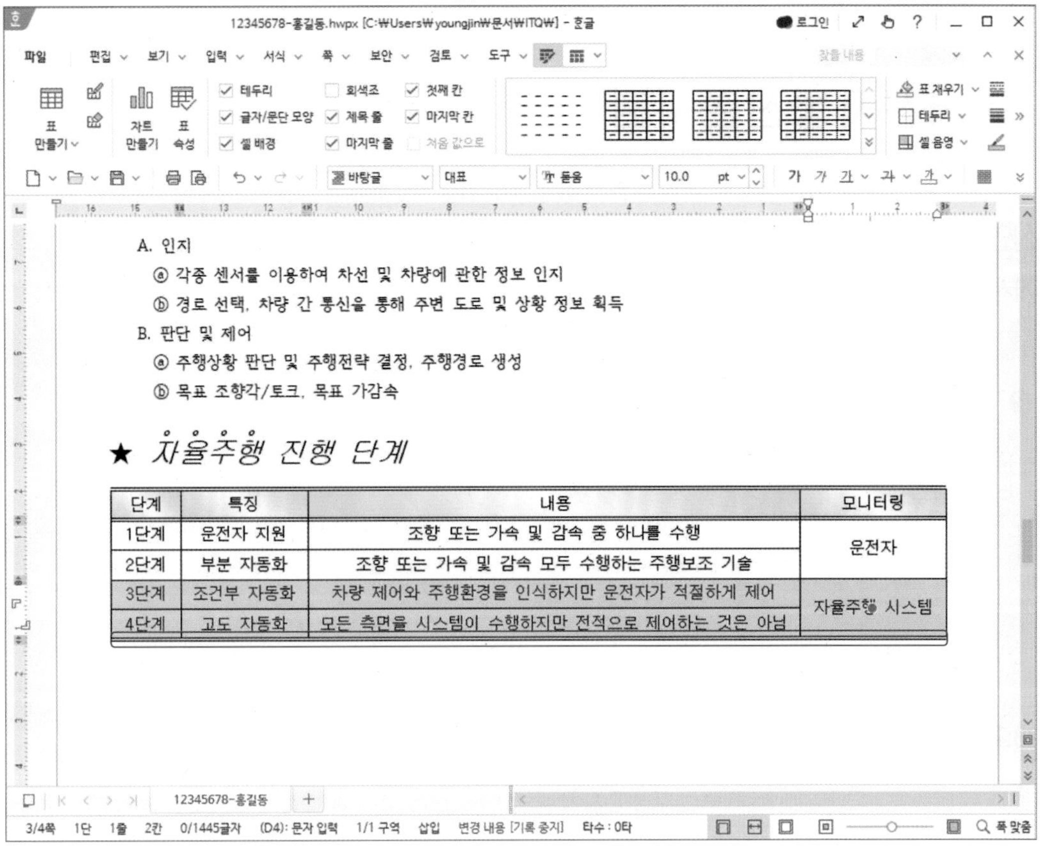

⑪ 표 전체를 블록 설정하고 [셀 테두리/배경] 대화상자를 연다.
→ [테두리] 탭에서 '선 없음'을 '왼쪽 테두리', '오른쪽 테두리'에 설정한다.

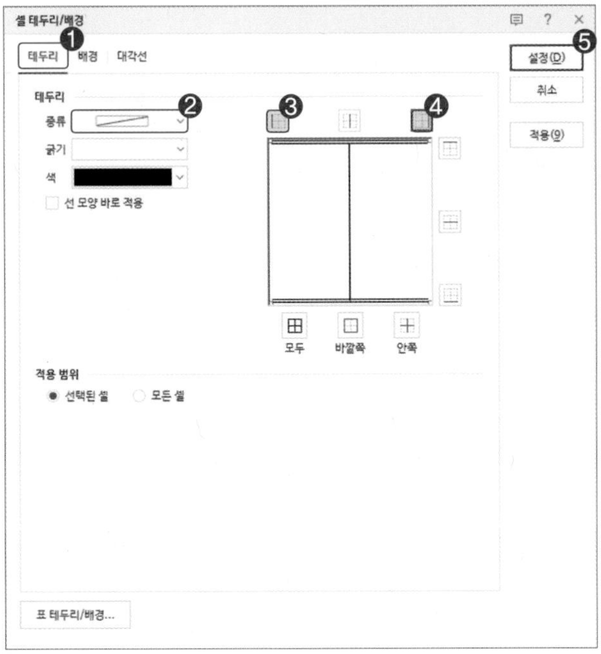

① 「한국전자통신연구원」을 입력 후 블록 설정하여 [편집] 탭 – [글자 모양](가가)을 클릭한다.
→ [기본] 탭에서 기준 크기 '24pt', 글꼴 '굴림', 장평 '95%', '진하게'를 설정한다.

② 입력한 텍스트에 [오른쪽 정렬](≡)을 설정한다.

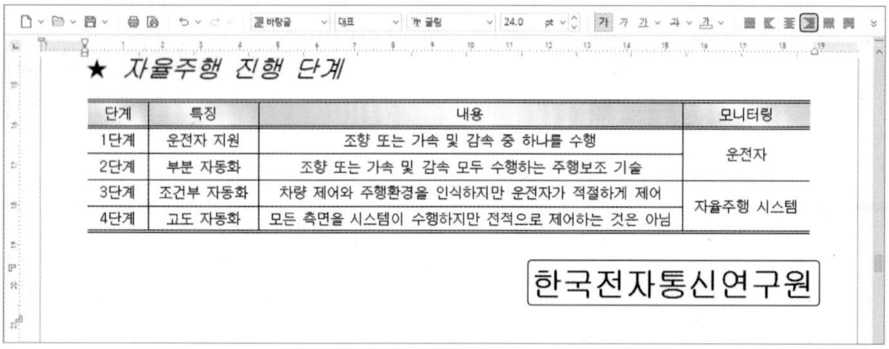

SECTION 13 쪽 번호 매기기

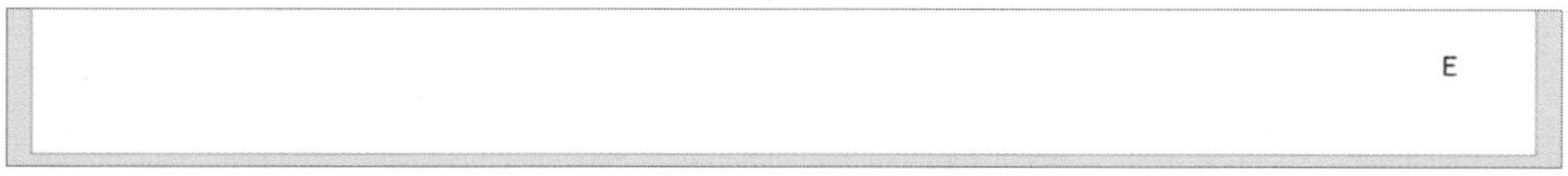

① [쪽] 탭 – [쪽 번호 매기기]( )를 클릭한다.

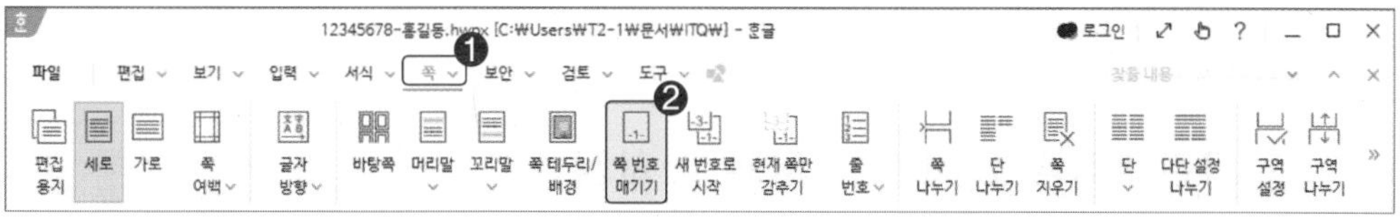

② [쪽 번호 매기기] 대화상자에서 번호 위치 '오른쪽 아래', 번호 모양 'A,B,C', 줄표 넣기를 체크 해제, 시작 번호 '5'를 설정하여 [넣기]를 클릭한다.

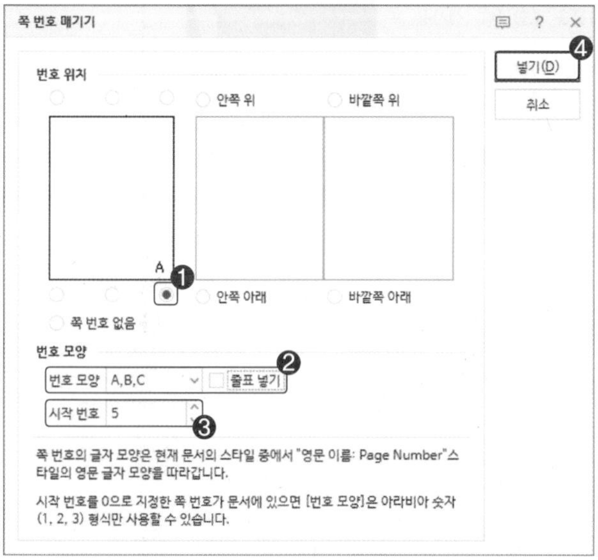

기적의 TIP

쪽 번호의 글꼴, 크기는 채점 대상이 아니므로 기본값을 유지한다.

기적의 TIP

현재 쪽만 감추기

[쪽] 탭-[현재 쪽만 감추기]( )에서 머리말, 쪽 번호 등의 요소를 선택하여 감출 수 있다.

SECTION 14 파일 저장

① [파일] 탭 – [저장하기]( )를 클릭하여 완성된 문서를 저장한다.

② 저장 경로(내 PC₩문서₩ITQ)와 파일명(수험번호 – 성명)이 맞게 되어 있는지 확인한다.

문제유형 ❺-1

정답파일 PART 01 시험 유형 따라하기₩유형5-1번_정답.hwpx

글꼴 : 굴림, 18pt, 진하게, 가운데 정렬
책갈피 이름 : 환경 덧말 넣기

그린패키징 전략

머리말 기능
돋움, 10pt, 오른쪽 정렬

문단 첫 글자 장식 기능
글꼴 : 궁서, 면색 : 노랑

환경연구소

그린패키징 디자인 전략과 시사점

각주

그린패키징은 생분해성의 식물 유래 플라스틱이나 재생재료, 사용된 비닐봉지 등 지속 가능한 재료를 사용하는 환경친화㉠적인 포장방식을 의미하며 기존 포장에 비해 이산화탄소 배출량과 제조 공정에서 발생하는 폐기물량이 적다는 장점이 있다. 환경부(2009)에 의하면 친환경포장을 감량, 재사용, 재활용, 열회수, 폐기처리 등에 주안점을 두어 설계(設計)하도록 선언하고 있다.

포장재료를 기준으로 그린패키징의 유형을 구분한다. 재활용 포장재는 화학적으로 재가공하는 재료를 사용하는 방법으로서 종이, 비닐 등 재료에 의한 포장을 포함한다. 재사용 포장재는 재료를 세척(洗滌)하여 새 라벨 부착 등으로 다시 사용하는 방법으로서 섬유봉투, 유리병 등 포장재를 포함한다. 비재생 자원 제조의 플라스틱 포장재는 석유 등 비재생자원으로부터 제조한 포장재로서 사용 후 생분해 가능한 바이오 플라스틱 포장재이다. 바이오메탄 제조의 플라스틱 포장재는 신재생자원인 바이오메탄으로 제조하였으며 사용 후 생분해 불가능한 포장재이다. 바이오메탄 이외 신재생자원으로 제조한 생분해성 플라스틱 포장재는 콩단백질 등으로부터 제조하며, 사용 후 생분해 가능한 포장재이다.

♣ 그린패키징 설계 기준

글꼴 : 궁서, 18pt, 하양
음영색 : 파랑

그림위치(내 PC₩문서₩ITQ₩Picture₩그림4.jpg, 문서에 포함), 자르기 기능 이용, 크기(40mm×40mm), 바깥 여백 왼쪽 : 2mm

가. 포장 재료의 감량
  ㉠ 불필요한 두께, 무게가 감량되도록 설계
  ㉡ 재활용, 열 회수, 폐기처리 저해 소재 배제
나. 포장 재료의 재활용
  ㉠ 금속, 유리, 플라스틱 등 재활용 가능한 단일 포장 재료 설계
  ㉡ 라벨을 부착할 경우 포장재와 동일한 재질 선택

♣ *지속가능 패키징 디자인 전략*

글꼴 : 궁서, 18pt, 기울임, 강조점

구분	목표	주요 전략 사례
전통적 정의	기술적	전체 패키징 시스템 고려, 새로운 기술 연구
	규제 준수	규제 준수를 위한 디자인, 제품표시 요건 준수
확장된 정의	자원 최적화	원자재 절감 실천, 재활용 원자재 사용
	공정 조달	환경 모범사례 및 신재생 원자재에 의한 디자인
원자재 건강성		패키징 라이프사이클 전주기에 걸친 잠재적인 건강, 환경 영향 숙지

문단 번호 기능 사용,
1수준 : 20pt, 오른쪽 정렬,
2수준 : 30pt, 오른쪽 정렬
줄 간격 : 180%

표 전체 글꼴 : 굴림, 10pt,
가운데 정렬,
셀 배경(그러데이션) : 유형(가로),
시작색(하양), 끝색(노랑)

그린패키징연구소

글꼴 : 돋움, 24pt, 진하게
장평 105%, 오른쪽 정렬

㉠ 자연환경을 오염하지 않고 자연 그대로의 환경과 잘 어울리는 것

각주 구분선 : 5cm

쪽 번호 매기기, 5로 시작 ⑤

글꼴 : 궁서, 18pt, 진하게, 가운데 정렬
책갈피 이름 : 국기 덧말 넣기

대한민국의 상징

머리말 기능
돋움, 10pt, 오른쪽 정렬

문단 첫 글자 장식 기능
글꼴 : 굴림, 면색 : 노랑

국민통합과 자긍심(태극기)의 상징

각주

우리나라의 국기㉮ 제정은 1882년(고종 19년) 5월 22일 체결된 조미수호통상조약 조인식이 직접적인 계기가 되었다고 한다. 하지만 아쉽게도 당시 조인식 때 게양된 국기의 형태에 대해서는 현재 정확한 기록이 남아 있지 않다. 태극기(太極旗)는 흰색 바탕에 가운데 태극 문양과 네 모서리의 건곤감리 그리고 4괘로 구성되어 있다. 태극기의 흰 바탕은 밝음과 순수, 그리고 전통적으로 평화를 사랑하는 우리의 민족성을 나타내고 있다. 가운데의 태극 문양은 음(파란색)과 양(빨간색)의 조화를 상징하는 것으로 우주 만물이 음양의 상호 작용에 의해 생성되고 발전한다는 대자연의 진리를 형상화한 것이다. 네 모서리의 4괘는 음과 양이 서로 변화하고 발전하는 모습을 효의 조합을 통해 구체적으로 나타낸 것이다. 우주 만물 중에서 건괘는 하늘을, 곤괘는 땅을, 감괘는 물을, 이괘는 불을 상징한다.

예로부터 우리 선조들이 생활 속에서 즐겨 사용하던 태극 문양을 중심으로 만들어진 태극기는 우주와 더불어 끝없이 창조와 번영을 희구하는 한민족(韓民族)의 이상을 담고 있다. 따라서 우리는 태극기에 담긴 이러한 정신과 뜻을 이어받아 민족의 화합과 통일을 이룩하고, 인류의 행복과 평화에 이바지해야 할 것이다.

그림위치(내 PC₩문서₩ITQ₩Picture₩그림4.jpg, 문서에 포함), 자르기 기능 이용, 크기(40mm×30mm), 바깥 여백 왼쪽 : 2mm

♠ 국기 게양 방법

글꼴 : 굴림, 18pt, 하양, 음영색 : 빨강

가) 국기 다는 시간
 a) 매일 24시간 달 수 있으나 야간에는 적절한 조명을 해야 한다.
 b) 학교나 군부대는 낮에만 단다.
나) 국기를 매일 게양 및 강하하는 경우
 a) 다는 시각 : 오전 7시
 b) 내리는 시각 : 3월-10월(오후 6시), 11월-2월(오후 5시)

♠ *국기를 게양하는 날*

글꼴 : 굴림, 18pt, 기울임, 강조점

구분	다는 날	날짜	다는 방법	조기 게양
5대 국경일	3.1절	3월 1일	깃봉과 깃면의 사이를 떼지 않고 닮	현충일(6월 6일) 국장기간 국민장 정부지정일
	제헌절	7월 17일		
	광복절	8월 15일		
	개천절	10월 3일		
	한글날	10월 9일		
기념일	국군의 날	10월 1일		

문단 번호 기능 사용,
1수준 : 20pt, 오른쪽 정렬,
2수준 : 30pt, 오른쪽 정렬
줄 간격 : 180%

표 전체 글꼴 : 돋움, 10pt, 가운데 정렬
셀 배경(그러데이션) : 유형(세로), 시작색(하양), 끝색(노랑)

행정안전부

글꼴 : 궁서, 24pt, 진하게
장평 110%, 오른쪽 정렬

㉮ 국가의 전통과 이상을 특정한 빛깔과 모양으로 나타낸 기

각주 구분선 : 5cm

쪽 번호 매기기, 4로 시작 iv

글꼴 : 궁서, 18pt, 진하게, 가운데 정렬
책갈피 이름 : 저작권 덧말 넣기

저작권 보호

머리말 기능
굴림, 10pt 오른쪽 정렬

올바른 문화 향유와 저작권 (덧말: 저작권 보호)

문단 첫 글자 장식 기능
글꼴 : 돋움, 면색 : 노랑

인터넷의 기능과 정보 사회의 발전(發展)을 보장하기 위해서 다양한 정보를 연결해 주는 링크는 자유롭게 설정될 수 있어야 한다. 링크의 자유는 특히 표현의 자유나 정보의 자유와 같은 헌법상 기본권을 보장하는 데 중요한 역할을 하고 있기 때문이다. 하지만 타인의 권리, 특히 타인의 저작권을 침해하면서까지 링크의 자유가 무한정 보장될 수는 없을 것이다. 저작권이란 소설이나 시, 음악, 미술 등과 같은 저작물을 창작한 사람이 자신의 창작물을 복제, 공연, 전시, 방송 또는 전송하는 등 법이 정하고 있는 일정한 방식으로 스스로 이용하거나 다른 사람이 그러한 방식으로 이용하는 것을 허락할 수 있는 권리를 말한다. 저작권은 저작자Ⓐ가 경제적 부담 없이 창작 활동에 전념할 수 있도록 동기를 부여함으로써 결과적으로 우리나라의 문화와 관련 산업의 발전을 도모하며 나아가 인류 문화유산의 축적에 기여할 수 있다.

각주

문화의 발전을 위해서는 다양한 문학과 예술 작품이 창작(創作)되고 사회 일반에 의해 폭넓게 재창작되어야 한다. 이를 위해 문화체육관광부는 저작권에 대한 국민적 인식을 정립하고 저작권 침해를 방지하고자 매월 26일을 저작권 보호의 날로 지정하여 홍보와 계도를 계속하고 있다.

그림위치(내 PC₩문서₩ITQ₩Picture₩그림5.jpg, 문서에 포함), 자르기 기능 이용, 크기(40mm×30mm), 바깥 여백 왼쪽 : 2mm

♥ 저작권의 종류와 개념

글꼴 : 궁서, 18pt, 하양
음영색 : 파랑

A. 저작인격권
  1. 공표권 : 자신의 저작물을 공중에게 공표 여부를 결정할 권리
  2. 성명표시권 : 저작물에 자신의 이름을 표시할 권리
B. 저작재산권
  1. 복제권 : 사진, 복사 등의 방법으로 고정 또는 유형물로 다시 제작
  2. 공중송신 : 전송, 방송, 디지털음성송신 등

♥ *지식재산권 보호 관련 업무*

글꼴 : 궁서, 18pt, 기울임, 강조점

권리	소관부처	주요 업무	세부 추진사항
산업재산권	특허청	특허, 상표 및 디자인 등 국내외 보호활동	특허심판 및 위조 상품 단속
저작권	문화체육관광부	국내외 저작권 보호활동	저작권 침해 단속, ICOP 운영
단속 및 수사 집행	검찰청, 경찰청	지식재산권 침해물품의 불법복제 및 유통 단속	수사 인력의 전문성 강화
	무역위원회	지식재산권 침해 등 불공정무역행위 조사	원산지표시 위반 등 조사

문단 번호 기능 사용,
1수준 : 20pt, 오른쪽 정렬,
2수준 : 30pt, 오른쪽 정렬
줄 간격 : 180%

표 전체 글꼴 : 돋움, 10pt, 가운데 정렬
셀 배경(그러데이션) : 유형(왼쪽 대각선), 시작색(하양), 끝색(노랑)

한국저작권위원회

글꼴 : 굴림, 24pt, 진하게
장평 105%, 오른쪽 정렬

Ⓐ 생각이나 감정을 창작적인 것으로 표현한 저작물을 만든 사람

각주 구분선 : 5cm

쪽 번호 매기기, 5로 시작 마

PART

02

대표 기출 따라하기

대표 기출 따라하기 118

대표 기출 따라하기 해설 122

대표 기출 따라하기

합격 강의

과목	코드	문제유형	시험시간	수험번호	성명
아래한글	1111	A	60분		

수험자 유의사항

- 수험자는 문제지를 받는 즉시 문제지와 **수험표상의 시험과목(프로그램)이 동일한지 반드시 확인**하여야 합니다.
- 파일명은 본인의 "수험번호-성명"으로 입력하여 답안폴더(내 PC₩문서₩ITQ)에 하나의 파일로 저장해야 하며, 답안문서 파일명이 "수험번호-성명"과 일치하지 않거나, 답안파일을 전송하지 않아 미제출로 처리될 경우 실격 처리합니다(예:12345678-홍길동.hwpx).
- 답안 작성을 마치면 파일을 저장하고, '답안 전송' 버튼을 선택하여 감독위원 PC로 답안을 전송하십시오. 수험생 정보와 저장한 파일명이 다를 경우 전송되지 않으므로 주의하시기 바랍니다.
- 답안 작성 중에도 **주기적으로 저장하고, '답안 전송'**하여야 문제 발생을 줄일 수 있습니다. 작업한 내용을 저장하지 않고 전송할 경우 이전에 저장된 내용이 전송되니 이점 유의하시기 바랍니다.
- 답안문서는 지정된 경로 외의 다른 보조기억장치에 저장하는 경우, 지정된 시험 시간 외에 작성된 파일을 활용할 경우, 기타 통신수단(이메일, 메신저, 네트워크 등)을 이용하여 타인에게 전달 또는 외부 반출하는 경우는 부정 처리합니다.
- 시험 중 부주의 또는 고의로 시스템을 파손한 경우는 수험자가 변상해야 하며, 〈수험자 유의사항〉에 기재된 방법대로 이행하지 않아 생기는 불이익은 수험생 당사자의 책임임을 알려 드립니다.
- 문제의 조건은 한컴오피스 2022 버전으로 설정되어 있으니 유의하시기 바랍니다.
- 시험을 완료한 수험자는 답안파일이 전송되었는지 확인한 후 감독위원의 지시에 따라 문제지를 제출하고 퇴실합니다.

답안 작성요령

- **온라인 답안 작성 절차**
  수험자 등록 ⇒ 시험 시작 ⇒ 답안파일 저장 ⇒ 답안 전송 ⇒ 시험 종료
- **공통 부문**
  - 글꼴에 대한 기본설정은 함초롬바탕, 10포인트, 검정, 줄간격 160%, 양쪽정렬로 합니다.
  - 색상은 조건의 색을 적용하고 색의 구분이 안 될 경우에는 RGB 값을 적용하십시오
    (빨강 255,0,0 / 파랑 0,0,255 / 노랑 255,255,0).
  - 각 문항에 주어진 ≪조건≫에 따라 작성하고 언급하지 않은 조건은 ≪출력형태≫와 같이 작성합니다.
  - 용지여백은 왼쪽·오른쪽 11mm, 위쪽·아래쪽·머리말·꼬리말 10mm, 제본 0mm로 합니다.
  - 그림 삽입 문제의 경우 「내 PC₩문서₩ITQ₩Picture」 폴더에서 지정된 파일을 선택하여 삽입하십시오.
  - 삽입한 그림은 반드시 문서에 포함하여 저장해야 합니다(미포함 시 감점 처리).
  - 각 항목은 지정된 페이지에 출력형태와 같이 정확히 작성하시기 바라며, 그렇지 않을 경우에 해당 항목은 0점 처리됩니다.
    ※ 페이지구분 : 1페이지 – 기능평가 Ⅰ (문제번호 표시 : 1. 2.),
    2페이지 – 기능평가 Ⅱ (문제번호 표시 : 3. 4.),
    3페이지 – 문서작성 능력평가
- **기능평가**
  - 문제와 ≪조건≫은 입력하지 않으며 문제번호와 답(≪출력형태≫)만 작성합니다.
  - 4번 문제는 묶기를 했을 경우 0점 처리됩니다.
- **문서작성 능력평가**
  - A4 용지(210mm×297mm) 1매 크기, 세로 서식 문서로 작성합니다.
  - ▭ 표시는 문서작성에 대한 지시사항이므로 작성하지 않습니다.

기능평가 Ⅰ　150점

01 다음의 ≪조건≫에 따라 스타일 기능을 적용하여 ≪출력형태≫와 같이 작성하시오. 50점

조건

(1) 스타일 이름 – governance
(2) 문단 모양 – 왼쪽 여백 : 15pt, 문단 아래 간격 : 10pt
(3) 글자 모양 – 글꼴 : 한글(돋움)/영문(굴림), 크기 : 10pt, 장평 : 95%, 자간 : 5%

출력형태

Create a framework for governance that forms a private council that links local resources and improves the water quality of private small rivers, centered on local residents.

소하천 지역 주민과 농업인을 중심으로 하는 민간 소하천 수질개선 지역공동체 구성과 지역자원을 연계한 민간 협의체를 구성하는 거버넌스 프레임 워크를 만듭니다.

02 다음 ≪조건≫에 따라 ≪출력형태≫와 같이 표와 차트를 작성하시오. 100점

표 조건

(1) 표 전체(표, 캡션) – 돋움, 10pt
(2) 정렬 – 문자 : 가운데 정렬, 숫자 : 오른쪽 정렬
(3) 셀 배경(면색) : 노랑
(4) 한글의 계산 기능을 이용하여 빈칸에 합계를 구하고, 캡션 기능 사용할 것
(5) 선 모양은 ≪출력형태≫와 동일하게 처리할 것

출력형태

전국 수계 수질개선 지역공동체 현황(단위: 개)

구분	한강	낙동강	금강	섬진강	합계
환경시민단체	21	13	18	10	
지역마을주민	34	21	16	9	
교육기관	45	28	15	11	
정화시설	9	5	3	2	

차트 조건

(1) 차트 데이터는 표 내용에서 구분별 환경시민단체, 지역마을주민, 교육기관의 값만 이용할 것
(2) 종류 – 〈묶은 세로 막대형〉으로 작업할 것
(3) 제목 – 글꼴 : 돋움, 진하게, 12pt
속성 : 채우기(밝은 색 : 하양), 테두리, 그림자(바깥쪽 : 대각선 오른쪽 아래)
(4) 제목 이외의 전체 글꼴 – 돋움, 보통, 10pt
(5) 축제목과 범례는 ≪출력형태≫와 동일하게 처리할 것

출력형태

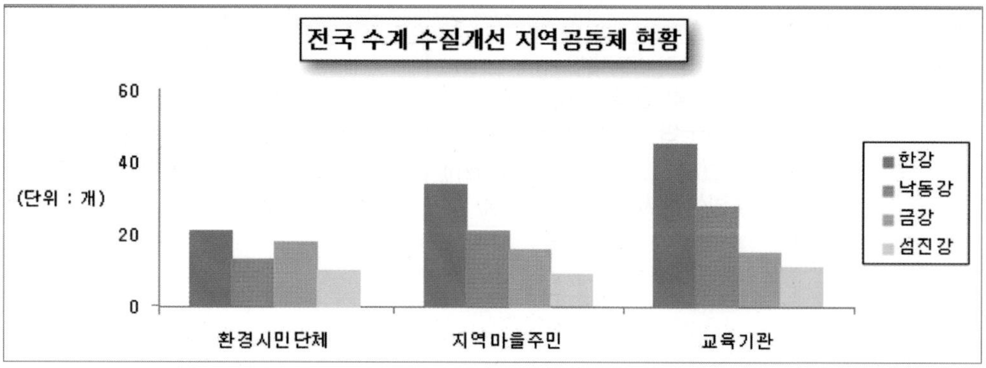

기능평가 Ⅱ 150점

03 다음 (1), (2)의 수식을 수식 편집기로 각각 입력하시오. 40점

출력형태	
	(1) $\frac{V_2}{V_1} = \frac{0.90 \times 10^3}{1.0 \times 10^4} = 0.09$ (2) $\int_a^b A(x-a)(x-b)dx = -\frac{A}{6}(b-a)^3$

04 다음의 ≪조건≫에 따라 ≪출력형태≫와 같이 문서를 작성하시오. 110점

조건	
	(1) 그리기 도구를 이용하여 작성하고, 모든 도형(글맵시, 지정된 그림 포함)을 ≪출력형태≫와 같이 작성하시오. (2) 도형의 면색은 지시사항이 없으면 색 없음을 제외하고 서로 다르게 임의로 지정하시오.

출력형태

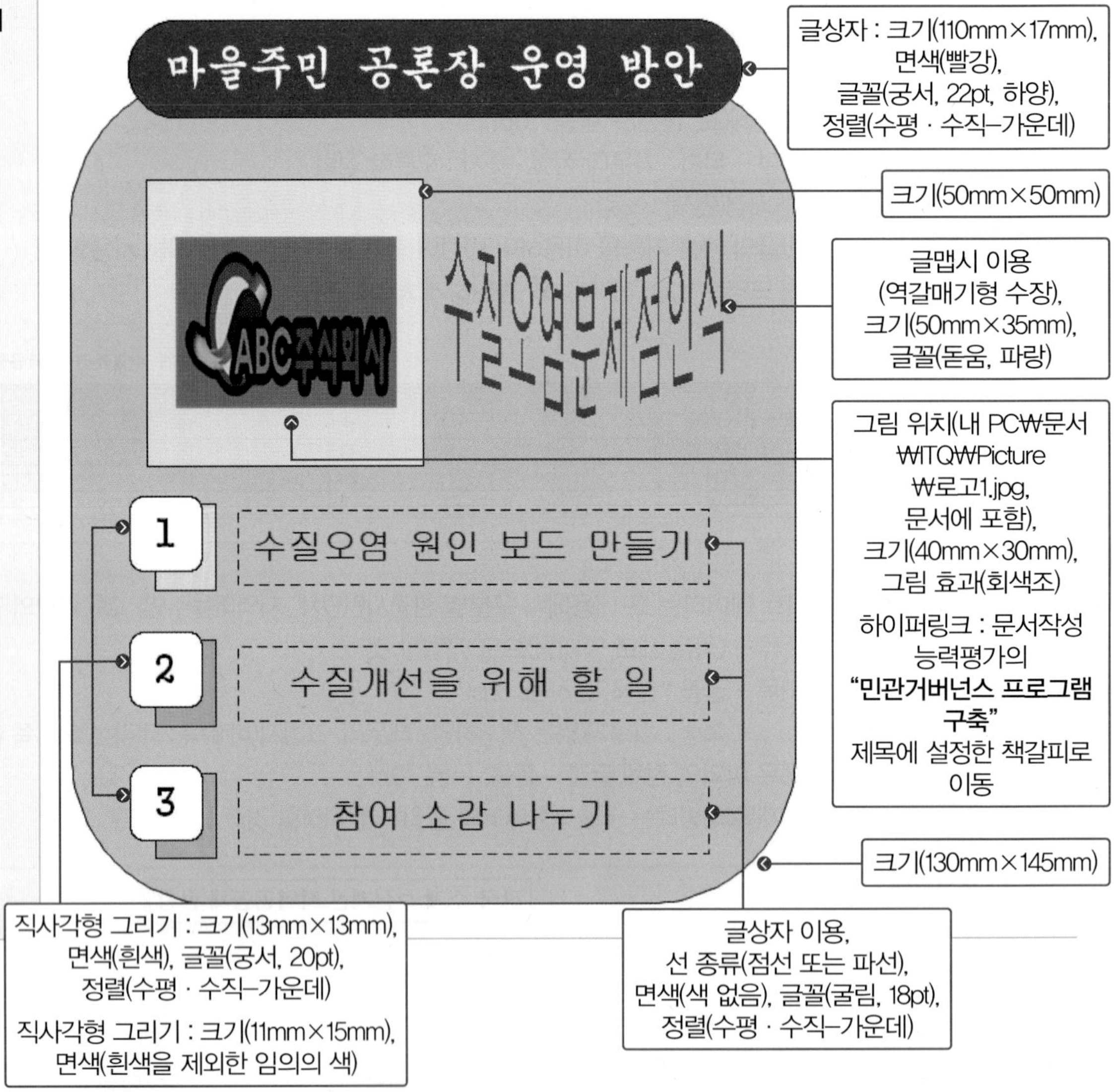

마을주민 공론장 운영 방안
글상자 : 크기(110mm×17mm), 면색(빨강), 글꼴(궁서, 22pt, 하양), 정렬(수평 · 수직-가운데)
크기(50mm×50mm)
ABC주식회사
수질오염문제점인식
글맵시 이용 (역갈매기형 수장), 크기(50mm×35mm), 글꼴(돋움, 파랑)
그림 위치(내 PC₩문서₩ITQ₩Picture₩로고1.jpg, 문서에 포함), 크기(40mm×30mm), 그림 효과(회색조)
하이퍼링크 : 문서작성 능력평가의 "민관거버넌스 프로그램 구축" 제목에 설정한 책갈피로 이동
1
수질오염 원인 보드 만들기
2
수질개선을 위해 할 일
3
참여 소감 나누기
크기(130mm×145mm)
직사각형 그리기 : 크기(13mm×13mm), 면색(흰색), 글꼴(궁서, 20pt), 정렬(수평 · 수직-가운데)
직사각형 그리기 : 크기(11mm×15mm), 면색(흰색을 제외한 임의의 색)
글상자 이용, 선 종류(점선 또는 파선), 면색(색 없음), 글꼴(굴림, 18pt), 정렬(수평 · 수직-가운데)

글꼴 : 굴림, 18pt, 진하게, 가운데 정렬,
책갈피 이름 : 소하천 덧말 넣기

소하천 수질개선

첫 글자 장식 기능
글꼴 : 궁서, 면색 : 노랑

머리말 기능
돋움, 10pt, 오른쪽 정렬

강원 산간지역
민관거버넌스 프로그램 구축

강원 산간지역의 하천 수질은 점오염원보다는 농업비점오염 및 농촌비점오염원의 유입으로 인한 오염(汚染)이 매우 크다. 지형 경사가 큰 산간지역의 특성으로 인하여 우기 시 다량으로 유출되는 토사가 하천으로 유입되면서 수질을 오염시키고, 하류지역 농경지에 토사가 퇴적/매몰되어 부정적인 영향을 미치고 있다. 비점오염원㉠의 특성상 배출범위가 광범위하여 수집을 통한 관리가 불가능한 것이 현실이다.

각주

정부에서는 비점오염원 배출 저감을 위한 다양한 방안을 강구하였으나 효과(效果)를 보지 못하였고, 이에 농업비점오염원 배출 저감을 위한 배출원에서부터 사전 예방적 차원의 관리가 중요하다는 것을 인지하게 되었으며, 이를 위해서는 주민과 농업인의 비점오염원 배출 저감 교육과 홍보가 필요하고 주민의 적극적 참여가 매우 중요하다는 것을 강조하게 되었다. 따라서 소하천 수질 관리를 위해서 농업농촌비점오염의 사전 예방적 관리에 주민과 농업인의 적극적 참여를 유도해야 한다. 또한 고령화되는 농촌지역의 특성을 감안한 역량강화 프로그램을 개발 및 운영하여 주민 스스로 지역 환경을 개선하고 지켜나갈 수 있도록 주민의 관심을 유도하는 것이 필요하다.

※ 주민참여 공론장의 목적 및 주요 내용

글꼴 : 궁서, 18pt, 하양
음영색 : 빨강

가. 주민참여 공론장의 목적
　㉠ 강원산간 흙탕물 발생 및 수질오염에 대한 의견 공유
　㉡ 소하천 수질개선을 위한 공동의 목표 수립
나. 주민참여 공론장의 주요 내용
　㉠ 간담회를 통한 소하천 문제점 공유 및 개선안 논의
　㉡ 수질오염 개선방안을 위한 공론장 운영

그림 위치(내 PC₩문서₩ITQ₩Picture₩그림4.jpg, 문서에 포함)
자르기 기능 이용,
크기(40mm×40mm),
바깥 여백 왼쪽 : 2mm

※ 비점오염원 인식교육

글꼴 : 궁서, 18pt, 기울임, 강조점

구분	교육주제	교육내용	장소
정화활동	수질개선 EM교육	도시의 평균대기질 농도 파악	거주민 인근하천
주민참여	인식개선 교육	미생물을 이용한 쌀뜨물 발효액 만들기	주민센터 교육장
주민실천	실생활 적용교육	토사유출 및 농업비점오염원 관리 필요성	평생교육기관
실친심화	역량강화 교육	비점오염원 저감 시설의 주민참여 관리 방안	평생교육기관
교육시기 운영계획		강원 산간 지역의 주민실천 사업은 농사시기를 고려할 것	

문단 번호 기능 사용
1수준 : 20pt, 오른쪽 정렬,
2수준 : 30pt, 오른쪽 정렬
줄 간격 : 180%

표 전체 글꼴 : 굴림, 10pt, 가운데 정렬,
셀 배경(그러데이션) : 유형(가로), 시작색(하양), 끝색(노랑)

원주지방환경청

글꼴 : 돋움, 24pt, 진하게
장평 105%, 오른쪽 정렬

각주 구분선 : 5cm

㉠ 불특정장소에서 불특정하게 수질오염물질을 배출하는 배출원

쪽 번호 매기기, 6으로 시작 ⑥

대표 기출 따라하기 해설

정답파일 PART 02 대표 기출 따라하기₩대표기출_정답.hwpx

답안 작성요령	• 파일명은 본인의 "수험번호-성명"으로 입력하여 답안폴더(내 PC₩문서₩ITQ)에 하나의 파일로 저장해야 하며, 답안문서 파일명이 "수험번호-성명"과 일치하지 않거나, 답안파일을 전송하지 않아 미제출로 처리될 경우 실격 처리합니다(예 12345678-홍길동.hwpx). • 글꼴에 대한 기본설정은 함초롬바탕, 10포인트, 검정, 줄간격 160%, 양쪽정렬로 합니다. • 색상은 조건의 색을 적용하고 색의 구분이 안 될 경우에는 RGB 값을 적용하십시오 (빨강 255,0,0 / 파랑 0,0,255 / 노랑 255,255,0). • 용지여백은 왼쪽 · 오른쪽 11mm, 위쪽 · 아래쪽 · 머리말 · 꼬리말 10mm, 제본 0mm로 합니다. • 페이지구분 : 1페이지 – 기능평가 I (문제번호 표시 : 1. 2.), 2페이지 – 기능평가 II (문제번호 표시 : 3. 4.), 3페이지 – 문서작성 능력평가

SECTION 01 문서 환경 설정

① 글꼴 '함초롬바탕', '10pt'를 설정하고, [폭 맞춤]을 설정한다.

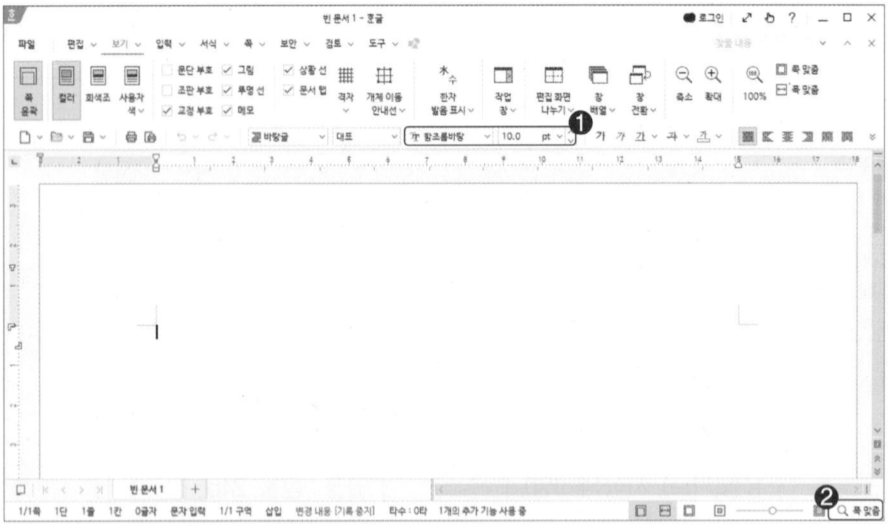

기적의 TIP

배율은 각자 편한 수치로 설정한다.

② [파일] 메뉴 – [편집 용지]를 클릭한다.

→ [용지 종류] A4를 확인하고 왼쪽 · 오른쪽 '11mm', 위쪽 · 아래쪽 · 머리말 · 꼬리말 '10mm', 제본 '0mm'를 설정한다.

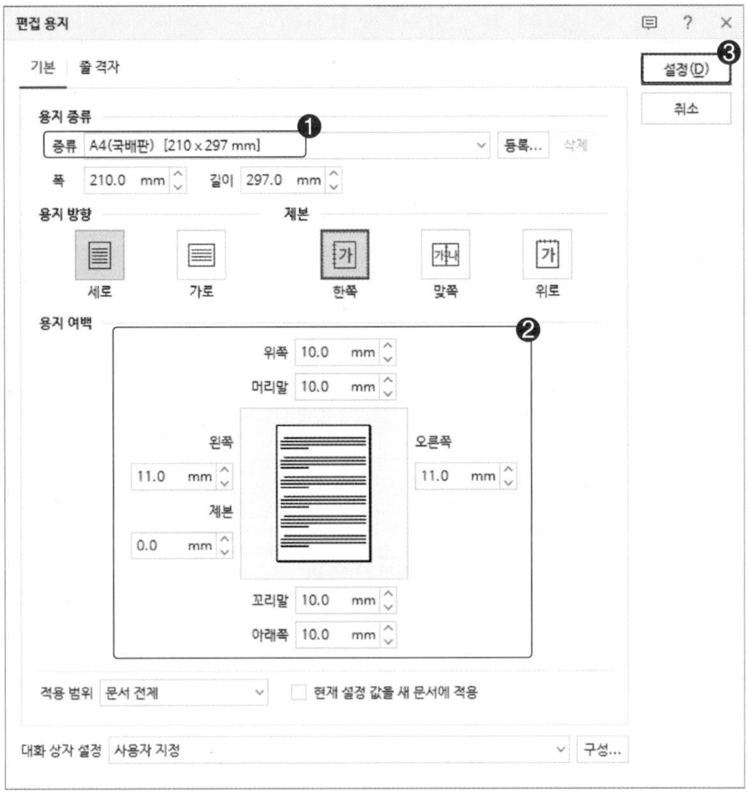

③ 문제 번호 「1.」을 입력하고 [Enter]를 세 번, 「2.」를 입력하고 [Enter]를 한 번 누른다.

④ [쪽] 탭 – [구역 나누기]( )를 클릭하여 페이지를 구분한다.

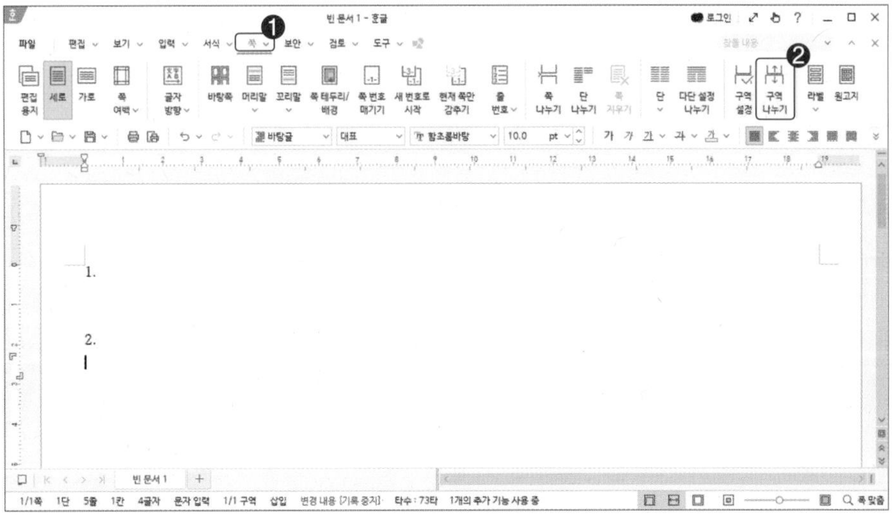

기적의 TIP

편집 용지
단축키 [F7]

구역 나누기
단축키 [Alt]+[Shift]+[Enter]

⑤ 두 번째 페이지로 이동되면 문제 번호 「3.」, 「4.」를 앞 페이지처럼 입력한 후 [구역 나누기]( )를 클릭한다.

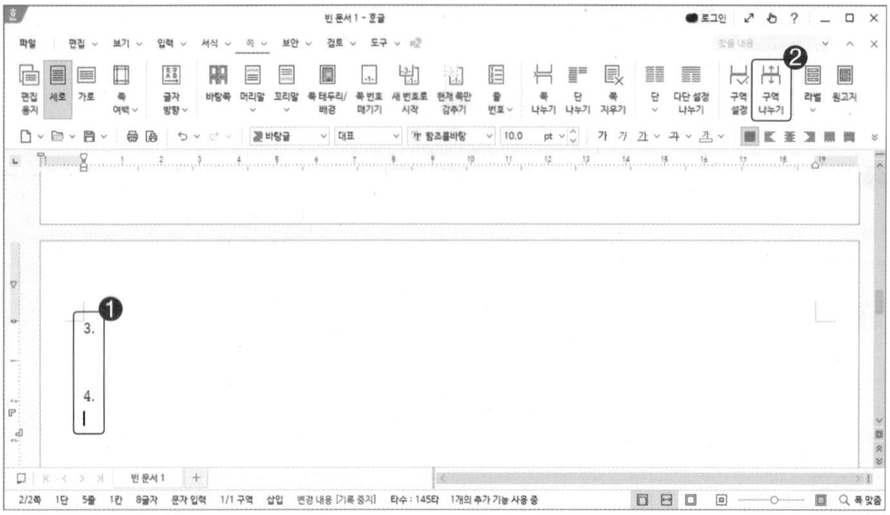

⑥ [파일] 메뉴 – [저장하기]( )를 클릭한다.

→ '내 PC₩문서₩ITQ' 폴더로 이동하여 파일 이름 '수험번호 – 이름.hwpx'로 저장한다.

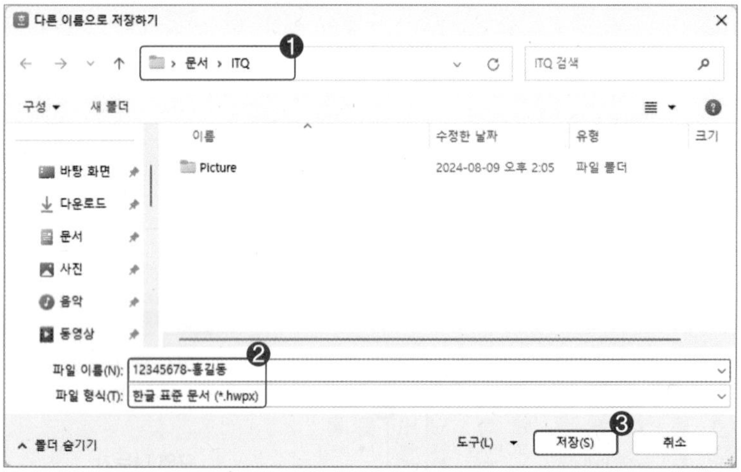

기적의 TIP

저장하기

단축키 Alt+S

자주 저장하며 진행하는 것이 안전하다.

기능평가 I 스타일 **50**점

기능평가 I의 문제 1번은 영문과 한글에 '스타일' 기능을 적용하는 문제이며 영문/한글 두 문단이 출제된다. 오타 없이 내용을 입력한 후 '문단 모양'과 '글자 모양'을 '스타일'로 지정하여 적용한다.

조건	(1) 스타일 이름 – governance (2) 문단 모양 – 왼쪽 여백 : 15pt, 문단 아래 간격 : 10pt (3) 글자 모양 – 글꼴 : 한글(돋움)/영문(굴림), 크기 : 10pt, 장평 : 95%, 자간 : 5%
출력형태	Create a framework for governance that forms a private council that links local resources and improves the water quality of private small rivers, centered on local residents. 소하천 지역 주민과 농업인을 중심으로 하는 민간 소하천 수질개선 지역공동체 구성과 지역자원을 연계한 민간 협의체를 구성하는 거버넌스 프레임 워크를 만듭니다.

SECTION 01 글자 입력 및 스타일 지정

① 문제 번호 다음 줄에 내용을 입력한다.

1.
Create a framework for governance that forms a private council that links local resources and improves the water quality of private small rivers, centered on local residents.
소하천 지역 주민과 농업인을 중심으로 하는 민간 소하천 수질개선 지역공동체 구성과 지역자원을 연계한 민간 협의체를 구성하는 거버넌스 프레임 워크를 만듭니다.

기적의 TIP

영문/한글 입력 전환
한/영을 누르거나 왼쪽 Shift + Space Bar 를 누른다.

② [서식] 탭 – [스타일 추가하기]()를 클릭한다.
→ [스타일 이름]에 「governance」를 입력하고 [문단 모양]을 클릭한다.

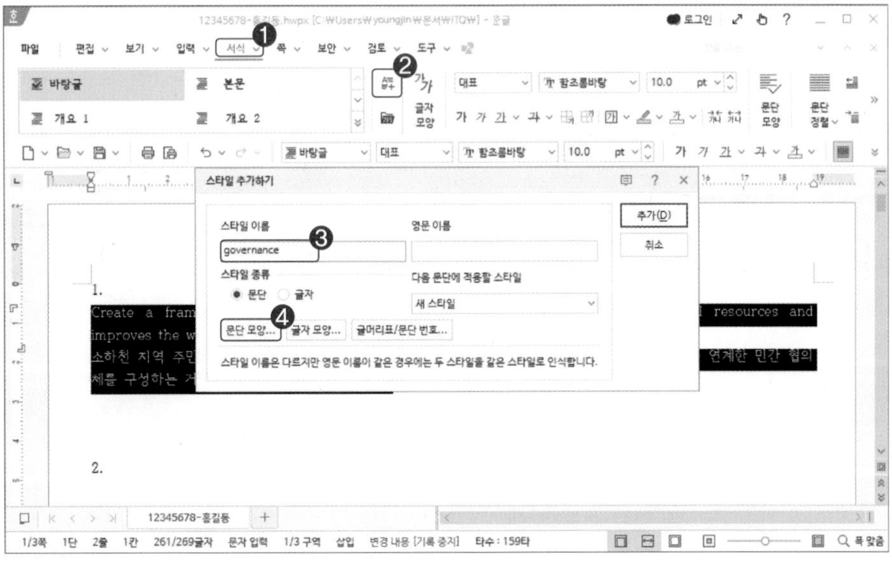

③ [문단 모양] 대화상자에서 지시사항대로 왼쪽 여백 '15pt', 문단 아래 간격 '10pt'를 설정한다.

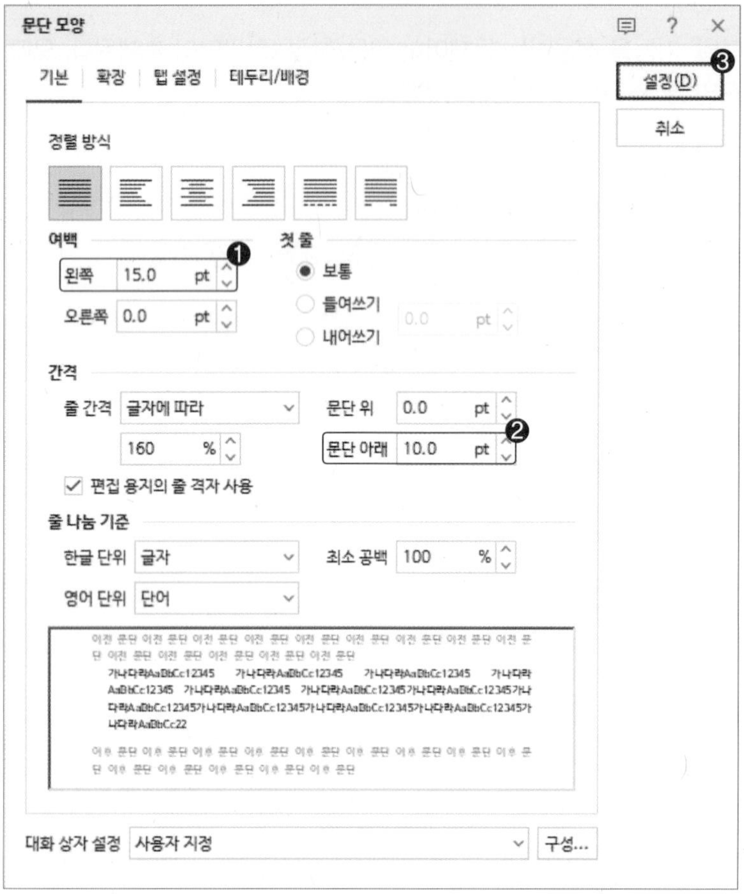

④ [스타일 추가하기] 대화상자에서 [글자 모양]을 클릭한다.

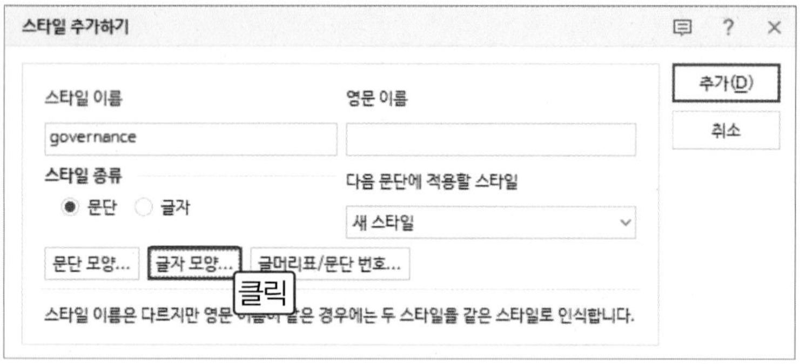

⑤ [글자 모양] 대화상자에서 지시사항대로 기준 크기 '10pt', 언어 '한글', 글꼴 '돋움', 장평 '95%', 자간 '5%'를 지정한다.

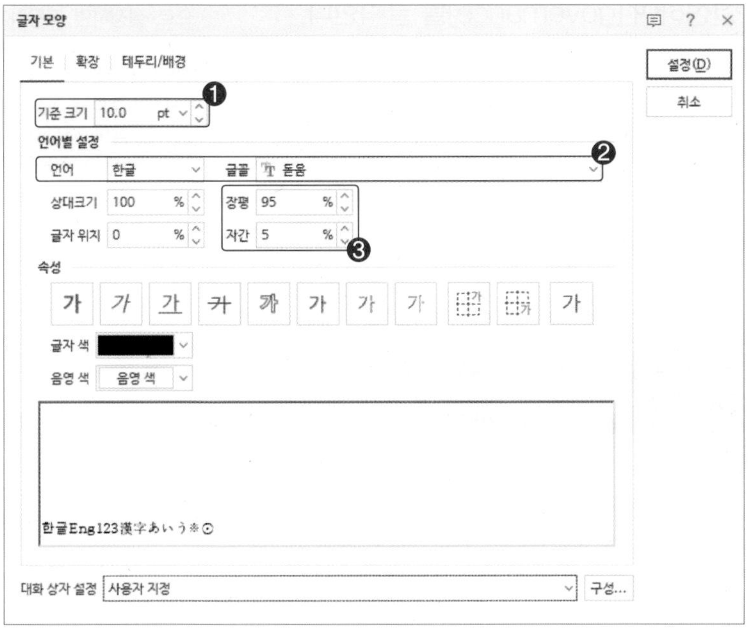

⑥ 언어를 '영문'으로 지정하고, 글꼴 '굴림', 장평 '95%', 자간 '5%'를 설정한다.
→ 다시 [스타일 추가하기] 대화상자가 나타나면 [추가]를 클릭한다.

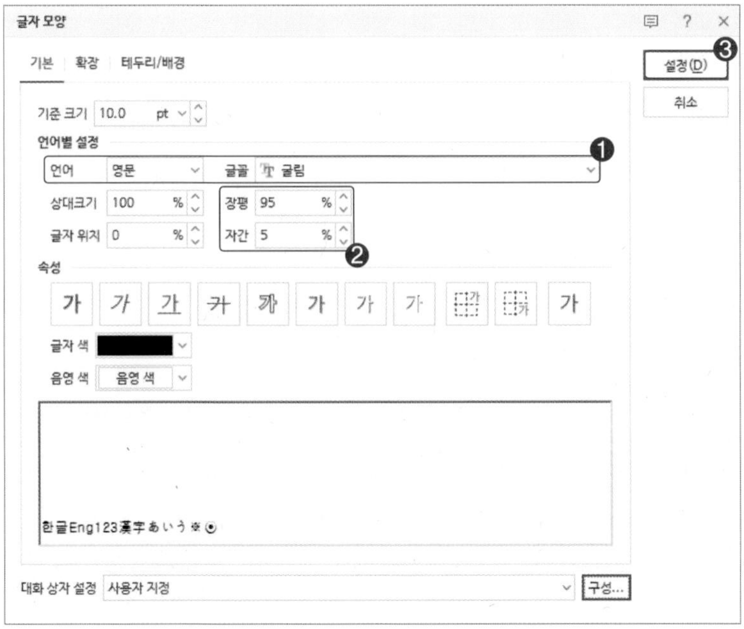

⑦ [서식] 탭에서 'governance'로 정의된 스타일이 추가되어 있는 것을 확인할 수 있다.

→ 스타일을 적용하려는 부분에 블록 설정하여 [governance]를 클릭한다.

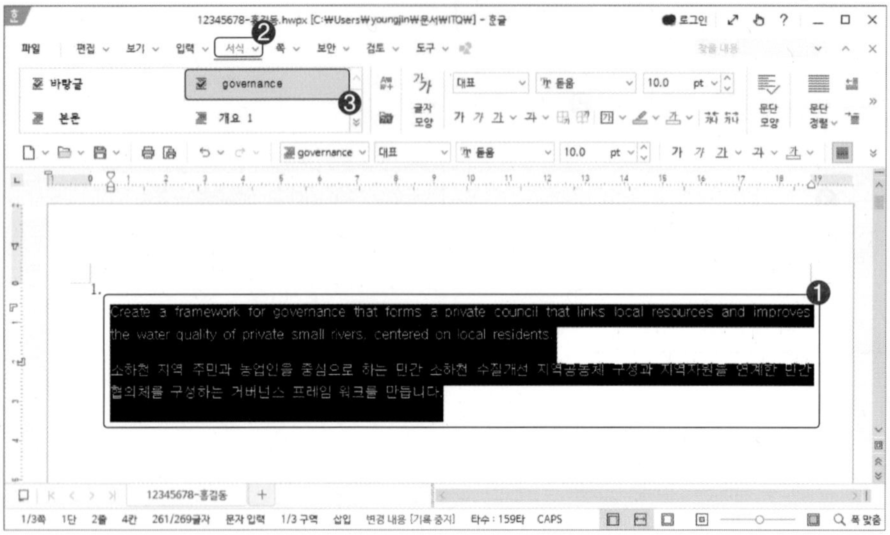

기적의 TIP

[스타일 추가하기] 대화상자에서 [스타일 종류]를 '문단'으로 설정하면 적용하고자 하는 문단에 커서만 위치한 상태에서 적용해도 된다. [스타일 종류]를 '글자'로 설정하면 블록 설정이 된 부분만 스타일이 적용된다.

기능평가 Ⅰ 표 작성하기 50점

기능평가 I의 문제 2번 표 작성은 일반적으로 5~6개 줄/칸의 형태로 출제된다. 표를 만들어 내용을 입력하고 글꼴, 정렬, 배경색 등의 조건을 설정한 후 블록 계산과 캡션 기능을 사용하도록 한다.

표 조건

(1) 표 전체(표, 캡션) – 돋움, 10pt
(2) 정렬 – 문자 : 가운데 정렬, 숫자 : 오른쪽 정렬
(3) 셀 배경(면색) : 노랑
(4) 한글의 계산 기능을 이용하여 빈칸에 합계를 구하고, 캡션 기능 사용할 것
(5) 선 모양은 ≪출력형태≫와 동일하게 처리할 것

출력형태

전국 수계 수질개선 지역공동체 현황(단위: 개)

구분	한강	낙동강	금강	섬진강	합계
환경시민단체	21	13	18	10	
지역마을주민	34	21	16	9	
교육기관	45	28	15	11	
정화시설	9	5	3	2	

SECTION 01 표 만들기

① 문제 번호 「2.」 다음 줄에 커서를 위치시키고 [입력] 탭 – 표(▦)를 클릭한다.
→ [표 만들기] 대화상자에서 줄 개수 '5', 칸 개수 '6', 글자처럼 취급에 체크하고 [만들기]를 클릭한다.

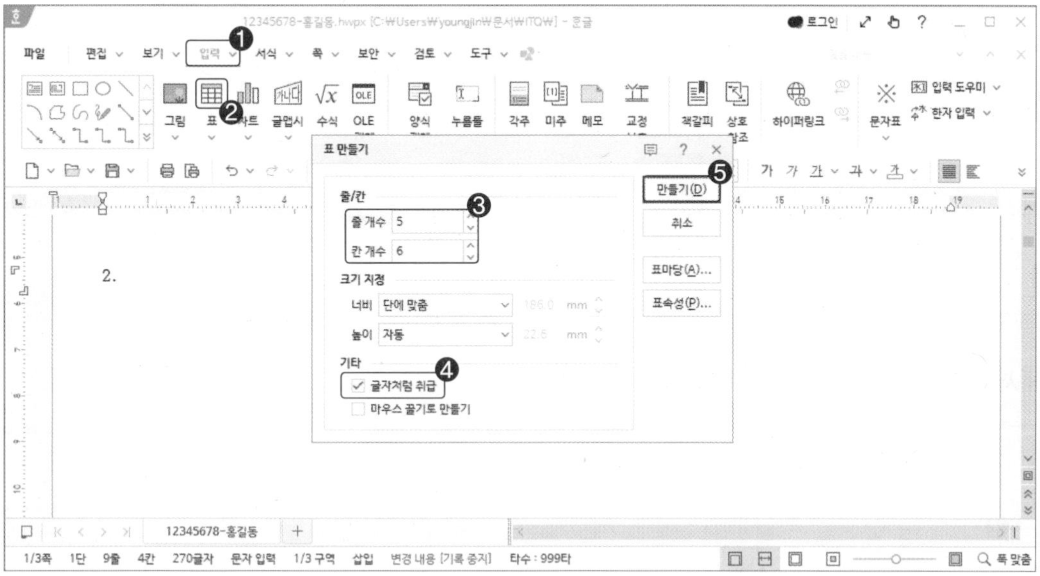

② 표에 내용을 입력한다.

구분	한강	낙동강	금강	섬진강	합계
환경시민단체	21	13	18	10	
지역마을주민	34	21	16	9	
교육기관	45	28	15	11	
정화시설	9	5	3	2	

③ 표 전체를 블록 설정(F5 세 번)하고 글꼴 '돋움', '10pt', [가운데 정렬](☰)을 설정한다.

④ 숫자 부분을 블록 설정하고 [오른쪽 정렬](☰)을 지정한다.

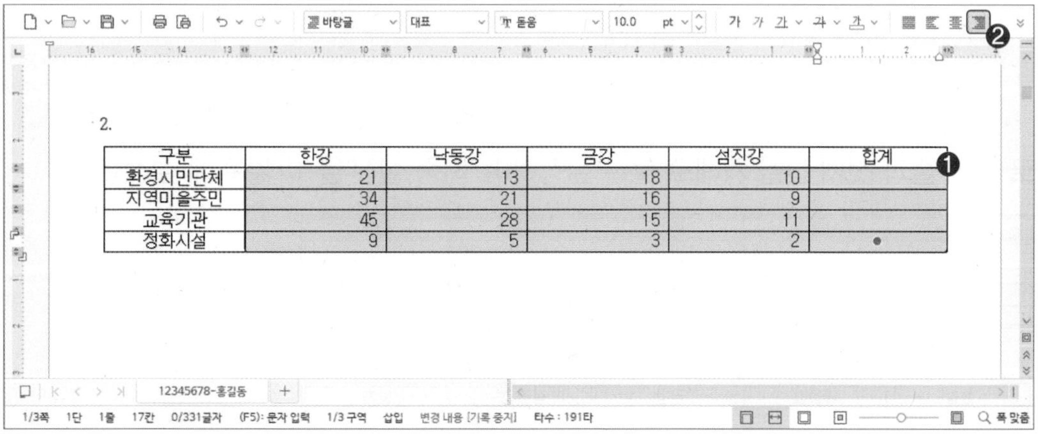

SECTION 02 셀 테두리/셀 배경색 지정

① 표 전체를 블록 설정(F5 세 번)한다.
→ 마우스 오른쪽 클릭하여 [셀 테두리/배경] – [각 셀마다 적용]을 클릭한다.

② [테두리] 탭에서 '이중 실선'을 '바깥쪽'에 설정한다.

③ 같은 방법으로 첫째 줄과 첫째 칸을 차례로 블록 설정하며 '이중 실선'을 '바깥쪽'에 설정한다.

구분	한강	낙동강	금강	섬진강	합계
환경시민단체	21	13	18	10	
지역마을주민	34	21	16	9	
교육기관	45	28	15	11	
정화시설	9	5	3	2	

⬇

구분	한강	낙동강	금강	섬진강	합계
환경시민단체	21	13	18	10	
지역마을주민	34	21	16	9	
교육기관	45	28	15	11	
정화시설	9	5	3	2	

④ 대각선이 들어가는 셀에 마우스 오른쪽 클릭하여 [셀 테두리/배경] – [각 셀마다 적용]을 클릭한다.

⑤ [대각선] 탭을 선택하고 과 를 클릭하여 설정한다.

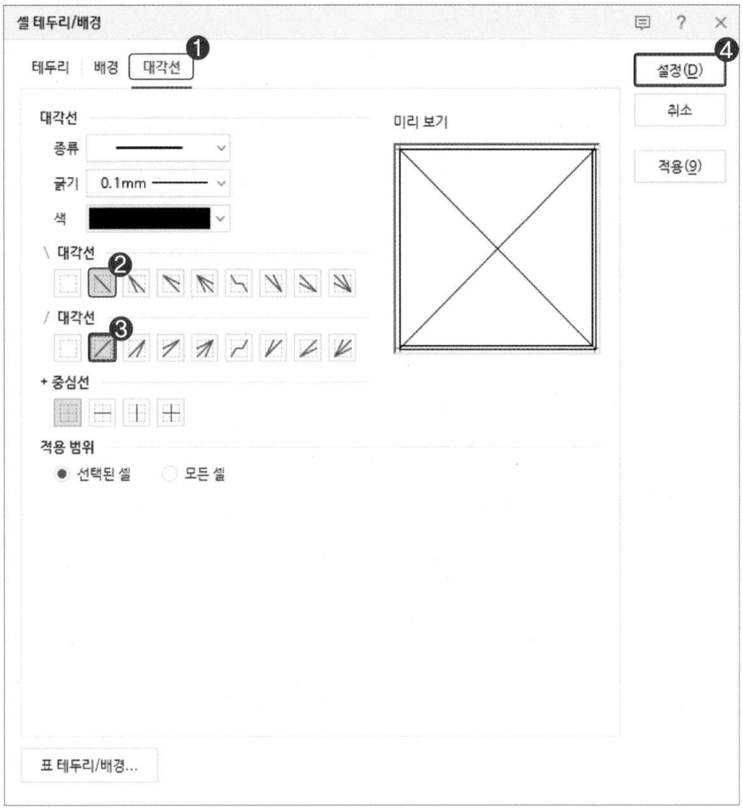

⑥ 배경색을 지정할 부분을 블록 설정한다.

→ [표 디자인] 탭 – [표 채우기]의 드롭다운 단추를 클릭하여 '노랑'을 선택한다.

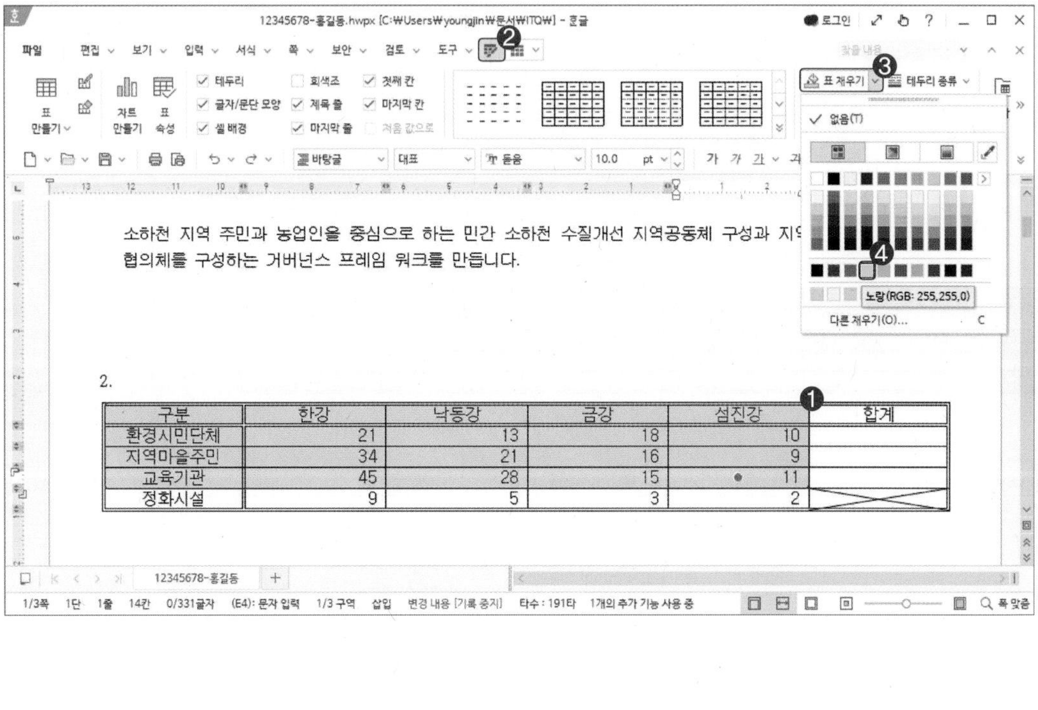

SECTION 03 블록 계산식, 캡션 달기

① 계산식이 이루어지는 부분을 블록 설정한다.
→ [표 레이아웃] 탭 – [계산식]( ) – [블록 합계]를 클릭한다.

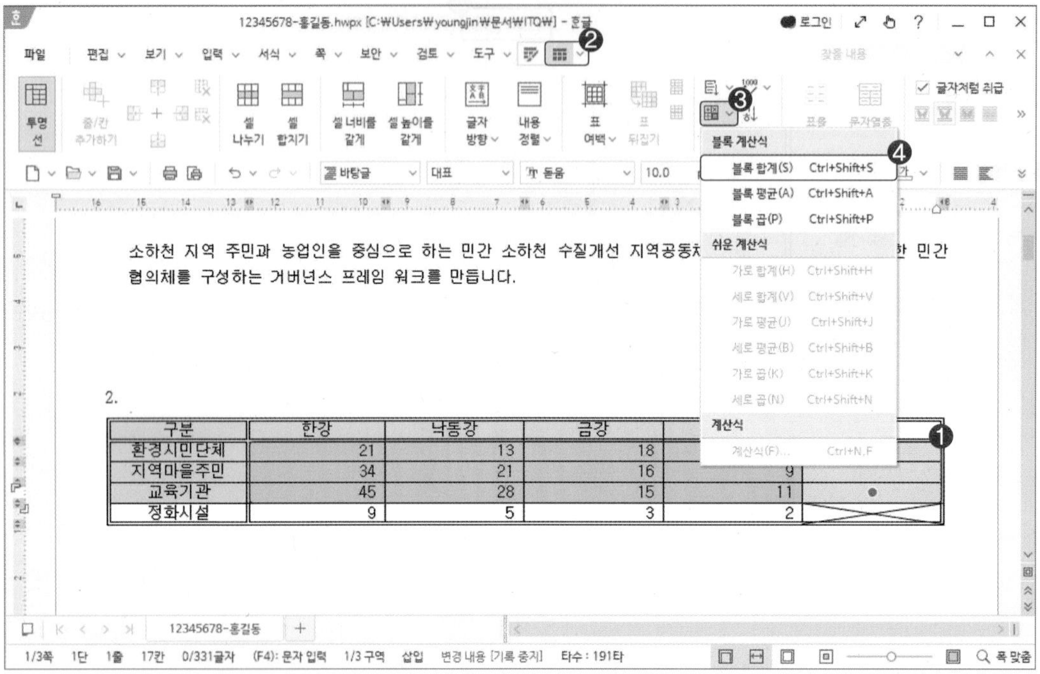

② 캡션을 달기 위해 먼저 표를 선택하거나 표 안에 커서를 위치시킨다.
→ [표 레이아웃] 탭 – [캡션]( )의 드롭다운 단추를 클릭한 후 [위]를 선택한다.

③ 캡션 '표 1'이 만들어지면 지우고 「전국 수계 수질개선 지역공동체 현황(단위: 개)」를 입력한다.

표 1

구분	한강	낙동강	금강	섬진강	합계
환경시민단체	21	13	18	10	62
지역마을주민	34	21	16	9	80
교육기관	45	28	15	11	99
정화시설	9	5	3	2	

전국 수계 수질개선 지역공동체 현황(단위: 개)

구분	한강	낙동강	금강	섬진강	합계
환경시민단체	21	13	18	10	62
지역마을주민	34	21	16	9	80
교육기관	45	28	15	11	99
정화시설	9	5	3	2	

④ 캡션 부분을 블록 설정하고 글꼴 '돋움', '10pt', [오른쪽 정렬]( )을 설정한다.

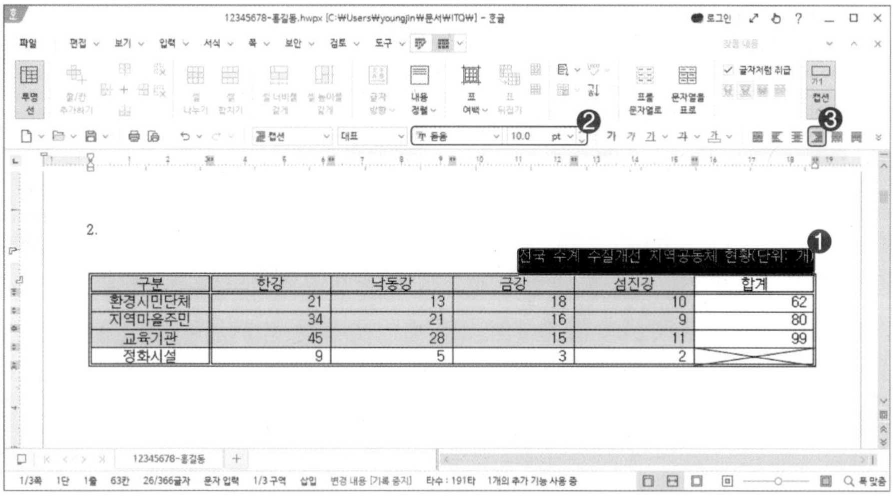

⑤ 줄, 칸 너비 조절이 필요한지 확인한다. 셀을 블록 설정한 상태에서 Ctrl +방향키로 조절할 수 있다.

전국 수계 수질개선 지역공동체 현황(단위: 개)

구분	한강	낙동강	금강	섬진강	합계
환경시민단체	21	13	18	10	62
지역마을주민	34	21	16	9	80
교육기관	45	28	15	11	99
정화시설	9	5	3	2	

기적의 TIP

셀 너비, 높이 조절

블록 설정 후
Ctrl+←→↑↓

기능평가 I 차트 작성하기 50점

기능평가 I의 문제 2번 차트 작성은 앞서 작성한 표의 일부 데이터를 이용하는 형태로, 일반적으로 표에서 셀 배경색을 지정한 부분을 데이터로 사용한다. 차트 각 요소들의 글꼴 설정에 주의하도록 한다.

차트 조건

(1) 차트 데이터는 표 내용에서 구분별 환경시민단체, 지역마을주민, 교육기관의 값만 이용할 것
(2) 종류 – 〈묶은 세로 막대형〉으로 작업할 것
(3) 제목 – 글꼴 : 돋움, 진하게, 12pt
속성 : 채우기(밝은 색 : 하양), 테두리, 그림자(바깥쪽 : 대각선 오른쪽 아래)
(4) 제목 이외의 전체 글꼴 – 돋움, 보통, 10pt
(5) 축제목과 범례는 ≪출력형태≫와 동일하게 처리할 것

출력형태

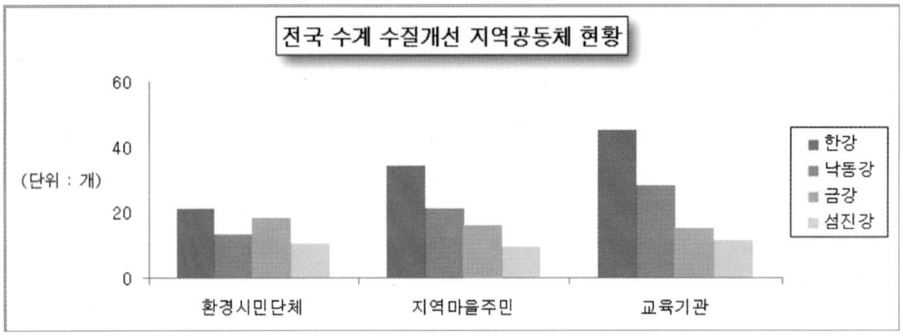

SECTION 01 차트 만들기

① 표에서 차트에 반영되는 영역만 블록 설정한다.
→ [입력] 탭 – [차트]( )를 클릭하고 '묶은 세로 막대형'을 선택한다.

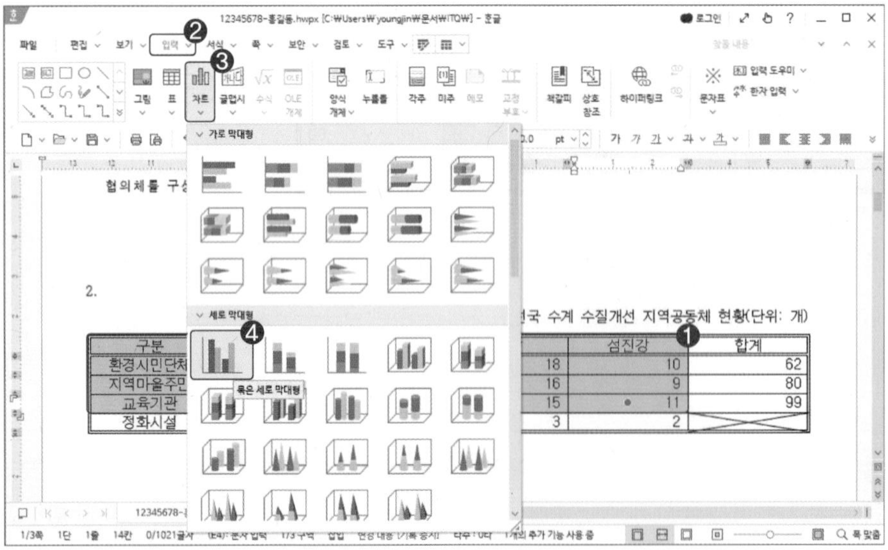

기적의 TIP

셀 배경(면색)을 설정한 부분으로 차트를 만드는 유형이 주로 출제된다.

② [차트 데이터 편집] 대화상자가 나타나면 닫는다.

③ 차트를 선택하고 마우스 드래그하여 표 아래로 이동한다.

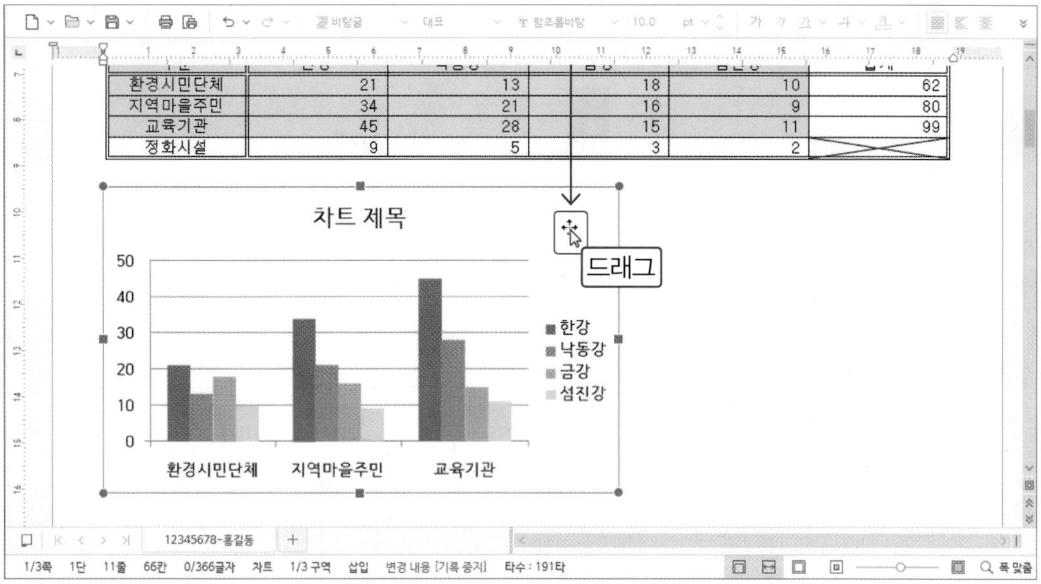

④ 차트의 크기 조절점을 드래그하여 표의 너비와 비슷하게 조절한다.

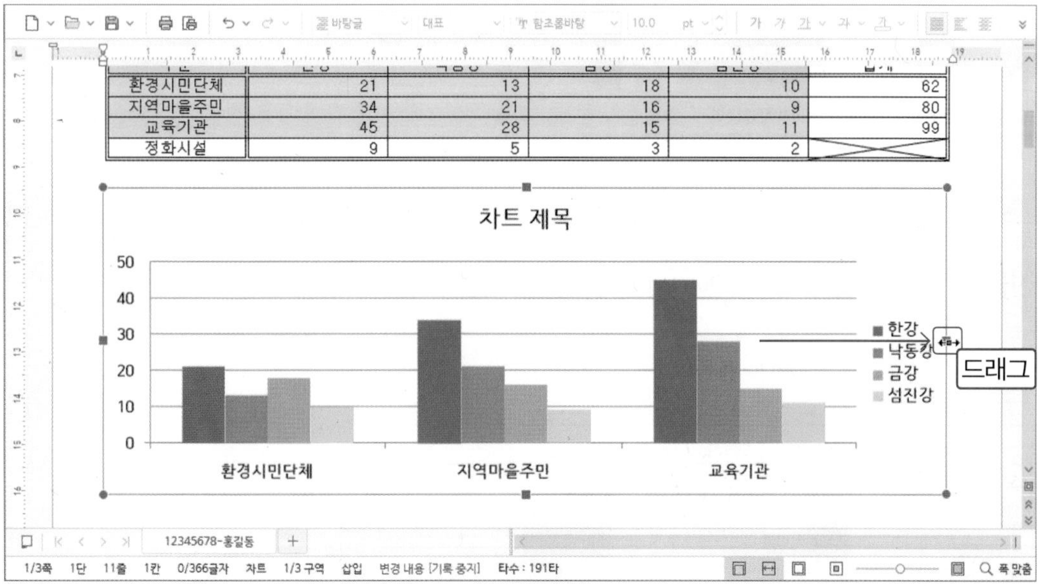

⑤ 차트의 값 축을 클릭하여 선택하고, 마우스 오른쪽 클릭한 후 [축 속성]을 클릭한다.

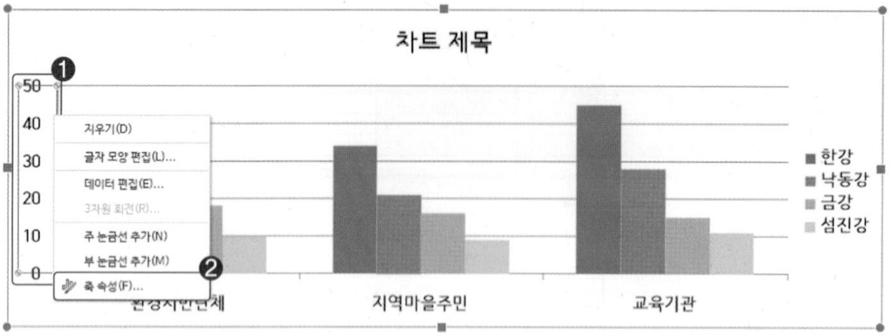

⑥ [경계] – [최솟값]에 「0」, [최댓값]에 「60」, [단위] – [주]에 「20」을 입력하고 작업 창을 닫는다.

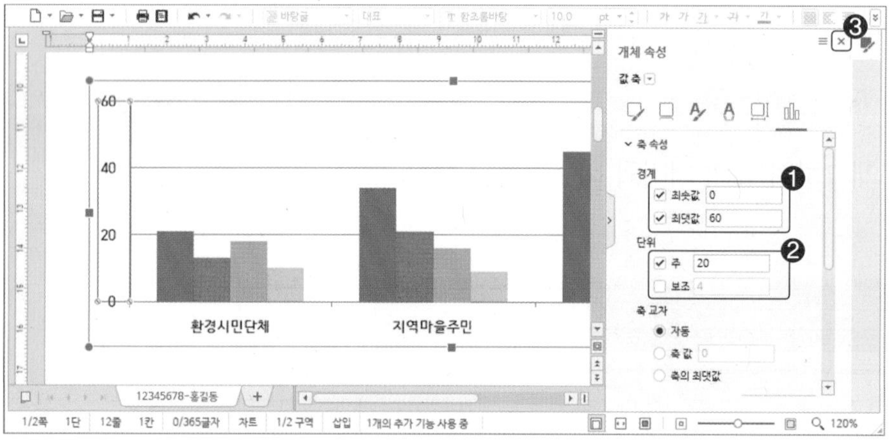

기적의 TIP

주 눈금은 바깥쪽으로 기본 설정된다.

⑦ 차트의 눈금선을 클릭하여 선택하고, Delete를 눌러 삭제한다.

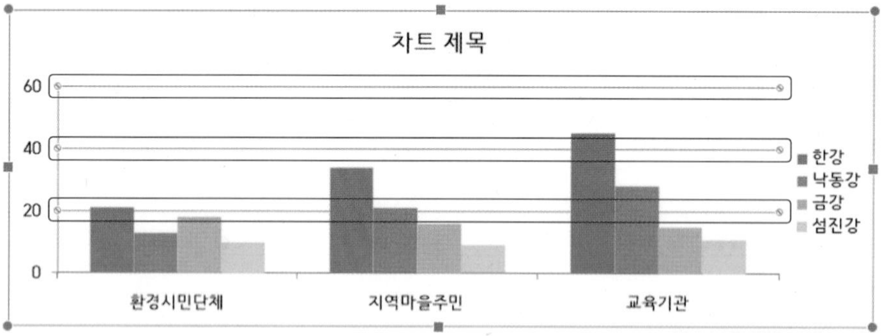

SECTION 02 차트 제목 작성

① '차트 제목'을 클릭하여 선택한 뒤 마우스 오른쪽 클릭하여 [제목 편집]을 클릭한다.

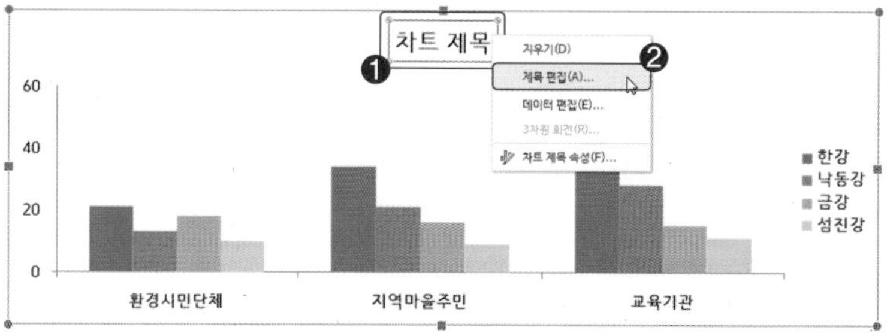

② [차트 글자 모양] 대화상자가 나타나면 [글자 내용]에 「전국 수계 수질개선 지역공동체 현황」을 입력한다.

→ 글꼴 '돋움', '진하게', '12pt'를 설정한다.

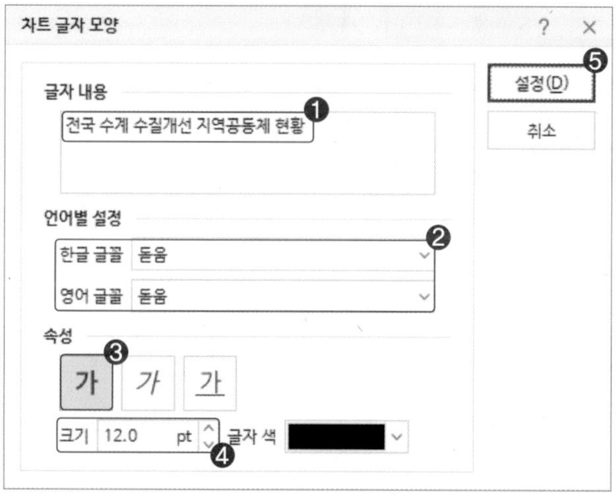

③ 다시 '차트 제목'에서 마우스 오른쪽 클릭하여 [차트 제목 속성]을 클릭한다.

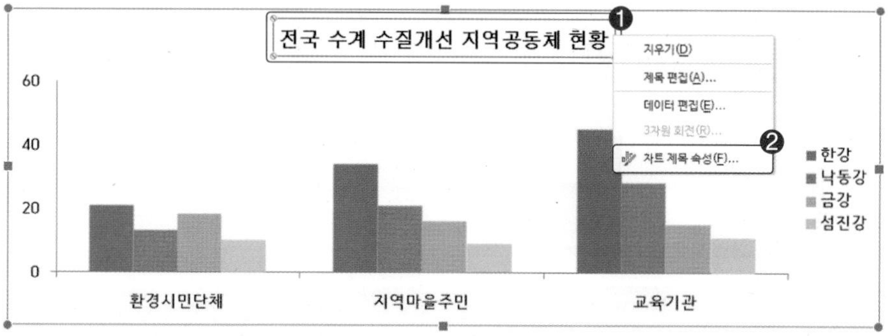

④ [개체 속성] 작업 창이 열리면 [그리기 속성](아이콘)에서 [채우기]는 '밝은 색', [선]은 '어두운 색'을 지정한다.
→ [효과](아이콘)에서 [그림자]를 '대각선 오른쪽 아래'로 설정하고 작업 창을 닫는다.

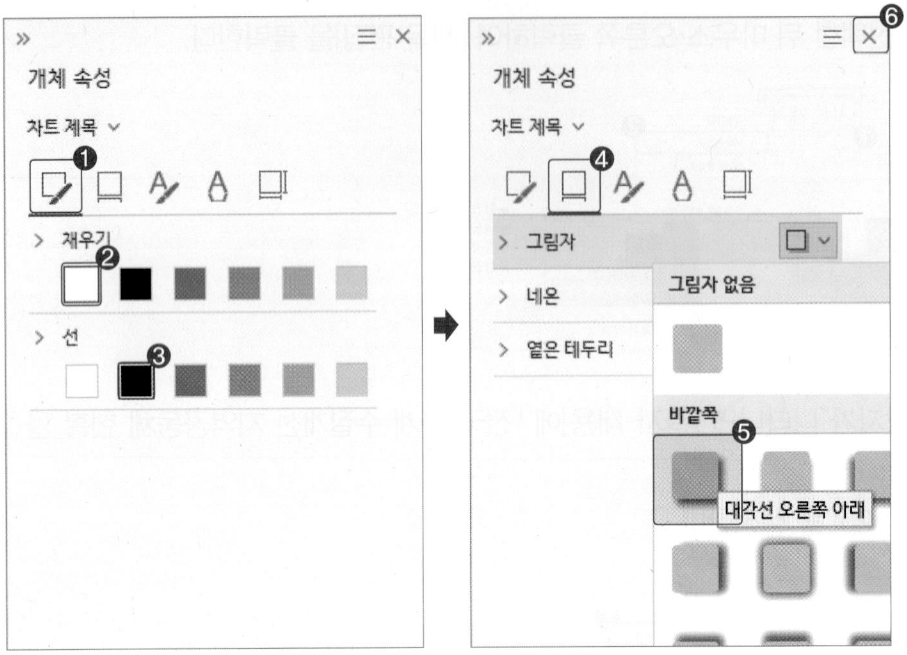

SECTION 03 축 제목 추가

① [차트 디자인] 탭(아이콘)에서 [차트 구성 추가](아이콘) – [축 제목] – [기본 세로]를 선택한다.

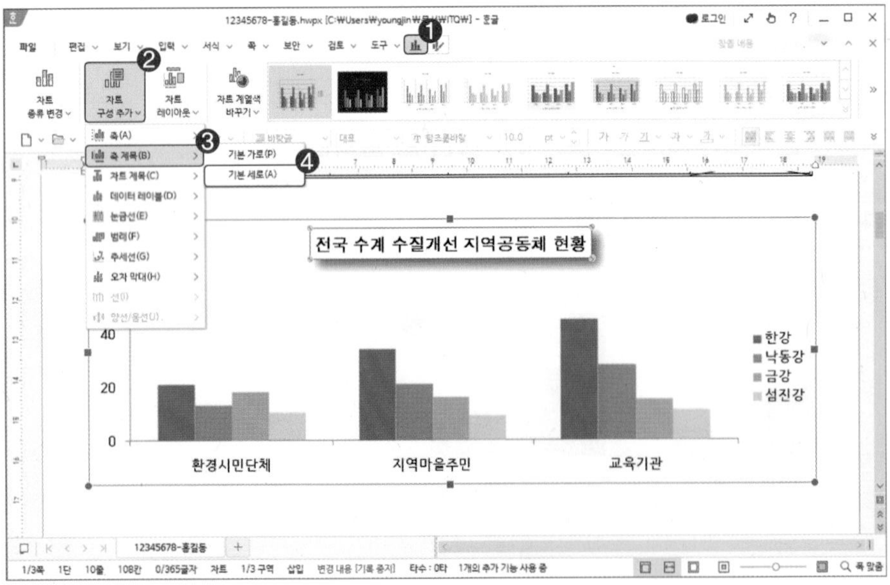

② '축 제목'을 클릭하여 선택한다.
→ 마우스 오른쪽 클릭하여 [제목 편집]을 클릭한다.

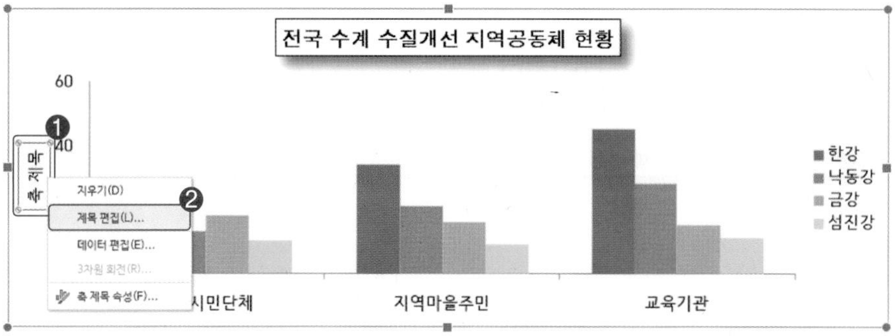

③ [차트 글자 모양] 대화상자가 나타나면 [글자 내용]에 「(단위 : 개)」를 입력하고, 글꼴 '돋움', '10pt'를 설정한다.

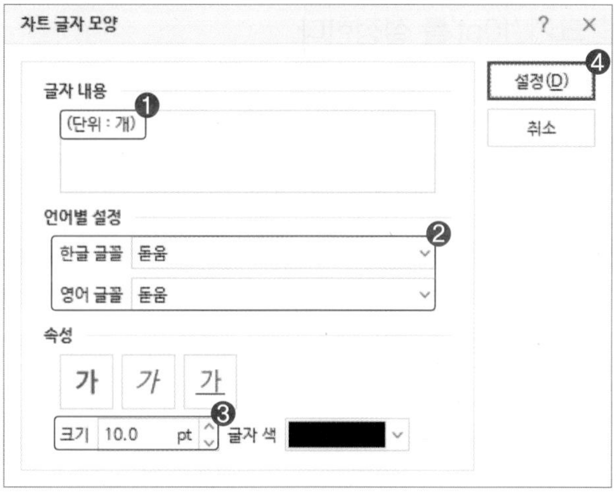

기적의 TIP

괄호, 콜론 등의 특수문자는 영어 글꼴로 인식하는 것에 유의한다.

④ 다시 '축 제목'에서 마우스 오른쪽 클릭하여 [축 제목 속성]을 클릭한다.

⑤ [개체 속성] 작업 창이 열리면 [크기 및 속성](□)에서 [글상자] – [글자 방향]을 '가로'로 설정하고 작업 창을 닫는다.

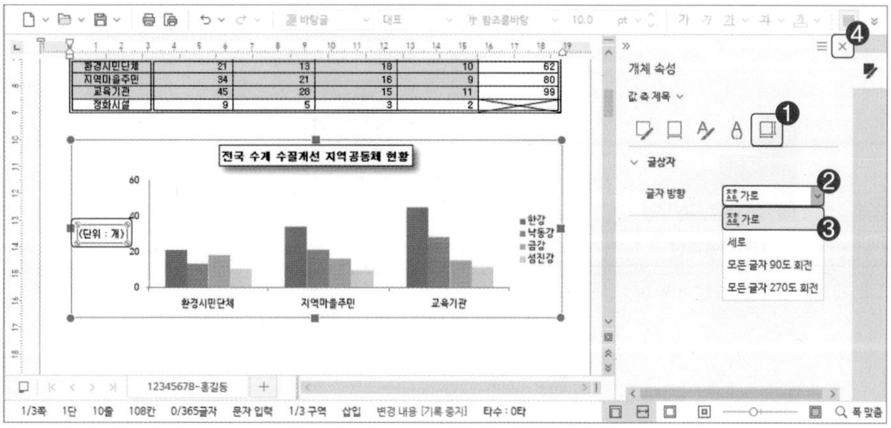

SECTION 04 글꼴 설정

① 차트의 값 축을 클릭하여 선택한다.
→ 마우스 오른쪽 클릭한 후 [글자 모양 편집]을 클릭한다.

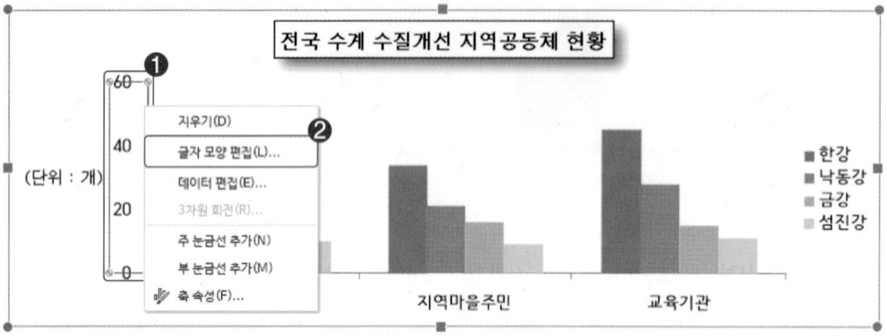

② [차트 글자 모양] 대화상자가 나타나면 글꼴 '돋움', 크기 '10pt'를 설정한다.

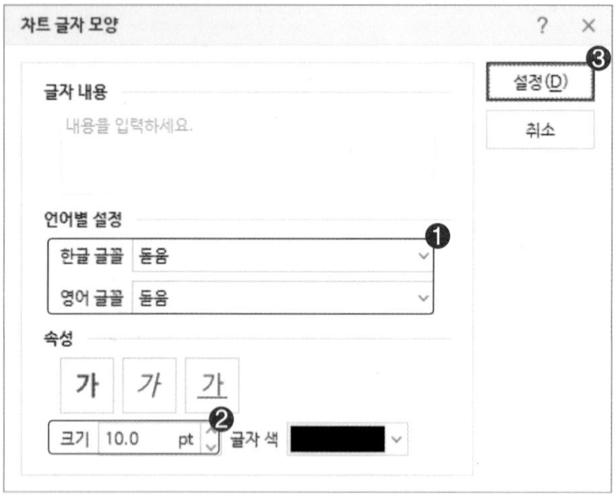

③ 같은 방법으로 항목 축과 범례도 [글자 모양 편집]을 이용하여 '돋움, '10pt'를 설정한다.

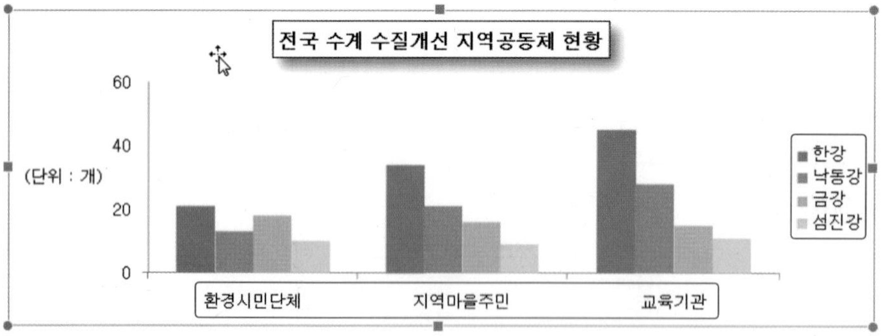

SECTION 05 범례 설정

① '범례'를 더블 클릭하거나 마우스 오른쪽 클릭하여 [범례 속성]을 클릭한다.

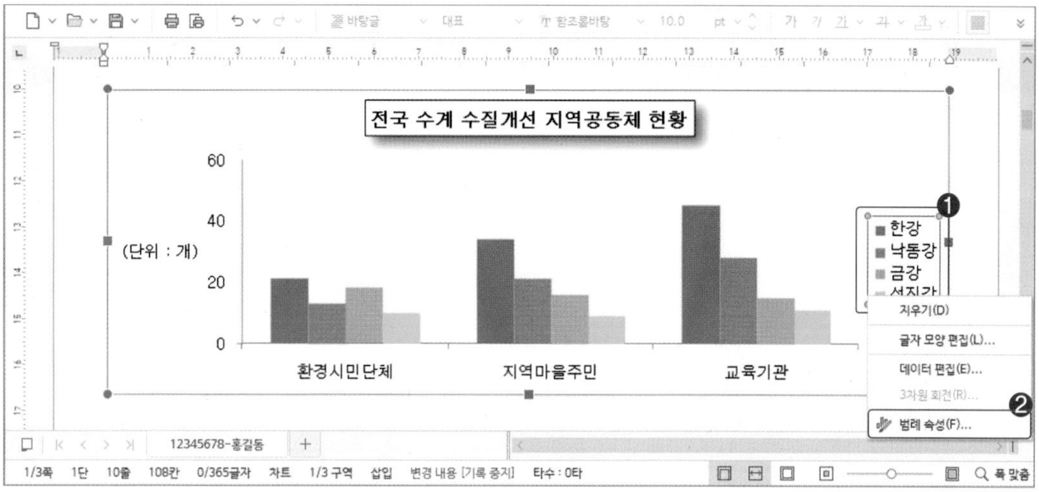

② [개체 속성] 작업 창이 열리면 [그리기 속성]( )에서 [선]에 '어두운 색'을 지정하고 작업 창을 닫는다.

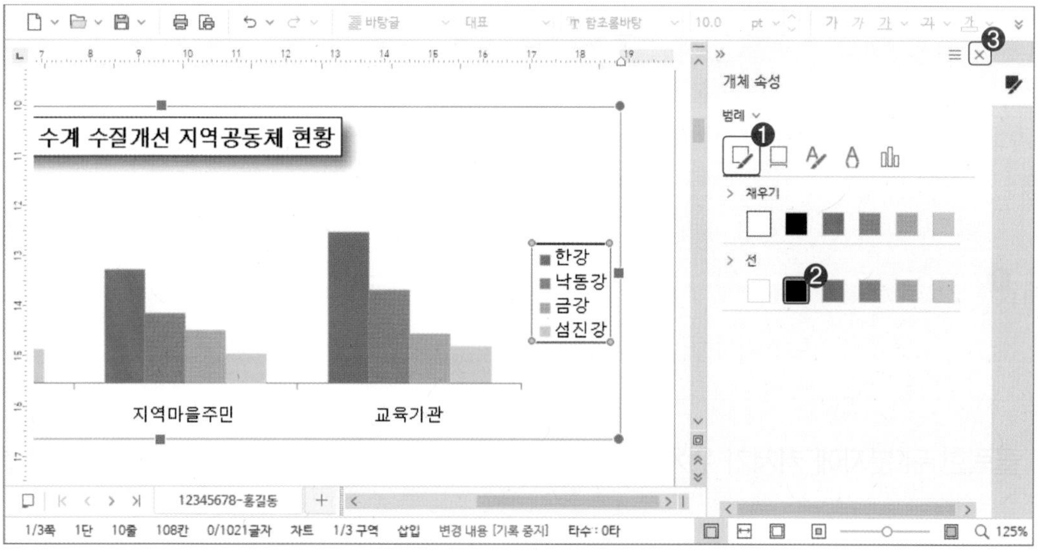

③ 조절점을 마우스 드래그하여 범례의 크기와 위치를 조절한다.

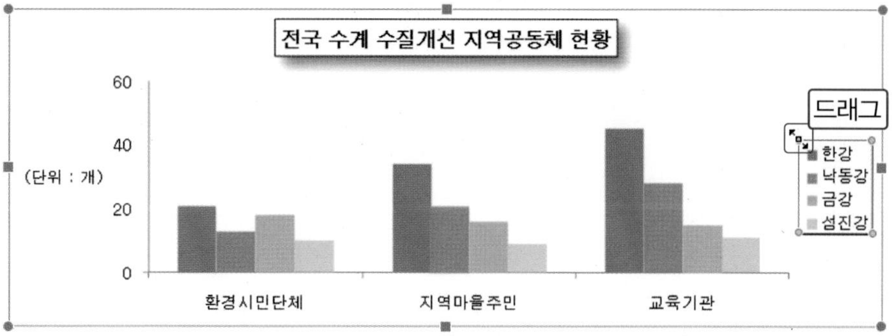

기능평가 Ⅱ 수식 작성하기 40점

기능평가 Ⅱ의 문제 3번은 수식 편집기를 이용하여 수식을 작성해야 한다. 수식을 입력할 때는 커서의 위치를 잘 확인하며 진행하고, 자주 출제되는 기호와 연산자를 익혀두는 것이 중요하다.

출력형태	
	(1) $\frac{V_2}{V_1} = \frac{0.90 \times 10^3}{1.0 \times 10^4} = 0.09$ (2) $\int_a^b A(x-a)(x-b)dx = -\frac{A}{6}(b-a)^3$

SECTION 01 수식 입력 (1)

① 입력한 문제 번호 3. 다음 줄에 「(1) 」을 입력하고, [입력] 탭 – [수식]($\sqrt{x}$)을 선택한다.

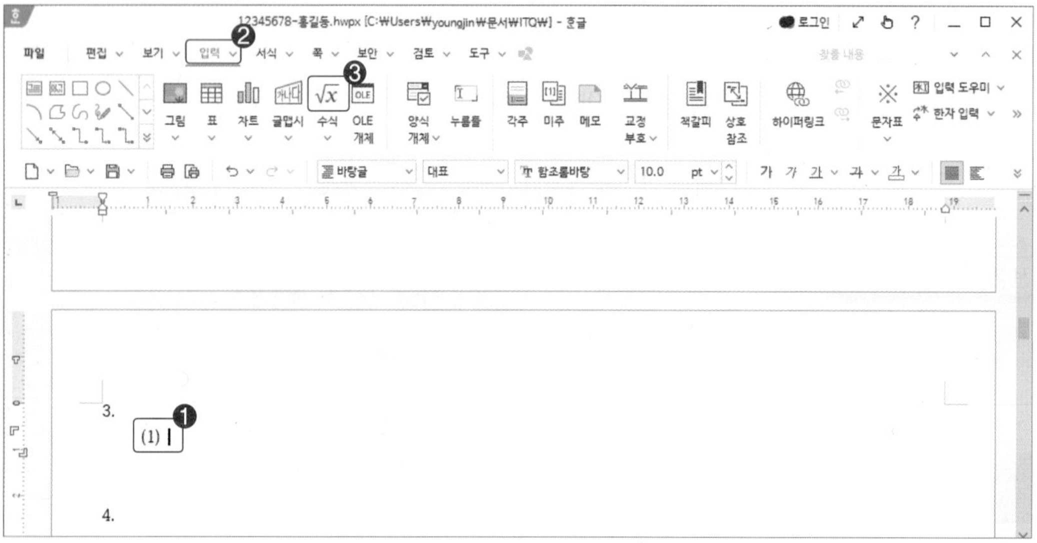

② [분수](믐)를 클릭한 뒤 분자에 커서가 위치하면 「V」를 입력하고 [아래첨자](A₁)를 클릭한 후 「2」를 입력한다.

③ 분모에 커서를 위치시키고 같은 방법으로 「V1」을 입력한다.

④ 입력한 분수 다음에 커서를 위치시키고 「=」를 입력한 뒤 [분수](몸)를 클릭한다.

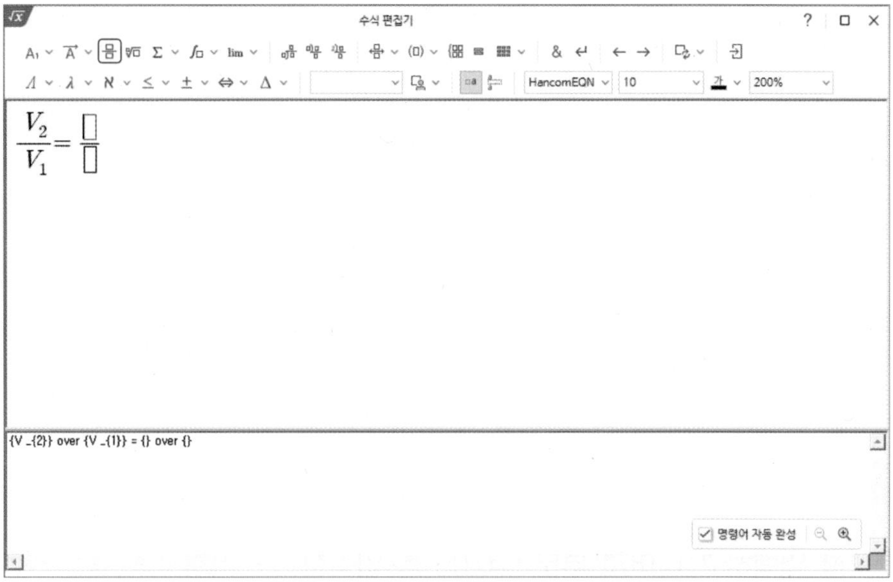

⑤ 분자에 「0.90」을 입력하고 [연산, 논리 기호](±)를 클릭하여 곱셈 기호(×)를 삽입한다.

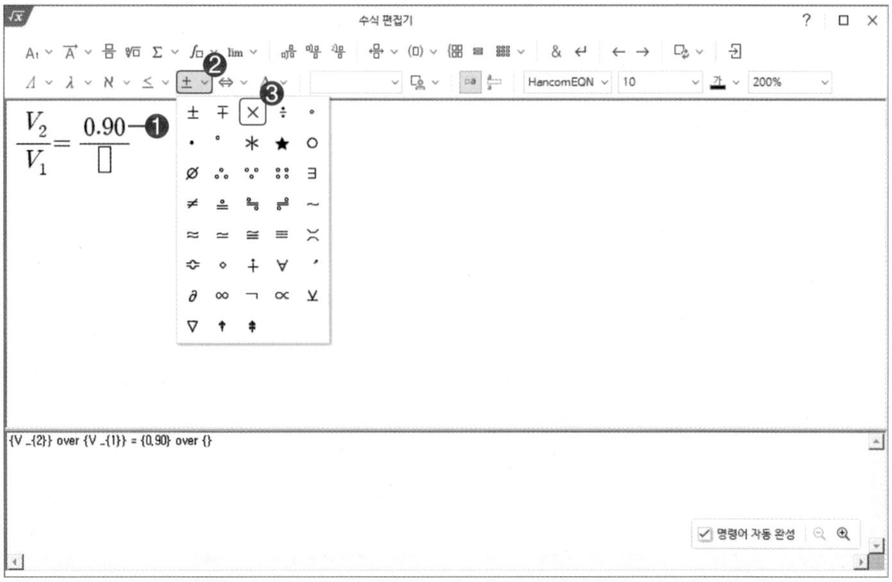

⑥ 이어서 「10」을 입력하고 [위첨자](A¹)를 클릭한 후 「3」을 입력한다.

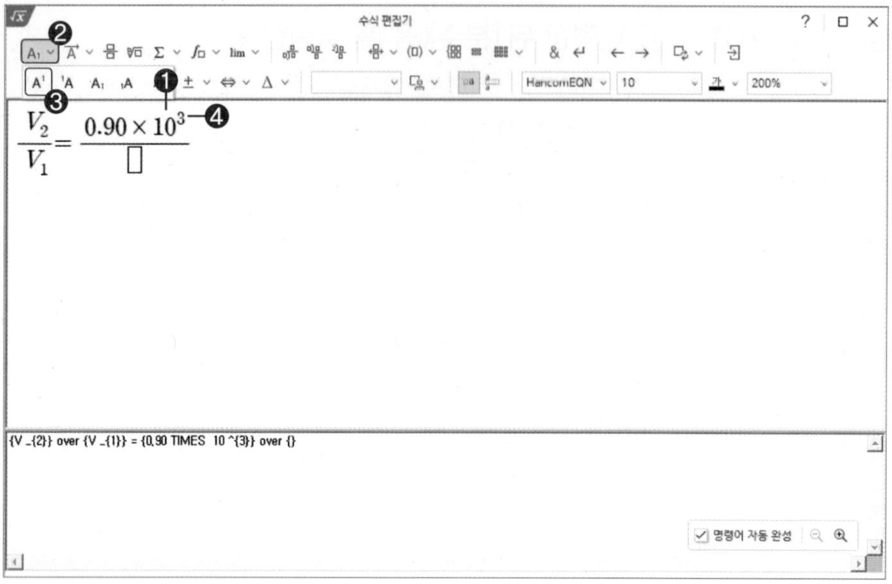

⑦ 분자와 같은 방법으로 분모를 입력하고 나머지 부분 「=0.09」를 입력한 후 [넣기]( )를 클릭한다.

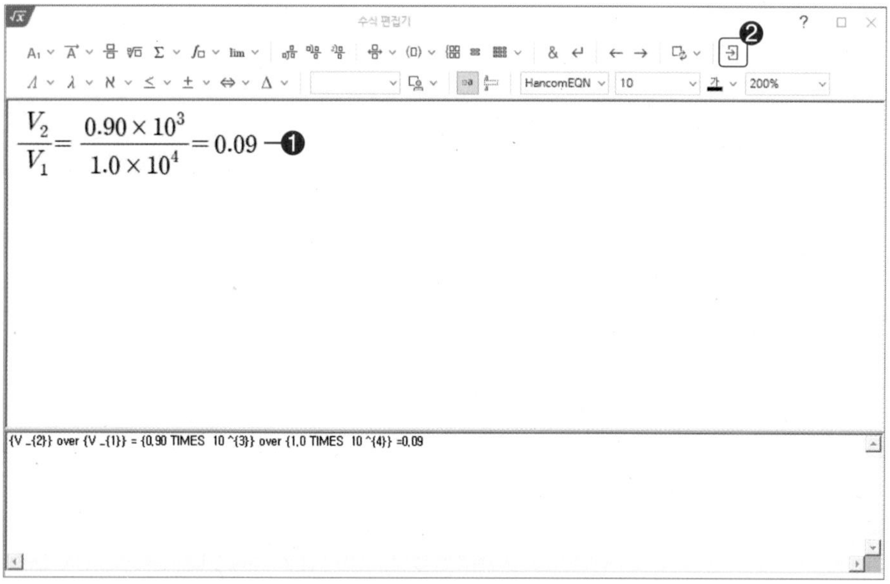

기적의 TIP

입력한 수식 수정

입력 완료한 수식을 더블 클릭하면 [수식 편집기] 창이 나타나며 수정할 수 있다

SECTION 02 수식 입력 (2)

① 완성한 (1) 수식 옆에 [Space Bar]를 이용해 적당한 공백을 삽입한다.
→ 「(2) 」를 입력하고 [입력] 탭 – [수식]($\sqrt{x}$)을 선택한다.

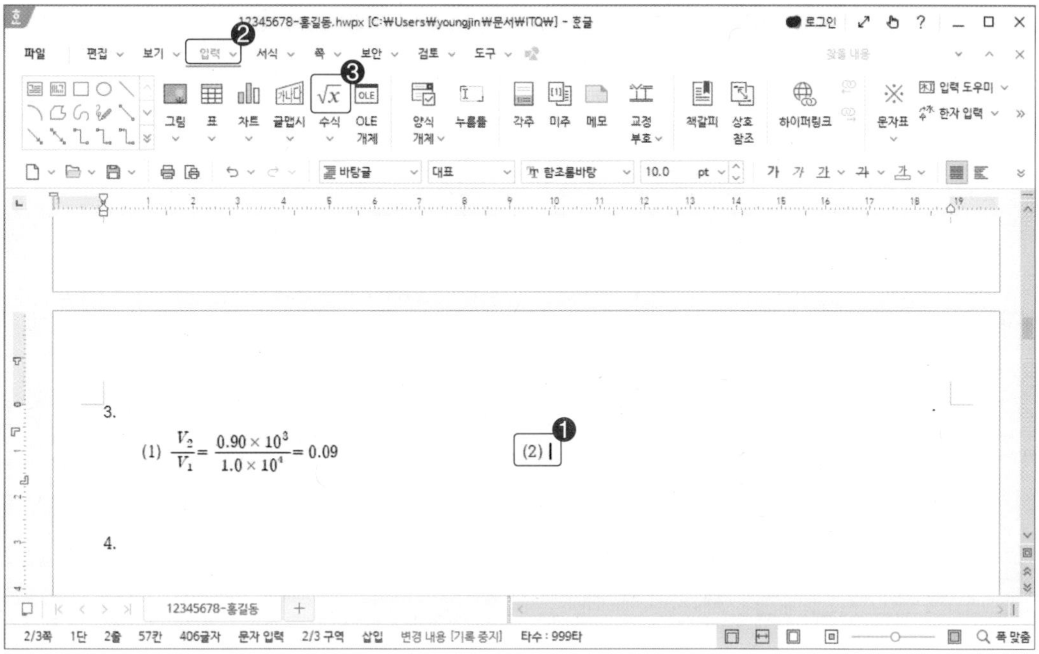

② [적분](∫□)을 클릭하여 기호를 삽입하고 「a」, 「b」를 각 위치에 입력한다.

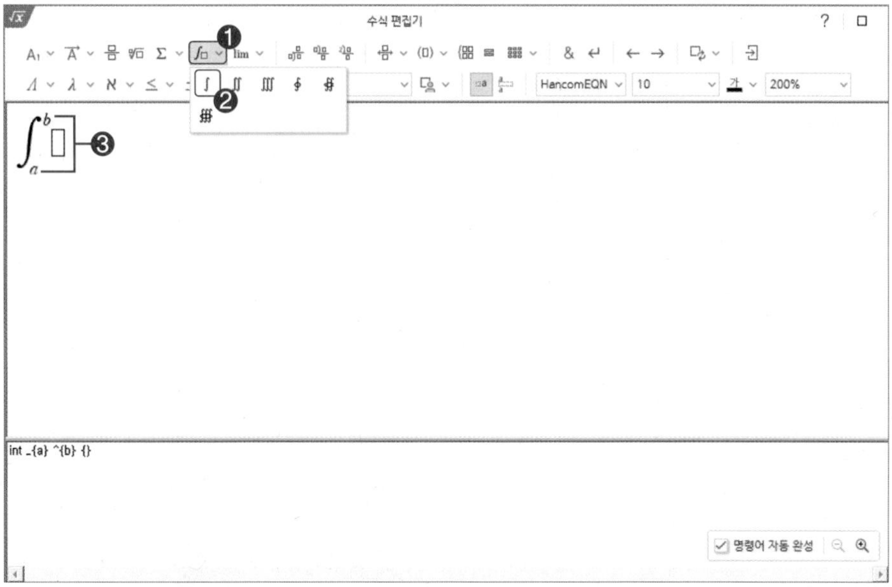

③ ≪출력형태≫를 참고하여 입력하고 [분수](ㅁ/ㅁ)와 [위첨자](A¹)를 이용하여 완성한 다음 [넣기](→])를 클릭한다.

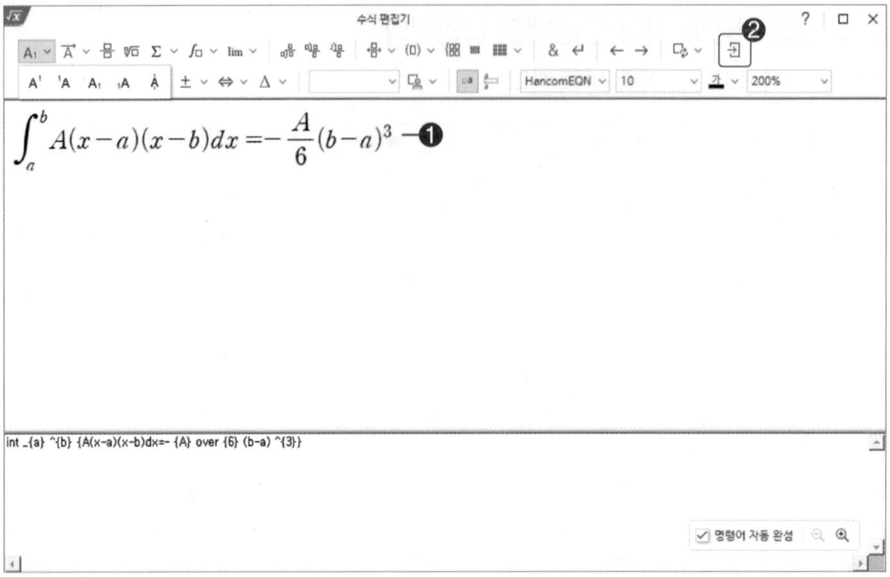

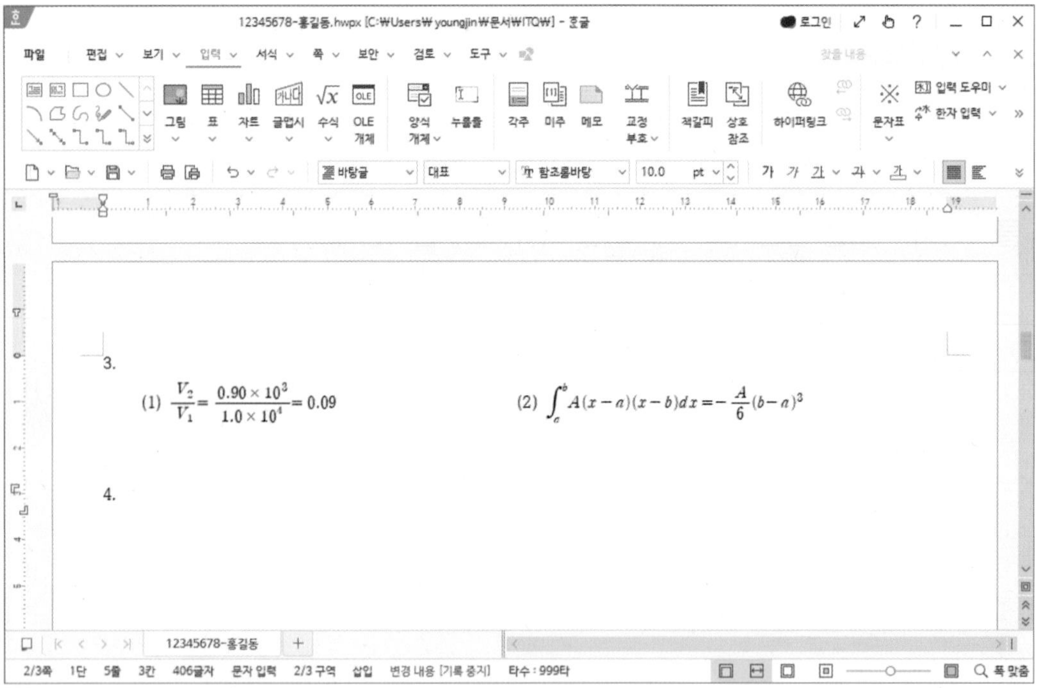

기능평가 Ⅱ　그리기 도구 이용하기　110점

기능평가 Ⅱ의 문제 4번은 그리기 도구를 이용하여 주어진 조건대로 작성해야 한다. 도형 및 글상자, 글맵시, 하이퍼링크 설정 등을 연습하여 대비하도록 한다.

조건	(1) 그리기 도구를 이용하여 작성하고, 모든 도형(글맵시, 지정된 그림 포함)을 ≪출력형태≫와 같이 작성하시오. (2) 도형의 면색은 지시사항이 없으면 색 없음을 제외하고 서로 다르게 임의로 지정하시오.
출력형태	

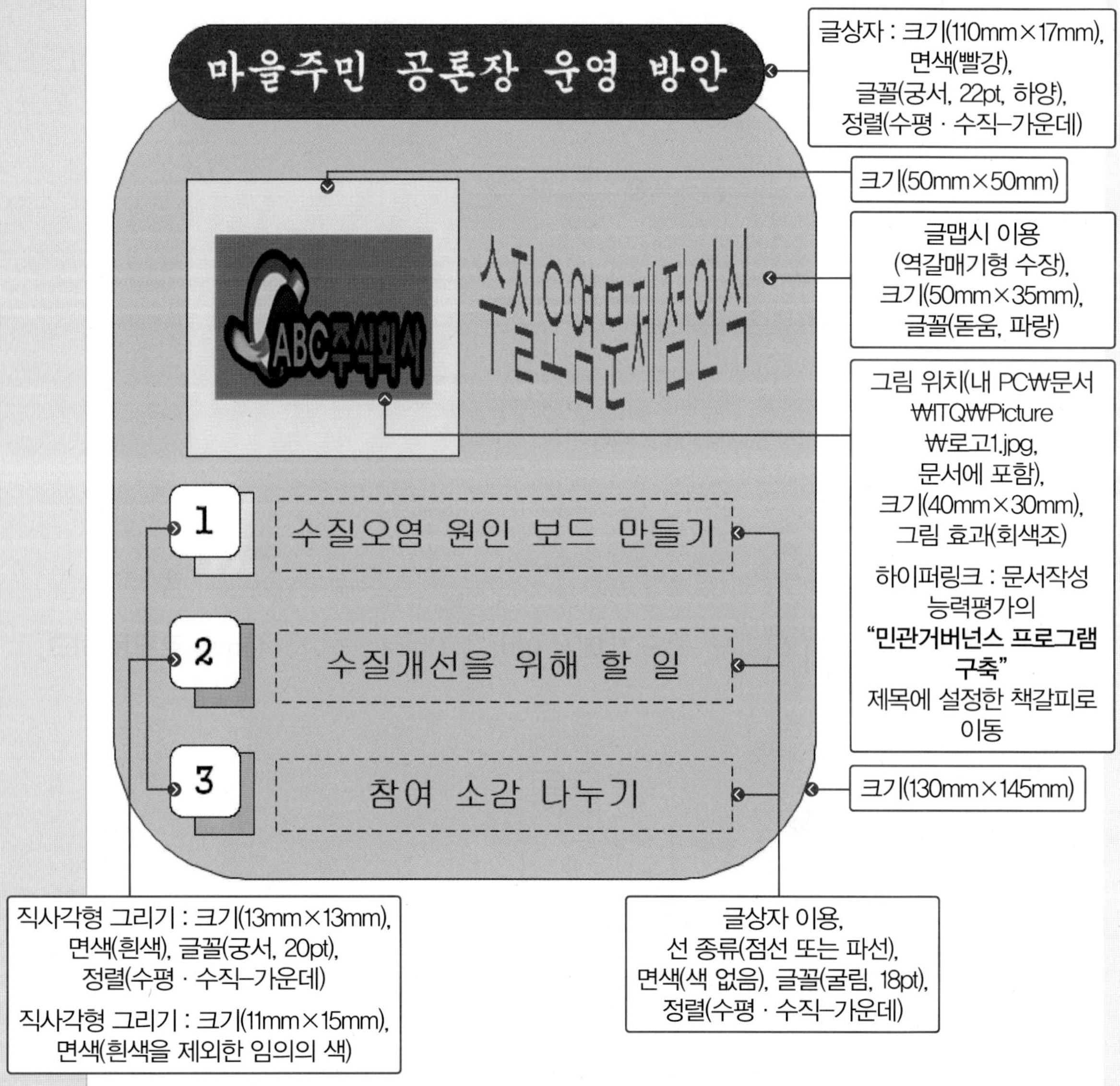

마을주민 공론장 운영 방안
글상자 : 크기(110mm×17mm), 면색(빨강), 글꼴(궁서, 22pt, 하양), 정렬(수평 · 수직-가운데)
크기(50mm×50mm)
수질오염문제점인식
글맵시 이용 (역갈매기형 수장), 크기(50mm×35mm), 글꼴(돋움, 파랑)
ABC주식회사
그림 위치(내 PC₩문서₩ITQ₩Picture₩로고1.jpg, 문서에 포함), 크기(40mm×30mm), 그림 효과(회색조)
하이퍼링크 : 문서작성 능력평가의 "민관거버넌스 프로그램 구축" 제목에 설정한 책갈피로 이동
1
수질오염 원인 보드 만들기
2
수질개선을 위해 할 일
3
참여 소감 나누기
크기(130mm×145mm)
직사각형 그리기 : 크기(13mm×13mm), 면색(흰색), 글꼴(궁서, 20pt), 정렬(수평 · 수직-가운데)
직사각형 그리기 : 크기(11mm×15mm), 면색(흰색을 제외한 임의의 색)
글상자 이용, 선 종류(점선 또는 파선), 면색(색 없음), 글꼴(굴림, 18pt), 정렬(수평 · 수직-가운데)

SECTION 01 바탕 도형 그리기

① 문제 번호 「4.」 다음 줄에 커서를 위치시킨다.

② [입력] 탭에서 [직사각형](□)을 클릭하여 사각형을 임의의 크기로 그린다.
→ 사각형을 더블 클릭하거나 마우스 오른쪽 클릭하여 [개체 속성]을 클릭한다.

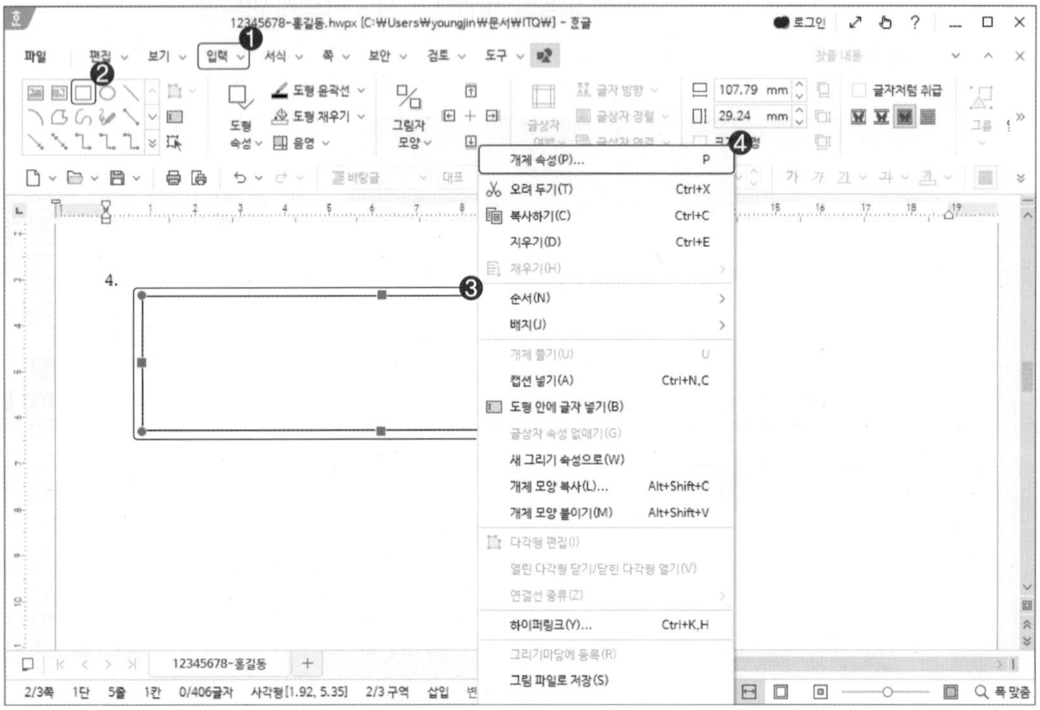

③ [개체 속성] 대화상자의 [기본] 탭 – [크기]에서 너비 「130mm」, 높이 「145mm」로 입력하고, '크기 고정'에 체크한다.

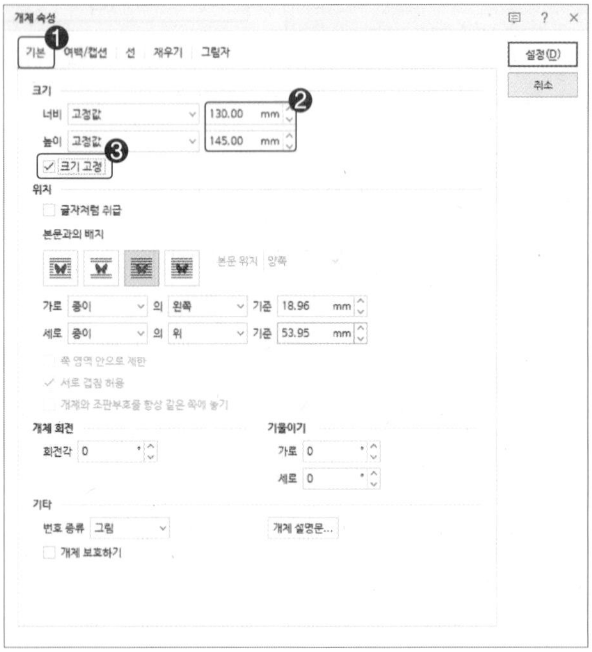

④ [선] 탭 – [사각형 모서리 곡률]에서 '둥근 모양'을 선택한다.
→ [채우기] 탭에서 면 색을 임의로 설정한다.

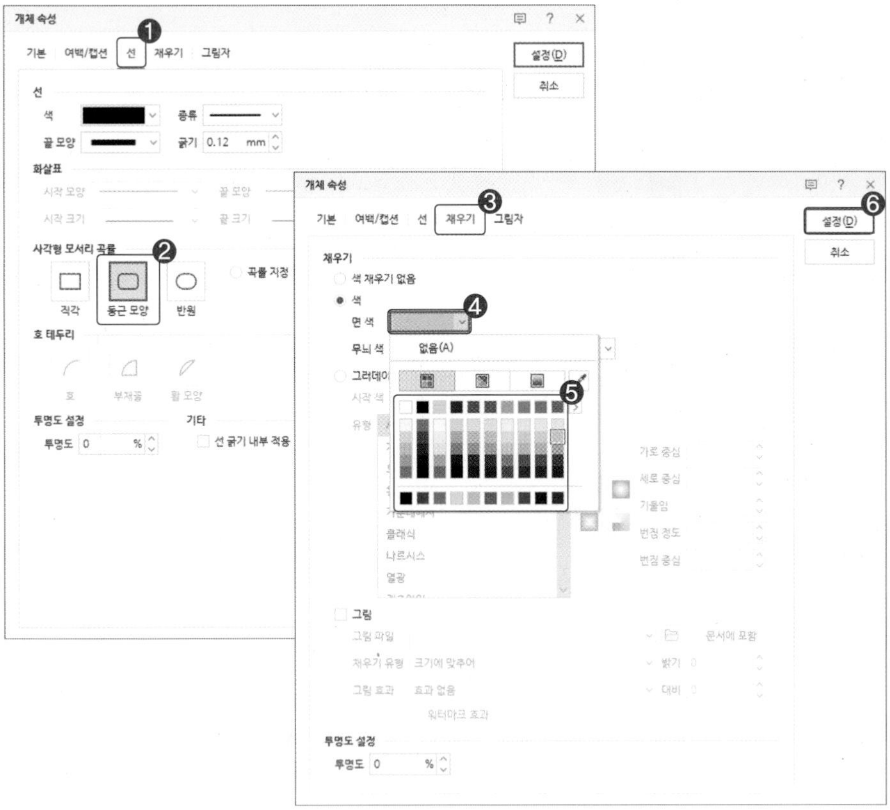

⑤ 다시 [입력] 탭에서 [직사각형](□)을 클릭하여 사각형을 그린다.
→ [도형] 탭에서 너비 「50mm」, 높이 「50mm」로 입력하고 '크기 고정'에 체크한다.
→ [도형 채우기]에서 면 색을 임의로 설정한다.

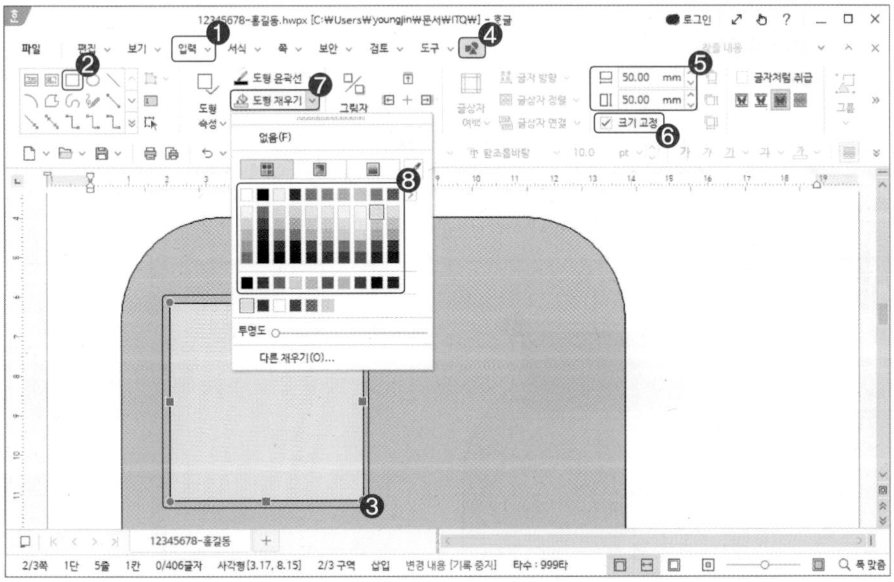

기적의 TIP

도형의 면 색 지정

면 색이 제시되지 않으면 다른 도형과 구별될 수 있는 임의의 색을 직접 지정한다.

기적의 TIP

마우스 오른쪽 클릭하여 [개체 속성] 대화상자에서 설정하는 것과 같으므로 각자 편한 방법을 사용한다.

⑥ ≪출력형태≫를 참고하여 도형의 위치를 조절한다.

SECTION 02 제목 글상자

① [입력] 탭에서 [가로 글상자]를 클릭하여 임의의 크기로 그린다.

→ [도형] 탭에서 너비 「110mm」, 높이 「17mm」로 입력하고 '크기 고정'에 체크한다.

→ [도형 채우기]에서 면 색을 '빨강'으로 설정한다.

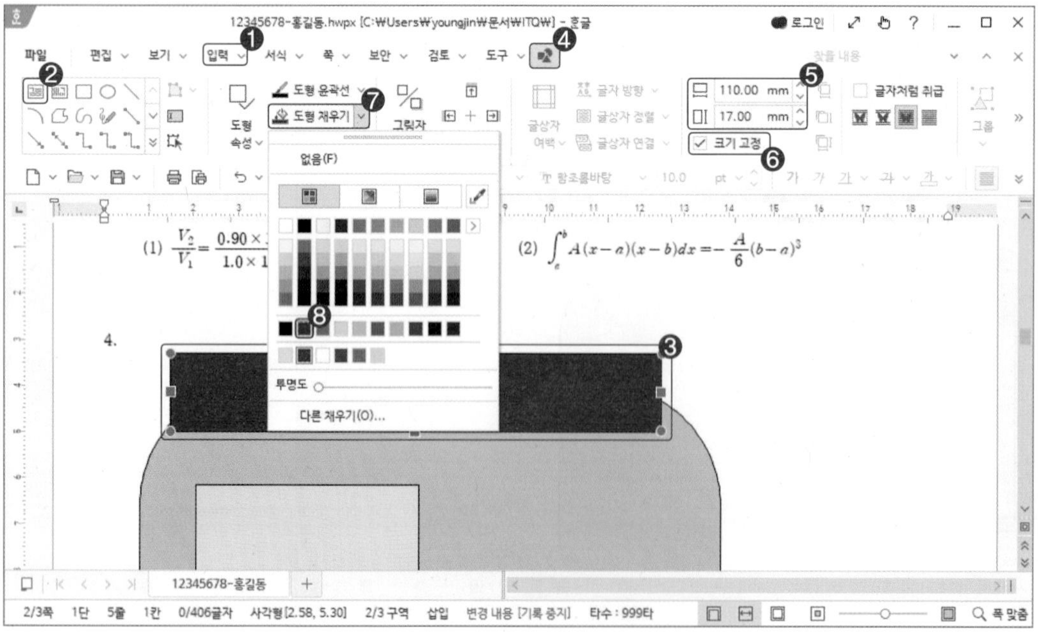

② 마우스 오른쪽 클릭하여 [개체 속성]을 클릭한다.
→ [선] 탭 – [사각형 모서리 곡률]에서 '반원'을 설정한다.

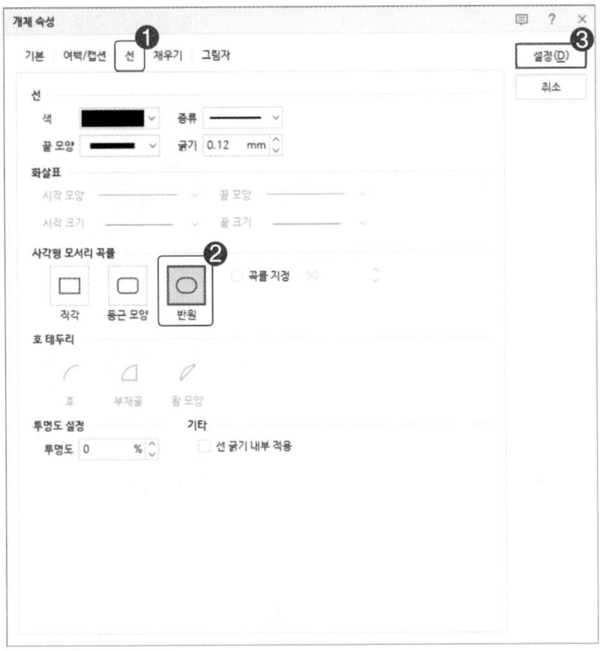

③ 글상자에 「마을주민 공론장 운영 방안」을 입력한다.
→ 글꼴 '궁서', '22pt', 글자색 '하양', [가운데 정렬](≣)을 설정한다.

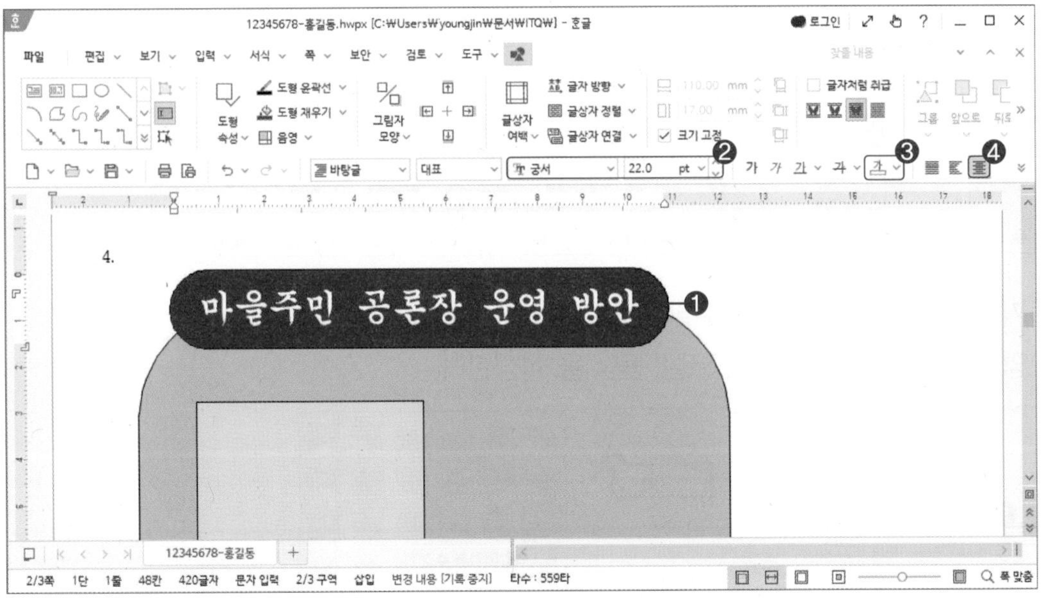

④ 《출력형태》를 참고하여 도형의 위치를 조절한다.

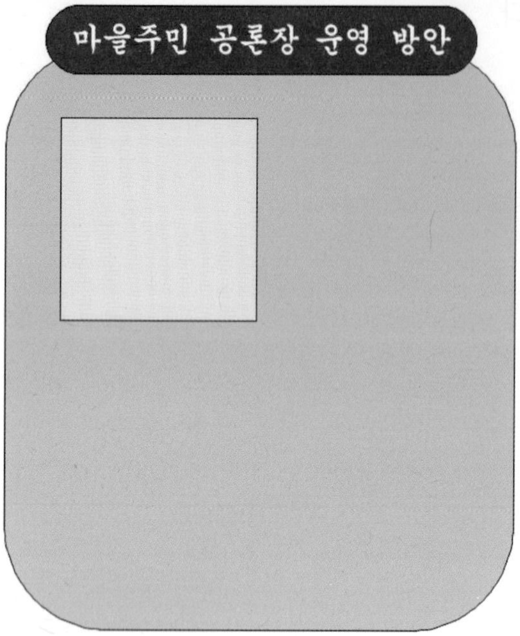

기적의 TIP

Shift+클릭으로 도형을 여러 개 선택하면 [도형] 탭–[맞춤]에서 정확한 도형 간 배치를 설정할 수 있다.

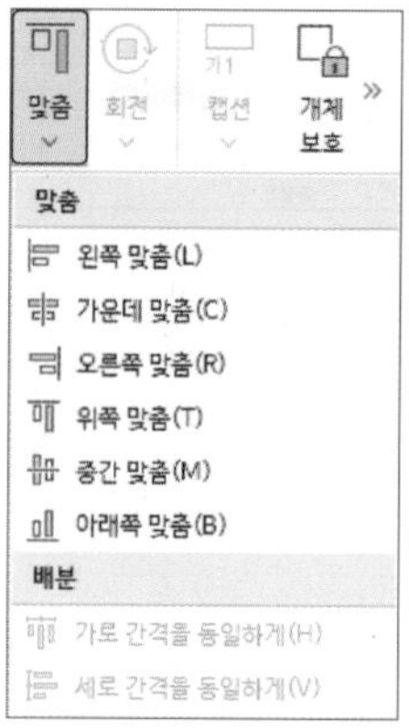

SECTION 03 글맵시

① [입력] 탭 – [글맵시]( )를 클릭한다.

② [글맵시 만들기] 대화상자의 [내용]에 「수질오염문제점인식」을 입력한다.
→ 글맵시 모양 '역갈매기형 수장'( ), 글꼴 '돋움'을 설정한다.

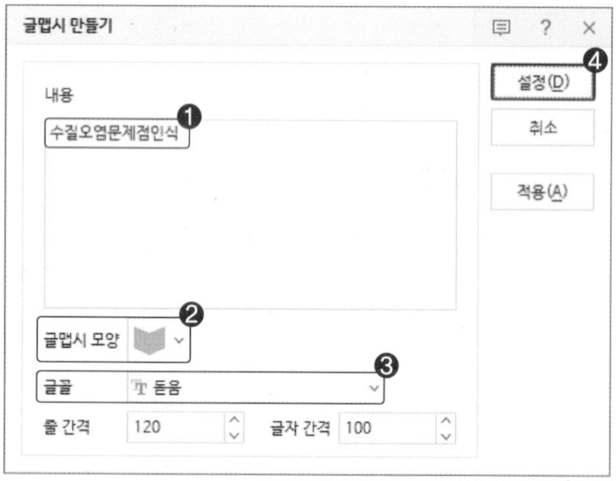

③ [글맵시] 탭( )에서 [글맵시 채우기]를 클릭하여 '파랑'으로 설정한다.
→ 너비 「50mm」, 높이 「35mm」로 입력하고 '크기 고정'에 체크한다.

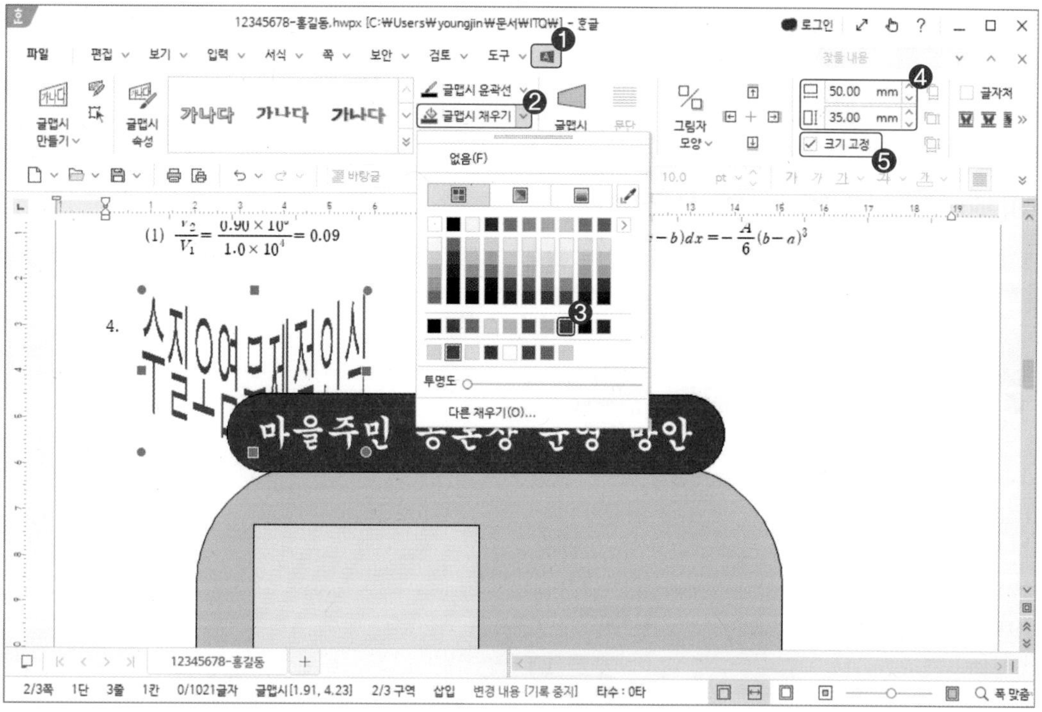

④ 입력한 글맵시에 마우스 오른쪽 클릭하여 [배치] – [글 앞으로]( )를 선택한다.
→ ≪출력형태≫를 참고하여 글맵시의 위치를 조절한다.

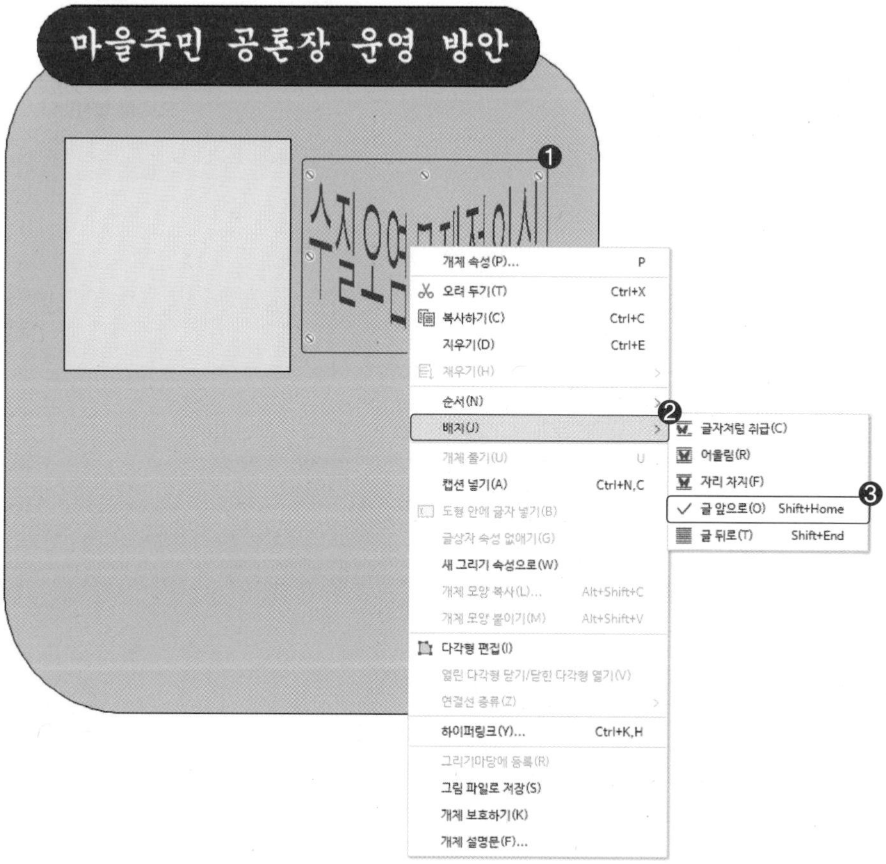

SECTION 04 그림 삽입

① [입력] 탭 – [그림]( )을 클릭한다.

② '내 PC₩문서₩ITQ₩Picture' 폴더에서 '로고1.jpg'를 선택한 뒤 '문서에 포함'에 체크하고 [열기]를 클릭한다.
→ 마우스로 여백에 드래그하면 그림이 삽입된다.

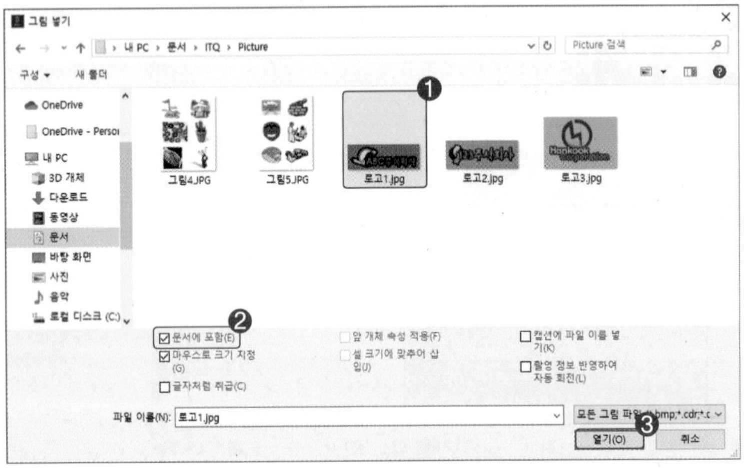

③ 삽입된 그림에 마우스 오른쪽 클릭하여 [개체 속성]을 클릭한다.
→ [개체 속성] 대화상자의 [기본] 탭 – [크기]에서 너비 「40mm」, 높이 「30mm」로 입력한다.
→ '크기 고정'에 체크하고 [본문과의 배치]는 '글 앞으로'를 설정한다.

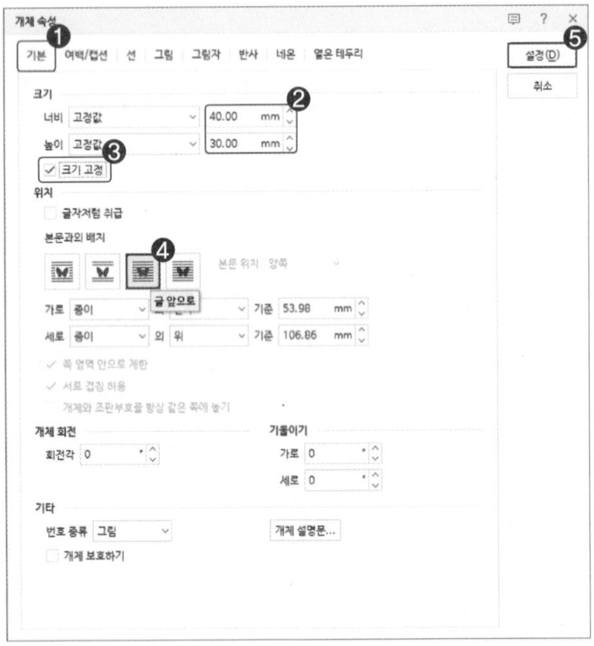

기적의 TIP

그림 삽입
- 그림 삽입 시 반드시 문제에서 제시한 파일명의 그림을 선택한다.
- 본문과의 배치는 '글 앞으로'를 설정한다.

④ [그림] 탭( ) – [색조 조정] – [회색조]( )를 클릭한다.
→ ≪출력형태≫를 참고하여 그림의 위치를 조절한다.

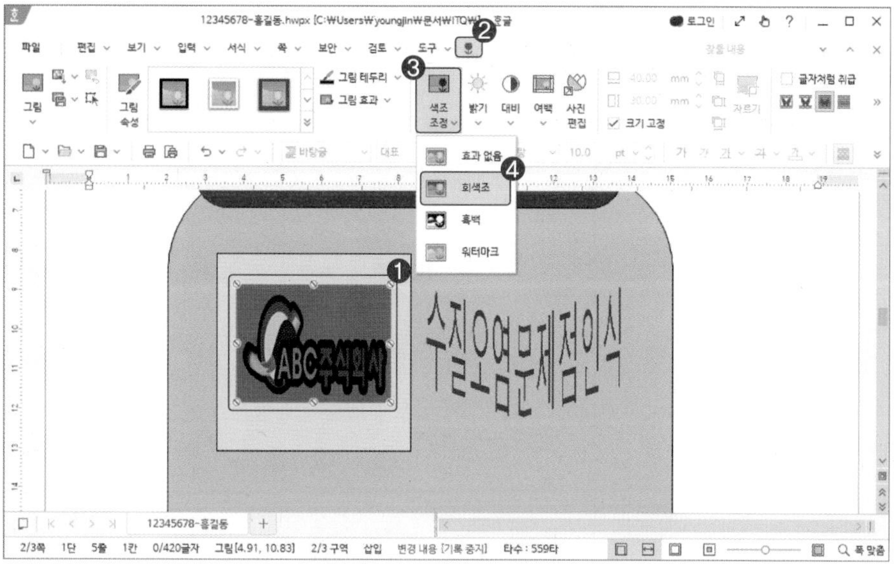

SECTION 05 책갈피, 하이퍼링크

① 3페이지의 첫 줄에 「민관거버넌스 프로그램 구축」을 입력한다.
→ 커서를 맨 앞에 위치시키고 [입력] 탭 – [책갈피]( )를 클릭한다.

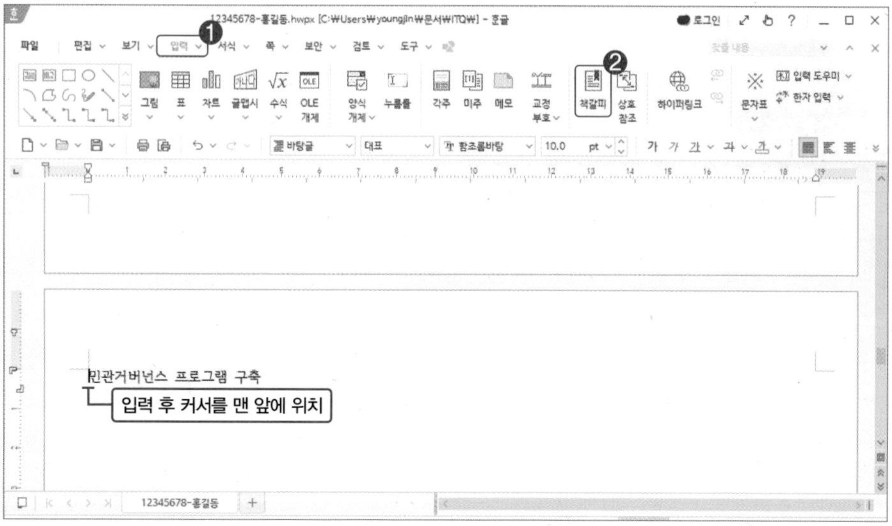

기적의 TIP

하이퍼링크를 지정하기 전에 책갈피가 먼저 설정되어 있어야 한다. 책갈피 설정 시 3페이지 작업의 제목부터 먼저 입력하고 진행하면 쉽다.

기적의 TIP

책갈피를 글자에 직접 지정하면 덧말 넣기를 할 때 책갈피가 해제될 수 있다.

② [책갈피] 대화상자에서 [책갈피 이름]에 「소하천」을 입력하고 [넣기]를 클릭한다.

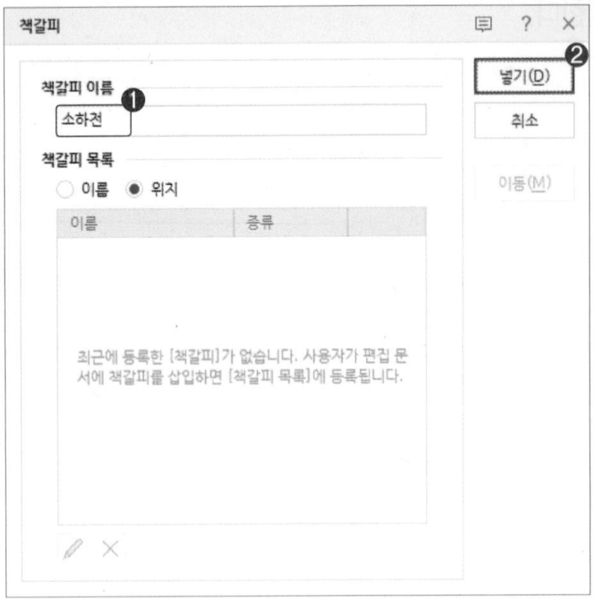

③ 하이퍼링크를 설정할 그림을 클릭하고 [입력] 탭 – [하이퍼링크]( )를 클릭한다.

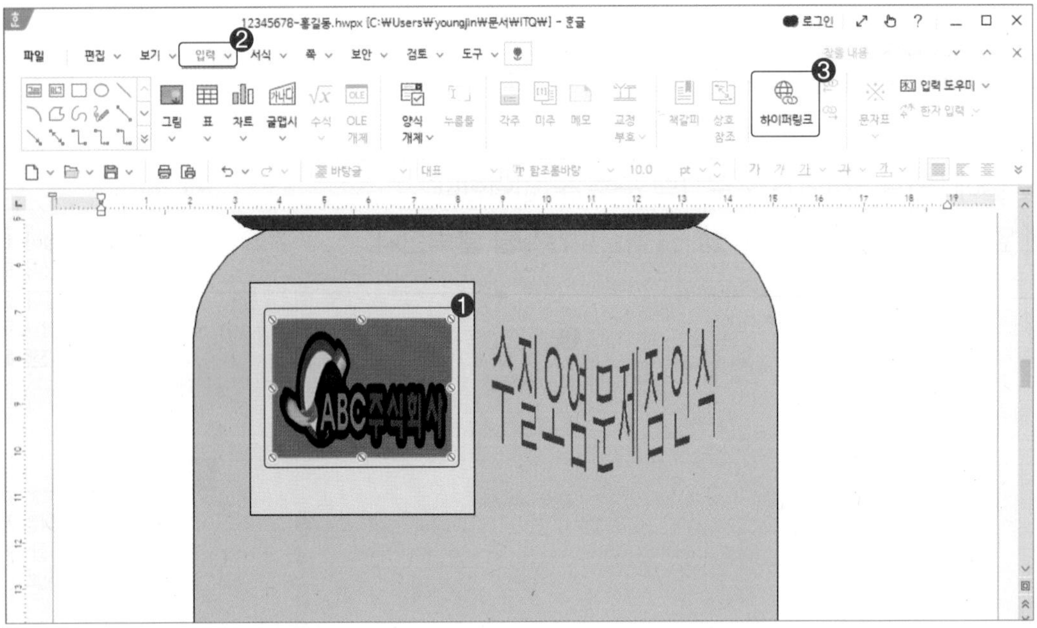

④ [하이퍼링크] 대화상자에서 [연결 대상] – [한글 문서]를 클릭한다.
→ '소하천'을 선택하고 [넣기]를 클릭한다.

⑤ 그림 선택을 해제한다. 다시 그림에 Ctrl 을 누른 상태로 마우스 포인터를 가져다 놓으면 포인터의 모양이 손 모양으로 바뀌는 것을 확인할 수 있다.

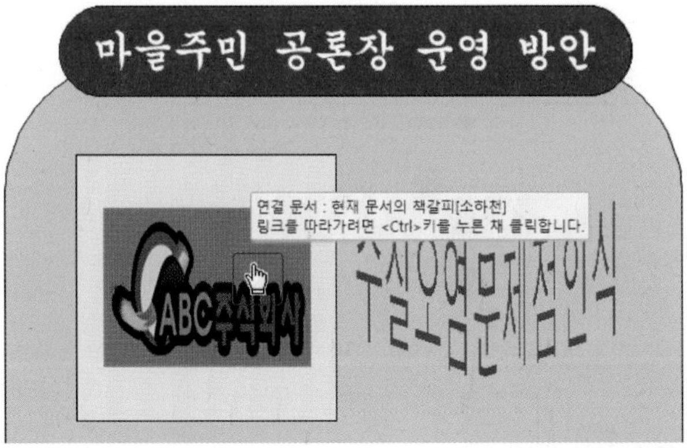

SECTION 06 도형 그리기

① [입력] 탭에서 [직사각형](□)을 클릭하여 임의의 크기로 그린다.

② [도형] 탭(![icon])에서 너비 「11mm」, 높이 「15mm」로 입력하고 '크기 고정'에 체크한다.
→ [본문과의 배치]는 '글 앞으로'를 지정한다.
→ [도형 채우기]에서 면 색을 흰색을 제외한 임의의 색으로 설정한다.

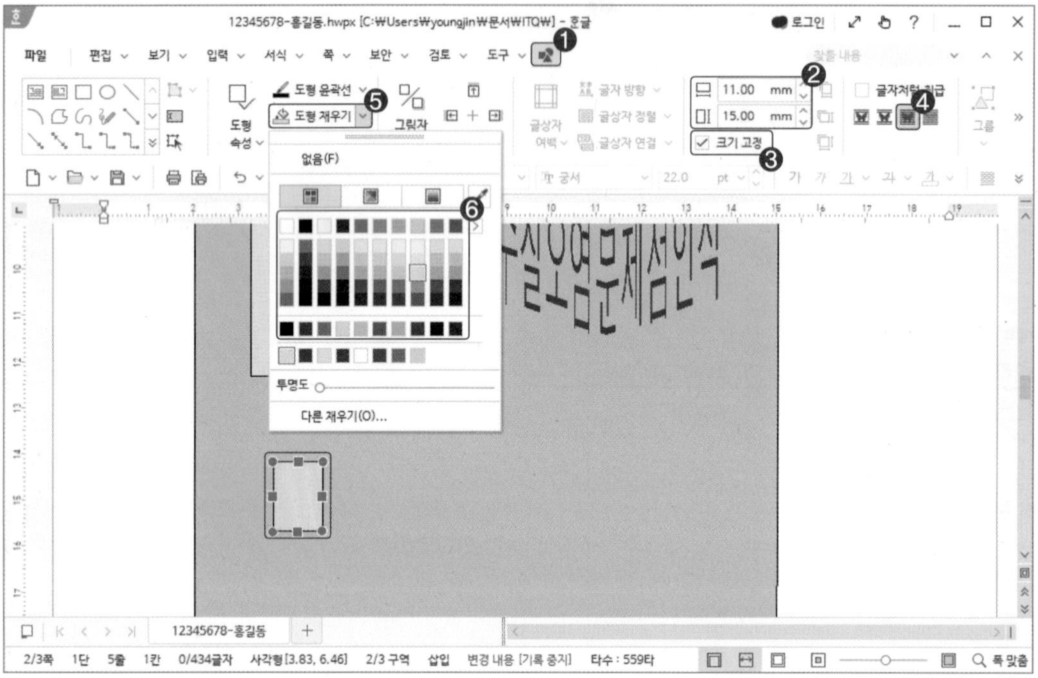

③ 다시 [입력] 탭에서 [직사각형](□)을 클릭하여 임의의 크기로 그린다.

④ [도형] 탭(![icon])에서 너비 「13mm」, 높이 「13mm」로 입력하고 '크기 고정'에 체크한다.
→ [본문과의 배치]는 '글 앞으로'를 지정한다.
→ [도형 채우기]에서 면 색을 '하양'으로 설정한다.

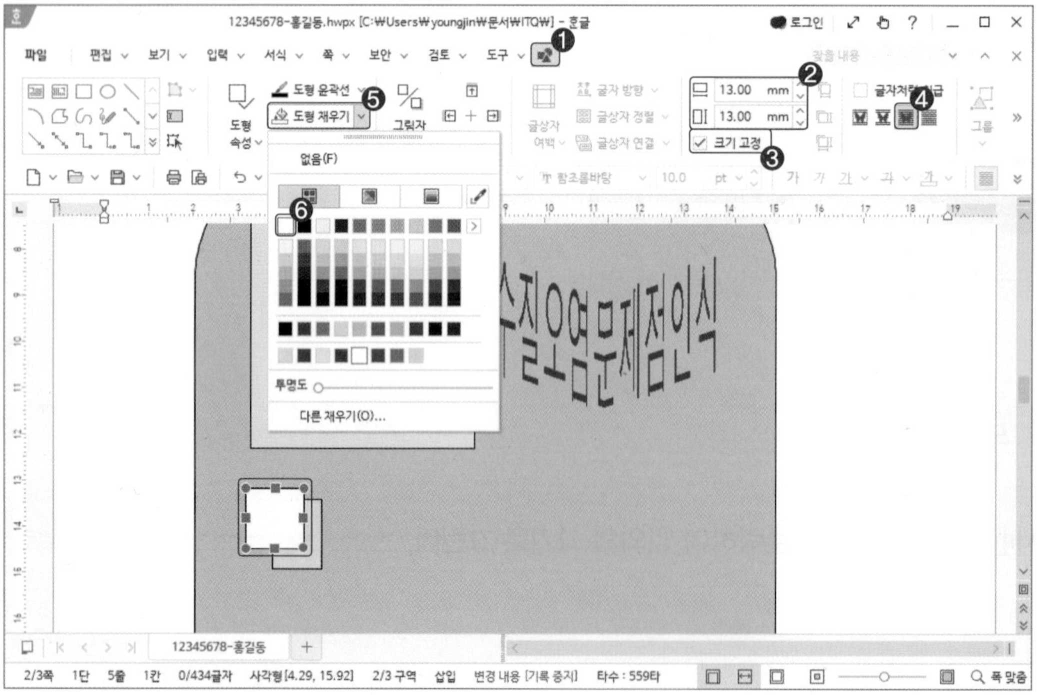

⑤ 도형에 마우스 오른쪽 클릭하여 [개체 속성]을 클릭한다.
→ [선] 탭 – [사각형 모서리 곡률]에서 '둥근 모양'을 설정한다.

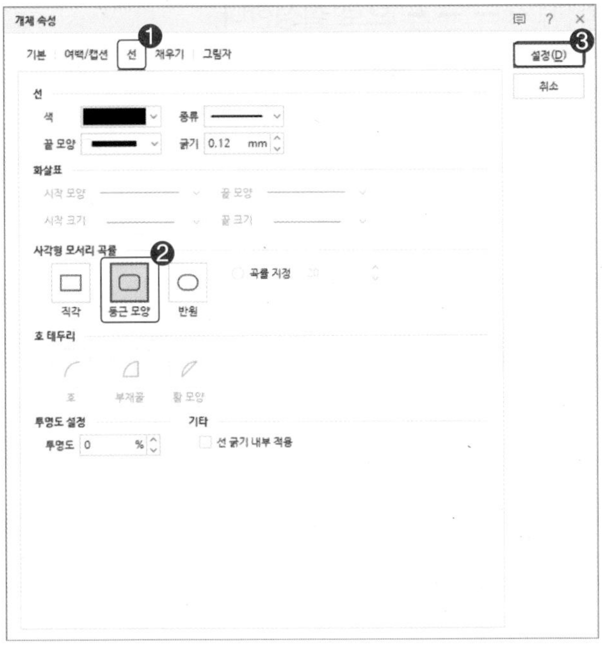

⑥ 도형이 선택된 상태에서 [도형] 탭 – [글자 넣기]( )를 클릭하고 「1」을 입력한다.

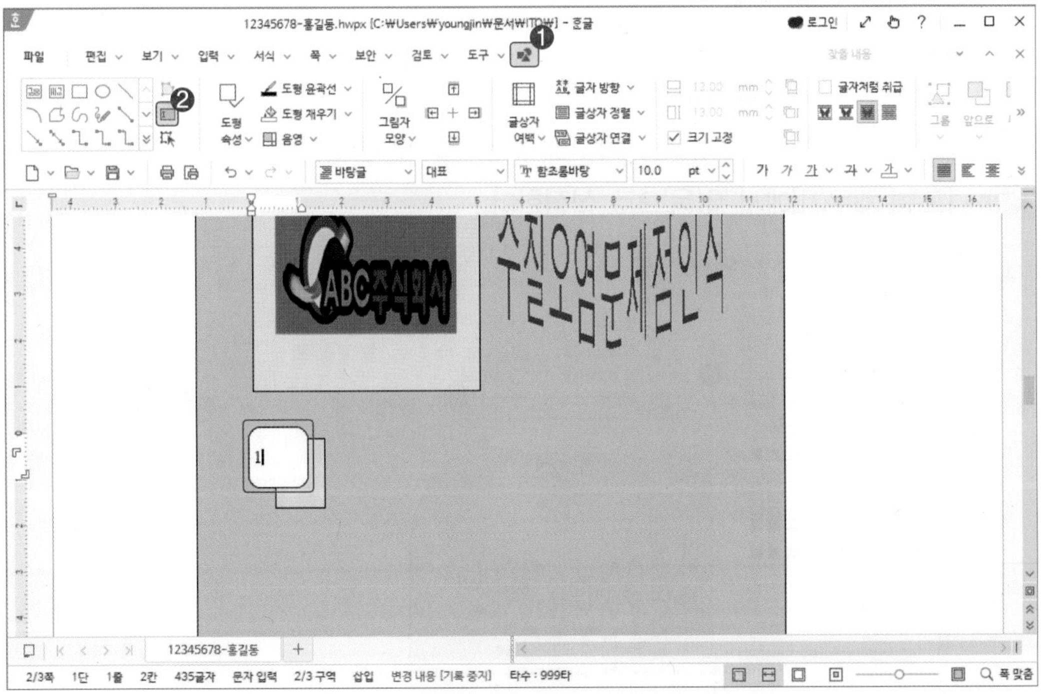

⑦ 입력한 글자를 블록 설정하고 글꼴 '궁서', '20pt', [가운데 정렬]( )을 설정한다.

⑧ [입력] 탭 – [가로 글상자](▤)를 클릭하고 ≪출력형태≫를 참고하여 적당한 크기의 글상자를 그린다.

→ [도형] 탭(▣) – [도형 윤곽선] – [선 종류] – [파선](- - - -)으로 설정한다.

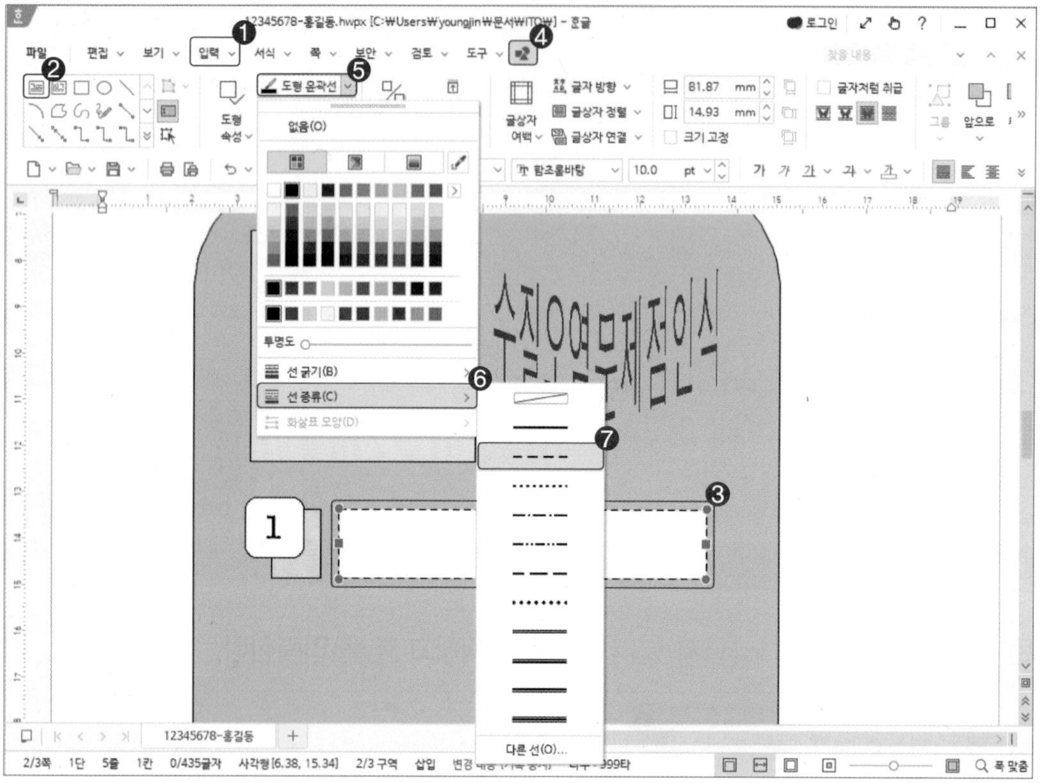

⑨ 글상자에 내용을 입력하고 글꼴 '굴림', '18pt', [가운데 정렬](▤)을 설정한다.

→ [도형] 탭(▣) – [도형 채우기]에서 '없음'으로 설정한다.

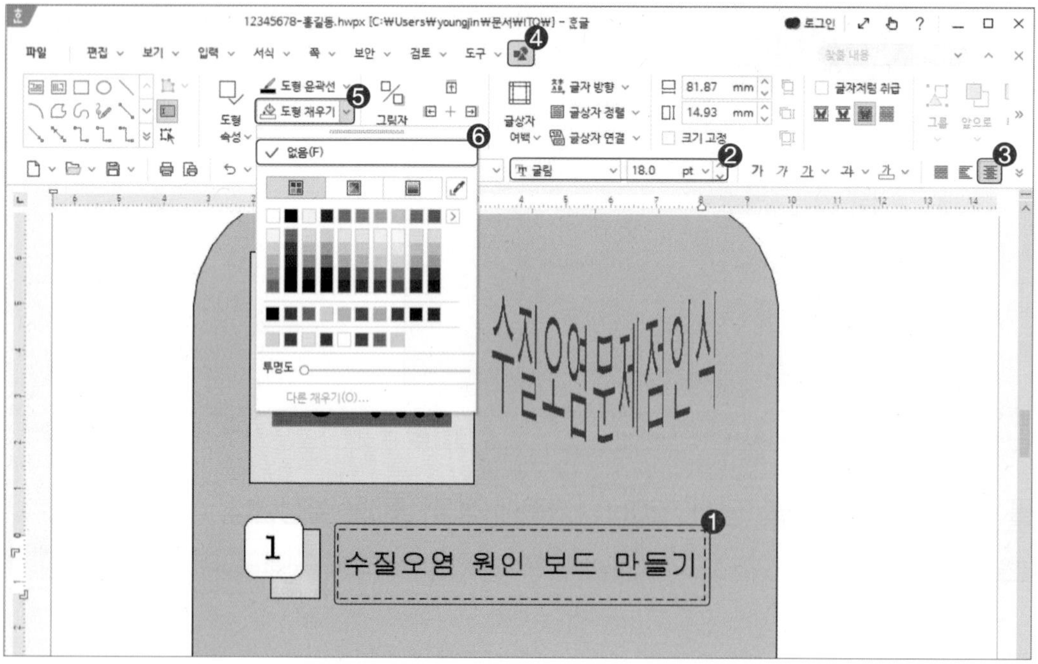

SECTION 07 도형 복사

① 작성된 도형들과 글상자를 [Shift]를 누른 채 클릭하여 모두 선택한다.

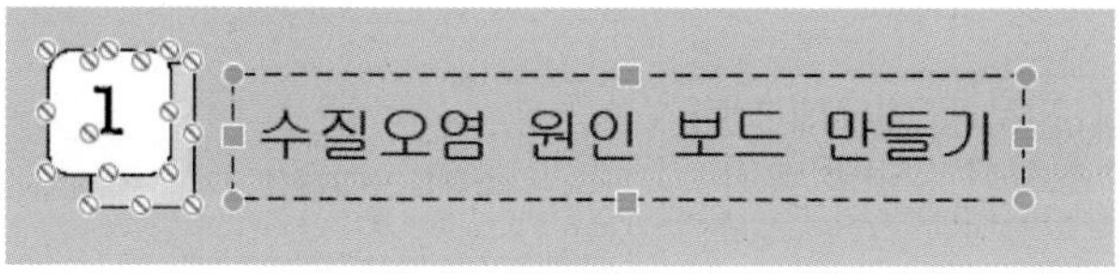

② [Ctrl]+[Shift]를 누른 채 아래로 드래그하여 복사한다.

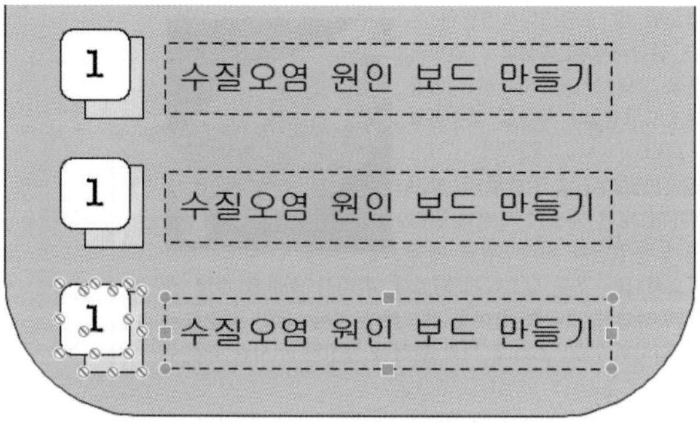

③ 복사된 개체의 색, 내용을 ≪출력형태≫를 참고하여 수정한다.

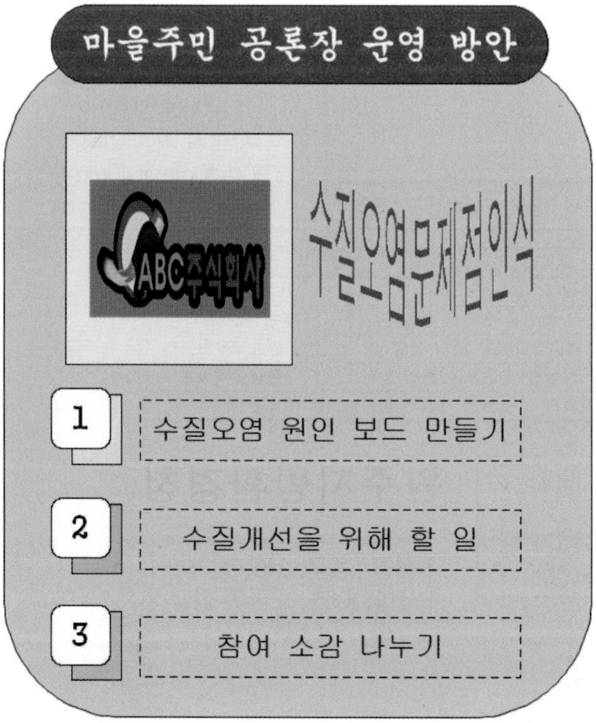

문서작성 능력평가

200점

문서작성 능력평가는 여러 기능을 사용하여 문서를 작성하는 문제이다. 머리말, 쪽 번호, 문단 첫 글자 장식, 문단 번호, 각주, 문자표 입력, 강조점 설정 등의 각 기능들을 확실히 알아두도록 한다.

글꼴 : 굴림, 18pt, 진하게, 가운데 정렬, 책갈피 이름 : 소하천 덧말 넣기

소하천 수질개선

머리말 기능 돋움, 10pt, 오른쪽 정렬

첫 글자 장식 기능 글꼴 : 궁서, 면색 : 노랑

민관거버넌스 프로그램 구축

강원 산간지역

강원 산간지역의 하천 수질은 점오염원보다는 농업비점오염 및 농촌비점오염원의 유입으로 인한 오염(汚染)이 매우 크다. 지형 경사가 큰 산간지역의 특성으로 인하여 우기 시 다량으로 유출되는 토사가 하천으로 유입되면서 수질을 오염시키고, 하류지역 농경지에 토사가 퇴적/매몰되어 부정적인 영향을 미치고 있다. 비점오염원㉠의 특성상 배출범위가 광범위하여 수집을 통한 관리가 불가능한 것이 현실이다.

각주

정부에서는 비점오염원 배출 저감을 위한 다양한 방안을 강구하였으나 효과(效果)를 보지 못하였고, 이에 농업비점오염원 배출 저감을 위한 배출원에서부터 사전 예방적 차원의 관리가 중요하다는 것을 인지하게 되었으며, 이를 위해서는 주민과 농업인의 비점오염원 배출 저감 교육과 홍보가 필요하고 주민의 적극적 참여가 매우 중요하다는 것을 강조하게 되었다. 따라서 소하천 수질 관리를 위해서 농업농촌비점오염의 사전 예방적 관리에 주민과 농업인의 적극적 참여를 유도해야 한다. 또한 고령화되는 농촌지역의 특성을 감안한 역량강화 프로그램을 개발 및 운영하여 주민 스스로 지역 환경을 개선하고 지켜나갈 수 있도록 주민의 관심을 유도하는 것이 필요하다.

※ 주민참여 공론장의 목적 및 주요 내용

글꼴 : 궁서, 18pt, 하양 음영색 : 빨강

가. 주민참여 공론장의 목적
  ㉠ 강원산간 흙탕물 발생 및 수질오염에 대한 의견 공유
  ㉡ 소하천 수질개선을 위한 공동의 목표 수립
나. 주민참여 공론장의 주요 내용
  ㉠ 간담회를 통한 소하천 문제점 공유 및 개선안 논의
  ㉡ 수질오염 개선방안을 위한 공론장 운영

그림 위치(내 PC₩문서₩ITQ ₩Picture₩그림4.jpg, 문서에 포함) 자르기 기능 이용, 크기(40mm×40mm), 바깥 여백 왼쪽 : 2mm

※ *비점오염원 인식교육*

글꼴 : 궁서, 18pt, 기울임, 강조점

구분	교육주제	교육내용	장소
정화활동	수질개선 EM교육	도시의 평균대기질 농도 파악	거주민 인근하천
주민참여	인식개선 교육	미생물을 이용한 쌀뜨물 발효액 만들기	주민센터 교육장
주민실천	실생활 적용교육	토사유출 및 농업비점오염원 관리 필요성	평생교육기관
실천심화	역량강화 교육	비점오염원 저감 시설의 주민참여 관리 방안	평생교육기관
교육시기 운영계획		강원 산간 지역의 주민실천 사업은 농사시기를 고려할 것	

표 전체 글꼴 : 굴림, 10pt, 가운데 정렬, 셀 배경(그러데이션) : 유형(가로), 시작색(하양), 끝색(노랑)

원주지방환경청

글꼴 : 돋움, 24pt, 진하게 장평 105%, 오른쪽 정렬

문단 번호 기능 사용 1수준 : 20pt, 오른쪽 정렬, 2수준 : 30pt, 오른쪽 정렬 줄 간격 : 180%

각주 구분선 : 5cm

㉠ 불특정장소에서 불특정하게 수질오염물질을 배출하는 배출원

쪽 번호 매기기, 6으로 시작

⑥

① 3페이지 첫 줄에 입력되어 있는 제목 「민관거버넌스 프로그램 구축」 아래에 본문의 내용을 오타에 주의하여 입력한다.

② [쪽] 탭 – [머리말]( ) – [위쪽] – [양쪽] – [모양 없음]을 선택한다.

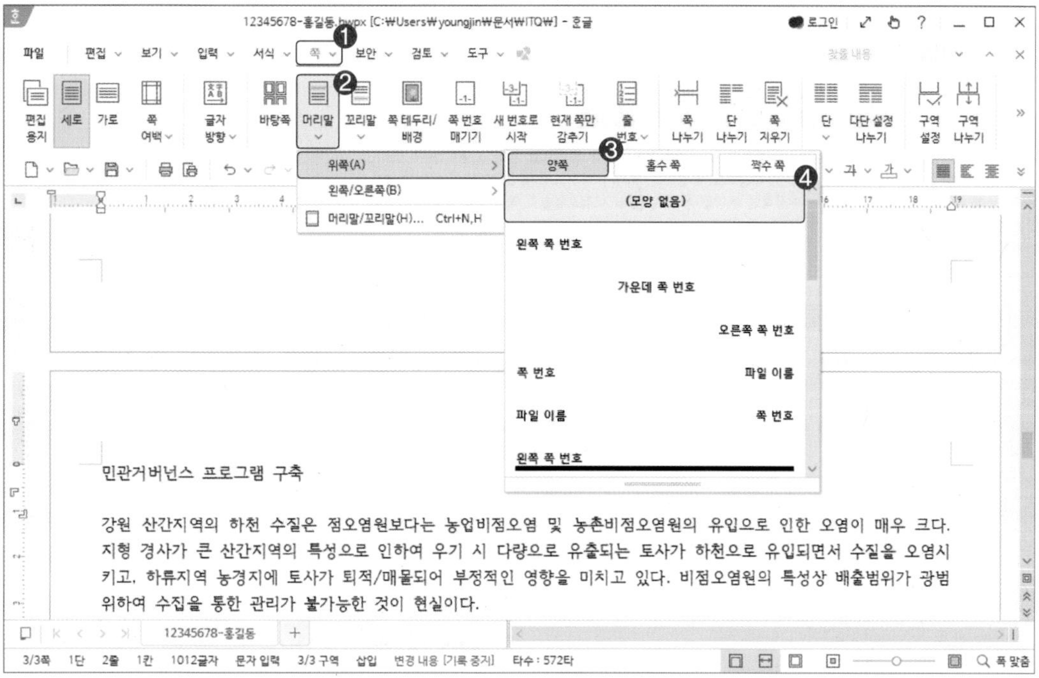

③ 머리말 영역이 표시되면 「소하천 수질개선」을 입력한다.

→ 텍스트를 블록 설정하여 글꼴 '돋움', '10pt', [오른쪽 정렬]( )을 설정하고, [머리말/꼬리말] 탭 – [닫기]( )를 클릭한다.

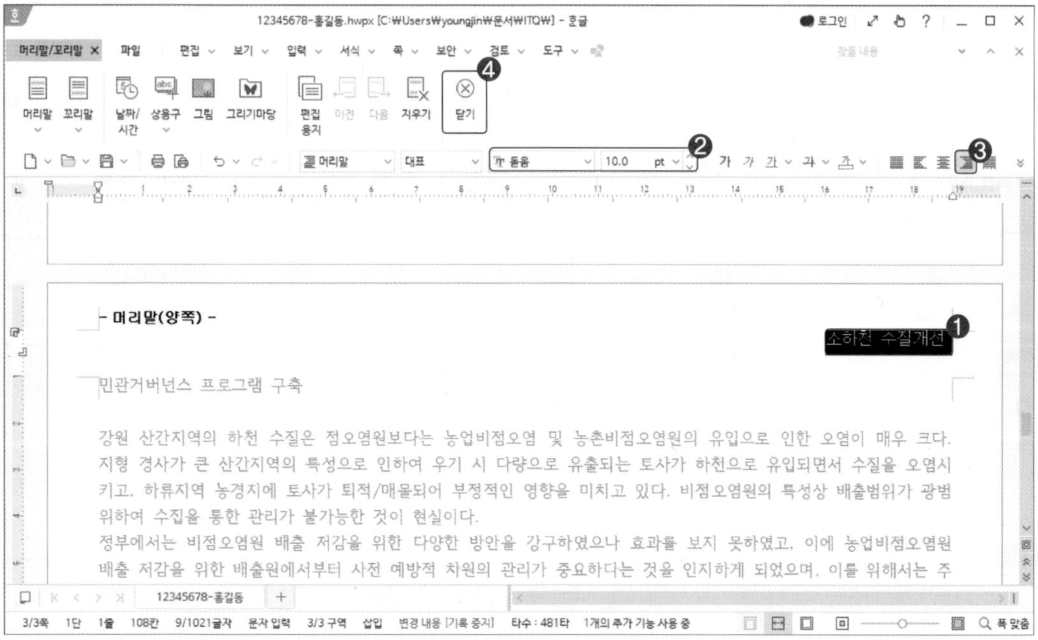

SECTION 02 제목

① 제목을 블록 설정하고 글꼴 '굴림', '18pt', '진하게', [가운데 정렬](☰)을 지정한다.

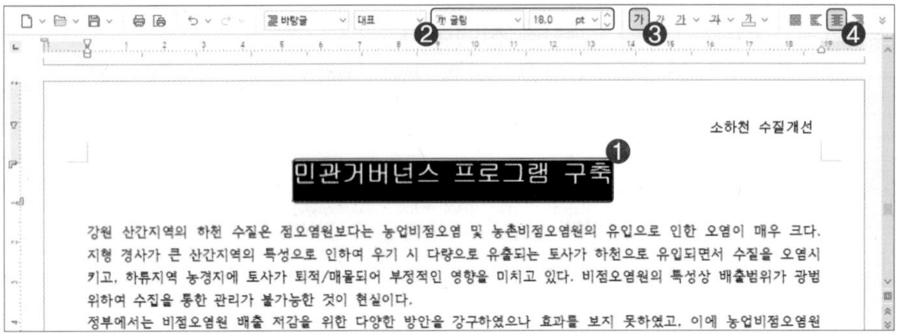

② [입력] 메뉴 – [덧말 넣기](덧말/가나)를 클릭한다.

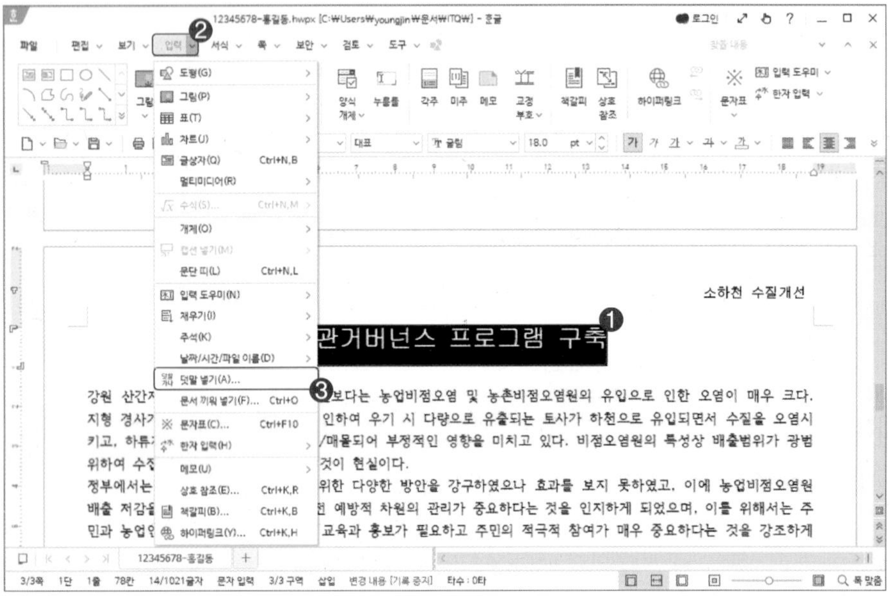

③ [덧말 넣기] 대화상자의 [덧말]에 「강원 산간지역」을 입력하고 [덧말 위치]를 '위'로 설정한다.

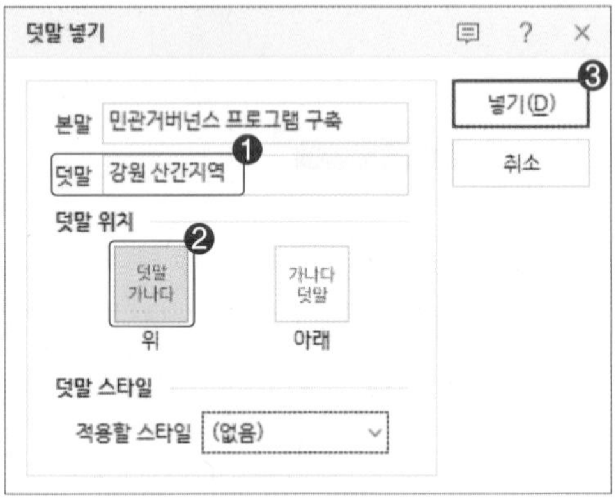

기적의 TIP

덧말의 수정

덧말을 더블 클릭하거나 [편집] 메뉴–[고치기]를 클릭한다.

SECTION 03 문단 첫 글자 장식

① 첫 번째 문단에 커서를 놓고 [서식] 탭 – [문단 첫 글자 장식](가)을 선택한다.

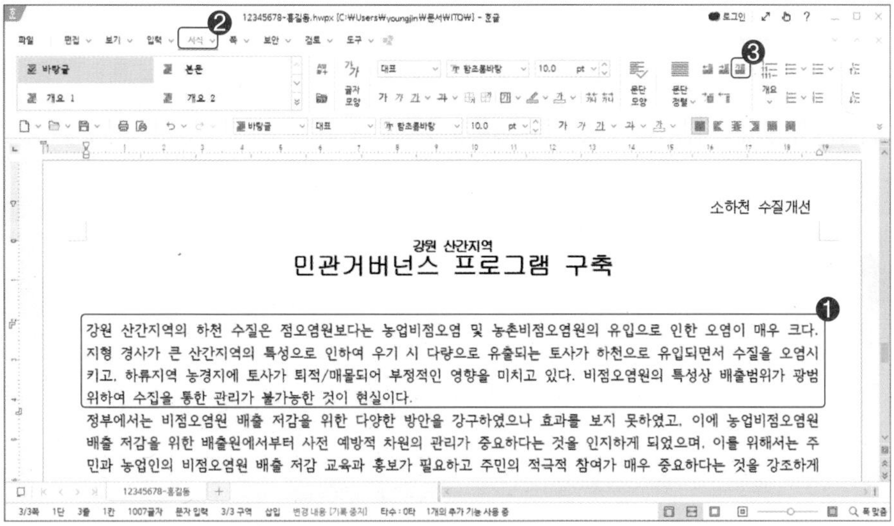

② [문단 첫 글자 장식] 대화상자에서 [모양] '2줄', 글꼴 '궁서', 면 색 '노랑'을 설정한다.

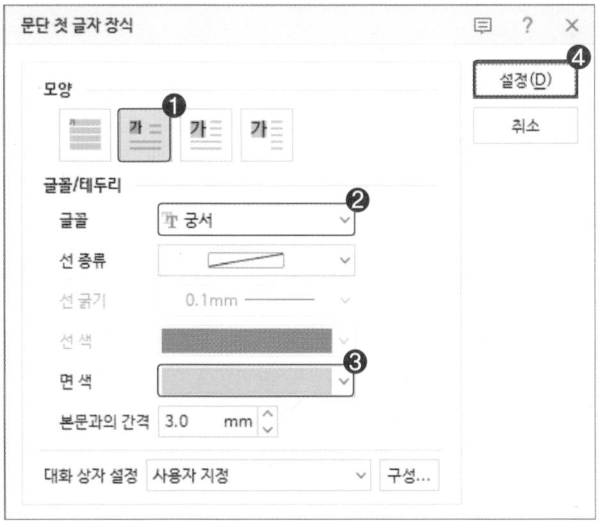

해결 TIP

문단 첫 글자 장식을 지우고 싶어요!

문단에 커서를 놓고 [문단 첫 글자 장식] 대화상자를 열어 [모양]에서 '없음'을 설정한다.

SECTION 04 한자 변환

① 한자로 변환할 단어 「오염」 뒤에 커서를 놓고 [입력] 탭 – [한자 입력]( )을 클릭하거나 [한자] 또는 [F9]를 누른다.

② [한자로 바꾸기] 대화상자의 한자 목록에서 변경할 한자를 선택한다.
→ 입력 형식을 '한글(漢字)'로 선택하고 [바꾸기]를 클릭한다.

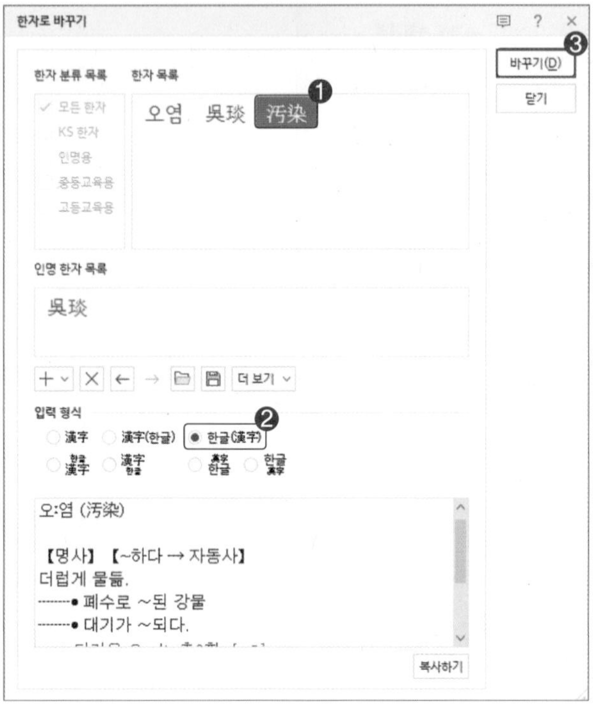

③ 같은 방법으로 「효과(效果)」도 한자 변환한다.

기적의 TIP

문서작성 능력평가에서 한자는 두 개 단어가 출제되고 있다.

SECTION 05 각주

① 각주를 표시할 단어 뒤에 커서를 놓고, [입력] 탭 – [각주]( )를 선택한다.

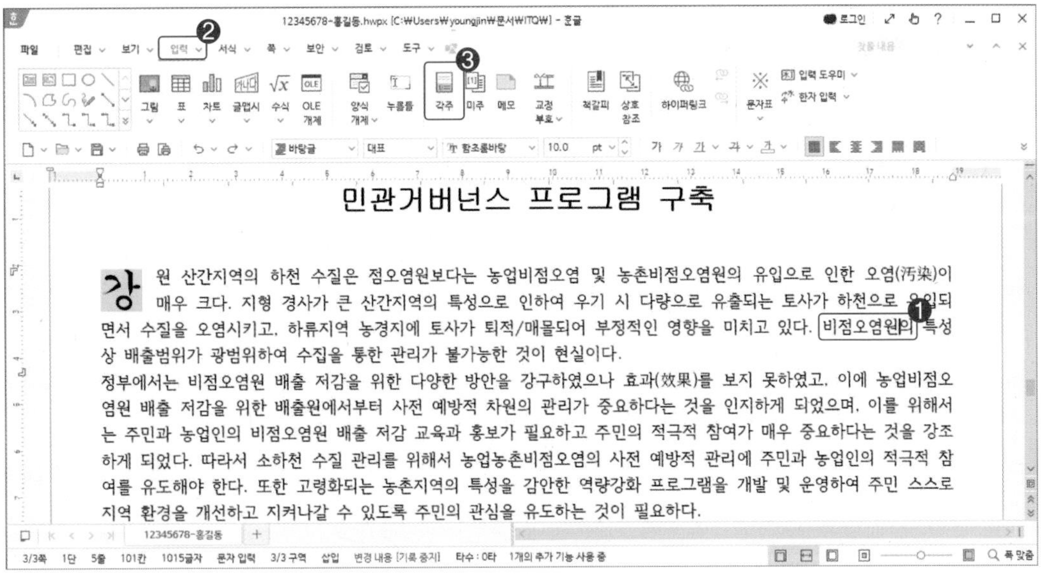

② 각주 입력 화면이 나타나면 [주석] 탭 – [각주/미주 모양]( )을 클릭한다.

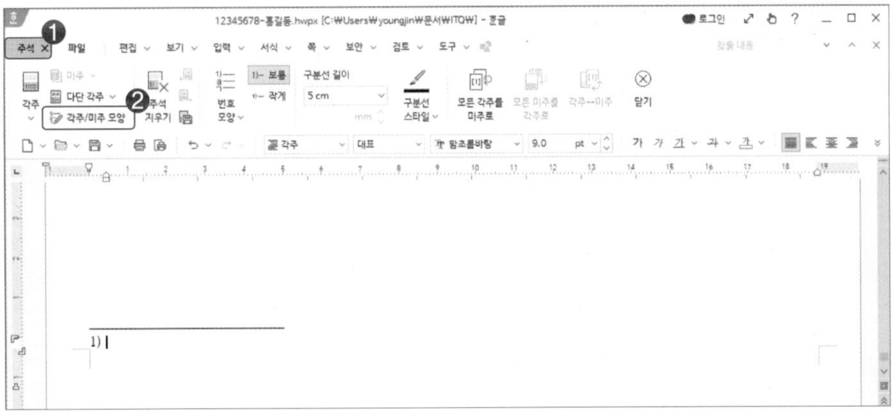

③ [주석 모양] 대화상자에서 번호 모양 '㉠, ㉡, ㉢'를 선택한다.
→ 구분선 넣기를 체크하고 길이 '5cm'로 설정한다.

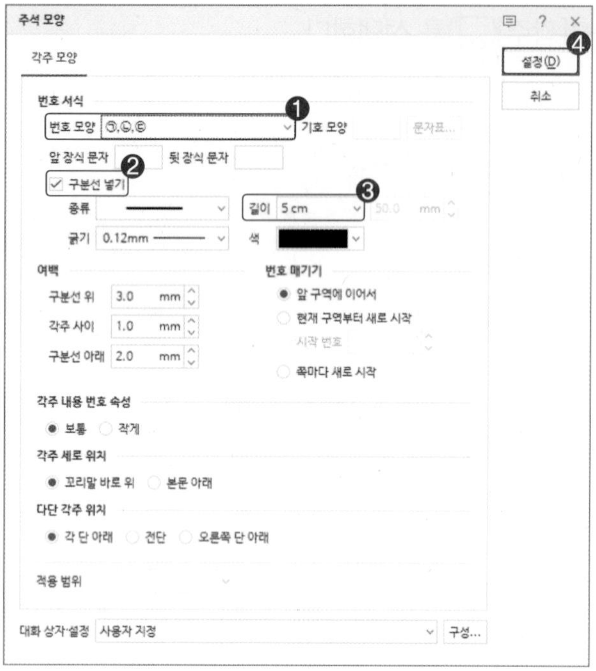

④ 각주 내용을 입력하고, [주석] 탭 – [닫기](ⓧ)를 클릭한다.

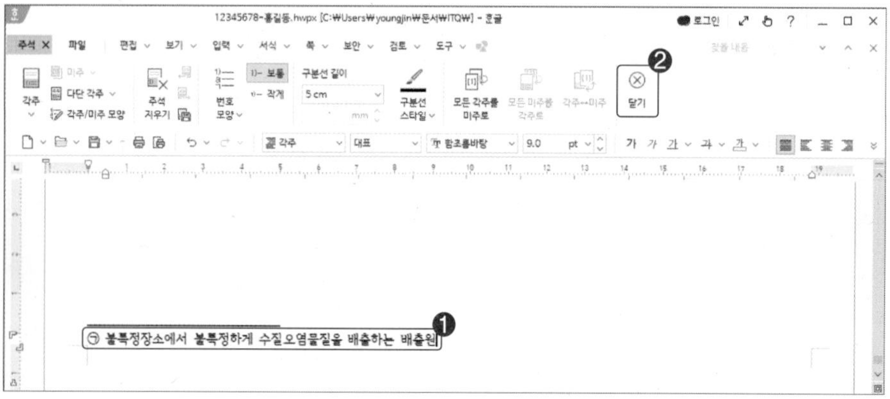

기적의 TIP

각주의 글꼴

각주는 별도의 지시사항이 없는 경우 프로그램의 기본값인 '함초롬바탕', '9pt'로 작성한다.

SECTION 06 들여쓰기

① 들여쓰기할 부분에서 [서식] 탭 – [문단 모양]( )을 클릭한다.

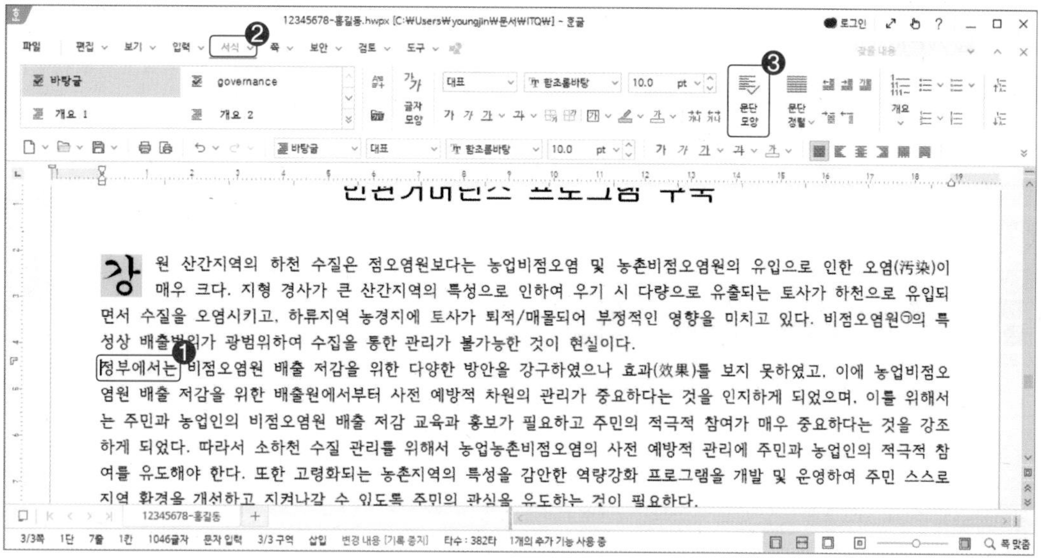

② [기본] 탭에서 [첫 줄] 들여쓰기를 '10pt'로 설정한다.

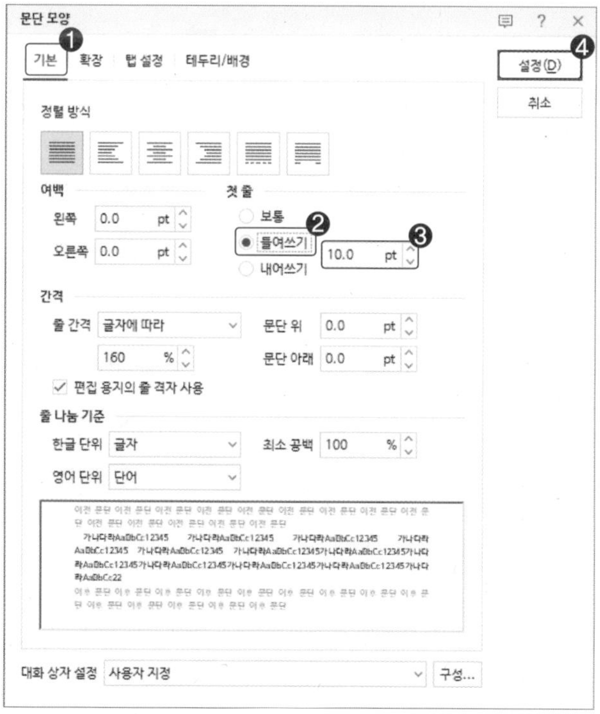

기적의 TIP

[첫 줄] 들여쓰기 기능 대신 Space Bar를 두 번 눌러 공간을 띄어도 된다.

그림 삽입

① [입력 탭] – [그림]( )을 클릭한다.

② '내 PC₩문서₩ITQ₩Picture' 폴더에서 '그림4.jpg'를 선택한 뒤,
'문서에 포함'에 체크하고 [열기]를 클릭한다.
→ 마우스로 여백에 클릭하면 그림이 삽입된다.

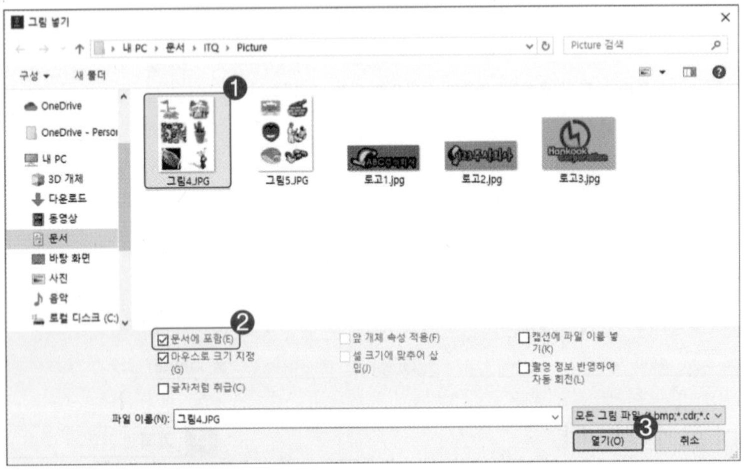

③ 그림을 삽입하고 [그림] 탭( ) – [자르기]( )를 클릭한다.
→ 마우스로 조절점을 드래그하여 그림을 자른다.

기적의 TIP

[자르기]( ) 대신 Shift를 누른 상태에서 마우스로 조절점을 드래그해도 바로 그림을 자를 수 있다.

④ [그림] 탭( )에서 너비 「40mm」, 높이 「40mm」로 입력한다.
→ '크기 고정'에 체크하고 [본문과의 배치]는 '어울림'을 설정한다.

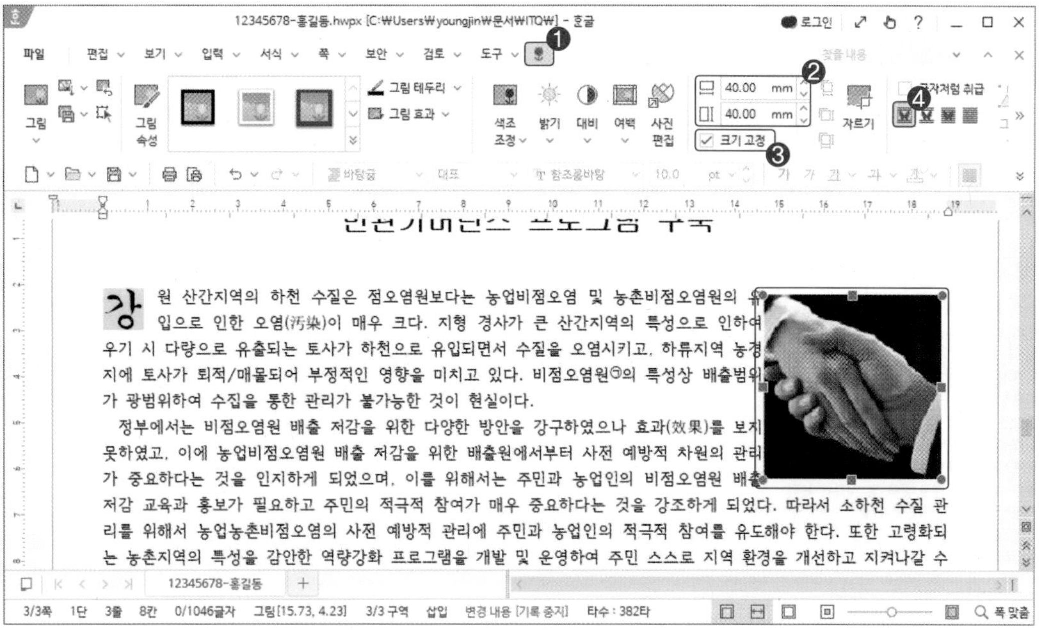

⑤ 삽입된 그림에 마우스 오른쪽 클릭하여 [개체 속성]을 클릭한다.
→ [여백/캡션] 탭에서 [바깥 여백] 왼쪽 '2mm'를 설정한다.

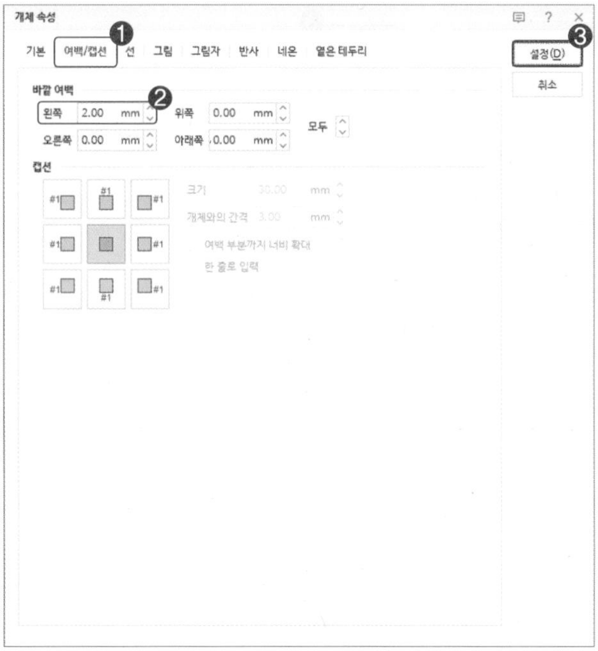

⑥ ≪출력형태≫를 참고하여 그림의 위치를 조절한다.

SECTION 08 중간 제목 (1)

① 문자표가 필요한 위치에 커서를 놓고 [입력] 탭 – [문자표](※)를 클릭한다.

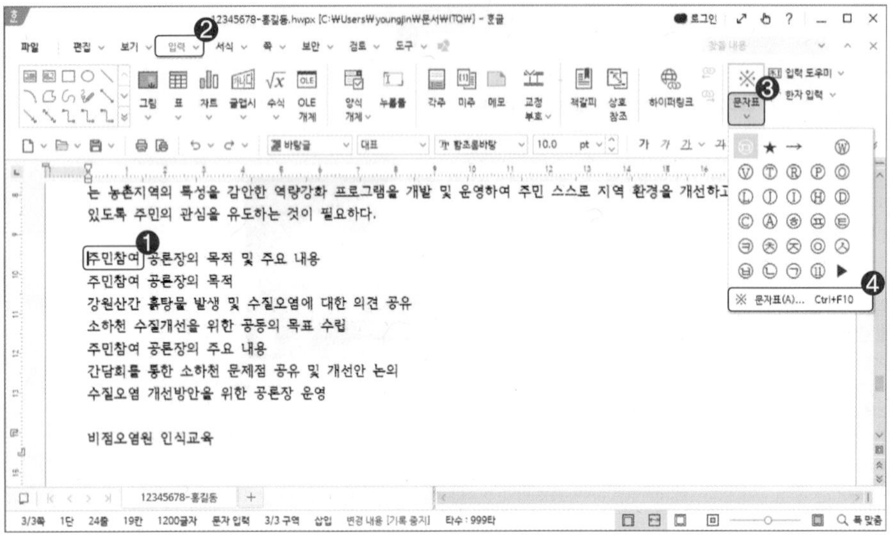

② [문자표] 대화상자에서 '※'를 선택하여 넣는다.

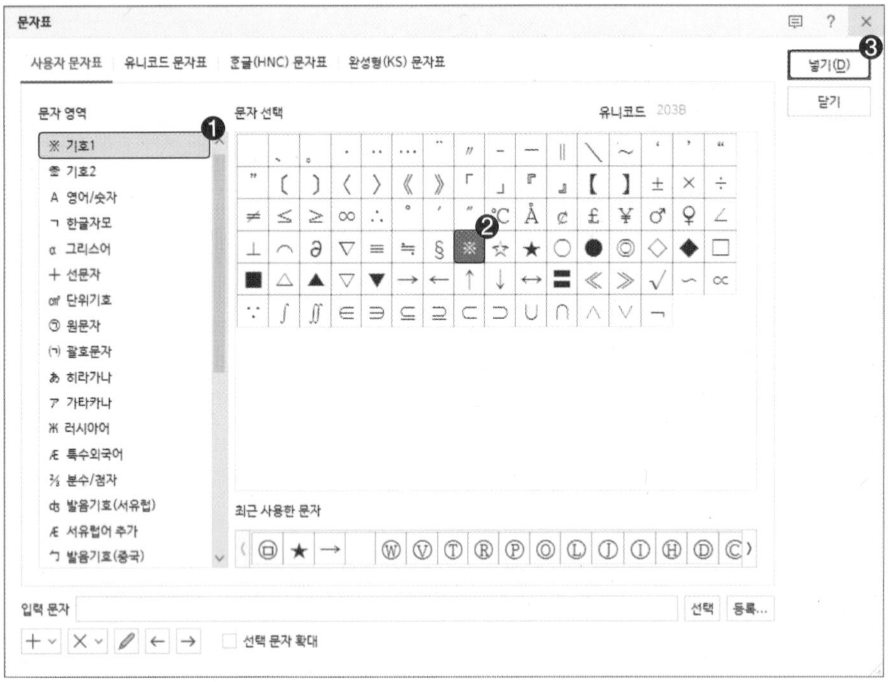

기적의 TIP

문자표

단축키 Ctrl+F10

③ 문자표를 포함해서 제목에 블록 설정한다.

→ 글꼴 '궁서', '18pt'를 설정한다.

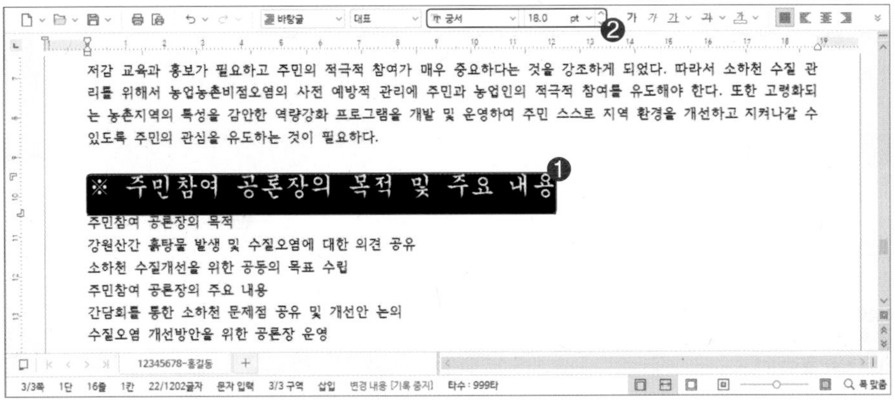

④ 문자표를 제외하고 제목에 블록 설정한다.

→ [서식] 탭 – [글자 모양](가)을 클릭한다.

→ 글자 색 '하양', 음영 색 '빨강'을 설정한다.

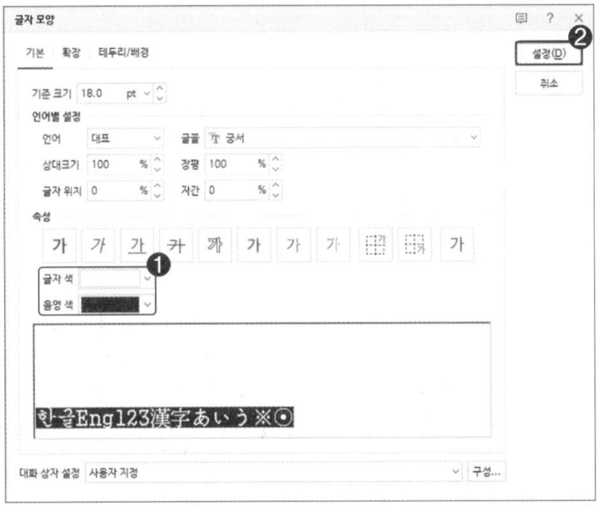

기적의 TIP

글자 모양

단축키 Alt+L

SECTION 09 문단 번호

① 문단 번호를 지정할 부분을 블록 설정한다.
→ [서식] 탭 – [문단 번호]의 드롭다운 단추를 클릭하고 [문단 번호 모양]을 클릭한다.

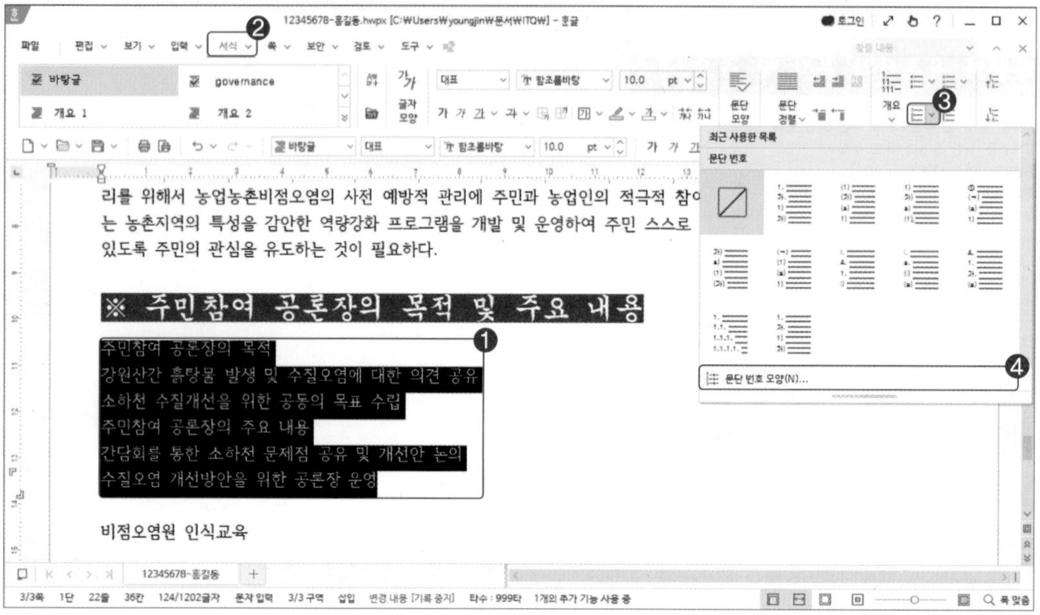

② [글머리표 및 문단 번호] 대화상자의 [문단 번호 모양]에서 '1.'이 첫 줄에 있는 모양을 선택하고 [사용자 정의]를 클릭한다.

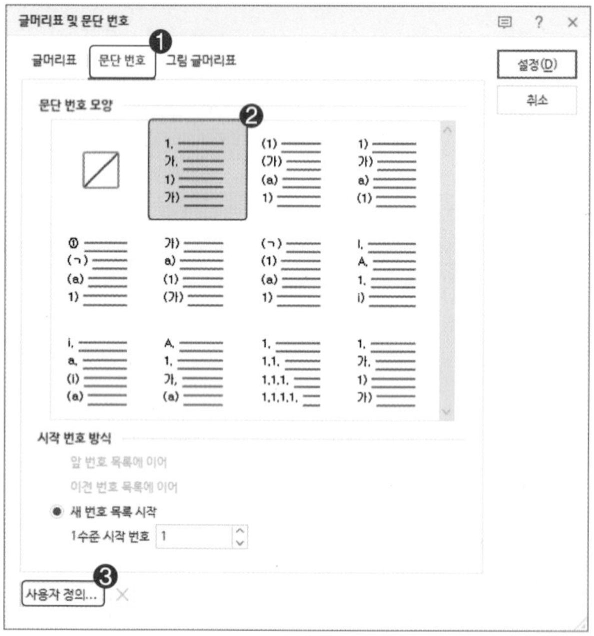

③ 1 수준의 번호 서식 「^1.」, 번호 모양 '가,나,다', 너비 조정 '20pt', 정렬 '오른쪽'을 선택한다.

→ 2 수준을 클릭하고 번호 서식 「^2」, 번호 모양 '㉠,㉡,㉢', 너비 조정 '30pt', 정렬 '오른쪽'을 설정한다.

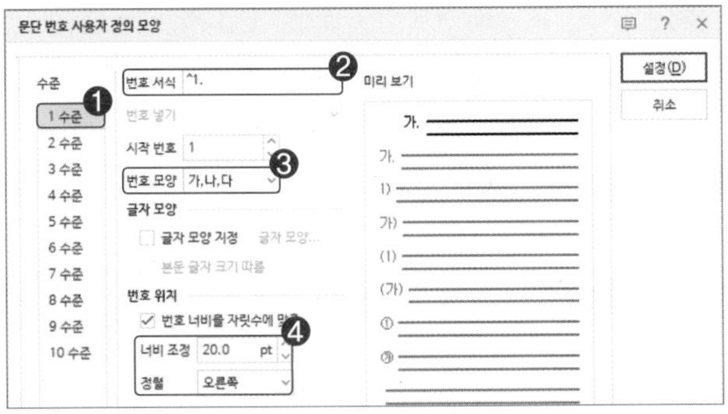

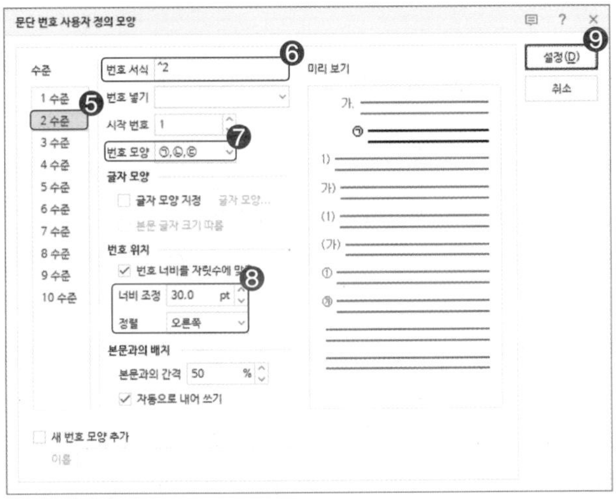

> **기적의 TIP**
>
> 번호 서식이 ^숫자. 이면 '가.', '㉠.'처럼 번호 뒤에 '.'이 표기됨에 유의한다.

④ [글머리표 및 문단 번호] 대화상자에서 [문단 번호 모양]이 '사용자 정의'로 선택되어 있는 것을 확인하고 [설정]을 클릭한다.

⑤ 2 수준이 적용될 부분을 블록 설정하고 [서식] 탭 – [한 수준 감소]( )를 클릭한다.

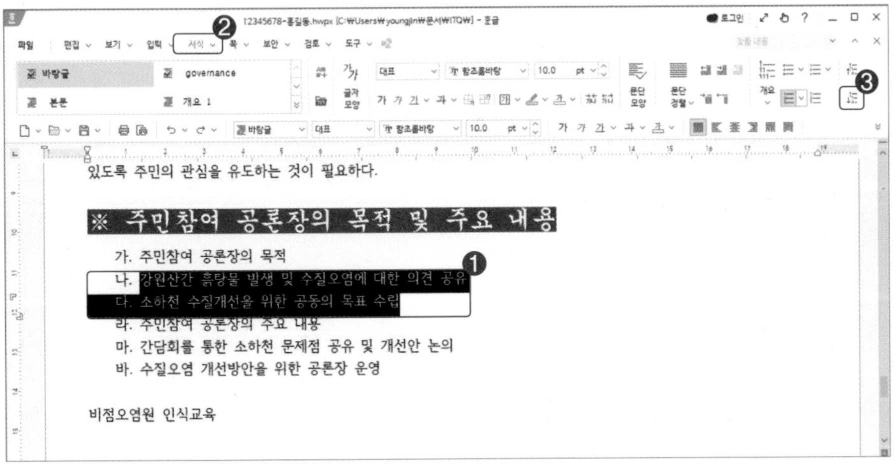

⑥ 나머지 2 수준이 적용될 부분을 블록 설정한다.
→ [서식] 탭 – [한 수준 감소]( )를 클릭한다.

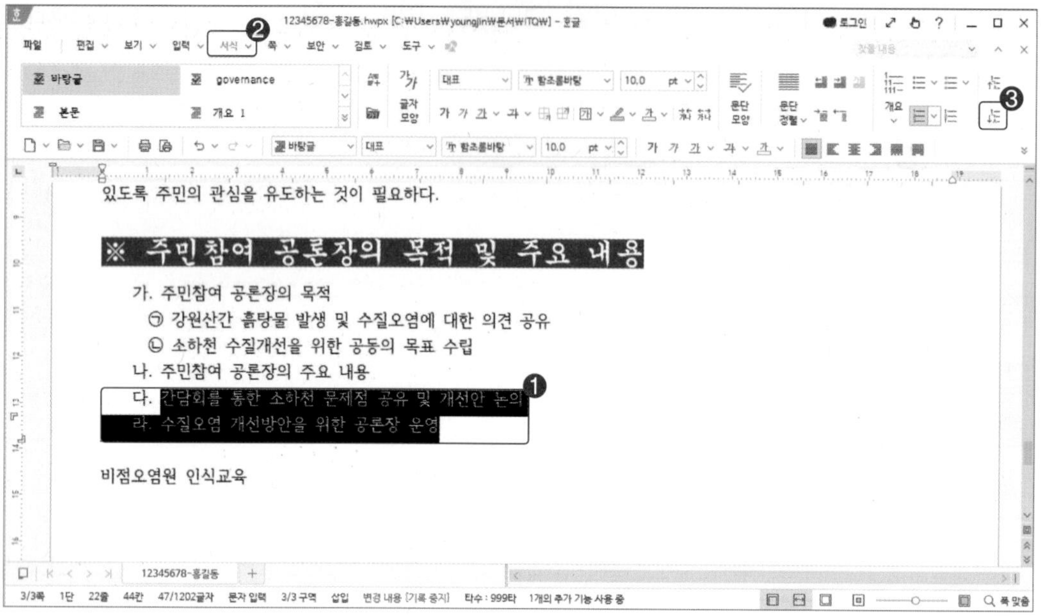

⑦ 문단 번호를 지정한 부분을 모두 블록 설정한다.
→ 줄 간격 '180%'를 설정한다.

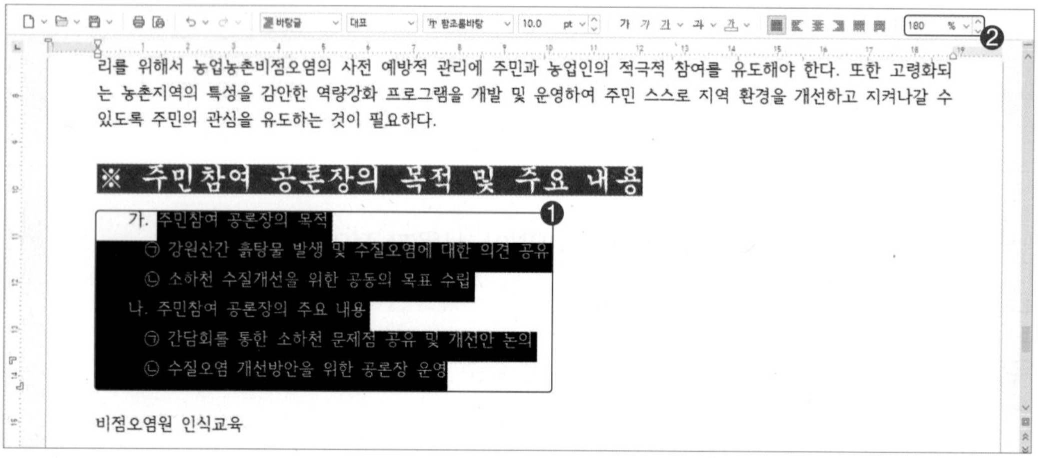

SECTION 10 중간 제목 (2)

① 앞서 작업한 중간 제목 1과 같이 [입력] 탭 – [문자표](※)에서 '※'를 선택하여 넣는다.

② 문자표를 포함해서 제목에 블록 설정하여 글꼴 '궁서', '18pt'를 설정한다.
→ 문자표를 제외하고 다시 블록 설정하여 [기울임](가)을 설정한다.

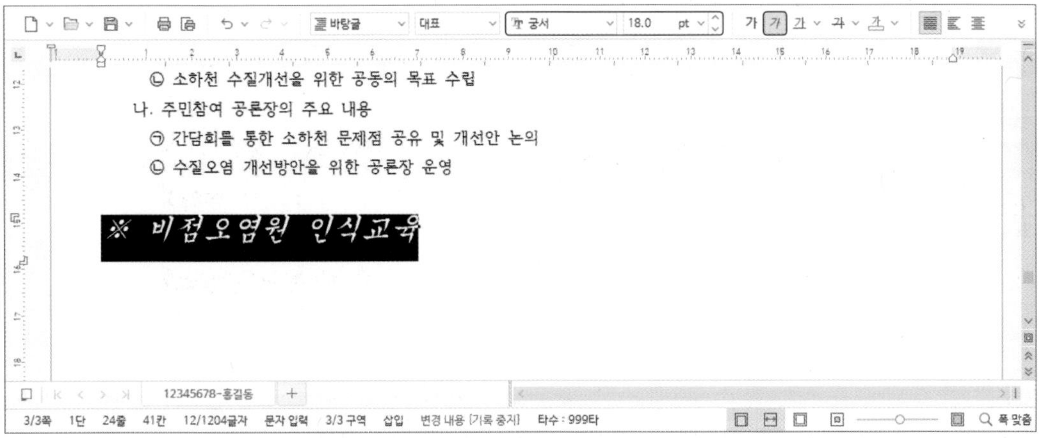

③ '비점오염원'을 블록 설정하고 [서식] 탭 – [글자 모양](가)을 클릭한다.
→ [확장] 탭에서 강조점 '◌̊'을 설정한다.

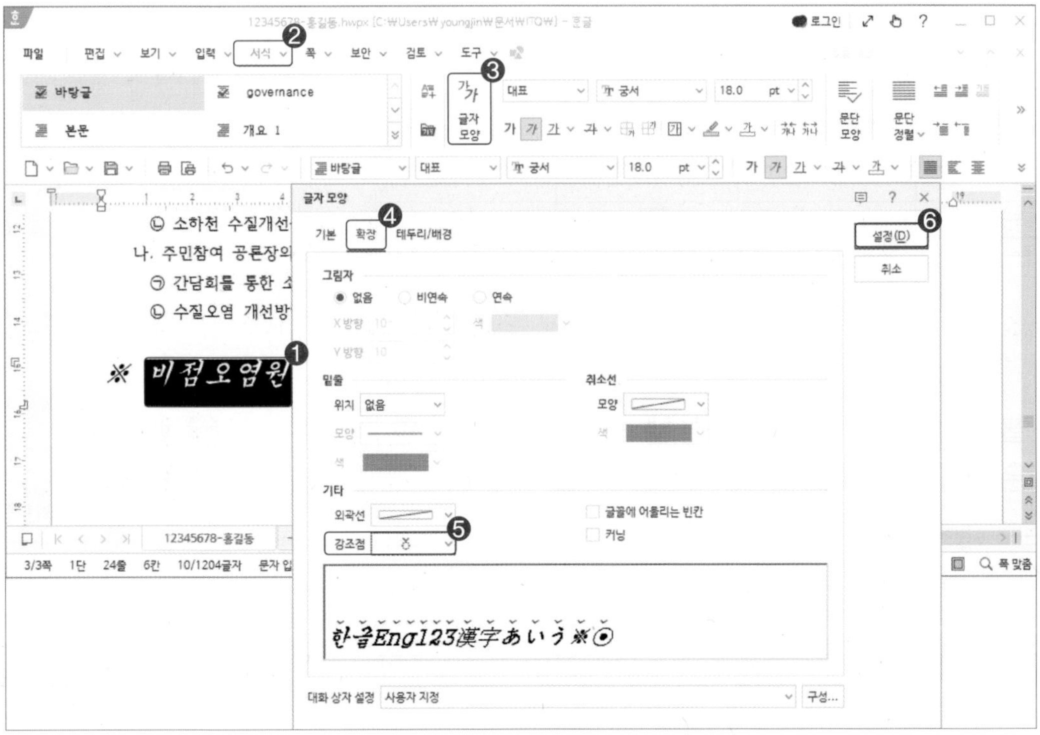

④ 같은 방법으로 '교육'을 블록 설정하여 강조점 '◌̊'을 설정한다.

① [입력] 탭 – 표(▦)를 클릭한 뒤, [표 만들기] 대화상자에서 줄 개수 '6', 칸 개수 '4', 글자처럼 취급에 체크하고 [만들기]를 클릭한다.

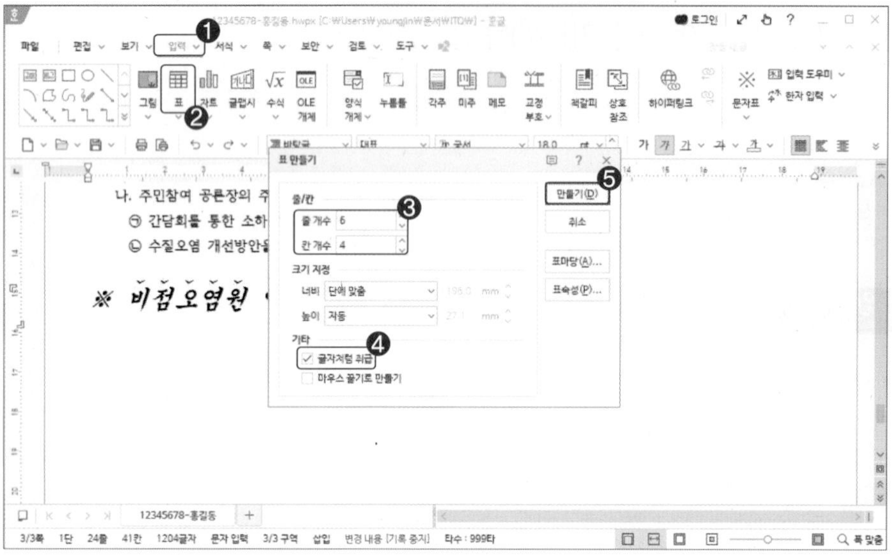

② 표 앞에 커서를 놓고 [가운데 정렬](☰)을 설정한다.

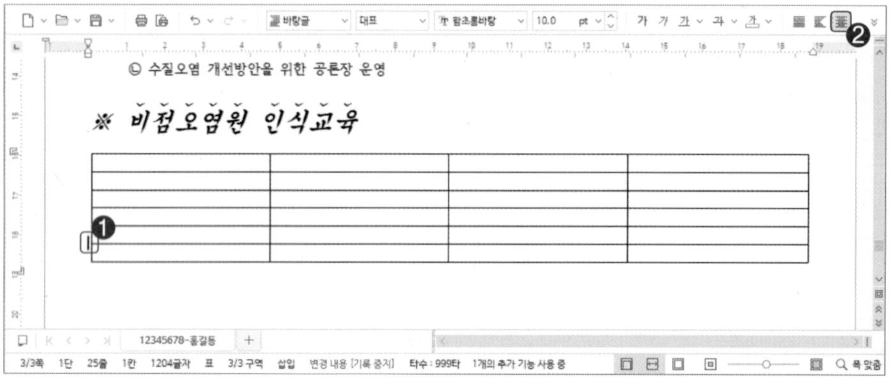

③ 합칠 셀들을 블록 설정하여 [표 레이아웃] 탭 – [셀 합치기](▦)를 클릭하고 아래와 같은 형태로 만든다.

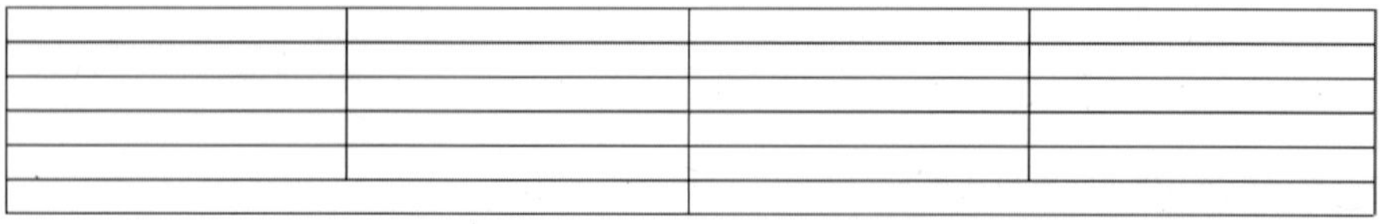

기적의 TIP

셀 합치기
블록 설정 후 단축키 M

④ 표에 내용을 입력하고 셀 경계선 부분을 드래그하여 너비를 조절한다.

→ 표 전체를 블록 설정(F5 세 번)하고 글꼴 '굴림', '10pt', [가운데 정렬](≡)을 설정한다.

구분	교육주제	교육내용	장소
정화활동	수질개선 EM교육	도시의 평균대기질 농도 파악	거주민 인근하천
주민참여	인식개선 교육	미생물을 이용한 쌀뜨물 발효액 만들기	주민센터 교육장
주민실천	실생활 적용교육	토사유출 및 농업비점오염원 관리 필요성	평생교육기관
실천심화	역량강화 교육	비점오염원 저감 시설의 주민참여 관리 방안	평생교육기관
교육시기 운영계획		강원 산간 지역의 주민실천 사업은 농사시기를 고려할 것	

⑤ 표 전체가 블록 설정된 상태에서 마우스 오른쪽 클릭하여 [셀 테두리/배경] – [각 셀마다 적용]을 클릭한다.

→ '선 없음'을 '왼쪽 테두리', '오른쪽 테두리'에 적용한다.

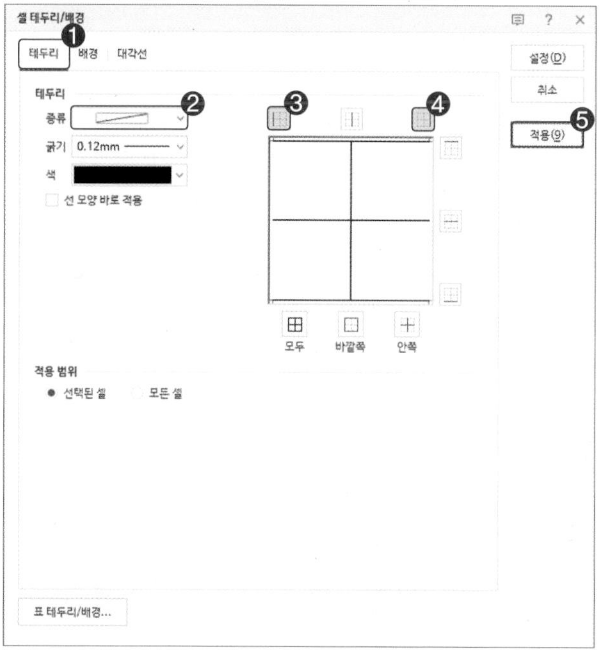

기적의 TIP

블록 설정된 상태에서 Ctrl을 누른 채 ↑, ↓를 눌러 높이를 조절한다.

기적의 TIP

셀 테두리/배경 대화상자

블록 설정 후 단축키 L

해결 TIP

테두리에 '선 없음'을 적용했는데 빨간색 점선이 보여요!

선 없음 기능으로 설정된 투명선은 편집할 때 빨간색 점선으로 보이는데, 이는 표 내부에 커서가 있을 때만 나타나는 것이므로 채점 시 감점 요인이 아니다.

⑥ 계속해서 '이중 실선'을 '위쪽 테두리', '아래쪽 테두리'에 설정한다.

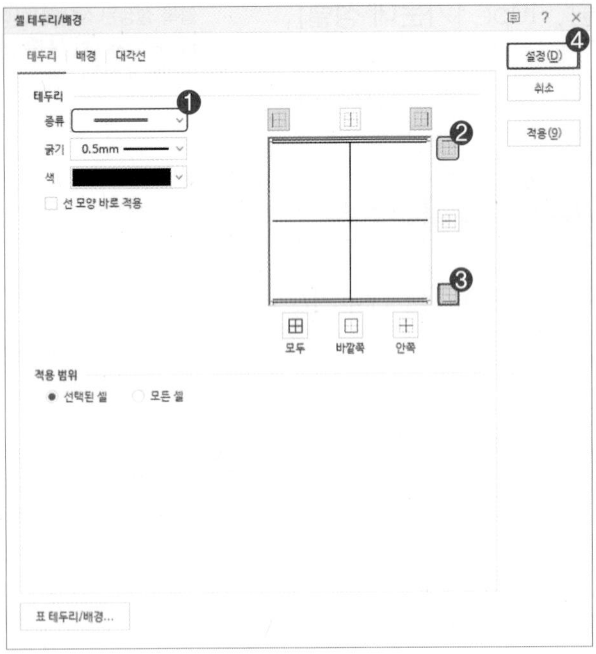

⑦ 첫째 줄을 블록 설정하고 L을 눌러 [셀 테두리/배경] 대화상자에서 '이중 실선'을 '아래쪽 테두리'에 적용한다.

구분	교육주제	교육내용	장소
정화활동	수질개선 EM교육	도시의 평균대기질 농도 파악	거주민 인근하천
주민참여	인식개선 교육	미생물을 이용한 쌀뜨물 발효액 만들기	주민센터 교육장
주민실천	실생활 적용교육	토사유출 및 농업비점오염원 관리 필요성	평생교육기관
실친심화	역량강화 교육	비점오염원 저감 시설의 주민참여 관리 방안	평생교육기관
교육시기 운영계획		강원 산간 지역의 주민실천 사업은 농사시기를 고려할 것	

⑧ [셀 테두리/배경] 대화상자의 [배경] 탭에서 그러데이션을 클릭한다.
→ 시작 색 '하양', 끝 색 '노랑', 유형 '가로'로 설정한다.

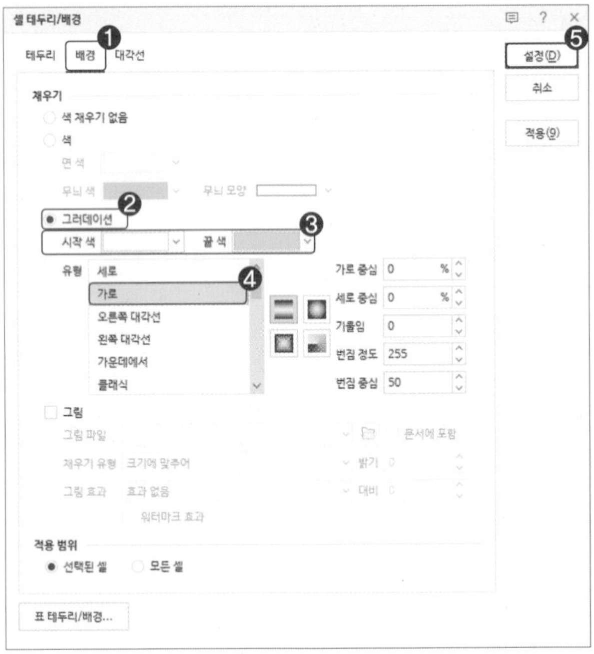

SECTION 12 기관명

① 「원주지방환경청」을 입력 후 블록 설정하여 [편집] 탭 – [글자 모양]( )을 클릭한다.
→ [기본] 탭에서 기준 크기 '24pt', 글꼴 '돋움', 장평 '105%', '진하게'를 설정한다.

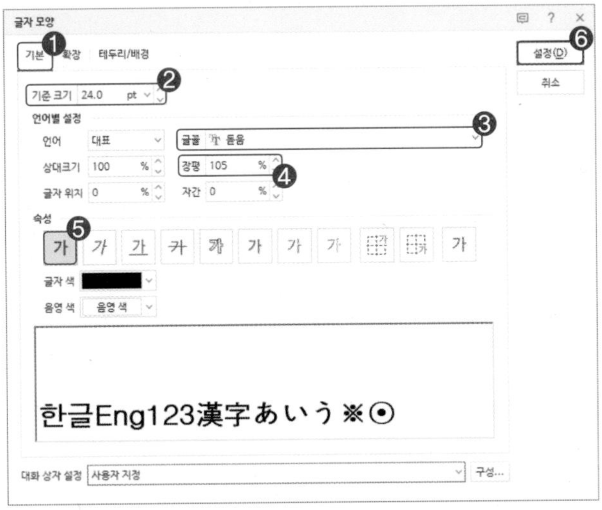

② 입력한 텍스트에 [오른쪽 정렬]( )을 설정한다.

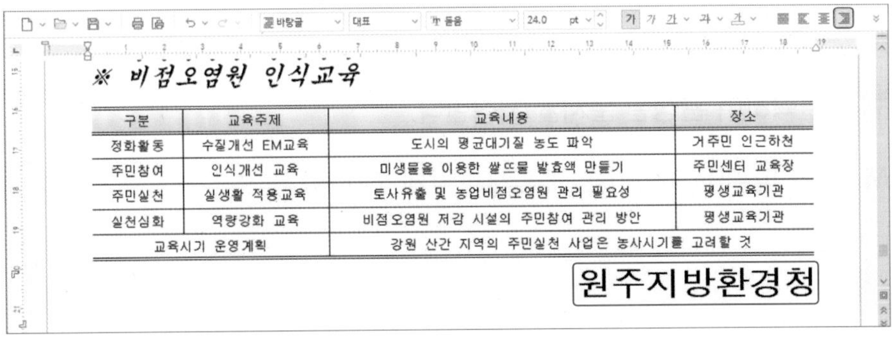

SECTION 13 쪽 번호 매기기

① [쪽] 탭 – [쪽 번호 매기기]( )를 클릭한다.

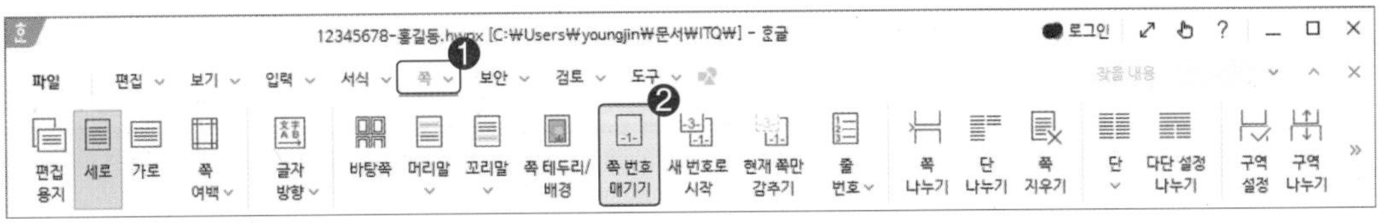

② [쪽 번호 매기기] 대화상자에서 번호 위치 '오른쪽 아래', 번호 모양 '①,②,③', 줄표 넣기를 체크 해제, 시작 번호 '6'을 설정하여 [넣기]를 클릭한다.

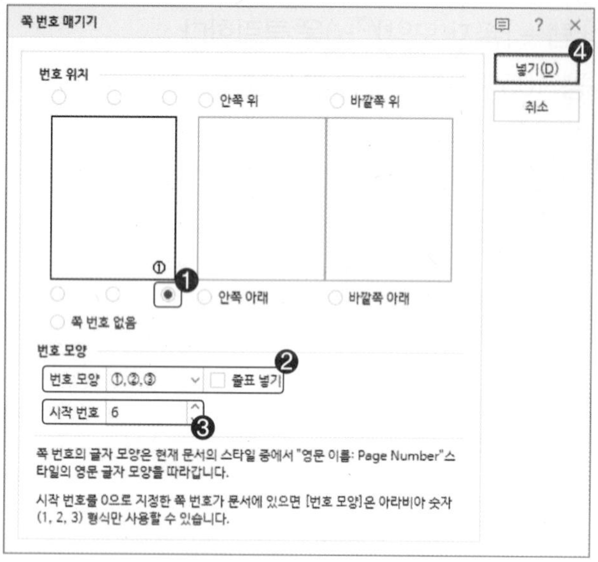

기적의 TIP

쪽 번호의 글꼴, 크기는 채점 대상이 아니므로 기본값을 유지한다.

SECTION 14 파일 저장

① [파일] 탭 – [저장하기](🖫)를 클릭하여 완성된 문서를 저장한다.

② 저장 경로(내 PC₩문서₩ITQ)와 파일명(수험번호 – 성명)이 맞게 되어 있는지 확인한다.

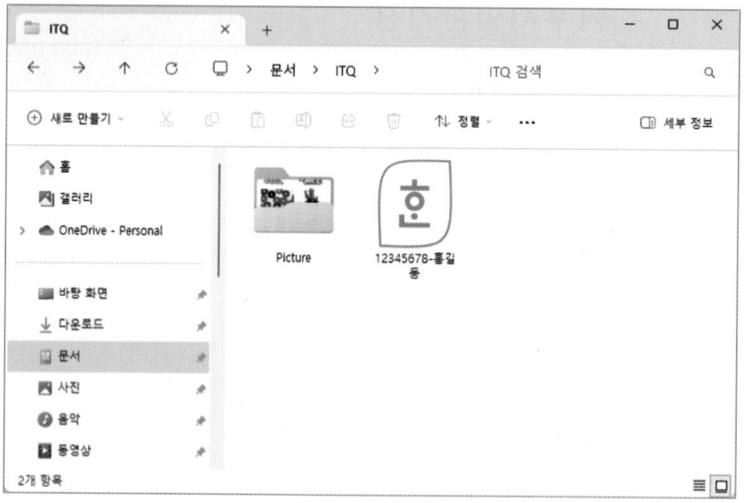

PART

03

최신 기출문제

최신 기출문제 01회 185
최신 기출문제 02회 188
최신 기출문제 03회 191
최신 기출문제 04회 194
최신 기출문제 05회 197
최신 기출문제 06회 200
최신 기출문제 07회 203
최신 기출문제 08회 206
최신 기출문제 09회 209
최신 기출문제 10회 212

정보기술자격(ITQ) 시험

한컴오피스

과목	코드	문제유형	시험시간	수험번호	성명
아래한글	1111	A	60분		

※ 최신 기출문제 01~10회 학습 시 답안 작성요령을 동일하게 적용하세요.

수험자 유의사항

- 수험자는 문제지를 받는 즉시 문제지와 **수험표상의 시험과목(프로그램)이 동일한지 반드시 확인**하여야 합니다.
- 파일명은 본인의 "수험번호-성명"으로 입력하여 답안폴더(내 PC₩문서₩ITQ)에 하나의 파일로 저장해야 하며, 답안문서 파일명이 "수험번호-성명"과 일치하지 않거나, 답안파일을 전송하지 않아 미제출로 처리될 경우 실격 처리합니다(예:12345678-홍길동.hwpx).
- 답안 작성을 마치면 파일을 저장하고, '답안 전송' 버튼을 선택하여 감독위원 PC로 답안을 전송하십시오. 수험생 정보와 저장한 파일명이 다를 경우 전송되지 않으므로 주의하시기 바랍니다.
- 답안 작성 중에도 **주기적으로 저장하고, '답안 전송'**하여야 문제 발생을 줄일 수 있습니다. 작업한 내용을 저장하지 않고 전송할 경우 이전에 저장된 내용이 전송되니 이점 유의하시기 바랍니다.
- 답안문서는 지정된 경로 외의 다른 보조기억장치에 저장하는 경우, 지정된 시험 시간 외에 작성된 파일을 활용할 경우, 기타 통신수단(이메일, 메신저, 네트워크 등)을 이용하여 타인에게 전달 또는 외부 반출하는 경우는 부정 처리합니다.
- 시험 중 부주의 또는 고의로 시스템을 파손한 경우는 수험자가 변상해야 하며, 〈수험자 유의사항〉에 기재된 방법대로 이행하지 않아 생기는 불이익은 수험생 당사자의 책임임을 알려 드립니다.
- 문제의 조건은 한컴오피스 2022 버전으로 설정되어 있으니 유의하시기 바랍니다.
- 시험을 완료한 수험자는 답안파일이 전송되었는지 확인한 후 감독위원의 지시에 따라 문제지를 제출하고 퇴실합니다.

답안 작성요령

- **온라인 답안 작성 절차**

  수험자 등록 ⇒ 시험 시작 ⇒ 답안파일 저장 ⇒ 답안 전송 ⇒ 시험 종료
- **공통 부문**
  - 글꼴에 대한 기본설정은 함초롬바탕, 10포인트, 검정, 줄간격 160%, 양쪽정렬로 합니다.
  - 색상은 조건의 색을 적용하고 색의 구분이 안 될 경우에는 RGB 값을 적용하십시오.
    (빨강 255,0,0 / 파랑 0,0,255 / 노랑 255,255,0).
  - 각 문항에 주어진 ≪조건≫에 따라 작성하고 언급하지 않은 조건은 ≪출력형태≫와 같이 작성합니다.
  - 용지여백은 왼쪽·오른쪽 11mm, 위쪽·아래쪽·머리말·꼬리말 10mm, 제본 0mm로 합니다.
  - 그림 삽입 문제의 경우 「내 PC₩문서₩ITQ₩Picture」 폴더에서 지정된 파일을 선택하여 삽입하십시오.
  - 삽입한 그림은 반드시 문서에 포함하여 저장해야 합니다(미포함 시 감점 처리).
  - 각 항목은 지정된 페이지에 출력형태와 같이 정확히 작성하시기 바라며, 그렇지 않을 경우에 해당 항목은 0점 처리됩니다.

    ※ 페이지구분 : 1페이지 – 기능평가 I (문제번호 표시 : 1. 2.),
2페이지 – 기능평가 II (문제번호 표시 : 3. 4.),
3페이지 – 문서작성 능력평가
- **기능평가**
  - 문제와 ≪조건≫은 입력하지 않으며 문제번호와 답(≪출력형태≫)만 작성합니다.
  - 4번 문제는 묶기를 했을 경우 0점 처리됩니다.
- **문서작성 능력평가**
  - A4 용지(210mm×297mm) 1매 크기, 세로 서식 문서로 작성합니다.
  - ▭ 표시는 문서작성에 대한 지시사항이므로 작성하지 않습니다.

최신 기출문제 01회

수험번호 20261001 **정답파일** PART 03 최신 기출문제₩최신01회_정답.hwpx

합격 강의

기능평가 Ⅰ 150점

01 다음의 ≪조건≫에 따라 스타일 기능을 적용하여 ≪출력형태≫와 같이 작성하시오. 50점

조건

(1) 스타일 이름 – ev
(2) 문단 모양 – 첫 줄 들여쓰기 : 10pt, 문단 아래 간격 : 10pt
(3) 글자 모양 – 글꼴 : 한글(돋움)/영문(궁서), 크기 : 10pt, 장평 : 95%, 자간 : 5%

출력형태

International Electric Vehicle Expo will be a significant foundation for Jeju Island's green roadmap aimed at becoming an island free of harmful substances like carbon.

국제전기자동차엑스포는 녹색공동체 지구를 만드는 징검다리 역할을 수행하고 동시에 유해물질인 탄소가 없는 섬을 지향하는 제주도 그린 로드맵의 큰 밑받침이 될 것입니다.

02 다음의 ≪조건≫에 따라 ≪출력형태≫와 같이 표와 차트를 작성하시오. 100점

표 조건

(1) 표 전체(표, 캡션) – 돋움, 10pt
(2) 정렬 – 문자 : 가운데 정렬, 숫자 : 오른쪽 정렬 (3) 셀 배경(면색) : 노랑
(4) 한글의 계산 기능을 이용하여 빈칸에 합계를 구하고, 캡션 기능 사용할 것
(5) 선 모양은 ≪출력형태≫와 동일하게 처리할 것

출력형태

전기자동차엑스포 참가 현황(단위 : 사, 명, 국)

구분	아시아지역	유럽지역	미주지역	아프리카지역	합계
참가회사	12,715	15,812	13,215	14,005	
협력사	13,351	12,692	13,837	12,035	
참관객	39,450	25,489	20,789	16,725	
참가국	57	47	34	35	

차트 조건

(1) 차트 데이터는 표 내용에서 지역별 참가회사, 협력사, 참관객의 값만 이용할 것
(2) 종류 – 〈묶은 세로 막대형〉으로 작업할 것
(3) 제목 – 굴림, 진하게, 12pt
속성 – 채우기(밝은 색 : 하양), 테두리, 그림자(바깥쪽 : 대각선 오른쪽 아래)
(4) 제목 이외의 전체 글꼴 – 굴림, 보통, 10pt
(5) 축제목과 범례는 ≪출력형태≫와 동일하게 처리할 것

출력형태

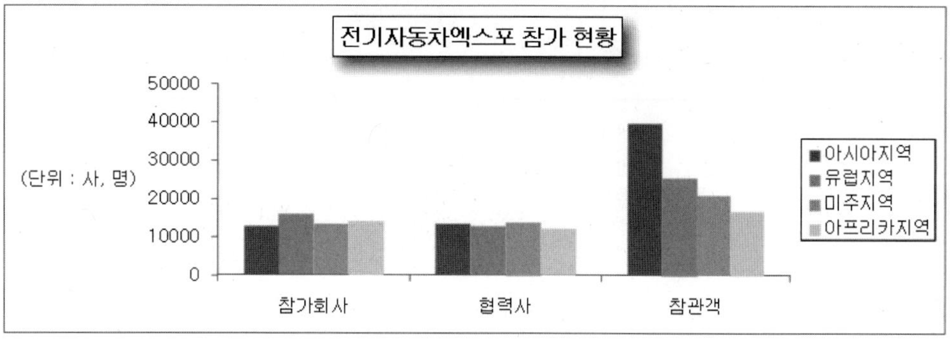

03 다음 (1), (2)의 수식을 수식 편집기로 각각 입력하시오. 40점

출력형태	(1) $\sum_{k=1}^{n} k^2 = \frac{1}{6} n(n+1)(2n+1)$ (2) $\frac{k_x}{2h} \times (-2mk_x) = -\frac{mk^2}{h}$

04 다음의 ≪조건≫에 따라 ≪출력형태≫와 같이 문서를 작성하시오. 110점

조건	(1) 그리기 도구를 이용하여 작성하고, 모든 도형(글맵시, 지정된 그림 포함)을 ≪출력형태≫와 같이 작성하시오. (2) 도형의 면색은 지시사항이 없으면 색 없음을 제외하고 서로 다르게 임의로 지정하시오.

출력형태

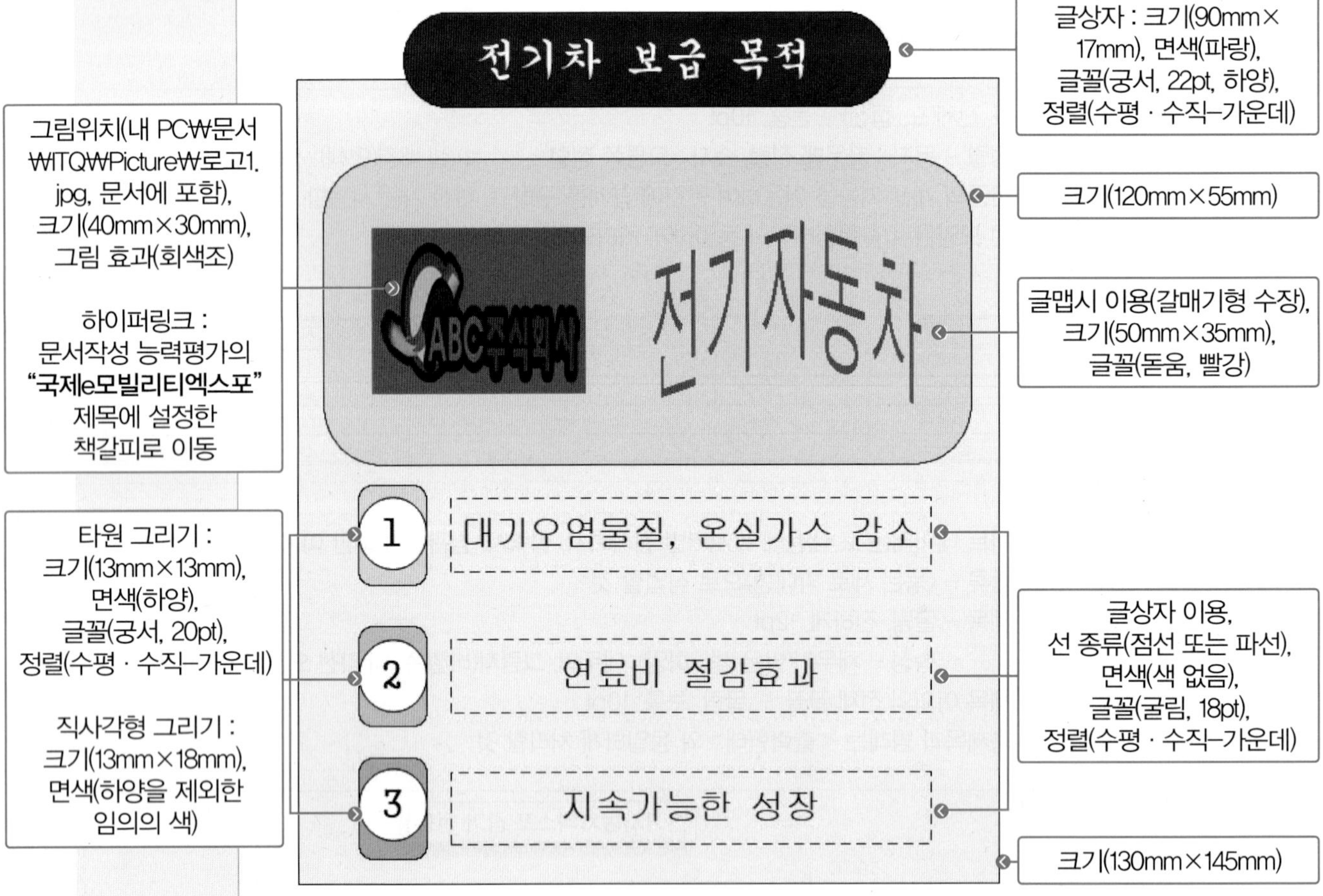

전기차 보급 목적
글상자 : 크기(90mm×17mm), 면색(파랑), 글꼴(궁서, 22pt, 하양), 정렬(수평 · 수직-가운데)
크기(120mm×55mm)
그림위치(내 PC₩문서₩ITQ₩Picture₩로고1.jpg, 문서에 포함), 크기(40mm×30mm), 그림 효과(회색조)
하이퍼링크 : 문서작성 능력평가의 "국제e모빌리티엑스포" 제목에 설정한 책갈피로 이동
ABC주식회사
전기자동차
글맵시 이용(갈매기형 수장), 크기(50mm×35mm), 글꼴(돋움, 빨강)
타원 그리기 : 크기(13mm×13mm), 면색(하양), 글꼴(궁서, 20pt), 정렬(수평 · 수직-가운데)
직사각형 그리기 : 크기(13mm×18mm), 면색(하양을 제외한 임의의 색)
1
대기오염물질, 온실가스 감소
2
연료비 절감효과
3
지속가능한 성장
글상자 이용, 선 종류(점선 또는 파선), 면색(색 없음), 글꼴(굴림, 18pt), 정렬(수평 · 수직-가운데)
크기(130mm×145mm)

글꼴 : 굴림, 18pt, 진하게, 가운데 정렬
책갈피 이름 : 전기 덧말 넣기

문단 첫 글자 장식 기능
글꼴 : 궁서, 면색 : 노랑

전기자동차

머리말 기능
돋움, 10pt, 오른쪽 정렬

순수전기차
국제e모빌리티엑스포

각주

국제전기자동차엑스포㉠는 올해 '안전, 청정, 글로벌 엑스포'로 혁신작업을 가속화하고 있다. 12월 9일부터 11일까지 제주국제컨벤션센터에서 열리는 엑스포 본 행사에 맞춰 가상전시와 드라이브 스루 관람, 퍼레이드, 차박 등 특화된 프로그램을 도입한다. 이는 전 지구적 과제인 지속가능한 성장과 생활환경을 이루는 데 필수적인 전기이동장치와 녹색공동체를 이루는 징검다리가 될 것이다. 세계적인 명성을 가진 전기자동차, 전기오토바이, 전기자전거, 배터리 제조사 등 수많은 기업들이 참가하여 제품을 소개하고 홍보하는 본 전시회는 세계 전기자동차 시장의 흐름을 한눈에 확인할 수 있는 자리가 될 것이다.

전 세계의 EV 전문가들이 참가하여 전기차 산업의 발전방향과 기술 국제 표준화에 대한 토론을 진행하고, 앞으로 EV 산업이 나아갈 방향을 모색(摸索)하는 콘퍼런스도 개최된다. 이는 한국의 전기자동차 기업들이 EV와 관련한 새로운 정보를 교환하고 획득하여 기술 선점(先占)을 유도하고, 아시아 및 세계의 관련 협회 업체들과 네트워크를 구축하여 국제 경쟁력을 강화함으로써 세계 전기자동차 산업 시장 진출을 위한 기반을 마련하는 바탕이 될 것이다.

♠ 전기차 충전속도에 따른 충전기

글꼴 : 궁서, 18pt, 하양, 음영색 : 빨강

가. 전기차 급속 충전기
   ㉠ 완전방전상태에서 80%충전까지 30분이 소요됨
   ㉡ 주로 고속도로 휴게소, 공공기관 등 외부장소에 설치
나. 전기차 완속 충전기
   ㉠ 완전방전상태에서 완전충전까지 4~5시간이 소요됨
   ㉡ 주택이나 아파트에 설치, 전기요금은 100kWh당 약 1,100원

그림위치(내 PC₩문서₩ITQ₩Picture₩그림4.jpg, 문서에 포함)
자르기 기능 이용, 크기(40mm×35mm), 바깥 여백 왼쪽 : 2mm

♠ *국제e모빌리티엑스포 행사일정*

글꼴 : 궁서, 18pt, 기울임, 강조점

행사일	내용	장소
4월 7일(월)	세계전기차협의회 포럼 - 화재 및 급발진, 안전	한라룸
4월 8일(화)	에너지 대전환 시대와 e모빌리티, 세계 ESG 포럼(AI시대 ESG와 반도체)	
4월 9일(수)	실리콘밸리 투자유치 비즈니스 포럼	영실룸
4월 10일(목)	창업도시 제주를 위한 비즈니스 네트워킹 워크숍	한라룸
4월 11일(금)	전기차 및 충전기 보급 활성화를 위한 정책 설명회	

문단 번호 기능 사용
1수준 : 20pt, 오른쪽 정렬,
2수준 : 30pt, 오른쪽 정렬
줄 간격 : 180%

표 전체 글꼴 : 굴림, 10pt, 가운데 정렬
셀 배경(그러데이션) : 유형(가로), 시작색(하양), 끝색(노랑)

국제전기자동차엑스포

글꼴 : 돋움, 22pt, 진하게
장평 105%, 오른쪽 정렬

㉠ 녹색지구를 만들어가는 그린 페스티벌의 장

각주 구분선 : 5cm

쪽 번호 매기기, 7로 시작 ⑦

최신 기출문제 02회

수험번호 20261002 **정답파일** PART 03 최신 기출문제₩최신02회_정답.hwpx

합격강의

기능평가 Ⅰ 150점

01 다음의 ≪조건≫에 따라 스타일 기능을 적용하여 ≪출력형태≫와 같이 작성하시오. 50점

조건	(1) 스타일 이름 – environment (2) 문단 모양 – 왼쪽 여백 : 15pt, 문단 아래 간격 : 10pt (3) 글자 모양 – 글꼴 : 한글(돋움)/영문(굴림), 크기 : 10pt, 장평 : 105%, 자간 : 5%
출력형태	The Ministry of Environment has actively participated in bilateral and multilateral environmental conferences bodies to share knowledge on various environmental issues with the world. 환경부는 전 세계와 다양한 환경 문제에 대한 지식을 공유하기 위해 양자 및 다자간 환경 회의와 협의체에 적극적으로 참여하고 해결책을 제시하고 있다.

02 다음의 ≪조건≫에 따라 ≪출력형태≫와 같이 표와 차트를 작성하시오. 100점

표 조건

(1) 표 전체(표, 캡션) – 굴림, 10pt
(2) 정렬 – 문자 : 가운데 정렬, 숫자 : 오른쪽 정렬 (3) 셀 배경(면색) : 노랑
(4) 한글의 계산 기능을 이용하여 빈칸에 합계를 구하고, 캡션 기능 사용할 것
(5) 선 모양은 ≪출력형태≫와 동일하게 처리할 것

출력형태

국내 해안 쓰레기 모니터링 통계(단위 : 100kg)

연도	2020년	2021년	2022년	2023년	합계
플라스틱	25.9	29.1	21.4	20.8	
금속	1.8	1.9	1.7	0.8	
목재	11.5	12.4	10.1	7.1	
기타 재질	0.6	4.2	1.1	0.9	

차트 조건

(1) 차트 데이터는 표 내용에서 연도별 플라스틱, 금속, 목재의 값만 이용할 것
(2) 종류 – 〈묶은 세로 막대형〉으로 작업할 것
(3) 제목 – 글꼴 : 돋움, 진하게, 12pt,
속성 : 채우기(밝은 색 : 하양), 테두리, 그림자(바깥쪽 : 대각선 오른쪽 아래)
(4) 제목 이외의 전체 글꼴 – 돋움, 보통, 10pt
(5) 축제목과 범례는 ≪출력형태≫와 동일하게 처리할 것

출력형태

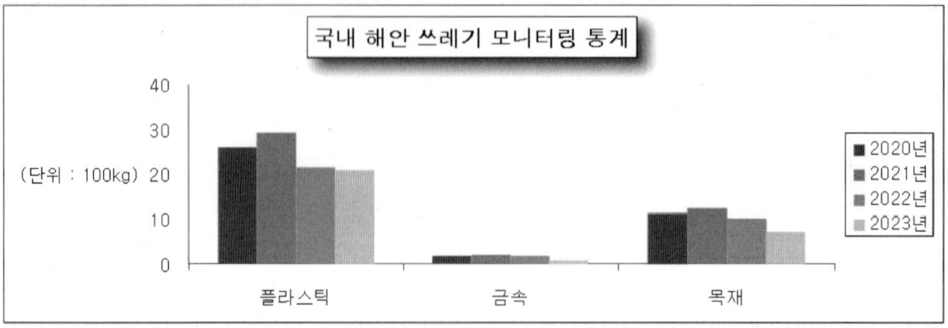

03 다음 (1), (2)의 수식을 수식 편집기로 각각 입력하시오. 40점

출력형태	
	(1) $\frac{A}{B} \div \frac{C}{D} = \frac{A}{B} \times \frac{D}{C} = \frac{E^2}{F^3}$ (2) $\int_0^3 \frac{\sqrt{6t^2 - 18t + 12}}{5} dt = 11$

04 다음의 ≪조건≫에 따라 ≪출력형태≫와 같이 문서를 작성하시오. 110점

조건	
	(1) 그리기 도구를 이용하여 작성하고, 모든 도형(글맵시, 지정된 그림 포함)을 ≪출력형태≫와 같이 작성하시오. (2) 도형의 면색은 지시사항이 없으면 색 없음을 제외하고 서로 다르게 임의로 지정하시오.

출력형태

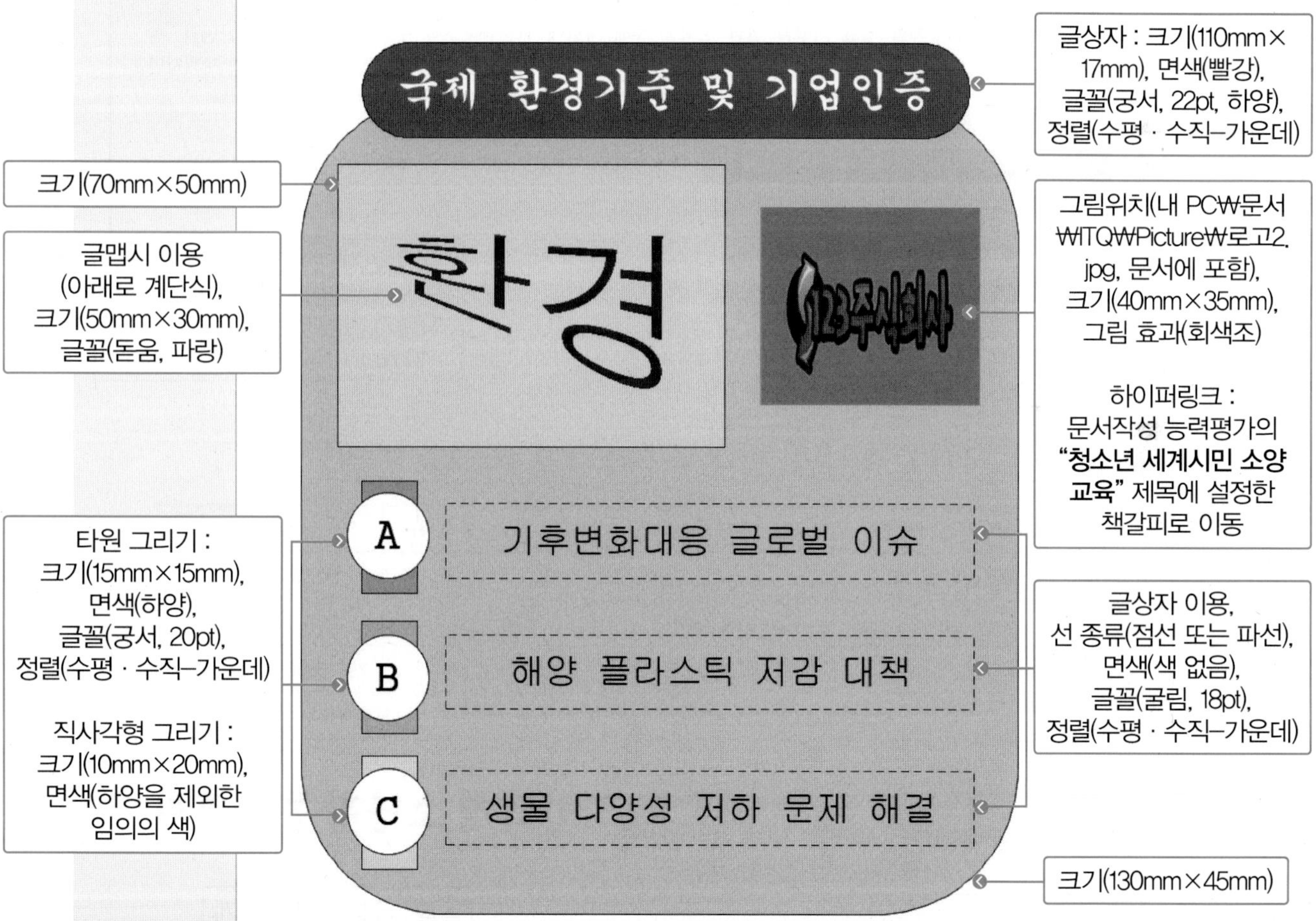
국제 환경기준 및 기업인증
글상자 : 크기(110mm×17mm), 면색(빨강), 글꼴(궁서, 22pt, 하양), 정렬(수평 · 수직-가운데)
크기(70mm×50mm)
환경
글맵시 이용 (아래로 계단식), 크기(50mm×30mm), 글꼴(돋움, 파랑)
123주식회사
그림위치(내 PC₩문서₩ITQ₩Picture₩로고2.jpg, 문서에 포함), 크기(40mm×35mm), 그림 효과(회색조)
하이퍼링크 : 문서작성 능력평가의 "청소년 세계시민 소양 교육" 제목에 설정한 책갈피로 이동
A
기후변화대응 글로벌 이슈
B
해양 플라스틱 저감 대책
C
생물 다양성 저하 문제 해결
타원 그리기 : 크기(15mm×15mm), 면색(하양), 글꼴(궁서, 20pt), 정렬(수평 · 수직-가운데)
직사각형 그리기 : 크기(10mm×20mm), 면색(하양을 제외한 임의의 색)
글상자 이용, 선 종류(점선 또는 파선), 면색(색 없음), 글꼴(굴림, 18pt), 정렬(수평 · 수직-가운데)
크기(130mm×45mm)

글꼴 : 굴림, 18pt, 진하게, 가운데 정렬
책갈피 이름 : 시민교육 덧말 넣기

글로벌 연대협력

머리말 기능
돋움, 10pt, 오른쪽 정렬

문단 첫 글자 장식 기능
글꼴 : 궁서, 면색 : 노랑

국제 환경기준

청소년 세계시민 소양교육

각주

유엔, 정부, 기업, 국회, 시민사회 등이 지속가능개발 목표 달성의 핵심 관계자들이다. 국제비정부기구㉠는 분야별 세부 목표를 이행하기 위해 노력하고 있으며 정부는 다양성을 존중하고, 사회 불평등을 감소하기 위한 정책을 마련한다. 다양한 이해관계자들이 일치된 목표 아래 참여할 수 있도록 참여체계를 제도화해야 하고 시민사회(市民社會)는 범국민의 세계시민 교육을 알기 쉽게 정확하게 전달하며 확대해나갈 필요가 있다. 기업은 지속가능개발 목표 실천의 주된 동력으로 불리고 있다. 민간재원을 확보시키면서 강화된 기업의 역할과 기능은 사회문제 해결에 있어 중요한 역할을 한다. 글로벌 차원에서 경제적 가치와 사회적 가치를 동시에 이루기 위해 지속가능개발 목표의 지표를 활용해 사회공헌 활동을 펼치고 있기에 세계 청소년들에게 글로벌 이슈에 대한 소양 교육이 필요하다.

이해관계자들의 지속가능개발 목표 이행을 위한 노력을 통해 사회에 선순환구조를 구축해야 한다. 빈곤, 인권, 환경, 평화 등의 글로벌 이슈에 관해 관심을 가지고 함께 살아가고 있는 사람들에 대해 공감력을 높여야 하고 세계시민으로서 공동의 문제를 해결하며 청소년을 위한 더 나은 세계를 만들기 위한 교육과 책임감(責任感)이 필요하다.

♣ 지속가능개발 목표의 이행

글꼴 : 돋움, 18pt, 하양, 음영색 : 파랑

그림위치(내 PC₩문서₩ITQ₩Picture₩그림4.jpg, 문서에 포함)
자르기 기능 이용, 크기(40mm×40mm), 바깥 여백 왼쪽 : 2mm

가. 유엔 193개 회원국 고위급 정치 포럼
   ㉠ 매년 7월 국가별 이행 현황 자발적 보고
   ㉡ 주요 목표에 대한 논의 및 각국의 관련 이행 평가 진행
나. 유엔총회 주요 심의
   ㉠ 정책 입안 및 심의 등 유일한 보편적인 대표성을 지님
   ㉡ 매년 9월 뉴욕 본부에서 연례 회의 및 가시적인 일반 토론 개최

♣ 청소년 국제교류사업 안내

글꼴 : 돋움, 18pt, 밑줄, 강조점

사업명	해외자원 봉사단	국가 간 청소년 교류	국제회의 및 행사파견	글로벌 서밋
대상	만 15세-만 20세	만 16세-만 24세		만 18세-만 24세
규모	약 140여명	300명 내외	33명 내외	10여 개국 200명
시기	4월-11월(10일 내외)	7월-8월(10일 내외)	연중(15일 내외)	7월-8월(8박 9일 내외)
근거	청소년활동 진흥법 제54조(여성가족부 추진, 국제 청소년교류활동)			

문단 번호 기능 사용
1수준 : 20pt, 오른쪽 정렬,
2수준 : 30pt, 오른쪽 정렬
줄 간격 : 180%

표 전체 글꼴 : 돋움, 10pt, 가운데 정렬
셀 배경(그러데이션) : 유형(가운데에서), 시작색(하양), 끝색(노랑)

한국청소년활동진흥원

글꼴 : 궁서, 24pt, 진하게
장평 95%, 오른쪽 정렬

㉠ 정부와 관련 없는 민간 주도로 조직된 자발적인 비영리 시민 단체

각주 구분선 : 5cm

쪽 번호 매기기, 5로 시작 ⑤

최신 기출문제 03회

수험번호 20261003 **정답파일** PART 03 최신 기출문제₩최신03회_정답.hwpx

합격 강의

기능평가 Ⅰ 150점

01 다음의 ≪조건≫에 따라 스타일 기능을 적용하여 ≪출력형태≫와 같이 작성하시오. 50점

조건

(1) 스타일 이름 – welfare
(2) 문단 모양 – 왼쪽 여백 : 15pt, 문단 아래 간격 : 10pt
(3) 글자 모양 – 글꼴 : 한글(궁서)/영문(돋움), 크기 : 10pt, 장평 : 95%, 자간 : 5%

출력형태

The Ministry of Health and Welfare is making best efforts to formulate policies based on statistical evidence with a view to realize our vision.

복지란 좋은 건강, 윤택한 생활, 안락한 환경 등이 어우러져 행복하게 살아가는 삶의 질에 대한 기준을 말하는 것으로 국민 전체가 행복하게 살 수 있도록 하는 데 중점을 두어 노력하는 정책이다.

02 다음의 ≪조건≫에 따라 ≪출력형태≫와 같이 표와 차트를 작성하시오. 100점

표 조건

(1) 표 전체(표, 캡션) – 돋움, 10pt
(2) 정렬 – 문자 : 가운데 정렬, 숫자 : 오른쪽 정렬 (3) 셀 배경(면색) : 노랑
(4) 한글의 계산 기능을 이용하여 빈칸에 평균(소수점 두 자리)을 구하고, 캡션 기능 사용할 것
(5) 선 모양은 ≪출력형태≫와 동일하게 처리할 것

출력형태

급여종류별 수급자 선정기준(단위 : 천 명)

구분	1인 가구	2인 가구	3인 가구	4인 가구	평균
생계급여	713	1,178	1,508	1,834	
의료급여	891	1,473	1,885	2,294	
주거급여	1,069	1,767	2,263	2,750	
교육급여	1,114	1,841	2,357	2,864	

차트 조건

(1) 차트 데이터는 표 내용에서 가구별 생계급여, 의료급여, 주거급여의 값만 이용할 것
(2) 종류 – 〈묶은 세로 막대형〉으로 작업할 것
(3) 제목 – 굴림, 진하게, 12pt
속성 – 채우기(밝은 색 : 하양), 테두리, 그림자(바깥쪽 : 대각선 오른쪽 아래)
(4) 제목 이외의 전체 글꼴 – 굴림, 보통, 10pt
(5) 축제목과 범례는 ≪출력형태≫와 동일하게 처리할 것

출력형태

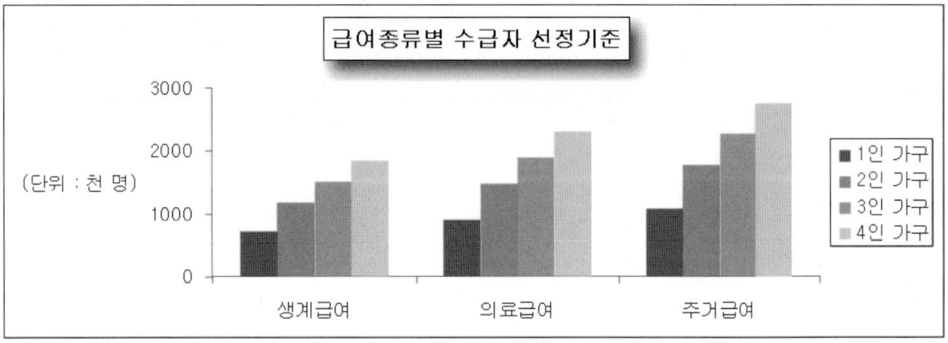

기능평가 Ⅱ

150점

03 다음 (1), (2)의 수식을 수식 편집기로 각각 입력하시오. 40점

출력형태

(1) $\frac{F}{h_2} = t_2 k_1 \frac{t_1}{d} = 2 \times 10^{-7} \frac{t_1 t_2}{d}$

(2) $\frac{V_2}{V_1} = \frac{0.9 \times 10^3}{1.0 \times 10^2} = 0.8$

04 다음의 ≪조건≫에 따라 ≪출력형태≫와 같이 문서를 작성하시오. 110점

조건

(1) 그리기 도구를 이용하여 작성하고, 모든 도형(글맵시, 지정된 그림 포함)을 ≪출력형태≫와 같이 작성하시오.

(2) 도형의 면색은 지시사항이 없으면 색 없음을 제외하고 서로 다르게 임의로 지정하시오.

출력형태

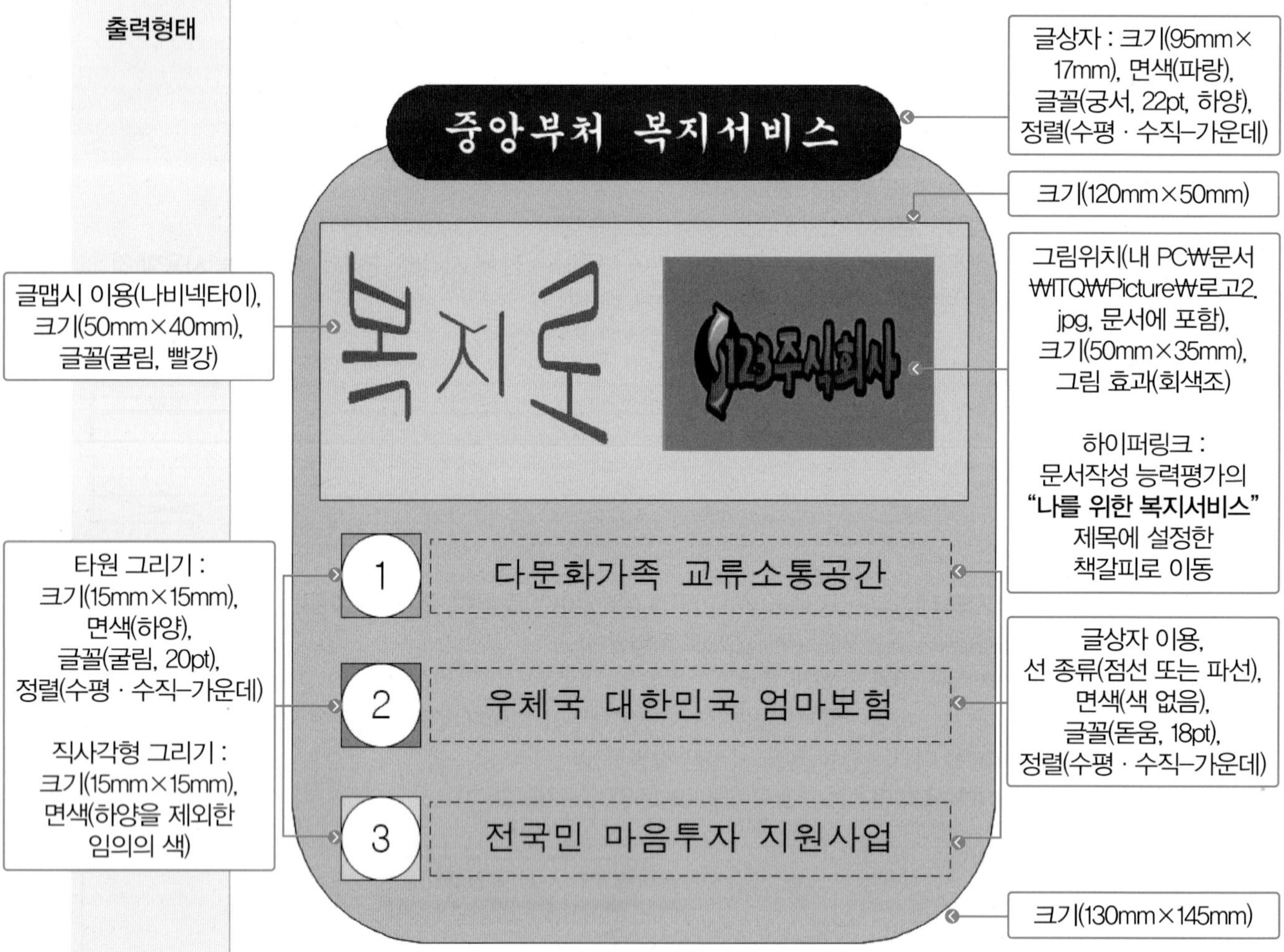

중앙부처 복지서비스
복지로
123주식회사
1
다문화가족 교류소통공간
2
우체국 대한민국 엄마보험
3
전국민 마음투자 지원사업
글상자 : 크기(95mm×17mm), 면색(파랑), 글꼴(궁서, 22pt, 하양), 정렬(수평 · 수직-가운데)
크기(120mm×50mm)
그림위치(내 PC₩문서₩ITQ₩Picture₩로고2.jpg, 문서에 포함), 크기(50mm×35mm), 그림 효과(회색조)
하이퍼링크 : 문서작성 능력평가의 "나를 위한 복지서비스" 제목에 설정한 책갈피로 이동
글맵시 이용(나비넥타이), 크기(50mm×40mm), 글꼴(굴림, 빨강)
타원 그리기 : 크기(15mm×15mm), 면색(하양), 글꼴(굴림, 20pt), 정렬(수평 · 수직-가운데)
직사각형 그리기 : 크기(15mm×15mm), 면색(하양을 제외한 임의의 색)
글상자 이용, 선 종류(점선 또는 파선), 면색(색 없음), 글꼴(돋움, 18pt), 정렬(수평 · 수직-가운데)
크기(130mm×145mm)

글꼴 : 돋움, 18pt, 진하게, 가운데 정렬
책갈피 이름 : 복지 덧말 넣기

복지서비스

머리말 기능
궁서, 10pt, 오른쪽 정렬

문단 첫 글자 장식 기능
글꼴 : 굴림, 면색 : 노랑

복지로 희망찾기
나를 위한 복지서비스

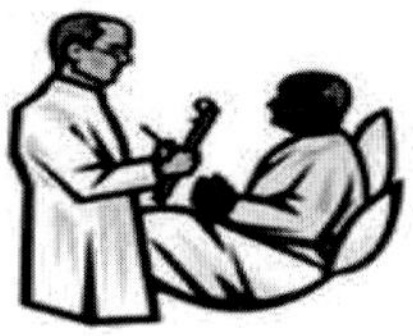

복지국가의 정책 목표는 다양하게 설정될 수 있다. 그 가운데 이론의 여지가 없는 정책 목표는 사회 구성원들 간의 연대와 통합, 즉 사회 통합이다. 소득, 연령, 성별, 근로능력 여부, 인종 등에 따른 어떠한 차별과 불평등도 용인하지 않는 이상적인 사회 통합은 복지국가가 결코 외면할 수 없는 궁극적인 정책 목표인 것이다. 실제로 서구 선진복지국가의 발전 과정을 추적(追跡)해 보면, 소득불평등의 완화를 필두로 그 사회에 만연해 있던 다양한 정치, 사회, 경제적 부문에서 불평등 문제를 해결(解決)해 나가는 과정이라 할 수 있다. 이렇듯 복지국가가 불평등 완화에 집중하는 이유는 사회구성원 간의 연대감 강화와 이를 기반으로 하는 사회 통합을 이루고자 함이다.

빈곤, 실직과 사업 실패, 장애와 고령, 갑작스러운 사고와 건강 악화까지 이 모든 어려움으로부터 안심할 수 있는 사람은 많지 않다. 이러한 경우에 도움을 받을 수 있는 다양한 복지서비스가 가까이에 있다. 알면 알수록 힘이 되는 다양한 복지서비스㉠를 만나보길 바란다.

각주

그림위치(내 PC₩문서₩ITQ₩Picture₩그림5.jpg, 문서에 포함) 자르기 기능 이용, 크기(40mm×40mm), 바깥 여백 왼쪽 : 2mm

※ 긴급복지 지원 대상

글꼴 : 굴림 , 18pt, 하양, 음영색 : 빨강

1. 갑작스러운 위기 상황
   ① 주 소득자의 사망, 가출, 행방불명 등으로 소득이 없는 경우
   ② 중한 질병, 부상을 당한 경우
2. 생계유지가 어려운 저소득 가구
   ① 가족으로부터 방임 또는 버려지거나 학대 등을 당한 경우
   ② 화재 등으로 주택 또는 건물에서 생활하기 곤란한 경우

※ 사회서비스 전자바우처사업 현황

글꼴 : 굴림, 18pt, 밑줄, 강조점

사업명		선정기준	지원수준
장애아동 가족지원	발달재활 서비스	기준중위소득 120%이하(소득별 차등지원)	월 14~22만원 포인트 지급
	언어발달 지원	시도별 상이	
임신출산 진료비 지원		임신확인서로 임신이 확진된 건강보험 가입자	임신 1회당 60만원
기저귀 조제분유 지원		만 2세 미만 영아를 둔 저소득층 가구	기저귀(월 64,000원), 분유(월 86,000원)

문단 번호 기능 사용
1수준 : 20pt, 오른쪽 정렬,
2수준 : 30pt, 오른쪽 정렬,
줄 간격 : 180%

표 전체 글꼴 : 돋움, 10pt, 가운데 정렬
셀 배경(그러데이션) : 유형(가로),
시작색(노랑), 끝색(하양)

복지서비스

글꼴 : 돋움, 24pt, 진하게
장평 105%, 오른쪽 정렬

㉠ 도움이 필요한 모든 국민에게 정상적인 생활이 가능하도록 지원하는 제도

각주 구분선 : 5cm

쪽 번호 매기기, 5로 시작 마

최신 기출문제 04회

수험번호 20261004 **정답파일** PART 03 최신 기출문제₩최신04회_정답.hwpx

합격 강의

기능평가 Ⅰ

150점

01 다음의 ≪조건≫에 따라 스타일 기능을 적용하여 ≪출력형태≫와 같이 작성하시오. 50점

조건	(1) 스타일 이름 – prompt (2) 문단 모양 – 왼쪽 여백 : 15pt, 문단 아래 간격 : 10pt (3) 글자 모양 – 글꼴 : 한글(궁서)/영문(돋움), 크기 : 10pt, 장평 : 95%, 자간 : 5%
출력형태	AI Prompt Operational Technology is a qualification for future talent that assesses the ability to use generative AI through both theoretical and practical exams on how to write prompts. 인공지능 프롬프트 활용능력은 프롬프트 작성 방법에 관한 이론 및 실기형 시험을 통해 생성형 인공지능의 활용 능력을 평가하는 미래 인재를 위한 자격입니다.

02 다음의 ≪조건≫에 따라 ≪출력형태≫와 같이 표와 차트를 작성하시오. 100점

표 조건	(1) 표 전체(표, 캡션) – 돋움, 10pt (2) 정렬 – 문자 : 가운데 정렬, 숫자 : 오른쪽 정렬 (3) 셀 배경(면색) : 노랑 (4) 한글의 계산 기능을 이용하여 빈칸에 평균(소수점 두 자리)을 구하고, 캡션 기능 사용할 것 (5) 선 모양은 ≪출력형태≫와 동일하게 처리할 것

출력형태

인공지능 관련 투자액 주요국 비중(단위 : %)

연도	미국	중국	EU	이스라엘	기타
2019년	53.0	24.2	5.7	3.9	13.4
2020년	50.9	27.8	5.9	4.7	10.7
2021년	56.8	17.8	7.1	5.6	12.7
평균					

차트 조건	(1) 차트 데이터는 표 내용에서 주요국별 2019년, 2020년, 2021년의 값만 이용할 것 (2) 종류 – 〈묶은 세로 막대형〉으로 작업할 것 (3) 제목 – 굴림, 진하게, 12pt 속성 – 채우기(밝은 색 : 하양), 테두리, 그림자(바깥쪽 : 대각선 오른쪽 아래) (4) 제목 이외의 전체 글꼴 – 굴림, 보통, 10pt (5) 축제목과 범례는 ≪출력형태≫와 동일하게 처리할 것

출력형태

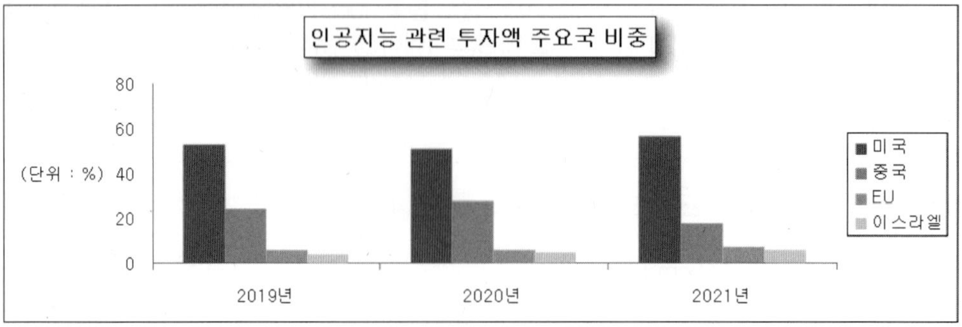

03 다음 (1), (2)의 수식을 수식 편집기로 각각 입력하시오. 40점

출력형태	
	(1) $\Delta W = \frac{1}{2}m(f_x)^2 + \frac{1}{2}m(f_y)^2$ (2) $E = \sqrt{\frac{GM}{R}}, \frac{R^3}{T^2} = \frac{GM}{4\pi^2}$

04 다음의 ≪조건≫에 따라 ≪출력형태≫와 같이 문서를 작성하시오. 110점

조건	(1) 그리기 도구를 이용하여 작성하고, 모든 도형(글맵시, 지정된 그림 포함)을 ≪출력형태≫와 같이 작성하시오. (2) 도형의 면색은 지시사항이 없으면 색 없음을 제외하고 서로 다르게 임의로 지정하시오.

출력형태

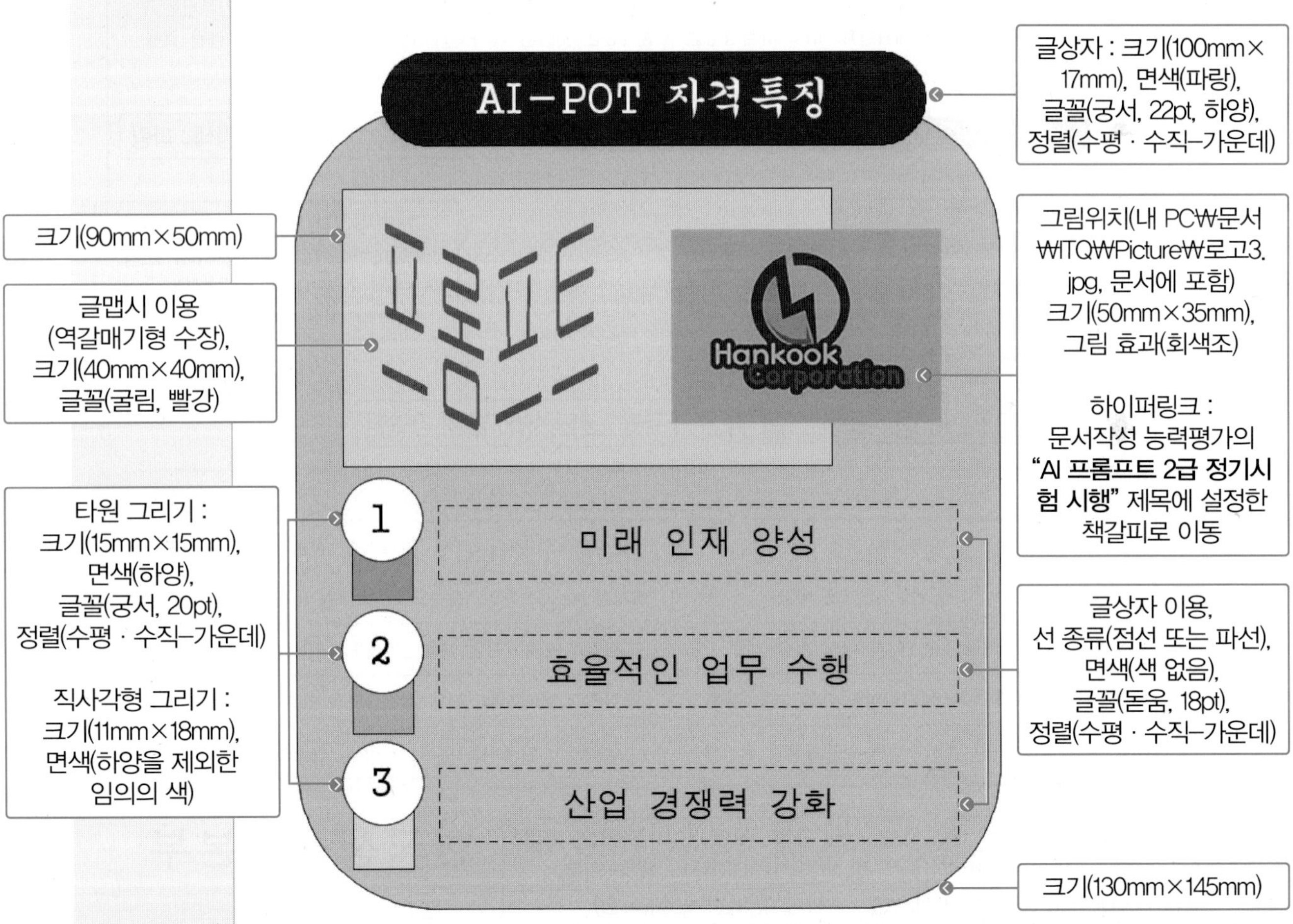

AI-POT 자격특징
프롬프트
Hankook Corporation
1
미래 인재 양성
2
효율적인 업무 수행
3
산업 경쟁력 강화
글상자 : 크기(100mm×17mm), 면색(파랑), 글꼴(궁서, 22pt, 하양), 정렬(수평 · 수직-가운데)
크기(90mm×50mm)
글맵시 이용 (역갈매기형 수장), 크기(40mm×40mm), 글꼴(굴림, 빨강)
그림위치(내 PC₩문서₩ITQ₩Picture₩로고3.jpg, 문서에 포함) 크기(50mm×35mm), 그림 효과(회색조)
하이퍼링크 : 문서작성 능력평가의 "AI 프롬프트 2급 정기시험 시행" 제목에 설정한 책갈피로 이동
타원 그리기 : 크기(15mm×15mm), 면색(하양), 글꼴(궁서, 20pt), 정렬(수평 · 수직-가운데)
직사각형 그리기 : 크기(11mm×18mm), 면색(하양을 제외한 임의의 색)
글상자 이용, 선 종류(점선 또는 파선), 면색(색 없음), 글꼴(돋움, 18pt), 정렬(수평 · 수직-가운데)
크기(130mm×145mm)

글꼴 : 돋움, 18pt, 진하게, 가운데 정렬
책갈피 이름 : 프롬프트 덧말 넣기

생성형 AI 자격

머리말 기능
궁서, 10pt, 오른쪽 정렬

문단 첫 글자 장식 기능
글꼴 : 굴림, 면색 : 노랑

AI 프롬프트 2급 정기시험 시행

(덧말: 한국생산성본부)

한국생산성본부(이하 KPC)는 제1회 AI-POT(AI 프롬프트 활용능력) 2급 정기시험이 지난 21일 전국 44개 고사장에서 시행됐다고 23일 밝혔다. AI 산업에서의 실무 인재 양성을 목표(目標)로 만든 AI-POT자격은 인공지능 분야의 전문성을 검증하는 실습형 시험으로, 이번 첫 정기시험에서 44개 고사장에서 총 660여명의 응시자가 참여했다. AI-POT 2급 자격시험은 생성형 AI 기술의 이해와 활용 능력을 평가하는 시험(試驗)이다. 인공지능 기초 이론, 생성형 AI 기초이론, 프롬프트 엔지니어링 기술기초, 프롬프트 엔지니어링 기술 기초 활용, 프롬프트 엔지니어링㉠ 업무활용과 윤리의식 등 5개 영역에서 30문항을 CBT(컴퓨터 기반 전형) 방식으로 진행했다.

각주

시험 결과는 내달 10일 발표 예정이다. 오는 11월 9일 제2회 자격시험(2급)이 예정돼 있으며, 내년 하반기부터는 1급 시험까지 확대 운영할 계획이다. KPC 자격검정센터 센터장은 "제1회 AI-POT 시험이 성공적으로 마무리된 것을 기쁘게 생각하며, AI 분야 인재양성을 위한 다양한 교육과 자격 프로그램을 제공하겠다."고 말했다.

그림위치(내 PC₩문서₩ITQ₩Picture₩그림4.jpg, 문서에 포함)
자르기 기능 이용, 크기(40mm×40mm), 바깥 여백 왼쪽 : 2mm

♣ AI-POT 2급 문제형식 및 문항배점

글꼴 : 굴림 , 18pt, 하양, 음영색 : 파랑

1. 문제 수 및 문항형식
   ① 문제 수 : 총 5개 과목, 총 30문항 출제
   ② 문항형식 : 이론형 20문항, 실습형 10문항
2. 문항 배점
   ① 이론형 : 20문항 각 3점(60점)
   ② 실습형 : 10문항 각 4점(40점)

♣ AI-POT 시험 출제 범위

글꼴 : 굴림, 18pt, 밑줄, 강조점

급수	검정과목	분야 또는 영역	배점
2급	인공지능 기초 이론	인공지능의 기원, 역사, 알고리즘, 성능평가	18
	생성형 AI 기초 이론	생성형 AI 기초원리, 필수요소, 초대형 언어모델	9
	프롬프트 엔지니어링 기술 기초	프롬프트 엔지니어링 개념, 학습도구, 작성원칙	24
	프롬프트 엔지니어링 기술 기초 활용	프롬프트 설계전략, 모델 실습, 확장 프로그램	40
	프롬프트 엔지니어링 업무활용과 윤리의식	생성형 AI 비즈니스 적용, 저작권, 윤리원칙	9

문단 번호 기능 사용
1수준 : 20pt, 오른쪽 정렬,
2수준 : 30pt, 오른쪽 정렬,
줄 간격 : 180%

표 전체 글꼴 : 돋움, 10pt, 가운데 정렬
셀 배경(그러데이션) : 유형(가로),
시작색(하양), 끝색(노랑)

한국생산성본부

글꼴 : 돋움, 24pt, 진하게
장평 105%, 오른쪽 정렬

㉠ 실용적 지식을 활용하여 새로운 제품 및 시설 등을 만드는 것에 관한 학문

각주 구분선 : 5cm

쪽 번호 매기기, 6으로 시작 ⑥

최신 기출문제 05회

수험번호 20261005 **정답파일** PART 03 최신 기출문제₩최신05회_정답.hwpx

합격 강의

기능평가 Ⅰ

150점

01 다음의 ≪조건≫에 따라 스타일 기능을 적용하여 ≪출력형태≫와 같이 작성하시오.

50점

조건

(1) 스타일 이름 – abuse
(2) 문단 모양 – 왼쪽 여백 : 15pt, 문단 아래 간격 : 10pt
(3) 글자 모양 – 글꼴 : 한글(돋움)/영문(굴림), 크기 : 10pt, 장평 : 105%, 자간 : 5%

출력형태

Child abuse is when a parent or care giver, whether through action or failing to act, causes injury, death, emotional harm or risk of serious harm to a child.

신체적 학대와 방임은 아동의 생명과 안전을 직접적으로 위협하며, 정서적 학대와 성적 학대는 아동의 정신 건강과 성 발달에 치명적인 영향을 미칩니다.

02 다음의 ≪조건≫에 따라 ≪출력형태≫와 같이 표와 차트를 작성하시오.

100점

표 조건

(1) 표 전체(표, 캡션) – 굴림, 10pt
(2) 정렬 – 문자 : 가운데 정렬, 숫자 : 오른쪽 정렬 (3) 셀 배경(면색) : 노랑
(4) 한글의 계산 기능을 이용하여 빈칸에 합계를 구하고, 캡션 기능 사용할 것
(5) 선 모양은 ≪출력형태≫와 동일하게 처리할 것

출력형태

유형별 아동학대사례 건수(단위 : 건)

관계	신체학대	정서학대	성학대	방임	합계
부모	9,863	16,058	184	2,629	
친인척	435	464	33	68	
대리양육자	928	1,257	247	136	
기타	250	561	344	6	

차트 조건

(1) 차트 데이터는 표 내용에서 유형별 부모, 친인척, 대리양육자의 값만 이용할 것
(2) 종류 – 〈묶은 세로 막대형〉으로 작업할 것
(3) 제목 – 글꼴 : 돋움, 진하게, 12pt,
속성 : 채우기(밝은 색 : 하양), 테두리, 그림자(바깥쪽 : 대각선 오른쪽 아래)
(4) 제목 이외의 전체 글꼴 – 돋움, 보통, 10pt
(5) 축제목과 범례는 ≪출력형태≫와 동일하게 처리할 것

출력형태

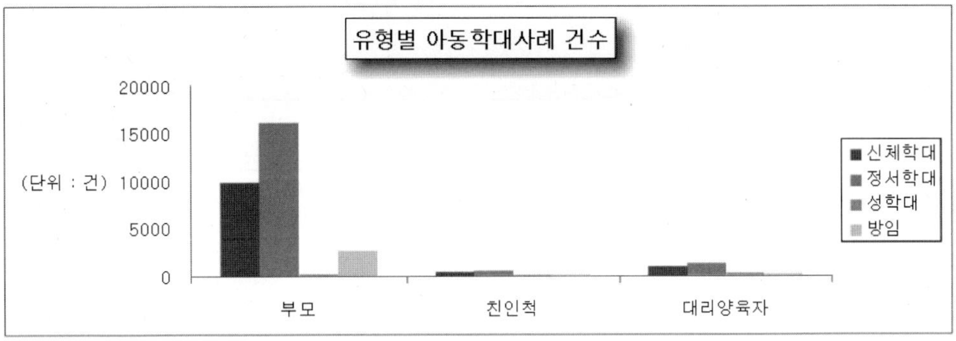

기능평가 Ⅱ 150점

03 다음 (1), (2)의 수식을 수식 편집기로 각각 입력하시오. 40점

출력형태	
	(1) $T=\frac{b^2}{a}+2\pi\sqrt{\frac{r^3}{GM}}$ (2) $\sum_{k=1}^{10}(k^3+6k^2+4k+3)=256$

04 다음의 ≪조건≫에 따라 ≪출력형태≫와 같이 문서를 작성하시오. 110점

조건	
	(1) 그리기 도구를 이용하여 작성하고, 모든 도형(글맵시, 지정된 그림 포함)을 ≪출력형태≫와 같이 작성하시오. (2) 도형의 면색은 지시사항이 없으면 색 없음을 제외하고 서로 다르게 임의로 지정하시오.

출력형태

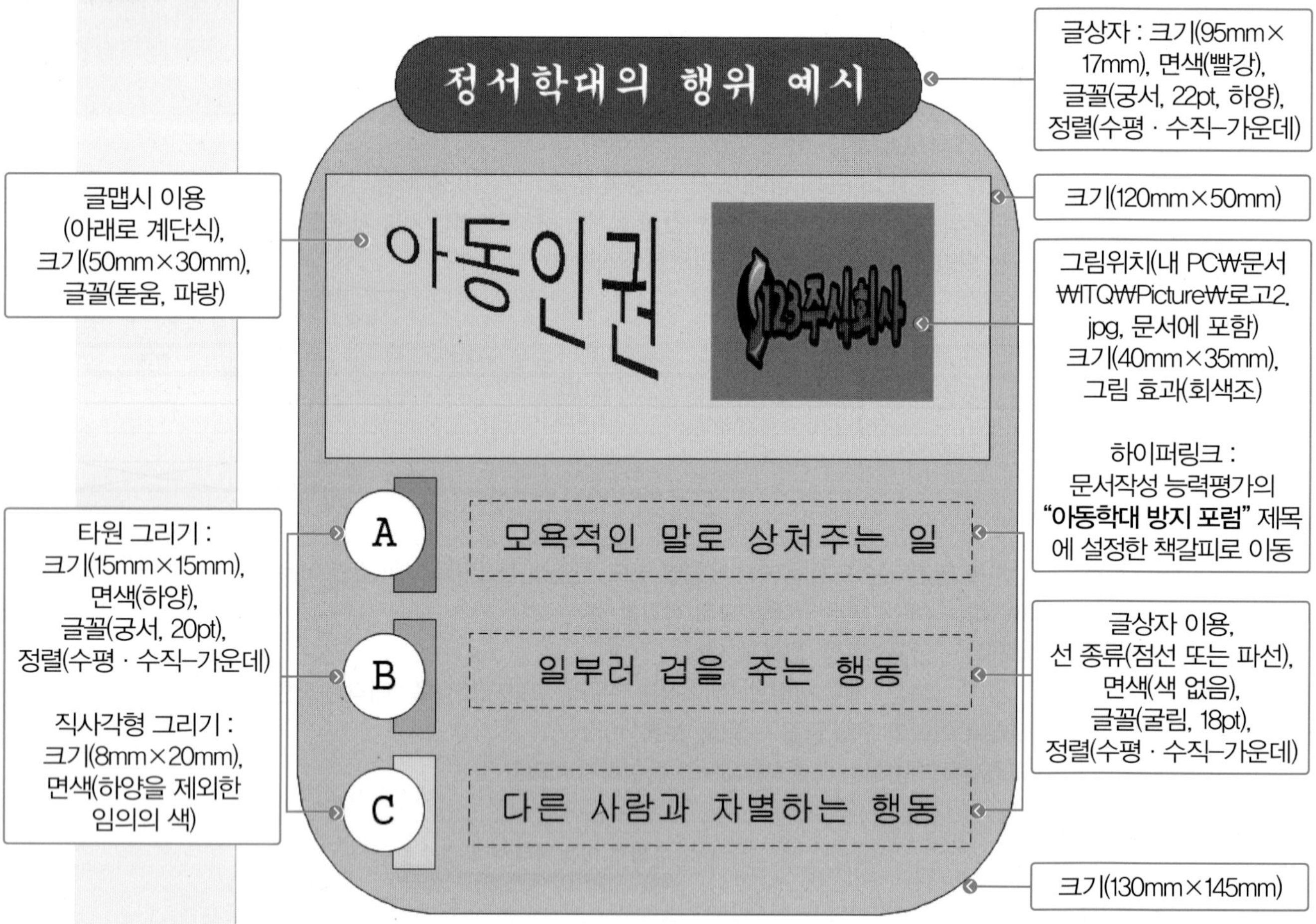

글상자 : 크기(95mm×17mm), 면색(빨강), 글꼴(궁서, 22pt, 하양), 정렬(수평 · 수직-가운데)
정서학대의 행위 예시
크기(120mm×50mm)
글맵시 이용 (아래로 계단식), 크기(50mm×30mm), 글꼴(돋움, 파랑)
아동인권
123주식회사
그림위치(내 PC₩문서₩ITQ₩Picture₩로고2.jpg, 문서에 포함) 크기(40mm×35mm), 그림 효과(회색조)
하이퍼링크 : 문서작성 능력평가의 "아동학대 방지 포럼" 제목에 설정한 책갈피로 이동
타원 그리기 : 크기(15mm×15mm), 면색(하양), 글꼴(궁서, 20pt), 정렬(수평 · 수직-가운데)
직사각형 그리기 : 크기(8mm×20mm), 면색(하양을 제외한 임의의 색)
A
모욕적인 말로 상처주는 일
B
일부러 겁을 주는 행동
C
다른 사람과 차별하는 행동
글상자 이용, 선 종류(점선 또는 파선), 면색(색 없음), 글꼴(굴림, 18pt), 정렬(수평 · 수직-가운데)
크기(130mm×145mm)

글꼴 : 굴림, 18pt, 진하게, 가운데 정렬
책갈피 이름 : 아동학대 덧말 넣기

문단 첫 글자 장식 기능
글꼴 : 궁서, 면색 : 노랑

아동권리

머리말 기능
돋움, 10pt, 오른쪽 정렬

아동학대 예방

아동학대 방지 포럼

각주

보건복지부는 아동학대 예방의 날을 맞아 아동학대㉠에 대한 국민적 관심을 끌기 위한 정책 포럼을 개최한다. 이번 포럼은 교육부, 법무부, 여성가족부와 함께 공동 개최하고 아동보호 관련 기관 종사자, 아동보호전문기관 상담원 등 500여 명이 참석할 예정이다. 사랑과 관심을 통한 아동인권 존중이라는 포럼 주제와 함께 '부모의 눈높이에서 가르치려고만 하기보다, 아이의 눈높이에서 아이를 이해하고 아이와 소통하는 부모가 되자'라는 세부 주제는 아동학대 예방 및 양육(養育)에 대한 인식 개선을 촉구하는 의미를 담고 있다. 또한, 유엔아동권리협약에 담긴 아동의 권리를 온전히 실현하고 아동이 보다 나은 삶을 살 수 있도록 국민이 참여하는 토크 콘서트도 진행할 계획이다. 토크 콘서트는 '부모-자녀의 입장에서 진솔한 대화'라는 주제로 서로의 생각과 경험을 나누며 이해하고 차이를 좁힐 방법을 모색한다.

정부는 아동학대 건수 증가를 심각하게 인식하고 '사랑과 관심'이라는 키워드로 아동학대 방지 정책 포럼을 기획한다고 밝혔다. 정부 부처 외에도 아이사랑어린이재단이 공동 주최하는 본 행사는 아동학대의 심각성을 알리고 모든 아동에 대한 국가와 사회의 책무를 알리는 뜻깊은 행사(行事)로 진행될 계획이다.

◈ 방임의 정의와 유형

글꼴 : 돋움, 18pt, 하양, 음영색 : 파랑

가. 방임의 정의
  ㉠ 보호자가 아동을 보호하지 않고 위험한 환경에 처하게 하는 행위
  ㉡ 아동에게 의식주, 의무교육 등을 제공하지 않는 행위
나. 방임의 유형
  ㉠ 물리적 방임 : 기본적인 의식주를 제공하지 않는 행위
  ㉡ 교육적 방임 : 특별한 사유 없이 학교에 보내지 않고 방치하는 행위

그림위치(내 PC₩ 문서₩ITQ₩Picture₩그림4.jpg, 문서에 포함)
자르기 기능 이용, 크기(40mm×30mm), 바깥 여백 왼쪽 : 2mm

◈ 아동학대 방지 포럼 주제

글꼴 : 돋움, 18pt, 밑줄, 강조점

시간	2월 26일	2월 27일	2월 28일	비고
09:00-09:50	등록 및 개회	유엔아동권리협약	아동학대의 예방법	대강당 1A
10:00-11:50	정책 포럼 안내	아동학대의 심각성	바람직한 양육관	소강당 2B
12:00-13:00	오찬			
13:10-16:00	토크 콘서트 1부	토크 콘서트 2부	폐회	소강당 1B

문단 번호 기능 사용
1수준 : 20pt, 오른쪽 정렬,
2수준 : 30pt, 오른쪽 정렬,
줄 간격 : 180%

표 전체 글꼴 : 돋움, 10pt, 가운데 정렬
셀 배경(그러데이션) : 유형(가운데에서),
시작색(하양), 끝색(노랑)

아동권리보장원

글꼴 : 궁서, 24pt, 진하게
장평 95%, 오른쪽 정렬

㉠ 상대방을 혹사하거나 소홀히 대하는 행동 또는 위협하는 행동

각주 구분선 : 5cm

쪽 번호 매기기, 6으로 시작 F

최신 기출문제 06회

수험번호 20261006 정답파일 PART 03 최신 기출문제₩최신06회_정답.hwpx

합격강의

기능평가 Ⅰ

150점

01 다음의 ≪조건≫에 따라 스타일 기능을 적용하여 ≪출력형태≫와 같이 작성하시오.

50점

조건	(1) 스타일 이름 – jangseong (2) 문단 모양 – 왼쪽 여백 : 15pt, 문단 아래 간격 : 10pt (3) 글자 모양 – 글꼴 : 한글(궁서)/영문(돋움), 크기 : 10pt, 장평 : 95%, 자간 : 5%
출력형태	Jangseong-eup, the gateway to South Jeolla Province and the center of the Honam region, is a scenic village and a place where you can feel the scent of phytoncide from the dark retina. 한국 최초 색상 마케팅을 브랜드화한 옐로우시티 장성은 사계절 노란색 꽃과 나무가 가득하고 물과 사람이 공존하는 자연친화적 도시이며 황룡강에 누런 용이 살았다는 전설이 내려온다.

02 다음의 ≪조건≫에 따라 ≪출력형태≫와 같이 표와 차트를 작성하시오.

100점

표 조건

(1) 표 전체(표, 캡션) – 돋움, 10pt
(2) 정렬 – 문자 : 가운데 정렬, 숫자 : 오른쪽 정렬 (3) 셀 배경(면색) : 노랑
(4) 한글의 계산 기능을 이용하여 빈칸에 평균(소수점 두 자리)을 구하고, 캡션 기능 사용할 것
(5) 선 모양은 ≪출력형태≫와 동일하게 처리할 것

출력형태

장성군 다문화 가구원 현황(단위 : 명)

구분	2019년	2020년	2021년	2022년	평균
내국인(출생)	224	231	246	258	
내국인(귀화)	213	203	197	200	
결혼이민자	51	38	41	45	
외국인(기타)	1,251	1,263	1,290	1,321	

차트 조건

(1) 차트 데이터는 표 내용에서 연도별 내국인(출생), 내국인(귀화), 결혼이민자의 값만 이용할 것
(2) 종류 – 〈묶은 세로 막대형〉으로 작업할 것
(3) 제목 – 굴림, 진하게, 12pt
속성 – 채우기(밝은 색 : 하양), 테두리, 그림자(바깥쪽 : 대각선 오른쪽 아래)
(4) 제목 이외의 전체 글꼴 – 굴림, 보통, 10pt
(5) 축제목과 범례는 ≪출력형태≫와 동일하게 처리할 것

출력형태

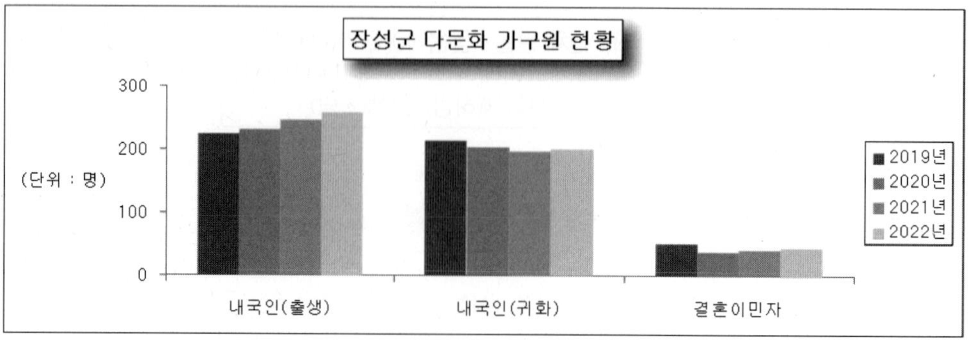

기능평가 Ⅱ 150점

03 다음 (1), (2)의 수식을 수식 편집기로 각각 입력하시오. 40점

출력형태	(1) $m=\frac{\Delta P}{K_a}=\frac{\Delta t_b}{K_b}=\frac{\Delta t_f}{K_f}$ (2) $B_1=\pi r^2+\frac{1}{\sqrt{2}}\times 2\pi r\times 1$

04 다음의 ≪조건≫에 따라 ≪출력형태≫와 같이 문서를 작성하시오. 110점

조건	(1) 그리기 도구를 이용하여 작성하고, 모든 도형(글맵시, 지정된 그림 포함)을 ≪출력형태≫와 같이 작성하시오. (2) 도형의 면색은 지시사항이 없으면 색 없음을 제외하고 서로 다르게 임의로 지정하시오.
출력형태	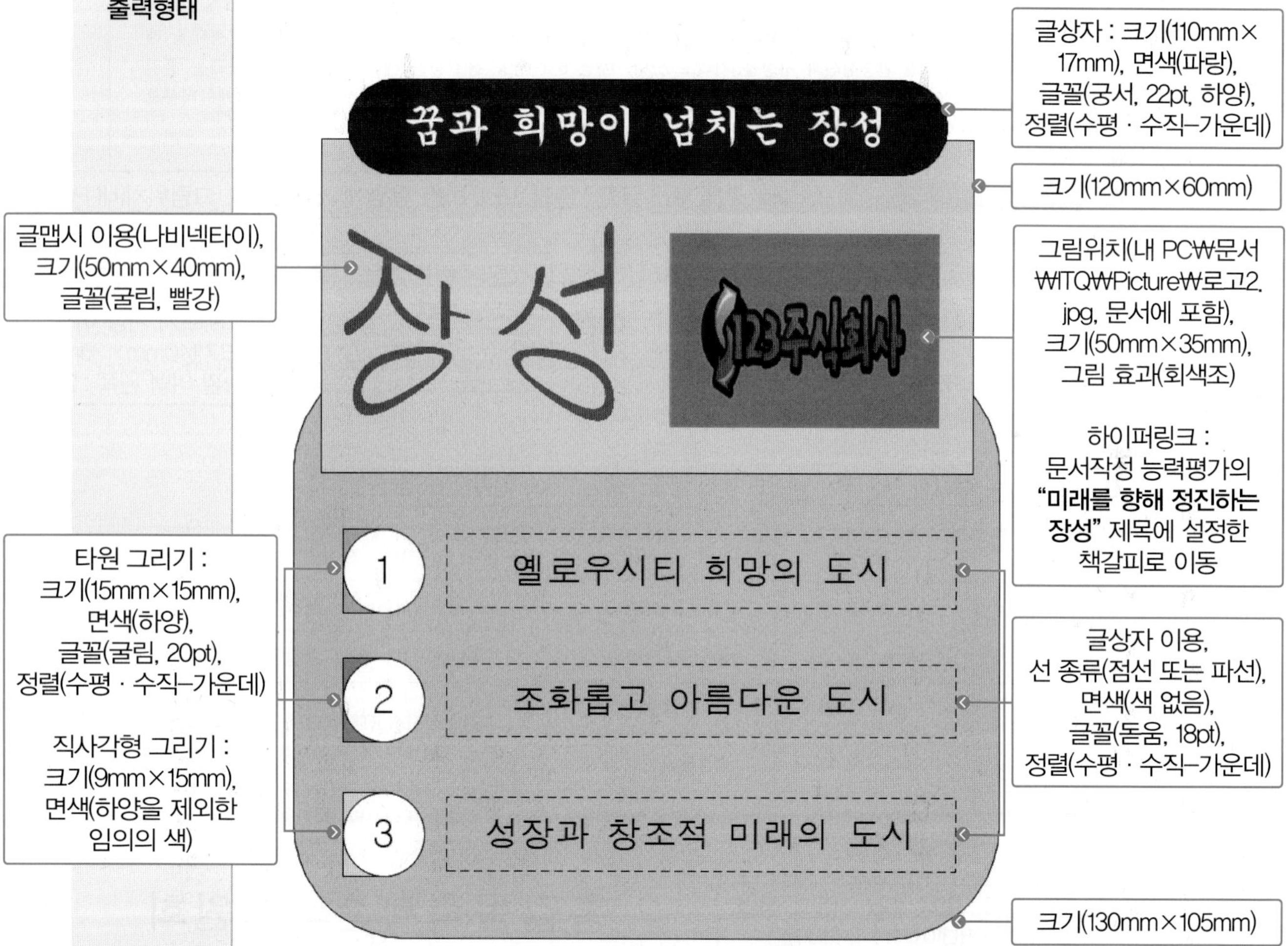

글상자 : 크기(110mm×17mm), 면색(파랑), 글꼴(궁서, 22pt, 하양), 정렬(수평 · 수직-가운데)
꿈과 희망이 넘치는 장성
크기(120mm×60mm)
글맵시 이용(나비넥타이), 크기(50mm×40mm), 글꼴(굴림, 빨강)
장성
123주식회사
그림위치(내 PC₩문서₩ITQ₩Picture₩로고2.jpg, 문서에 포함), 크기(50mm×35mm), 그림 효과(회색조)
하이퍼링크 : 문서작성 능력평가의 "미래를 향해 정진하는 장성" 제목에 설정한 책갈피로 이동
타원 그리기 : 크기(15mm×15mm), 면색(하양), 글꼴(굴림, 20pt), 정렬(수평 · 수직-가운데)
직사각형 그리기 : 크기(9mm×15mm), 면색(하양을 제외한 임의의 색)
1
옐로우시티 희망의 도시
2
조화롭고 아름다운 도시
3
성장과 창조적 미래의 도시
글상자 이용, 선 종류(점선 또는 파선), 면색(색 없음), 글꼴(돋움, 18pt), 정렬(수평 · 수직-가운데)
크기(130mm×105mm)

글꼴 : 돋움, 18pt, 진하게, 가운데 정렬
책갈피 이름 : 장성 덧말 넣기

옐로우시티

머리말 기능
궁서, 10pt, 오른쪽 정렬

문단 첫 글자 장식 기능
글꼴 : 굴림, 면색 : 노랑

미래를 향해 정진하는 장성 (장성홍길동축제)

홍길동은 우리나라 최초의 한글소설인 허균의 '홍길동전'의 주인공이다. 일본 오키나와 등 현지를 조사한 결과 홍길동은 소설 속의 허구적 인물이 아니라 장성군 출신의 실존 인물임이 밝혀진 바 있다. 그동안 홍길동의 실체가 왜곡되어 왔으나 역사상 실존 인물로 밝혀지면서 그의 행적도 재조명되고 있다. 홍길동은 조선 초인 15세기 중엽에 명문가의 자제로 태어났으나 신분 때문에 출셋길이 막히자 양반으로부터 차별 받던 민중을 규합(糾合)하여 활빈당을 결성한 후 사회정의를 구현하는 민권운동의 선구자가 되었다. 조선에서 뱃길로 3,000리나 떨어진 일본 최남단 섬 오키나와에는 민권운동의 선구자 홍길동을 추모하는 기념비가 세워져 있다.

각주

전라남도 장성군에서는 1997년 홍길동 생가㉠를 복원(復元)하고 캐릭터를 개발하여 홍길동을 주제로 한 축제를 매년 성황리에 개최하여 그의 민중정신과 사상을 기리고 있다. 매년 5월 영웅 홍길동을 테마로 열리는 이 축제는 홍길동 추모제와 홍길동길놀이, 홍길동 부활 축하공연, 홍길동과의 만남 자료전, 홍길동백일장대회, 전국홍길동캐릭터공모전, 전국홍길동선발대회, 홍길동마라톤대회 등의 다양한 행사가 열린다.

그림위치(내 PC ₩문서₩ITQ₩Picture₩그림4.jpg, 문서에 포함)
자르기 기능 이용,
크기(40mm×35mm),
바깥 여백 왼쪽 : 2mm

※ 황룡강 길동무 꽃길 축제

글꼴 : 굴림, 18pt, 하양, 음영색 : 빨강

1. 기간 및 장소
   ① 기간 : 2025. 5. 23(금) - 5. 25(일)
   ② 장소 : 장성황룡강변일원, 홍길동테마파크
2. 주최 및 후원
   ① 주최 : 홍길동축제준비위원회
   ② 후원 : 문화체육관광부, 한국관광공사, 홍길동연구회

문단 번호 기능 사용
1수준 : 20pt, 오른쪽 정렬,
2수준 : 30pt, 오른쪽 정렬,
줄 간격 : 180%

※ 홍길동축제 세부 일정

글꼴 : 굴림, 18pt, 밑줄, 강조점

일정	시간	주 무대공연	행사
첫째 날	11:00-13:00	홍길동선발대회	홍길동퍼레이드, 레크리에이션
	15:00-17:00	마당극-홍길동전	활빈당 테마 행사, 홍길동민속공연
둘째 날	11:00-13:00	문향 축전	홍길동장사씨름대회(단체 및 개인전), 연날리기, 게이트볼대회
	16:00-18:00	홍길동강변음악회	
셋째 날	14:00-15:00	홍길동문화페스티벌	불꽃 페스티벌, 아카펠라 공연

표 전체 글꼴 : 돋움, 10pt, 가운데 정렬
셀 배경(그러데이션) : 유형(가로),
시작색(노랑), 끝색(하양)

홍길동축제준비위원회

글꼴 : 돋움, 24pt, 진하게, 장평 105%, 오른쪽 정렬

㉠ 전라남도 장성군 황룡면 아곡리 아치실

각주 구분선 : 5cm

쪽 번호 매기기, 5로 시작 → ⑤

최신 기출문제 07회

수험번호 20261007 정답파일 PART 03 최신 기출문제₩최신07회_정답.hwpx

합격 강의

기능평가 Ⅰ

150점

01 다음의 ≪조건≫에 따라 스타일 기능을 적용하여 ≪출력형태≫와 같이 작성하시오.

50점

조건

(1) 스타일 이름 – apprentice
(2) 문단 모양 – 첫 줄 들여쓰기 : 15pt, 문단 아래 간격 : 10pt
(3) 글자 모양 – 글꼴 : 한글(궁서)/영문(돋움), 크기 : 10pt, 장평 : 105%, 자간 : –5%

출력형태

An apprentice is a program in which someone learns a trade by working under a certified expert. The course provides students with a good base for securing apprenticeships in all of industries.

도제학교는 전통적인 교육 시스템과 직업 교육을 결합한 형태의 학교로, 학생들이 이론과 실습을 동시에 배우며 특정 직업에 필요한 기술과 지식을 습득할 수 있도록 설계된 교육 기관이다.

02 다음의 ≪조건≫에 따라 ≪출력형태≫와 같이 표와 차트를 작성하시오.

100점

표 조건

(1) 표 전체(표, 캡션) – 굴림, 10pt
(2) 정렬 – 문자 : 가운데 정렬, 숫자 : 오른쪽 정렬 (3) 셀 배경(면색) : 노랑
(4) 한글의 계산 기능을 이용하여 빈칸에 합계를 구하고, 캡션 기능 사용할 것
(5) 선 모양은 ≪출력형태≫와 동일하게 처리할 것

출력형태

산학일체형 도제학교 참여 학생 현황(단위 : 명)

구분	서울	대전	부산	기타	합계
2021년	8,547	4,421	5,628	3,320	
2022년	8,966	4,563	5,520	3,256	
2023년	9,021	4,655	5,602	3,354	
2024년	9,232	4,782	5,710	3,456	

차트 조건

(1) 차트 데이터는 표 내용에서 지역별 2021년, 2022년, 2023년의 값만 이용할 것
(2) 종류 – 〈묶은 세로 막대형〉으로 작업할 것
(3) 제목 – 글꼴 : 돋움, 진하게, 12pt,
속성 : 채우기(밝은 색 : 하양), 테두리, 그림자(바깥쪽 : 대각선 오른쪽 아래)
(4) 제목 이외의 전체 글꼴 – 돋움, 보통, 10pt
(5) 축제목과 범례는 ≪출력형태≫와 동일하게 처리할 것

출력형태

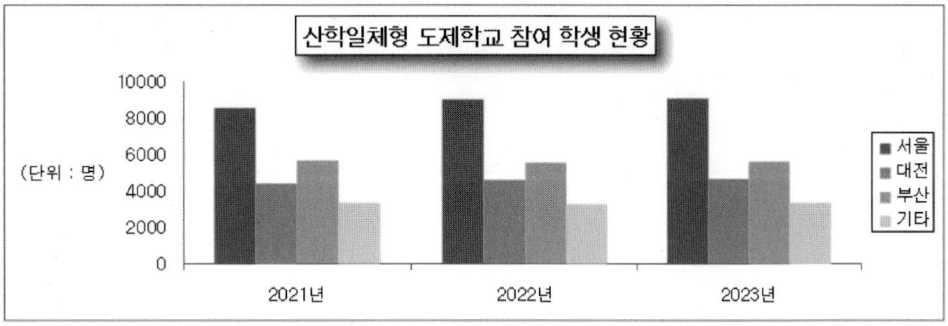

03 다음 (1), (2)의 수식을 수식 편집기로 각각 입력하시오. 40점

출력형태	(1) $\frac{1}{d} = \sqrt{n^2} = \sqrt{\frac{3kT}{m}}$ (2) $m_2 - m_1 = \frac{5}{2}\log\frac{h_1}{h_2}$

04 다음의 ≪조건≫에 따라 ≪출력형태≫와 같이 문서를 작성하시오. 110점

조건	(1) 그리기 도구를 이용하여 작성하고, 모든 도형(글맵시, 지정된 그림 포함)을 ≪출력형태≫와 같이 작성하시오. (2) 도형의 면색은 지시사항이 없으면 색 없음을 제외하고 서로 다르게 임의로 지정하시오.
출력형태	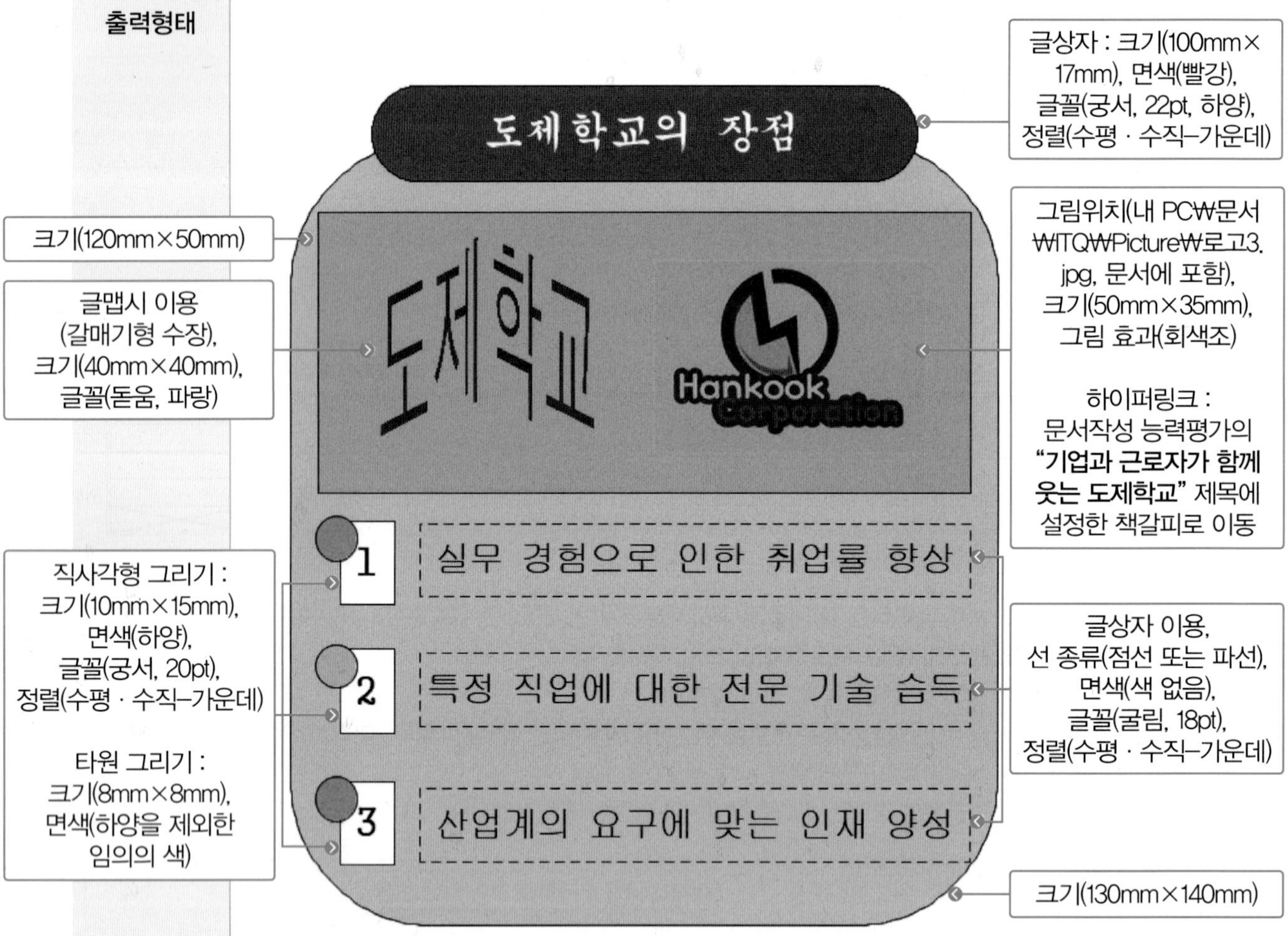

글상자 : 크기(100mm×17mm), 면색(빨강), 글꼴(궁서, 22pt, 하양), 정렬(수평 · 수직-가운데)
도제학교의 장점
크기(120mm×50mm)
글맵시 이용 (갈매기형 수장), 크기(40mm×40mm), 글꼴(돋움, 파랑)
도제학교
그림위치(내 PC₩문서₩ITQ₩Picture₩로고3.jpg, 문서에 포함), 크기(50mm×35mm), 그림 효과(회색조)
하이퍼링크 : 문서작성 능력평가의 "기업과 근로자가 함께 웃는 도제학교" 제목에 설정한 책갈피로 이동
Hankook Corporation
1
실무 경험으로 인한 취업률 향상
2
특정 직업에 대한 전문 기술 습득
3
산업계의 요구에 맞는 인재 양성
직사각형 그리기 : 크기(10mm×15mm), 면색(하양), 글꼴(궁서, 20pt), 정렬(수평 · 수직-가운데)
타원 그리기 : 크기(8mm×8mm), 면색(하양을 제외한 임의의 색)
글상자 이용, 선 종류(점선 또는 파선), 면색(색 없음), 글꼴(굴림, 18pt), 정렬(수평 · 수직-가운데)
크기(130mm×140mm)

글꼴 : 궁서, 18pt, 진하게, 가운데 정렬
책갈피 이름 : 도제 덧말 넣기

학교와 기업의 협력

머리말 기능
굴림, 10pt, 오른쪽 정렬

문단 첫 글자 장식 기능
글꼴 : 돋움, 면색 : 노랑

기업과 근로자가 함께 웃는 도제학교 (이론과 실습 병행)

각주

다양한 분야에서 학생들에게 실무 경험을 제공하는 전국 산학일체형 도제학교의 성과 워크숍을 4월 15일에 실시한다. 이 워크숍은 고교학점제㉠ 시행 등 학교 여건 변화에 따른 도제학교의 발전방안을 모색하고 학교 간 도제학교 운영 노하우를 공유하기 위해 열린다. 이번 워크숍은 한국직업능력개발원 도제교육지원센터에서 2025학년도 주요 사업계획을 소개하고 인적자원개발위원회가 기업 발굴(發掘) 계획에 대해 안내한다.

도제학교 경쟁력 강화를 위한 노동법 특강을 실시하고 우수 운영 학교 및 우수 교사에 대한 표창을 실시한다. 이어 분임별로 유관기관 지원방안과 신규기업 발굴 활성화 방안, 투명한 예산 집행에 대해 의견을 나누고 도제교육 홍보 및 신입생 모집 등을 주제로 직업교육 발전방안을 논의(論議)한다. 산학일체형 도제학교는 독일과 스위스의 도제교육을 우리 현실에 맞게 직업교육 훈련의 현장성을 제고하기 위해 도입한 것으로 지난 2015년 전국의 특성화고를 대상으로 시작했다. 도제학교는 학교와 기업에서 1년 또는 2년 동안 NCS(국가직무능력표준)기반 공동 교육과정을 통해 기업별 맞춤형 도제교육을 실시하고, 기업에 필요한 전문기능인력을 양성하는 취업과 연계된 일학습 병행 직업교육 훈련 모델이다.

※ 산학일체형 도제학교의 단점과 운영 방향

글꼴 : 돋움, 18pt, 하양
음영색 : 빨강

그림위치(내 PC₩문서₩ITQ₩Picture₩그림4.jpg, 문서에 포함)
자르기 기능 이용, 크기(40mm×40mm), 바깥 여백 왼쪽 : 2mm

가. 산학일체형 도제학교의 단점
  ㉮ 특정 직업군에 특화된 교육으로 제한된 직업 선택
  ㉯ 기업의 협력에 의존하므로 상황에 따라 교육의 내용이 변동
나. 산학일체형 도제학교 운영 방향
  ㉮ 기업의 요구와 학생의 요구에 기반을 둔 교육과정 편성
  ㉯ 미래 산업사회 예측을 통한 미래형 교육 운영

※ 지역별 산학일체형 도제학교 현황

글꼴 : 돋움, 18pt, 밑줄, 강조점

지역	주요 운영 학교	참여 분야	비고
서울	용산공업고, 성동공업고	절삭 가공	총 33개 과정
경기	부천공업고, 경기자동차과학고, 평촌경영고	금형, 자동차정비, 회계	지역사회 연계형
전남	목포공업고, 전남에너지고	용접, 전자응용개발	산업계주도형 과정
경북	경주공고, 경북휴먼테크고	절삭 가공	공동실습소형
기타 지역 현황		인천, 대전, 세종 등 전기공사, 화학물질, 바이오 분야	

문단 번호 기능 사용
1수준 : 20pt, 오른쪽 정렬,
2수준 : 30pt, 오른쪽 정렬
줄 간격 : 180%

표 전체 글꼴 :
굴림, 10pt, 가운데 정렬
셀 배경(그러데이션) : 유형(가로),
시작색(하양), 끝색(노랑)

도제학교운영협의회

글꼴 : 궁서, 24pt, 진하게
장평 95%, 오른쪽 정렬

㉠ 목표한 성취 수준에 도달했을 때 과목을 이수하는 제도

각주 구분선 : 5cm

쪽 번호 매기기, 4로 시작 ④

최신 기출문제 08회

수험번호 20261008 **정답파일** PART 03 최신 기출문제₩최신08회_정답.hwpx

합격강의

기능평가 Ⅰ

150점

01 다음의 ≪조건≫에 따라 스타일 기능을 적용하여 ≪출력형태≫와 같이 작성하시오.

50점

조건	(1) 스타일 이름 – innovation (2) 문단 모양 – 왼쪽 여백 : 15pt, 문단 아래 간격 : 10pt (3) 글자 모양 – 글꼴 : 한글(돋움)/영문(굴림), 크기 : 10pt, 장평 : 95%, 자간 : 5%
출력형태	The Fourth Industrial Revolution, which involves innovation of existing industries and creation of new ones by technologies, big data, and AI, is leading to drastic changes in the political realms. 디지털 혁명을 기반으로 물리적, 디지털적, 생물학적 공간의 경계를 허무는 4차 산업혁명은 사물인터넷과 인공지능, 빅데이터, 바이오, 로봇 등의 혁신 기술들이 선도할 것이다.

02 다음의 ≪조건≫에 따라 ≪출력형태≫와 같이 표와 차트를 작성하시오.

100점

표 조건

(1) 표 전체(표, 캡션) – 돋움, 10pt

(2) 정렬 – 문자 : 가운데 정렬, 숫자 : 오른쪽 정렬 (3) 셀 배경(면색) : 노랑

(4) 한글의 계산 기능을 이용하여 빈칸에 평균(소수점 두 자리)을 구하고, 캡션 기능 사용할 것

(5) 선 모양은 ≪출력형태≫와 동일하게 처리할 것

출력형태

4차 산업혁명 관련 제품(단위 : %)

구분	지능형 로봇	서비스 플랫폼	인공지능	빅데이터	평균
에너지/화학	6.8	2.1	5.2	5.2	
의료/제약	1.6	2.3	10.2	10.5	
컴퓨터/반도체	2.9	3.1	6.8	7.5	
통신기기	1.5	6.2	10.3	11.6	

차트 조건

(1) 차트 데이터는 표 내용에서 구분별 에너지/화학, 의료/제약, 컴퓨터/반도체의 값만 이용할 것

(2) 종류 – 〈묶은 세로 막대형〉으로 작업할 것

(3) 제목 – 굴림, 진하게, 12pt

속성 – 채우기(밝은 색 : 하양), 테두리, 그림자(바깥쪽 : 대각선 오른쪽 아래)

(4) 제목 이외의 전체 글꼴 – 굴림, 보통, 10pt

(5) 축제목과 범례는 ≪출력형태≫와 동일하게 처리할 것

출력형태

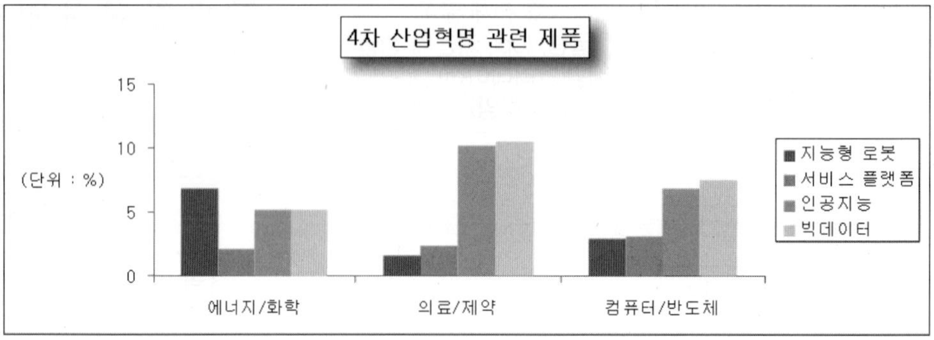

기능평가 Ⅱ 150점

03 다음 (1), (2)의 수식을 수식 편집기로 각각 입력하시오. 40점

출력형태	(1) $a_n - b_n = n^2 \frac{h^2}{4\pi^2 Kmc^2}$ (2) $\lim_{n \to \infty} P_n = 1 - \frac{9^3}{10^3} = \frac{271}{1000}$

04 다음의 ≪조건≫에 따라 ≪출력형태≫와 같이 문서를 작성하시오. 110점

조건	(1) 그리기 도구를 이용하여 작성하고, 모든 도형(글맵시, 지정된 그림 포함)을 ≪출력형태≫와 같이 작성하시오. (2) 도형의 면색은 지시사항이 없으면 색 없음을 제외하고 서로 다르게 임의로 지정하시오.
출력형태	

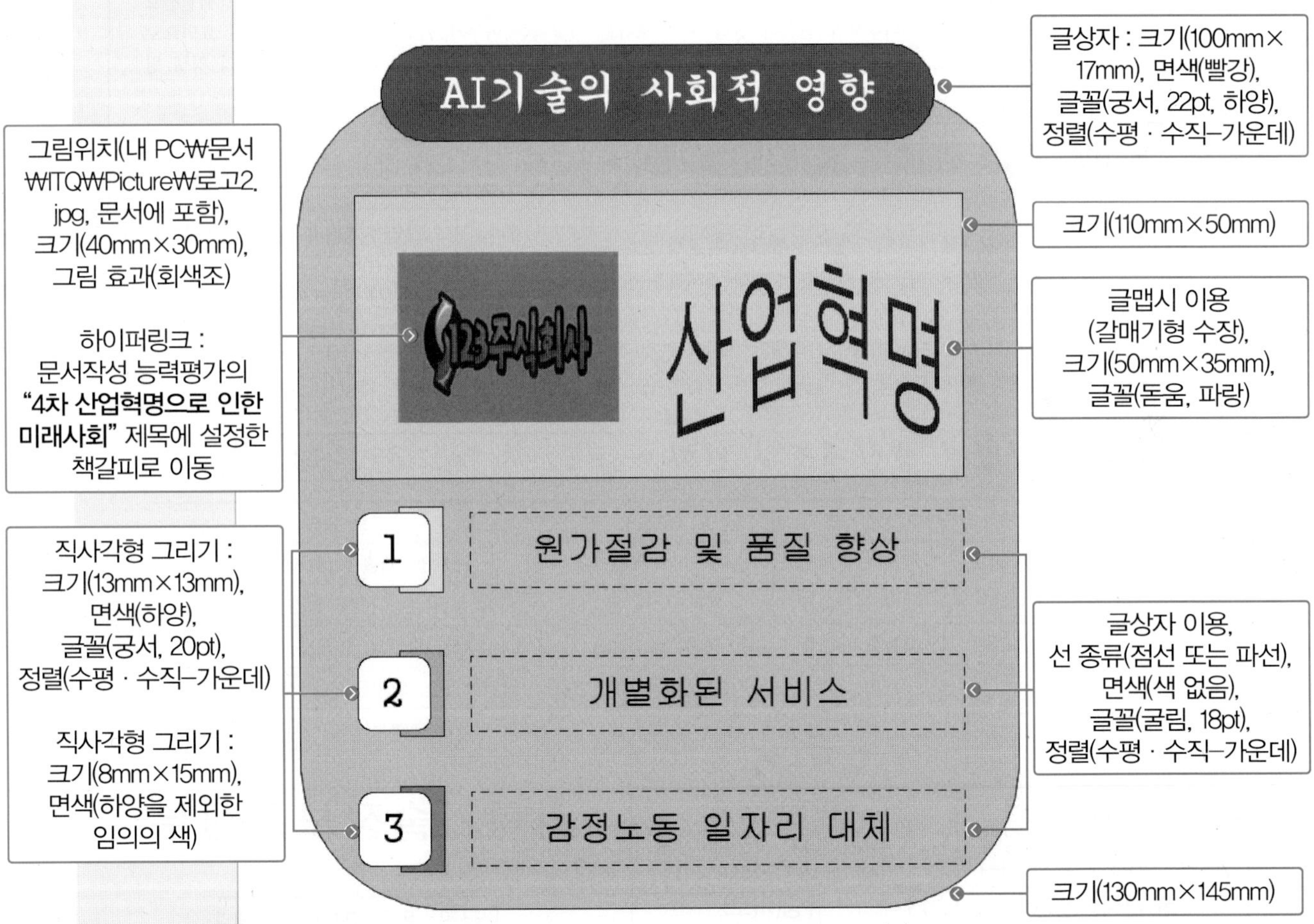

AI기술의 사회적 영향
글상자 : 크기(100mm×17mm), 면색(빨강), 글꼴(궁서, 22pt, 하양), 정렬(수평 · 수직–가운데)
그림위치(내 PC₩문서₩ITQ₩Picture₩로고2.jpg, 문서에 포함), 크기(40mm×30mm), 그림 효과(회색조)
하이퍼링크 : 문서작성 능력평가의 "4차 산업혁명으로 인한 미래사회" 제목에 설정한 책갈피로 이동
123주식회사
산업혁명
크기(110mm×50mm)
글맵시 이용 (갈매기형 수장), 크기(50mm×35mm), 글꼴(돋움, 파랑)
1
원가절감 및 품질 향상
2
개별화된 서비스
3
감정노동 일자리 대체
직사각형 그리기 : 크기(13mm×13mm), 면색(하양), 글꼴(궁서, 20pt), 정렬(수평 · 수직–가운데)
직사각형 그리기 : 크기(8mm×15mm), 면색(하양을 제외한 임의의 색)
글상자 이용, 선 종류(점선 또는 파선), 면색(색 없음), 글꼴(굴림, 18pt), 정렬(수평 · 수직–가운데)
크기(130mm×145mm)

글꼴 : 굴림, 18pt, 진하게, 가운데 정렬
책갈피 이름 : 산업혁명 덧말 넣기

핵심기술의 변화

머리말 기능
돋움, 10pt, 오른쪽 정렬

문단 첫 글자 장식 기능
글꼴 : 궁서, 면색 : 노랑

4차 산업혁명으로 인한 미래사회

(덧말: 미래 선도 기술)

한국은 일본, 대만과 함께 동아시아의 성공을 이루어 왔다. 이러한 성과를 낳기 위해 많은 계획과 노력 등의 요인들이 있으나, 요약하면 제조업 중심의 2차 산업혁명과 인터넷 중심의 3차 산업혁명에서 선도 국가들의 뒤를 빠르게 추격(追擊)하는 추격자 전략에 성공했기 때문이라고 볼 수 있다. 한국은 철강, 자동차, 조선 등 중화학공업 중심 산업으로 선진국을 추격해 산업화를 성공적으로 이끌었다. 그 결과 이들 분야에서 세계적인 기업이 등장하고 세계를 선도(先導)하는 기술력을 갖추어 성공적인 산업경제를 만들어 냈다. 이제 한국은 교육 체계와 공공 부문의 변화 등이 함께 이루어져야 지식 기반 사회로 갈 수 있다고 앨빈 토플러가 자문했다.

제4차 산업혁명 시대에 들어서면서 데이터와 지식이 노동, 자본 등 기존의 생산요소를 압도하는 새로운 경쟁원천으로 부상하고 있다. 대규모 설비투자와 인건비 절감 여부 보다는 기술혁신 여부가 기업의 성과에 결정적인 요인으로 작용하면서 데이터와 핵심기술이 결합된 지식자원의 중요성이 확대되고 있다. 데이터와 핵심기술들이 산업의 경쟁 원천으로 부상하면서 이들을 보유한 혁신기업㉠들이 산업을 주도하고 있다.

각주

그림위치(내 PC₩문서₩ITQ₩Picture₩그림4.jpg, 문서에 포함) 자르기 기능 이용, 크기(40mm×40mm), 바깥 여백 왼쪽 : 2mm

♠ 미래 선도 기술별 사회적 영향

글꼴 : 궁서 18pt, 하양, 음영색 : 빨강

가. 로봇
㉠ 생산 및 시스템 효율화 : 원가가 절감되며 품질 향상
㉡ 자동화 : 일자리 감소 및 새로운 형태의 경제활동 창출
나. 빅데이터
㉠ 새로운 정보 및 지식 창출 : 합리적인 의사결정 및 정보 활용
㉡ 정보 홍수/데이터 스모그 : 유용한 정보를 선별하는 능력이 필수

♠ *산업혁명별 생산구조의 변화*

글꼴 : 궁서, 18pt, 기울임, 강조점

구분	시기	생산구조	내용	주요 산업
1차	1784년	공장 생산체제	증기, 기계생산	면공업, 제철업, 공작기계 등
2차	1879년	대량 생산체제	전기, 노동 분업	염료산업, 전기산업, 통신, 자동차 등
3차	1969년	자동화 시스템	전자, 정보기술	컴퓨터, 반도체, 인터넷, 자동화 등
4차	진행 중	사이버 물리	디지털과 물리세계 연결	물리학기술, 디지털기술, 생물학기술 등
		현재의 시장 경제모델과 더불어 일자리 지형에 커다란 영향을 미칠 것으로 전망됨		

문단 번호 기능 사용
1수준 : 20pt, 오른쪽 정렬,
2수준 : 30pt, 오른쪽 정렬,
줄 간격 : 180%

표 전체 글꼴 :
굴림, 10pt, 가운데 정렬
셀 배경(그러데이션) :
유형(가로),
시작색(하양), 끝색(노랑)

과학기술정보통신부

글꼴 : 돋움, 24pt, 진하게
장평 105%, 오른쪽 정렬

㉠ 대표적으로 도서 및 유통 분야의 아마존, 개인운송 분야의 우버 등

각주 구분선 : 5cm

쪽 번호 매기기, 6으로 시작 → F

최신 기출문제 09회

수험번호 20261009 **정답파일** PART 03 최신 기출문제₩최신09회_정답.hwpx

▶ 합격 강의

기능평가 Ⅰ 150점

01 다음의 ≪조건≫에 따라 스타일 기능을 적용하여 ≪출력형태≫와 같이 작성하시오. 50점

조건

(1) 스타일 이름 – snow
(2) 문단 모양 – 왼쪽 여백 : 15pt, 문단 아래 간격 : 10pt
(3) 글자 모양 – 글꼴 : 한글(궁서)/영문(돋움), 크기 : 10pt, 장평 : 95%, 자간 : 5%

출력형태

The risk of traffic accidents during heavy snowfall in winter increases citizens' anxiety. It is necessary to predict, select, and manage snow removal vulnerable areas in winter.

겨울철 폭설시 교통사고 위험을 높이고 시민들의 불안감을 높이는 요인으로 작용한다. 겨울철 제설취약지역을 파악하고, 예측자료를 바탕으로 제설취약지역을 선정하여 관리하는 것이 필요하다.

02 다음의 ≪조건≫에 따라 ≪출력형태≫와 같이 표와 차트를 작성하시오. 100점

표 조건

(1) 표 전체(표, 캡션) – 돋움, 10pt
(2) 정렬 – 문자 : 가운데 정렬, 숫자 : 오른쪽 정렬 (3) 셀 배경(면색) : 노랑
(4) 한글의 계산 기능을 이용하여 빈칸에 합계를 구하고, 캡션 기능 사용할 것
(5) 선 모양은 ≪출력형태≫와 동일하게 처리할 것

출력형태

서울시 제설 관리기관별 도로연장(단위 : km)

구분	도로사업소	서울시설공단	민자	자치구	합계
자동차전용도로	85	77	32	30	
일반도로	260	112	156	461	
한강교량	55	42	25	23	
기타	43	32	24	15	

차트 조건

(1) 차트 데이터는 표 내용에서 구분별 자동차전용도로, 일반도로, 한강교량 값만 이용할 것
(2) 종류 – 〈묶은 세로 막대형〉으로 작업할 것
(3) 제목 – 굴림, 진하게, 12pt
속성 – 채우기(밝은 색 : 하양), 테두리, 그림자(바깥쪽 : 대각선 오른쪽 아래)
(4) 제목 이외의 전체 글꼴 – 굴림, 보통, 10pt
(5) 축제목과 범례는 ≪출력형태≫와 동일하게 처리할 것

출력형태

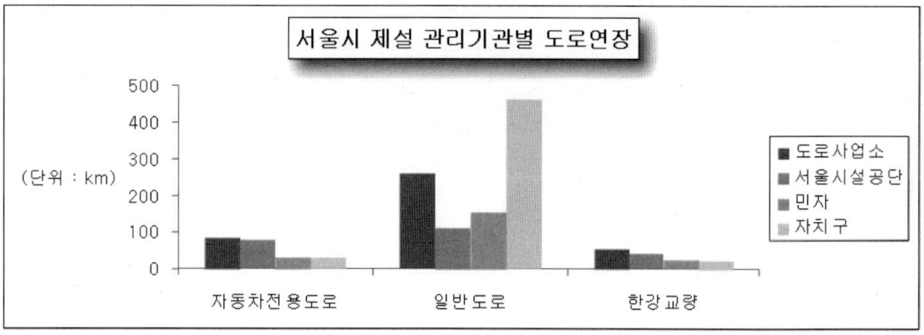

03 다음 (1), (2)의 수식을 수식 편집기로 각각 입력하시오. 40점

출력형태	(1) $E = E_{운동} - E_{위치} = \frac{1}{2}K\frac{c^2}{a} - K\frac{c^2}{a}$ (2) $R \times 3 = \frac{360h}{2\pi(\phi_A - \phi_B)} \times 3$

04 다음의 ≪조건≫에 따라 ≪출력형태≫와 같이 문서를 작성하시오. 110점

조건	(1) 그리기 도구를 이용하여 작성하고, 모든 도형(글맵시, 지정된 그림 포함)을 ≪출력형태≫와 같이 작성하시오. (2) 도형의 면색은 지시사항이 없으면 색 없음을 제외하고 서로 다르게 임의로 지정하시오.

출력형태

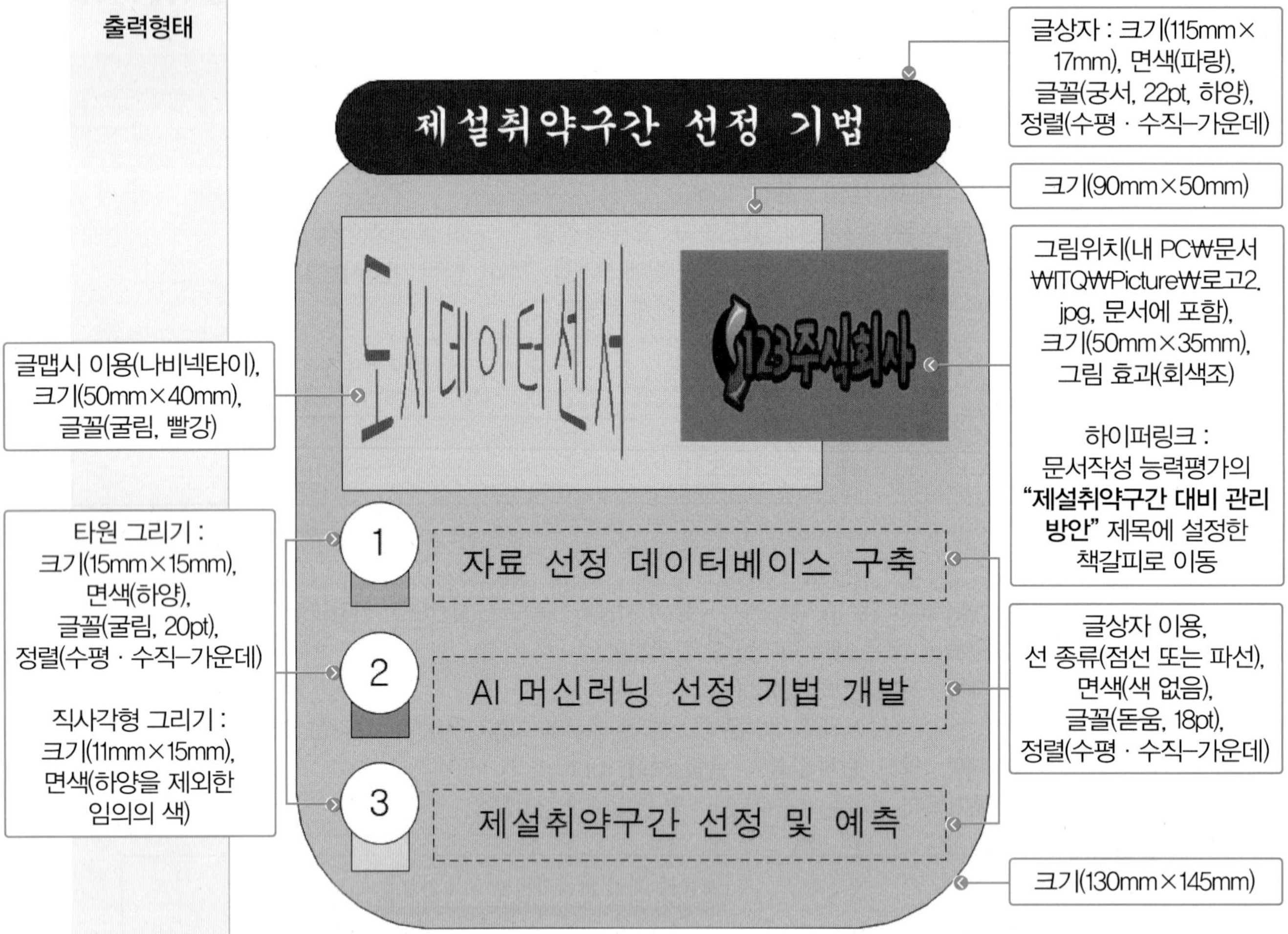

글상자 : 크기(115mm×17mm), 면색(파랑), 글꼴(궁서, 22pt, 하양), 정렬(수평 · 수직-가운데)
제설취약구간 선정 기법
크기(90mm×50mm)
그림위치(내 PC₩문서₩ITQ₩Picture₩로고2.jpg, 문서에 포함), 크기(50mm×35mm), 그림 효과(회색조)
하이퍼링크 : 문서작성 능력평가의 "제설취약구간 대비 관리 방안" 제목에 설정한 책갈피로 이동
도시데이터센서
123주식회사
글맵시 이용(나비넥타이), 크기(50mm×40mm), 글꼴(굴림, 빨강)
타원 그리기 : 크기(15mm×15mm), 면색(하양), 글꼴(굴림, 20pt), 정렬(수평 · 수직-가운데)
직사각형 그리기 : 크기(11mm×15mm), 면색(하양을 제외한 임의의 색)
1
자료 선정 데이터베이스 구축
2
AI 머신러닝 선정 기법 개발
3
제설취약구간 선정 및 예측
글상자 이용, 선 종류(점선 또는 파선), 면색(색 없음), 글꼴(돋움, 18pt), 정렬(수평 · 수직-가운데)
크기(130mm×145mm)

글꼴 : 돋움, 18pt, 진하게, 가운데 정렬
책갈피 이름 : 도시데이터 덧말 넣기

시민안전 확보

머리말 기능
궁서, 10pt, 오른쪽 정렬

문단 첫 글자 장식 기능
글꼴 : 굴림, 면색 : 노랑

제설취약구간 대비 관리 방안
서울도시데이터

서울시의 겨울철 제설 및 결빙 취약지역을 식별하기 위한 객관적인 기준과 데이터의 부재는 중요한 문제점이다. 이는 겨울철 폭설(暴雪) 시 교통사고의 위험 증가와 시민들의 불안감을 높이는 요소(要素)로 작용한다. 기존 미세먼지와 대기오염물질 측정을 위해 설치된 S-DoT㉠ 센서는 시민 생활환경권 공간에 촘촘히 설치되어 있다. 시민 체감형 도시정책 수립에 기여할 것으로 기대되나 그 활용도가 저조하여 제설에 취약한 지역 선정을 위해 공간 단위로 세밀한 분석이 가능한 S-DoT 데이터를 활용한다. 수집한 기상자료를 활용하여 겨울철 제설취약지역을 식별하고 예측하는 것을 목적으로 한다.

각주

겨울철 노면 상태에 따른 교통사고 발생자료를 분석하여 제설 작업이 시급한 지역을 식별하고자 한다. 데이터에 근거한 객관적인 제설취약구간 선정과 관리가 필요하다. 최신 자료를 활용하여 노면상황을 고려한 사고율과 교통사고 건수를 축으로 4분면 분석한 후, 제1사분면을 제설취약지역으로 도출한다. 제설 취약 지역은 70곳, 155개소 중점관리 구간을 제외한 35곳 추가 대비가 필요할 것으로 예측됨에 따라 향후 정책 결정에 자료로 활용한다.

그림위치(내 PC₩문서₩ITQ₩Picture₩그림5.jpg, 문서에 포함)
자르기 기능 이용, 크기(40mm×35mm), 바깥 여백 왼쪽 : 2mm

■ 도시데이터 기상정보수집

글꼴 : 굴림, 18pt, 하양, 음영색 : 빨강

1. IoT 기반 S-DoT 활용 기상정보 수집
   ① S-DoT 센서 : 시민 생활권 고해상도 기상자료 측정
   ② S-DoT 데이터 : '서울열린데이터광장' 구독 가능
2. 기상요인 극한기후지수 기준
   ① 한파일수 : 일최저기온이 -12도 이하인 날의 연중일수
   ② 결빙일수 : 일최고기온이 0도 미만인 날의 연중일수

■ 제설취약구간 분석 및 관리

글꼴 : 굴림, 18pt, 밑줄, 강조점

구분	대상	주요 내용	구간수	비고
서울시 시도 노선	중점관리구간	기존 대상 중점관리(금천구, 중구, 종로구, 동작구 등)	155개	행정동 포함
	제설취약구간	대설 시 취약자 밀집(은평구, 노원구, 금천구 등)	35곳	구간 중첩
향후 추가 필요 구간		긴 도로(성북동, 도화동, 시흥동, 방학동, 이문동 등)		
		제설인프라(제설함, 염화칼슘보관함, 제설전진기지 등)		자치구별

문단 번호 기능 사용
1수준 : 20pt, 오른쪽 정렬,
2수준 : 30pt, 오른쪽 정렬,
줄 간격 : 180%

표 전체 글꼴 :
돋움, 10pt, 가운데 정렬
셀 배경(그러데이션) :
유형(가로),
시작색(노랑), 끝색(하양)

안전인프라연구실

글꼴 : 돋움, 24pt, 진하게
장평 105%, 오른쪽 정렬

㉠ 2019년부터 미세먼지와 대기오염물질 측정을 위한 도시형 데이터 센서

각주 구분선 : 5cm

쪽 번호 매기기, 5로 시작 → E

최신 기출문제 10회

수험번호 20261010 **정답파일** PART 03 최신 기출문제₩최신10회_정답.hwpx

합격강의

기능평가 Ⅰ 150점

01 다음의 ≪조건≫에 따라 스타일 기능을 적용하여 ≪출력형태≫와 같이 작성하시오. 50점

조건	(1) 스타일 이름 – credit (2) 문단 모양 – 첫 줄 들여쓰기 : 10pt, 문단 아래 간격 : 15pt (3) 글자 모양 – 글꼴 : 한글(궁서)/영문(돋움), 크기 : 10pt, 장평 : 105%, 자간 : –5%
출력형태	The high school credit scheme is considered a more practical approach to help students discover their career paths and develop potential talent. 고등학교 학점 제도는 학생이 기초 소양과 기본 학력을 바탕으로 진로 및 적성에 따라 과목을 선택하고, 이수 기준에 도달한 과목에 대해 학점을 취득하여 졸업하는 제도이다.

02 다음의 ≪조건≫에 따라 ≪출력형태≫와 같이 표와 차트를 작성하시오. 100점

표 조건

(1) 표 전체(표, 캡션) – 굴림, 10pt
(2) 정렬 – 문자 : 가운데 정렬, 숫자 : 오른쪽 정렬 (3) 셀 배경(면색) : 노랑
(4) 한글의 계산 기능을 이용하여 빈칸에 평균(소수점 두 자리)을 구하고, 캡션 기능 사용할 것
(5) 선 모양은 ≪출력형태≫와 동일하게 처리할 것

출력형태

교육주체별 고교학점제 개선 영역(단위 : %)

영역	남학생	여학생	학부모	교원	평균
교육과정	57.8	61.8	42.5	57.7	
선택과목	34.6	42.1	37.8	30.9	
진로상담	22.3	24.7	28.4	24.8	
동아리	37.4	35.1	18.4	17.2	

차트 조건

(1) 차트 데이터는 표 내용에서 교육주체별 교육과정, 선택과목, 진로상담의 값만 이용할 것
(2) 종류 – 〈묶은 세로 막대형〉으로 작업할 것
(3) 제목 – 궁서, 진하게, 12pt
속성 – 채우기(밝은 색 : 하양), 테두리, 그림자(바깥쪽 : 대각선 오른쪽 아래)
(4) 제목 이외의 전체 글꼴 – 궁서, 보통, 10pt
(5) 축제목과 범례는 ≪출력형태≫와 동일하게 처리할 것

출력형태

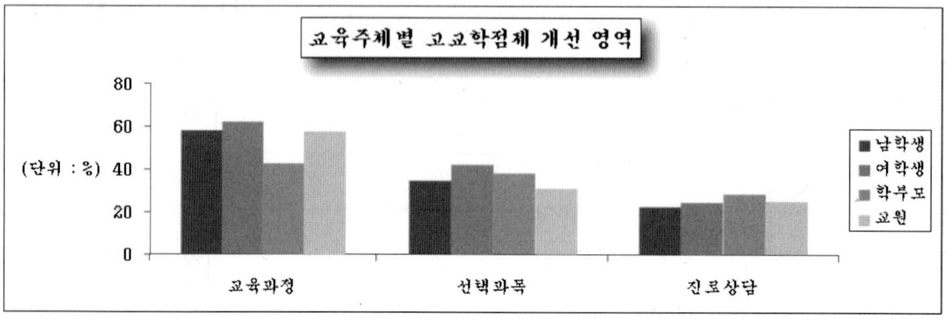

03 다음 (1), (2)의 수식을 수식 편집기로 각각 입력하시오. 40점

출력형태	
	(1) $K=\frac{a(1+r)((1+r)^{n}-1)}{r}$　　(2) $\sum_{k=1}^{n}k^{2}=\frac{1}{6}n(n+1)(2n+1)$

04 다음의 ≪조건≫에 따라 ≪출력형태≫와 같이 문서를 작성하시오. 110점

조건	
	(1) 그리기 도구를 이용하여 작성하고, 모든 도형(글맵시, 지정된 그림 포함)을 ≪출력형태≫와 같이 작성하시오. (2) 도형의 면색은 지시사항이 없으면 색 없음을 제외하고 서로 다르게 임의로 지정하시오.

출력형태

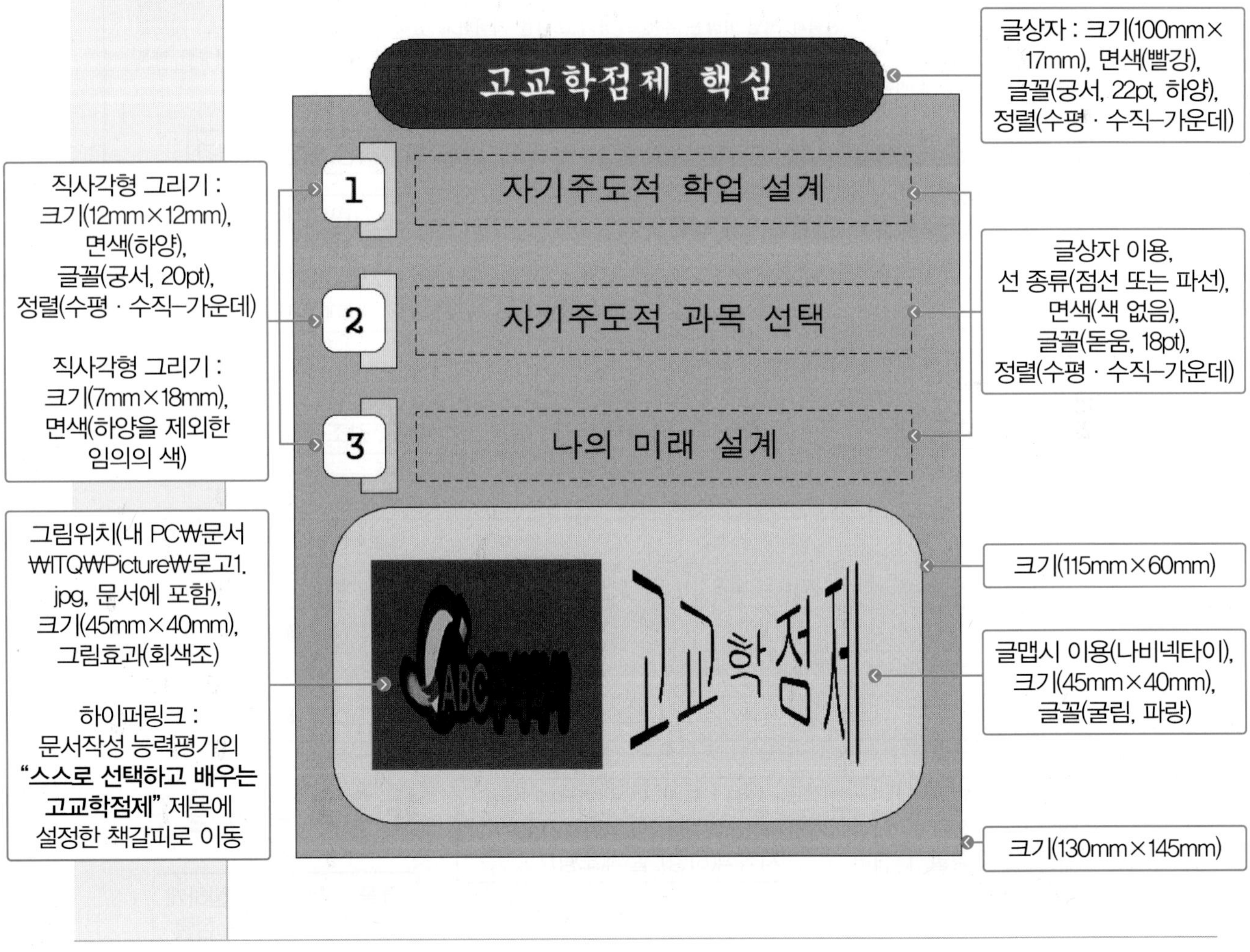

고교학점제 핵심
1
자기주도적 학업 설계
2
자기주도적 과목 선택
3
나의 미래 설계
고교학점제
글상자 : 크기(100mm×17mm), 면색(빨강), 글꼴(궁서, 22pt, 하양), 정렬(수평 · 수직-가운데)
직사각형 그리기 : 크기(12mm×12mm), 면색(하양), 글꼴(궁서, 20pt), 정렬(수평 · 수직-가운데)
직사각형 그리기 : 크기(7mm×18mm), 면색(하양을 제외한 임의의 색)
글상자 이용, 선 종류(점선 또는 파선), 면색(색 없음), 글꼴(돋움, 18pt), 정렬(수평 · 수직-가운데)
그림위치(내 PC₩문서₩ITQ₩Picture₩로고1.jpg, 문서에 포함), 크기(45mm×40mm), 그림효과(회색조)
하이퍼링크 : 문서작성 능력평가의 "스스로 선택하고 배우는 고교학점제" 제목에 설정한 책갈피로 이동
크기(115mm×60mm)
글맵시 이용(나비넥타이), 크기(45mm×40mm), 글꼴(굴림, 파랑)
크기(130mm×145mm)

글꼴 : 궁서, 18pt, 진하게, 가운데 정렬
책갈피 이름 : 고교학점제 덧말 넣기

학교 교육

머리말 기능
굴림, 10pt, 오른쪽 정렬

문단 첫 글자 장식 기능
글꼴 : 궁서, 면색 : 노랑

미래를 여는 선택

스스로 선택하고 배우는 고교학점제

각주

교육부는 국회와 대학, 고교 현장관계자가 함께 고교학점제 관련 정책 포럼을 개최하기로 하였다. 고교학점제는 학생의 진로와 적성㉠에 따라 다양한 과목을 선택이수하고, 누적 학점이 기준에 도달할 경우 졸업(卒業)을 인정하는 제도다. 현재 대입 중심으로 획일적으로 운영되고 있는 고교교육을 정상화하기 위해 추진되고 있는 정책(定策)이다.

교육부는 2025년 본격 시행을 목표로 현재 연구학교 102개교, 선도학교 252개교를 운영하고 있다고 밝혔다. 정책 포럼은 '고교학점제의 길을 찾다' 라는 주제로 3회 연속 행사로 기획됐다. 1차 정책 포럼에서는 고교학점제 정책을 진단하고, 학계 전문가 및 교사가 함께 고교학점제 안착을 위한 정책과제를 제시한다. 2차 정책 포럼에서는 고교학점제 추진의 의미와 과제를 되짚어보고, 3차 정책 포럼에서는 고교학점제 실천을 위한 과제를 제시할 예정이다. 교육부는 고교학점제 정책의 중요성을 인식하고 '선택과 책임'이라는 주제로 정책 포럼을 기획하고 있다. 교육정책디자인연구소, 시도교육청과 공동 주최하는 본 행사는 고교생이 대입 중심의 학교생활에서 벗어나 자신의 진로와 적성에 따라 다양한 과목을 선택하고 책임있게 이수할 수 있도록 제반 지원 방안을 모색할 수 있는 뜻깊은 행사로 진행할 계획이다.

♣ 고교학점제 추진 배경 및 방향

글꼴 : 굴림, 18pt, 하양, 음영색 : 빨강

그림위치(내 PC₩문서₩ITQ₩Picture₩그림4.jpg, 문서에 포함)
자르기 기능 이용, 크기(40mm×40mm), 바깥 여백 왼쪽 : 2mm

1) 추진 배경
   가) 4차 산업혁명 시대, 예측할 수 없는 미래
   나) 저출산에 따른 인구구조 변화
2) 추진 방향
   가) 경쟁에서 포용으로의 패러다임 전환
   나) 진로 및 학업 설계 주체로서의 학생 지원

♣ 고교학점제 정책 포럼 주제

글꼴 : 굴림, 18pt, 밑줄, 강조점

1차 포럼			2차, 3차 포럼		
고교학점제 진단	동기	흥미와 적성	고교학점제 추진	의미	고교학점제 추진의 의미
	과정	진로의 설계		과제	고교학점제 추진의 과제
	활동	선택 및 이수		실천	고교학점제 실천 방법
	변화	만족도 향상		공감	고교학점제 정책 이해 및 소통
비고	고교학점제 정책 공감 콘서트를 통해 학생, 학부모, 교사와의 정책 소통 강화				

문단 번호 기능 사용
1수준 : 20pt, 오른쪽 정렬,
2수준 : 30pt, 오른쪽 정렬,
줄 간격 : 180%

표 전체 글꼴 : 굴림, 10pt, 가운데 정렬
셀 배경(그러데이션) : 유형(가로),
시작색(하양), 끝색(노랑)

한국교육개발원

글꼴 : 궁서, 24pt, 진하게
장평 95%, 오른쪽 정렬

㉠ 어떤 일에 알맞은 성질이나 적응 능력 또는 그와 같은 소질이나 성격

각주 구분선 : 5cm

쪽 번호 매기기, 6으로 시작 → VI

PART

04

실전 모의고사

실전 모의고사 01회 217
실전 모의고사 02회 220
실전 모의고사 03회 223
실전 모의고사 04회 226
실전 모의고사 05회 229
실전 모의고사 06회 232
실전 모의고사 07회 235
실전 모의고사 08회 238
실전 모의고사 09회 241
실전 모의고사 10회 244

정보기술자격(ITQ) 시험

한컴오피스

과목	코드	문제유형	시험시간	수험번호	성명
아래한글	1111	A	60분		

※ 실전 모의고사 01~10회 학습 시 답안 작성요령을 동일하게 적용하세요.

수험자 유의사항

- 수험자는 문제지를 받는 즉시 문제지와 **수험표상의 시험과목(프로그램)이 동일한지 반드시 확인**하여야 합니다.
- 파일명은 본인의 "수험번호-성명"으로 입력하여 답안폴더(내 PC₩문서₩ITQ)에 하나의 파일로 저장해야 하며, 답안문서 파일명이 "수험번호-성명"과 일치하지 않거나, 답안파일을 전송하지 않아 미제출로 처리될 경우 실격 처리합니다(예:12345678-홍길동.hwpx).
- 답안 작성을 마치면 파일을 저장하고, '답안 전송' 버튼을 선택하여 감독위원 PC로 답안을 전송하십시오. 수험생 정보와 저장한 파일명이 다를 경우 전송되지 않으므로 주의하시기 바랍니다.
- 답안 작성 중에도 **주기적으로 저장하고, '답안 전송'**하여야 문제 발생을 줄일 수 있습니다. 작업한 내용을 저장하지 않고 전송할 경우 이전에 저장된 내용이 전송되니 이점 유의하시기 바랍니다.
- 답안문서는 지정된 경로 외의 다른 보조기억장치에 저장하는 경우, 지정된 시험 시간 외에 작성된 파일을 활용할 경우, 기타 통신수단(이메일, 메신저, 네트워크 등)을 이용하여 타인에게 전달 또는 외부 반출하는 경우는 부정 처리합니다.
- 시험 중 부주의 또는 고의로 시스템을 파손한 경우는 수험자가 변상해야 하며, 〈수험자 유의사항〉에 기재된 방법대로 이행하지 않아 생기는 불이익은 수험생 당사자의 책임임을 알려 드립니다.
- 문제의 조건은 한컴오피스 2022 버전으로 설정되어 있으니 유의하시기 바랍니다.
- 시험을 완료한 수험자는 답안파일이 전송되었는지 확인한 후 감독위원의 지시에 따라 문제지를 제출하고 퇴실합니다.

답안 작성요령

- **온라인 답안 작성 절차**
  수험자 등록 ⇒ 시험 시작 ⇒ 답안파일 저장 ⇒ 답안 전송 ⇒ 시험 종료
- **공통 부문**
  - 글꼴에 대한 기본설정은 함초롬바탕, 10포인트, 검정, 줄간격 160%, 양쪽정렬로 합니다.
  - 색상은 조건의 색을 적용하고 색의 구분이 안 될 경우에는 RGB 값을 적용하십시오.
    (빨강 255,0,0 / 파랑 0,0,255 / 노랑 255,255,0).
  - 각 문항에 주어진 ≪조건≫에 따라 작성하고 언급하지 않은 조건은 ≪출력형태≫와 같이 작성합니다.
  - 용지여백은 왼쪽·오른쪽 11mm, 위쪽·아래쪽·머리말·꼬리말 10mm, 제본 0mm로 합니다.
  - 그림 삽입 문제의 경우 「내 PC₩문서₩ITQ₩Picture」 폴더에서 지정된 파일을 선택하여 삽입하십시오.
  - 삽입한 그림은 반드시 문서에 포함하여 저장해야 합니다(미포함 시 감점 처리).
  - 각 항목은 지정된 페이지에 출력형태와 같이 정확히 작성하시기 바라며, 그렇지 않을 경우에 해당 항목은 0점 처리됩니다.
    ※ 페이지구분 : 1페이지 – 기능평가 Ⅰ (문제번호 표시 : 1. 2.),
    2페이지 – 기능평가 Ⅱ (문제번호 표시 : 3. 4.),
    3페이지 – 문서작성 능력평가
- **기능평가**
  - 문제와 ≪조건≫은 입력하지 않으며 문제번호와 답(≪출력형태≫)만 작성합니다.
  - 4번 문제는 묶기를 했을 경우 0점 처리됩니다.
- **문서작성 능력평가**
  - A4 용지(210mm×297mm) 1매 크기, 세로 서식 문서로 작성합니다.
  - ▭ 표시는 문서작성에 대한 지시사항이므로 작성하지 않습니다.

실전 모의고사 01회

수험번호 20261011 **정답파일** PART 04 실전 모의고사₩실전01회_정답.hwpx

합격 강의

기능평가 Ⅰ

150점

01 다음의 ≪조건≫에 따라 스타일 기능을 적용하여 ≪출력형태≫와 같이 작성하시오.

50점

조건	(1) 스타일 이름 – global (2) 문단 모양 – 왼쪽 여백 : 15pt, 문단 아래 간격 : 10pt (3) 글자 모양 – 글꼴 : 한글(굴림)/영문(돋움), 크기 : 10pt, 장평 : 95%, 자간 : –5%
출력형태	Since its establishment in 2008, it has been commissioned by the Korea Youth Activity Promotion Agency and has operated various international exchange programs to help teenagers grow into global leaders. 청소년들이 글로벌 리더로 성장하도록 다양한 국제교류 프로그램을 운영하고 있으며, 2008년 설치 이후 2013년부터 현재까지 한국청소년활동진흥원에서 위탁 운영하고 있다.

02 다음의 ≪조건≫에 따라 ≪출력형태≫와 같이 표와 차트를 작성하시오.

100점

표 조건

(1) 표 전체(표, 캡션) – 굴림, 10pt
(2) 정렬 – 문자 : 가운데 정렬, 숫자 : 오른쪽 정렬 (3) 셀 배경(면색) : 노랑
(4) 한글의 계산 기능을 이용하여 빈칸에 평균(소수점 두 자리)을 구하고, 캡션 기능 사용할 것
(5) 선 모양은 ≪출력형태≫와 동일하게 처리할 것

출력형태

청소년국제교류 사업 효과성 변화(단위 : 점)

연도	2020년	2021년	2022년	2023년	평균
이해증진도	2.8	3.1	3.3	3.5	
시민의식	4.2	4.1	4.3	4.1	
가치관	3.6	4.2	4.7	4.1	
문화 개방성	3.5	4.1	4.4	4.9	

차트 조건

(1) 차트 데이터는 표 내용에서 연도별 이해증진도, 시민의식, 가치관의 값만 이용할 것
(2) 종류 – 〈묶은 세로 막대형〉으로 작업할 것
(3) 제목 – 글꼴 : 돋움, 진하게, 12pt
속성 : 채우기(밝은 색 : 하양), 테두리, 그림자(바깥쪽 : 대각선 오른쪽 아래)
(4) 제목 이외의 전체 글꼴 – 돋움, 보통, 10pt
(5) 축제목과 범례는 ≪출력형태≫와 동일하게 처리할 것

출력형태

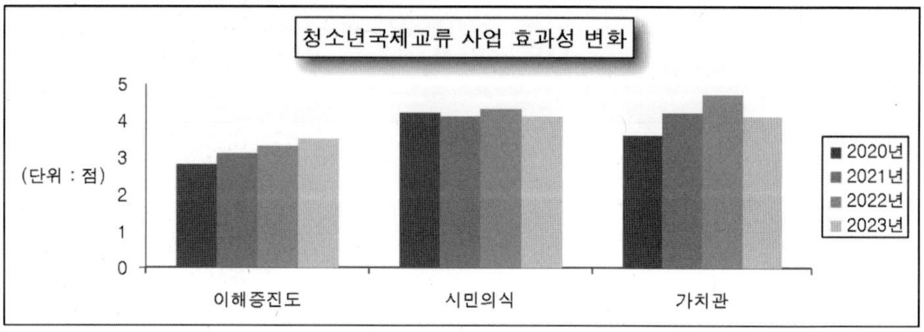

기능평가 Ⅱ　150점

03 다음 (1), (2)의 수식을 수식 편집기로 각각 입력하시오.　40점

출력형태	(1) $1+\sqrt{3}=\dfrac{x^3-(2x+5)^2}{x^3-(x-2)}$　　(2) $\Delta W=\dfrac{1}{2}m(f_x)^2+\dfrac{1}{2}m(f_y)^2$

04 다음의 ≪조건≫에 따라 ≪출력형태≫와 같이 문서를 작성하시오.　110점

조건	(1) 그리기 도구를 이용하여 작성하고, 모든 도형(글맵시, 지정된 그림 포함)을 ≪출력형태≫와 같이 작성하시오. (2) 도형의 면색은 지시사항이 없으면 색 없음을 제외하고 서로 다르게 임의로 지정하시오.

출력형태

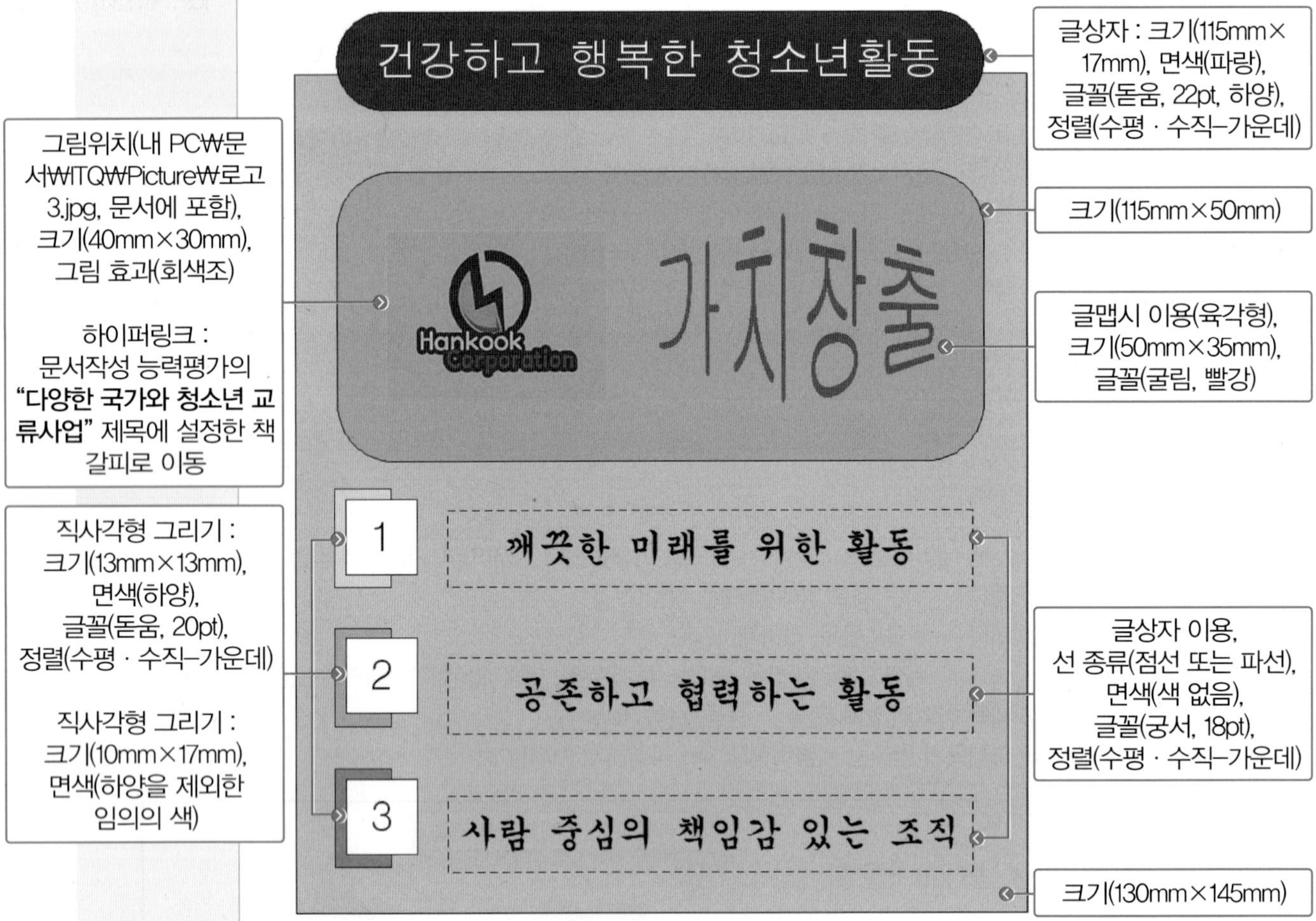

건강하고 행복한 청소년활동
글상자 : 크기(115mm×17mm), 면색(파랑), 글꼴(돋움, 22pt, 하양), 정렬(수평 · 수직-가운데)
크기(115mm×50mm)
그림위치(내 PC₩문서₩ITQ₩Picture₩로고3.jpg, 문서에 포함), 크기(40mm×30mm), 그림 효과(회색조)
하이퍼링크 : 문서작성 능력평가의 "다양한 국가와 청소년 교류사업" 제목에 설정한 책갈피로 이동
Hankook Corporation
가치창출
글맵시 이용(육각형), 크기(50mm×35mm), 글꼴(굴림, 빨강)
직사각형 그리기 : 크기(13mm×13mm), 면색(하양), 글꼴(돋움, 20pt), 정렬(수평 · 수직-가운데)
직사각형 그리기 : 크기(10mm×17mm), 면색(하양을 제외한 임의의 색)
1
깨끗한 미래를 위한 활동
2
공존하고 협력하는 활동
3
사람 중심의 책임감 있는 조직
글상자 이용, 선 종류(점선 또는 파선), 면색(색 없음), 글꼴(궁서, 18pt), 정렬(수평 · 수직-가운데)
크기(130mm×145mm)

글꼴 : 궁서, 18pt, 진하게, 가운데 정렬
책갈피 이름 : 국제의식 덧말 넣기

문단 첫 글자 장식 기능
글꼴 : 돋움, 면색 : 노랑

청소년 국제교류

머리말 기능
굴림, 10pt, 오른쪽 정렬

다양한 국가와 청소년 교류사업

(덧말: 글로벌 리더십)

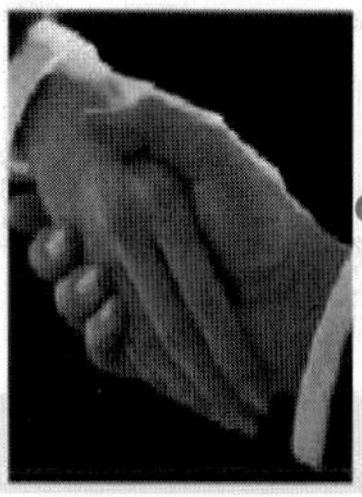

우리 사회가 점점 세계화 되어감에 따라 서로 다른 문화(文化) 배경을 지닌 사람들에 대하여 서로의 문화를 존중하고 공감할 줄 아는 능력이 점차 중요한 사회적 역량으로 대두되고 있다. 특히 청소년(靑少年)들은 우리 사회의 미래를 이끌어 나갈 것이므로 우리의 청소년들이 국제교류 활동을 통하여 국제 감각을 갖춘 글로벌 인재로 성장할 수 있는 환경을 조성하는 일은 더더욱 중요한 과제이다. 청소년의 국제 감각 함양 및 글로벌 역량 강화에 대한 중요성은 일찍이 인식되었다.

외교부의 국제교류사업은 매우 방대하며 특정 나이, 대상은 없다. 주로 한국국제협력단㉠을 중심으로 이루어지고 있으며 지역이나 주제, 프로그램의 유형별로 기획이 되는데, 그중 청소년과 직접적으로 관련 있는 사업으로는 글로벌 인재 양성 사업이라고 볼 수 있다. 그간 활발히 추진되어 온 청소년 국제교류사업이 최근 들어 나타난 코로나 사태로 인하여 기존의 청소년 국제교류 활동을 위축시키는 결과를 낳았고, 기존의 방식과 같은 교류국 방문 형태의 교류가 사실상 어렵게 됨에 따라, 이에 대한 대응의 차원에서도 새로운 국제교류 운영방안이 필요한 실정이다.

각주

그림위치(내 PC₩문서₩ITQ₩Picture₩그림4.jpg, 문서에 포함)
자르기 기능 이용, 크기(35mm×45mm), 바깥 여백 왼쪽 : 2mm

♣ 청소년 교류센터의 역할

글꼴 : 굴림, 18pt, 하양, 음영색 : 빨강

A. 사업추진 방향
   ⓐ 청소년의 국제이해 증진 및 세계시민으로서 역량 강화
   ⓑ 국내외 청소년의 교류 다양화를 통한 상호이해와 신뢰 증진 등
B. 주요 기능
   ⓐ 국제활동 중장기 계획 수립 및 연구
   ⓑ 국내외 청소년 교류활동 운영 및 협력에 관한 사항 등

♣ *청소년 국제교류사업 개요*

글꼴 : 굴림, 18pt, 기울임, 강조점

사업명	대상	규모	근거
국가 간 청소년교류	만 16세 - 만 24세	초청 150명, 파견 150명	청소년활동 진흥법 제54조 (국제 청소년교류 활동의 지원)
국제회의 및 행사 파견		33명 내외	
해외자원 봉사단	만 15세 - 만 20세	약 140명	
국제 청소년 포럼	만 18세 - 만 24세	10여 개국 200명	
국제 청소년 캠페스트	초중고 청소년 및 지도자	20여 개국 5,000명	

문단 번호 기능 사용
1수준 : 20pt, 오른쪽 정렬,
2수준 : 30pt, 오른쪽 정렬
줄 간격 : 180%

표 전체 글꼴 : 돋움, 10pt, 가운데 정렬
셀 배경(그러데이션) : 유형(가로), 시작색(하양), 끝색(노랑)

청소년 교류센터

글꼴 : 궁서, 24pt, 진하게
장평 105%, 오른쪽 정렬

㉠ KOICA: 대한민국의 국제개발 사업을 주관하는 외교부 산하 위탁집행형 준정부기관

각주 구분선 : 5cm

쪽 번호 매기기 5로 시작 ⑤

실전 모의고사 02회

수험번호 20261012　정답파일 PART 04 실전 모의고사₩실전02회_정답.hwpx

합격강의

기능평가 Ⅰ　150점

01 다음의 ≪조건≫에 따라 스타일 기능을 적용하여 ≪출력형태≫와 같이 작성하시오.　50점

조건	(1) 스타일 이름 – pumba (2) 문단 모양 – 왼쪽 여백 : 15pt, 문단 아래 간격 : 10pt (3) 글자 모양 – 글꼴 : 한글(굴림)/영문(돋움), 크기 : 10pt, 장평 : 95%, 자간 : –5%
출력형태	The Eumseong Pumba Festival is a festival that combines the benevolence of Pumba and grandfather Choi Gwi-dong, which are hardened like the pronouns of traditional a traveling marketeer. 거지 성자로 불리는 최귀동 할아버지의 숭고한 삶에서 비롯된 음성 지역의 품바축제는 삭막한 현대인들의 가슴에 따뜻한 나눔의 의미를 깊이 새기고 있다.

02 다음의 ≪조건≫에 따라 ≪출력형태≫와 같이 표와 차트를 작성하시오.　100점

표 조건

(1) 표 전체(표, 캡션) – 굴림, 10pt
(2) 정렬 – 문자 : 가운데 정렬, 숫자 : 오른쪽 정렬　(3) 셀 배경(면색) : 노랑
(4) 한글의 계산 기능을 이용하여 빈칸에 평균(소수점 두 자리)을 구하고, 캡션 기능 사용할 것
(5) 선 모양은 ≪출력형태≫와 동일하게 처리할 것

출력형태

품바축제 관람객 현황(단위 : 천 명)

구분	2020년	2021년	2022년	2023년	평균
품바래퍼	437	378	349	416	
품바패션	325	397	118	597	
품바왕	321	253	406	463	
천인의 엿치기	264	328	384	451	

차트 조건

(1) 차트 데이터는 표 내용에서 연도별 품바래퍼, 품바패션, 품바왕의 값만 이용할 것
(2) 종류 – 〈묶은 세로 막대형〉으로 작업할 것
(3) 제목 – 글꼴 : 돋움, 진하게, 12pt
속성 : 채우기(밝은 색 : 하양), 테두리, 그림자(바깥쪽 : 대각선 오른쪽 아래)
(4) 제목 이외의 전체 글꼴 – 돋움, 보통, 10pt
(5) 축제목과 범례는 ≪출력형태≫와 동일하게 처리할 것

출력형태

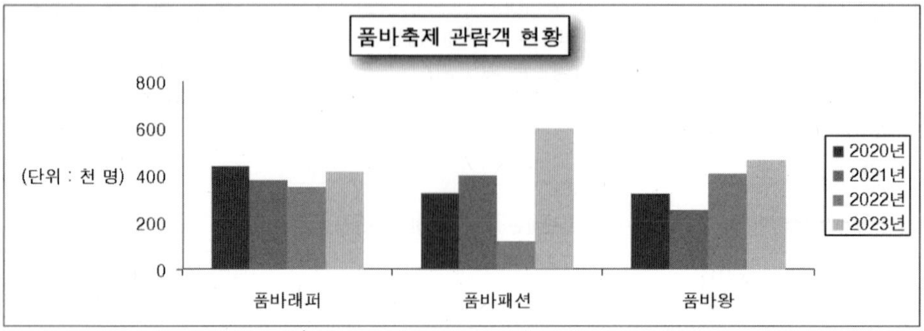

03 다음 (1), (2)의 수식을 수식 편집기로 각각 입력하시오. 40점

출력형태	
	(1) $A(1+r)^n = \frac{a((1+r)^n - 1)}{r}$ (2) $F = \frac{4\pi^2}{T^2} - 1 = 4\pi^2 K \frac{m}{r^2}$

04 다음의 ≪조건≫에 따라 ≪출력형태≫와 같이 문서를 작성하시오. 110점

조건	
	(1) 그리기 도구를 이용하여 작성하고, 모든 도형(글맵시, 지정된 그림 포함)을 ≪출력형태≫와 같이 작성하시오. (2) 도형의 면색은 지시사항이 없으면 색 없음을 제외하고 서로 다르게 임의로 지정하시오.

출력형태

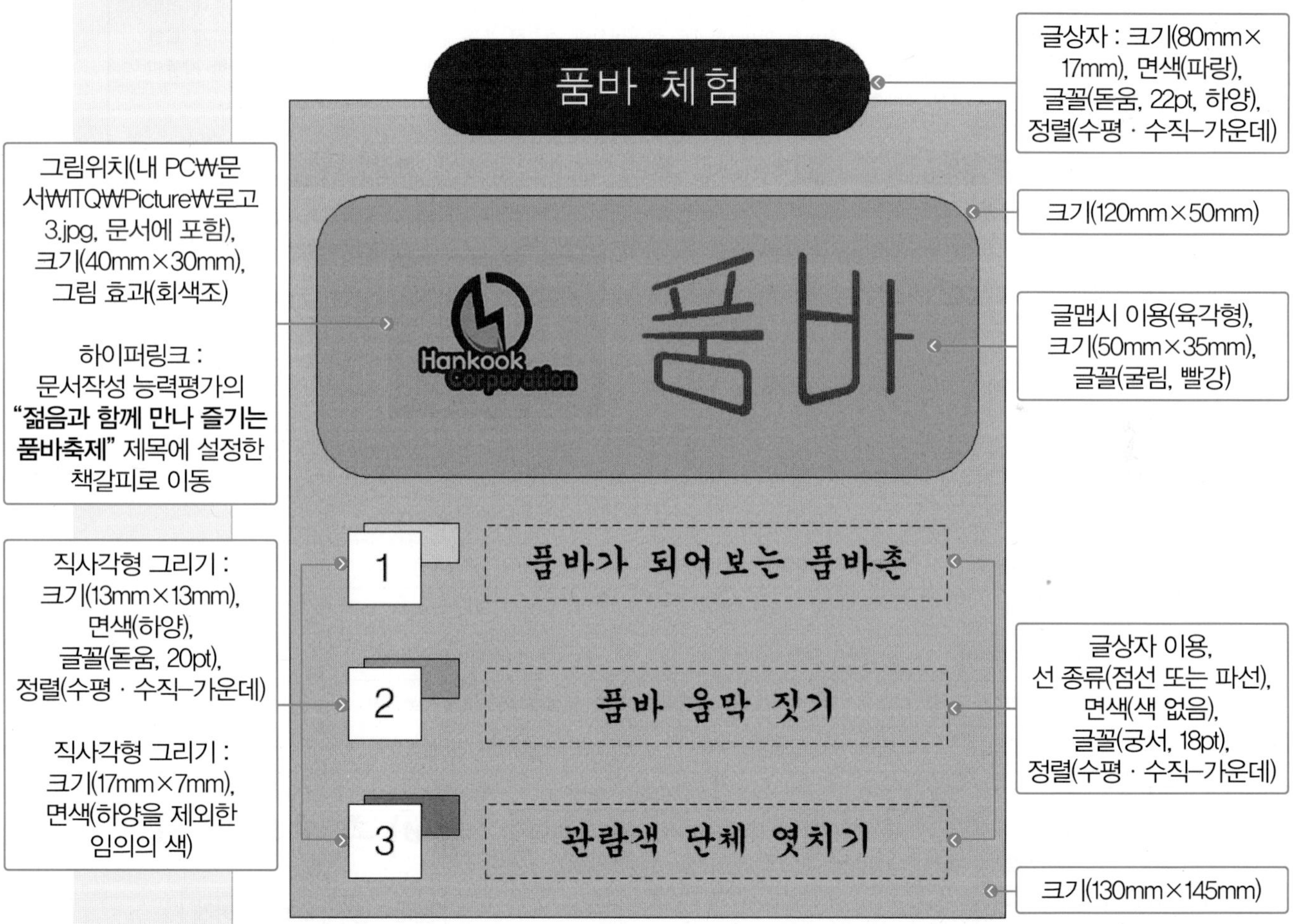
글상자 : 크기(80mm×17mm), 면색(파랑), 글꼴(돋움, 22pt, 하양), 정렬(수평 · 수직-가운데)
품바 체험
크기(120mm×50mm)
그림위치(내 PC₩문서₩ITQ₩Picture₩로고3.jpg, 문서에 포함), 크기(40mm×30mm), 그림 효과(회색조)
하이퍼링크 : 문서작성 능력평가의 "젊음과 함께 만나 즐기는 품바축제" 제목에 설정한 책갈피로 이동
Hankook Corporation
품바
글맵시 이용(육각형), 크기(50mm×35mm), 글꼴(굴림, 빨강)
직사각형 그리기 : 크기(13mm×13mm), 면색(하양), 글꼴(돋움, 20pt), 정렬(수평 · 수직-가운데)
직사각형 그리기 : 크기(17mm×7mm), 면색(하양을 제외한 임의의 색)
1
품바가 되어보는 품바촌
2
품바 움막 짓기
3
관람객 단체 엿치기
글상자 이용, 선 종류(점선 또는 파선), 면색(색 없음), 글꼴(궁서, 18pt), 정렬(수평 · 수직-가운데)
크기(130mm×145mm)

글꼴 : 궁서, 18pt, 진하게, 가운데 정렬
책갈피 이름 : 품바 덧말 넣기

풍자와 해학

머리말 기능
굴림, 10pt, 오른쪽 정렬

문단 첫 글자 장식 기능
글꼴 : 돋움, 면색 : 노랑

젊음과 함께 만나(사랑과 나눔) 즐기는 품바축제

품바축제의 근간은 거지 성자로 불리는 최귀동 할아버지의 숭고한 삶에서 비롯되었다. 일제 강점기 때 심한 고문으로 장애를 얻은 그는 자신도 오갈 데 없는 처지임에도 불구하고 금왕읍 무극리 일대를 돌며 동냥으로 얻어 온 음식을 거동조차 힘든 다른 걸인들에게 나누어 주었다고 한다.

각주

품바라는 낱말이 처음 등장한 역사적 문헌(文獻)은 신재효㉮의 한국 판소리 전집에 수록된 변강쇠가인데, 여기에서는 타령의 장단을 맞추는 소리라 하여 입장고로 기술되어 있다. 품바에 대한 설은 이외에도 다양한 형태로 전해지고 있다. 각설이 타령의 후렴구에 사용되는 일종의 장단 구실을 하는 의성어로 풀이되기도 하였으나 현재는 걸인들의 대명사로 일반화되었다. 품바를 현대적으로 해석하자면 '사랑을 베푼 자만이 희망을 가질 수 있다'라는 의미를 함축하고 있다. 이러한 뜻에 걸맞게 2000년부터 음성예총에서는 새 천년을 맞아 최귀동 할아버지의 숭고한 뜻을 본받고자 품바축제를 개최하게 되었다. 물질만능주의와 이기주의로 풍요 속 빈곤(貧困)을 겪고 있는 현대인들의 삶에 해학과 풍자를 통한 따뜻한 사랑의 나눔 정신을 심어 주고자 품바축제가 탄생하게 된 것이다.

그림위치(내 PC₩문서₩ITQ₩Picture₩그림4.jpg, 문서에 포함) 자르기 기능 이용, 크기(35mm×40mm), 바깥 여백 왼쪽 : 2mm

◈ 2024 음성품바축제

글꼴 : 굴림, 18pt, 하양, 음영색 : 빨강

가) 기간 및 장소
1. 기간 : 2024. 5. 22(수) - 5. 26(일) 5일간
2. 장소 : 음성 설성공원 및 꽃동네 일원

나) 공연 프로그램
1. 품바 플래시몹, 전국 품바 길놀이 퍼레이드
2. 관광객과 함께하는 품바라이브 공연, 품바 뮤지컬

◈ *품바공연단 및 공연 일정*

글꼴 : 굴림, 18pt, 기울임, 강조점

공연단명	단원	참여공연 축제명	장소
깐돌이공연단	깐돌이, 칠봉이, 꽃나비	토속음식축제	강원도
금빛예술단	순심이, 하늘이, 허야	정선 아리랑 축제	
꾼품바공연단	청이, 금왕수, 방글이	무안 해넘이맞이공연	전라남도
뉴스토리공연단	나출세, 팔순이, 월매, 이기동	장성 황룡강노란꽃잔치	
산적품바	산적, 최민, 고구마, 혜미	양산 삼량 및 문화축전	경상남도

문단 번호 기능 사용
1수준 : 20pt, 오른쪽 정렬,
2수준 : 30pt, 오른쪽 정렬
줄 간격 : 180%

표 전체 글꼴 : 돋움, 10pt, 가운데 정렬
셀 배경(그러데이션) : 유형(가로), 시작색(하양), 끝색(노랑)

품바축제위원회

글꼴 : 궁서, 24pt, 진하게
장평 105%, 오른쪽 정렬

㉮ 소선 고종 때의 판소리 작가로 광대 소리를 통일하여 판소리 사설을 정리한 인물

각주 구분선 : 5cm

쪽 번호 매기기 4로 시작 iv

실전 모의고사 03회

수험번호 20261013 정답파일 PART 04 실전 모의고사₩실전03회_정답.hwpx

합격 강의

기능평가 Ⅰ

150점

01 다음의 ≪조건≫에 따라 스타일 기능을 적용하여 ≪출력형태≫와 같이 작성하시오.

50점

조건	(1) 스타일 이름 – metaverse (2) 문단 모양 – 왼쪽 여백 : 15pt, 문단 아래 간격 : 10pt (3) 글자 모양 – 글꼴 : 한글(돋움)/영문(굴림), 크기 : 10pt, 장평 : 95%, 자간 : 5%
출력형태	In order to revitalize and continue to grow various industrial ecosystems, it is necessary to establish leading governance and establish and operate a metaverse partnership organization that can lead. 다양한 산업 생태계의 활성화와 지속적인 성장을 위해서는 선도적 거버넌스의 정립이 필요하며 견인할 수 있는 메타버스 파트너십 기구를 설치하고 운영할 필요가 있다.

02 다음의 ≪조건≫에 따라 ≪출력형태≫와 같이 표와 차트를 작성하시오.

100점

표 조건	(1) 표 전체(표, 캡션) – 돋움, 10pt (2) 정렬 – 문자 : 가운데 정렬, 숫자 : 오른쪽 정렬 (3) 셀 배경(면색) : 노랑 (4) 한글의 계산 기능을 이용하여 빈칸에 합계를 구하고, 캡션 기능 사용할 것 (5) 선 모양은 ≪출력형태≫와 동일하게 처리할 것

출력형태

글로벌 메타버스 시장 전망(단위 : 10억 달러)

구분	2022	2023	2024	2025	합계
가상현실(VR)	13.4	27.8	79.4	138.3	
증강현실(AR)	33.0	67.9	193.8	338.1	
VR+AR	46.5	95.7	273.2	476.4	
기타	7.5	9.2	21.4	85.3	

차트 조건	(1) 차트 데이터는 표 내용에서 연도별 가상현실(VR), 증강현실(AR), VR+AR의 값만 이용할 것 (2) 종류 – 〈묶은 세로 막대형〉으로 작업할 것 (3) 제목 – 글꼴 : 굴림, 진하게, 12pt 속성 : 채우기(밝은 색 : 하양), 테두리, 그림자(바깥쪽 : 대각선 오른쪽 아래) (4) 제목 이외의 전체 글꼴 – 굴림, 보통, 10pt (5) 축제목과 범례는 ≪출력형태≫와 동일하게 처리할 것

출력형태

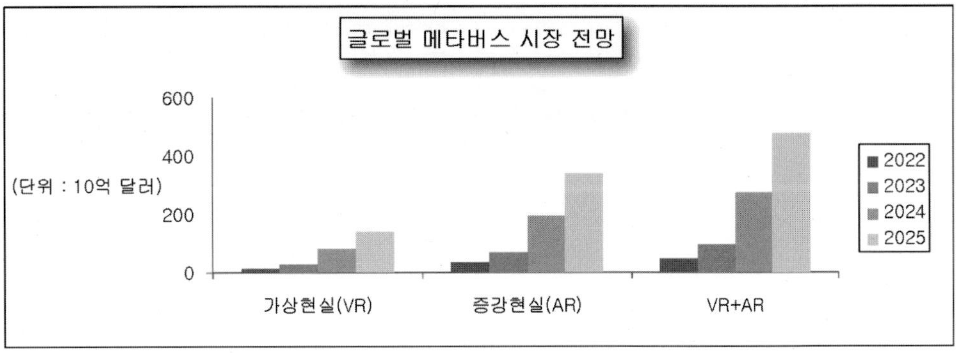

기능평가 Ⅱ 150점

03 다음 (1), (2)의 수식을 수식 편집기로 각각 입력하시오. 40점

출력형태	
	(1) $K=\frac{a(1+r)((1+r)^{n}-1)}{r}$ (2) $\int_{a}^{b}xf(x)dx=\frac{1}{b-a}\int_{a}^{b}xdx=\frac{a+b}{2}$

04 다음의 ≪조건≫에 따라 ≪출력형태≫와 같이 문서를 작성하시오. 110점

조건	(1) 그리기 도구를 이용하여 작성하고, 모든 도형(글맵시, 지정된 그림 포함)을 ≪출력형태≫와 같이 작성하시오. (2) 도형의 면색은 지시사항이 없으면 색 없음을 제외하고 서로 다르게 임의로 지정하시오.

출력형태

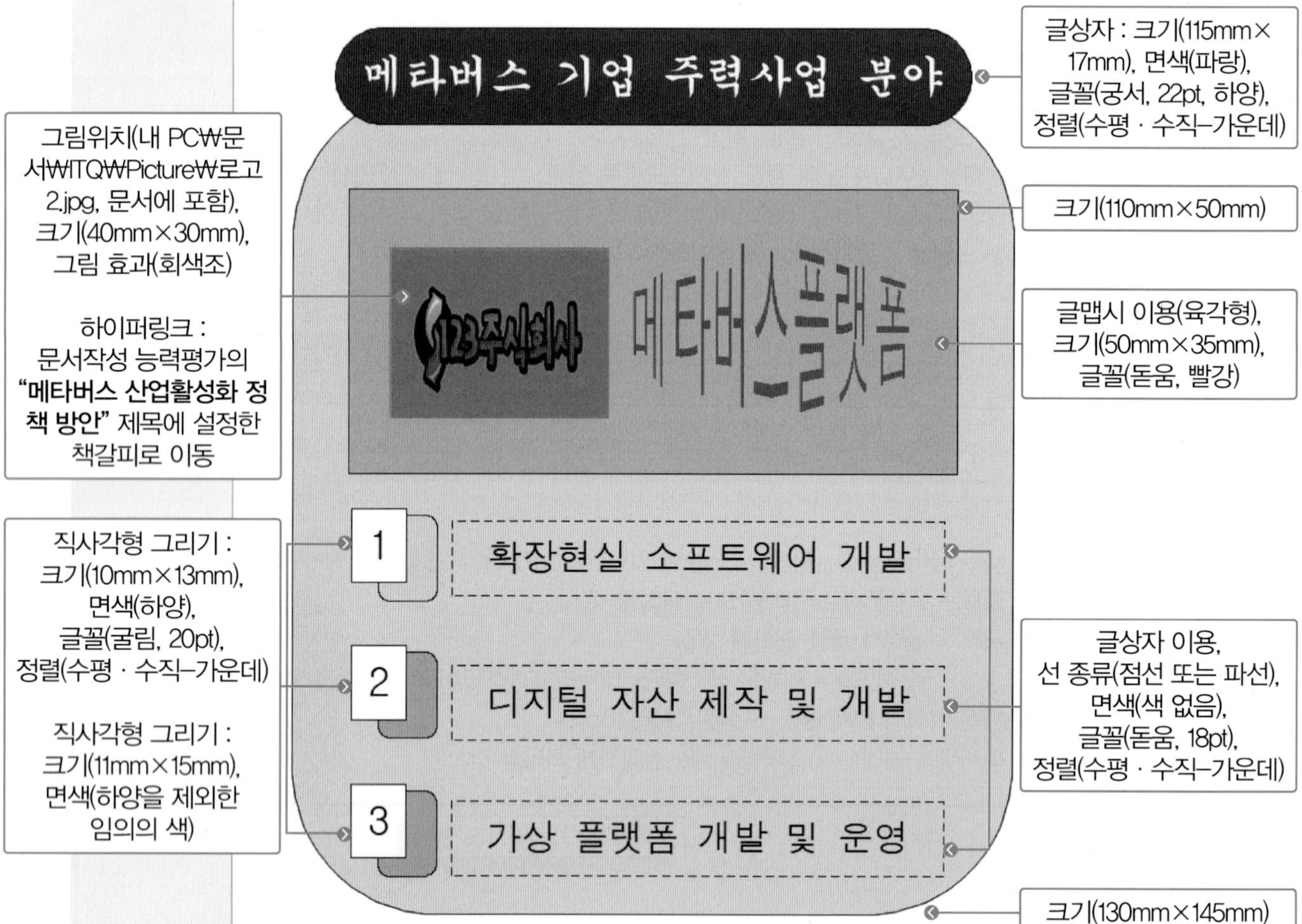

메타버스 기업 주력사업 분야
글상자 : 크기(115mm×17mm), 면색(파랑), 글꼴(궁서, 22pt, 하양), 정렬(수평 · 수직-가운데)
크기(110mm×50mm)
그림위치(내 PC₩문서₩ITQ₩Picture₩로고2.jpg, 문서에 포함), 크기(40mm×30mm), 그림 효과(회색조)
하이퍼링크 : 문서작성 능력평가의 "메타버스 산업활성화 정책 방안" 제목에 설정한 책갈피로 이동
123주식회사
메타버스플랫폼
글맵시 이용(육각형), 크기(50mm×35mm), 글꼴(돋움, 빨강)
직사각형 그리기 : 크기(10mm×13mm), 면색(하양), 글꼴(굴림, 20pt), 정렬(수평 · 수직-가운데)
직사각형 그리기 : 크기(11mm×15mm), 면색(하양을 제외한 임의의 색)
1
확장현실 소프트웨어 개발
2
디지털 자산 제작 및 개발
3
가상 플랫폼 개발 및 운영
글상자 이용, 선 종류(점선 또는 파선), 면색(색 없음), 글꼴(돋움, 18pt), 정렬(수평 · 수직-가운데)
크기(130mm×145mm)

글꼴 : 궁서, 18pt, 진하게, 가운데 정렬
책갈피 이름 : 메타버스 덧말 넣기

메타버스 산업육성

머리말 기능
돋움, 10pt, 오른쪽 정렬

문단 첫 글자 장식 기능
글꼴 : 굴림, 면색 : 노랑

서울연구원
메타버스 산업활성화 정책 방안

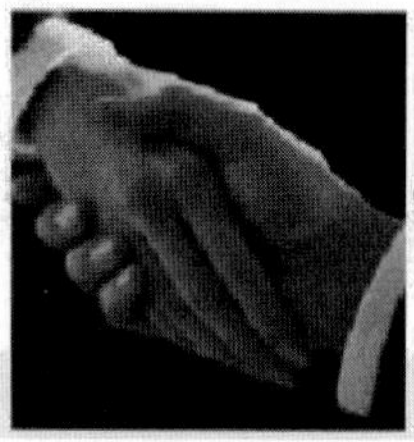

메타버스 산업활성화를 견인(牽引)하는 정책 거버넌스 확립을 위해 다원화된 주체가 참여하고 다양한 부문의 기업이 연계(連繫)하는 메타버스와 같은 산업에서는 산업발전을 선도하는 거버넌스가 긴요하다. 다양한 가치와 이해관계를 지닌 다수의 주체가 메타버스 세계에 참여해 콘텐츠 및 서비스 생산과 활용, 소비와 거래에 관여한다. 민관협력체계를 구축하여 메타버스 산업 활성화에 기여하고자 정부 주도의 메타버스 관련 거버넌스 기구로 '메타버스 얼라이언스'㉠가 설치되어 운영 중이다.

각주

메타버스 얼라이언스는 운영위원회와 분과 및 프로젝트 그룹 운영 등을 통해 기업의 의견수렴과 신규과제 발굴, 협력활동을 지원하는 등의 역할을 수행한다. 메타버스 산업의 중심성 및 선도성을 지닌 서울시도 산업발전을 견인할 수 있는 자체적인 정책 거버넌스 확립이 필요하다. 다양한 정책 방안을 추진하기 위해서는 메타버스 산업육성 및 활성화를 뒷받침하는 조례의 마련, 메타버스 이용 활성화를 위한 제도적 환경의 재정비이다. 메타버스 이용을 제약할 수 있는 불합리한 요소를 최소화하고 이용을 촉진할 수 있는 적극적 환경을 조성하기 위한 관련 조례 제정, 법률 및 제도 정비, 공용플랫폼의 건전한 이용 환경 조성이 있다.

◈ 서울시 메타버스 산업 전략적 방안

글꼴 : 굴림, 18pt, 하양
음영색 : 빨강

가. 산업생태계 육성 및 기업 경쟁력 강화
   ㉠ 생태계에 속한 부문이나 업종의 균형적 성장
   ㉡ 기업들의 경쟁력 강화 지원
나. 메타버스 우수 인적자원 개발 지원
   ㉠ 메타버스 크리에이터 양성과정 설치 운영
   ㉡ 교육 훈련 과정을 이수한 인적자원 DB 구축

그림위치(내 PC₩문서₩ITQ₩Picture₩그림4.jpg, 문서에 포함)
자르기 기능 이용, 크기(40mm×40mm), 바깥 여백 왼쪽 : 2mm

◈ *조사분석에 활용한 자료원*

글꼴 : 굴림, 18pt, 기울임, 강조점

자료원	보유기관	자료원의 설명	기업 수
메타버스	얼라이언스	2021년 5월에 출범, 프로젝트 단위로 기업과 유관기관 참여 중	654개
	산업협회	가상현실산업협회와 모바일산업협회 공동 출범으로 회원사 모집	약 80개
	허브 입주기업	콘텐츠, 플랫폼, 디바이스 솔루션 기업 인큐베이팅 공간 입주	46개
스타트업	혁신의 숲	'메타버스/AR/VR' 관련 사업 등록된 스타트업 데이터베이스 활용	148개
서울경제진흥원		유관기관 협력을 통해 서울XR실증센터 운영	39개

문단 번호 기능 사용
1수준 : 20pt, 오른쪽 정렬,
2수준 : 30pt, 오른쪽 정렬
줄 간격 : 180%

표 전체 글꼴 : 돋움, 10pt, 가운데 정렬
셀 배경(그러데이션) : 유형(가로),
시작색(하양), 끝색(노랑)

경제연구실

글꼴 : 궁서, 24pt, 진하게
장평 105%, 오른쪽 정렬

㉠ 정부 주도 민관협력체계 구축, 메타버스 산업 활성화 기여하고자 출범한 기구

각주 구분선 : 5cm

쪽 번호 매기기 6으로 시작 ⑥

실전 모의고사 04회

수험번호 20261014 정답파일 PART 04 실전 모의고사₩실전04회_정답.hwpx

합격 강의

기능평가 Ⅰ 150점

01 다음의 ≪조건≫에 따라 스타일 기능을 적용하여 ≪출력형태≫와 같이 작성하시오. 50점

조건	(1) 스타일 이름 – credit (2) 문단 모양 – 왼쪽 여백 : 15pt, 문단 아래 간격 : 10pt (3) 글자 모양 – 글꼴 : 한글(돋움)/영문(굴림), 크기 : 10pt, 장평 : 95%, 자간 : 5%
출력형태	A high school credit system is a system in which students select courses, attend classes, and complete the necessary credits for graduation. 고교학점제란 대학처럼 학생들이 적성과 희망 진로에 따라 교과를 선택하고 강의실을 다니며 수업을 듣고 졸업에 필요한 학점을 이수하는 제도를 말한다.

02 다음의 ≪조건≫에 따라 ≪출력형태≫와 같이 표와 차트를 작성하시오. 100점

표 조건

(1) 표 전체(표, 캡션) – 돋움, 10pt
(2) 정렬 – 문자 : 가운데 정렬, 숫자 : 오른쪽 정렬 (3) 셀 배경(면색) : 노랑
(4) 한글의 계산 기능을 이용하여 빈칸에 평균(소수점 두 자리)을 구하고, 캡션 기능 사용할 것
(5) 선 모양은 ≪출력형태≫와 동일하게 처리할 것

출력형태

제도 개선 사항 설문 응답(단위 : 명)

구분	교원연수	제도홍보	조직개편	업무경감	평균
학생	21,634	8,566	7,572	8,334	
학부모	1,589	1,587	1,127	2,942	
교사	2,967	2,235	2,181	4,825	
교수	694	829	967	894	

차트 조건

(1) 차트 데이터는 표 내용에서 구분별 학생, 학부모, 교사의 값만 이용할 것
(2) 종류 – 〈묶은 세로 막대형〉으로 작업할 것
(3) 제목 – 글꼴 : 굴림, 진하게, 12pt
속성 : 채우기(밝은 색 : 하양), 테두리, 그림자(바깥쪽 : 대각선 오른쪽 아래)
(4) 제목 이외의 전체 글꼴 – 굴림, 보통, 10pt
(5) 축제목과 범례는 ≪출력형태≫와 동일하게 처리할 것

출력형태

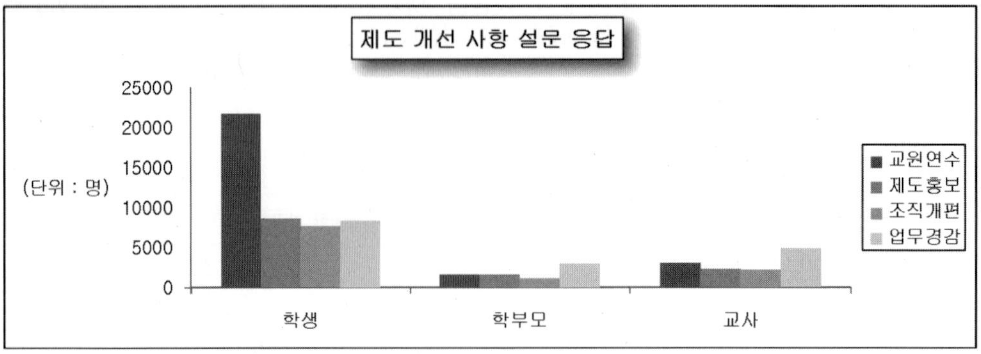

03 다음 (1), (2)의 수식을 수식 편집기로 각각 입력하시오. 40점

출력형태	
	(1) $H_n = \frac{a(r^n - 1)}{r-1} = \frac{a(1+r^n)}{1-r} (r \neq 1)$ (2) $\sum_{k=1}^{n} (k^4 + 1) - \sum_{k=3}^{n} (k^4 + 1) = 19$

04 다음의 ≪조건≫에 따라 ≪출력형태≫와 같이 문서를 작성하시오. 110점

조건	
	(1) 그리기 도구를 이용하여 작성하고, 모든 도형(글맵시, 지정된 그림 포함)을 ≪출력형태≫와 같이 작성하시오. (2) 도형의 면색은 지시사항이 없으면 색 없음을 제외하고 서로 다르게 임의로 지정하시오.

출력형태

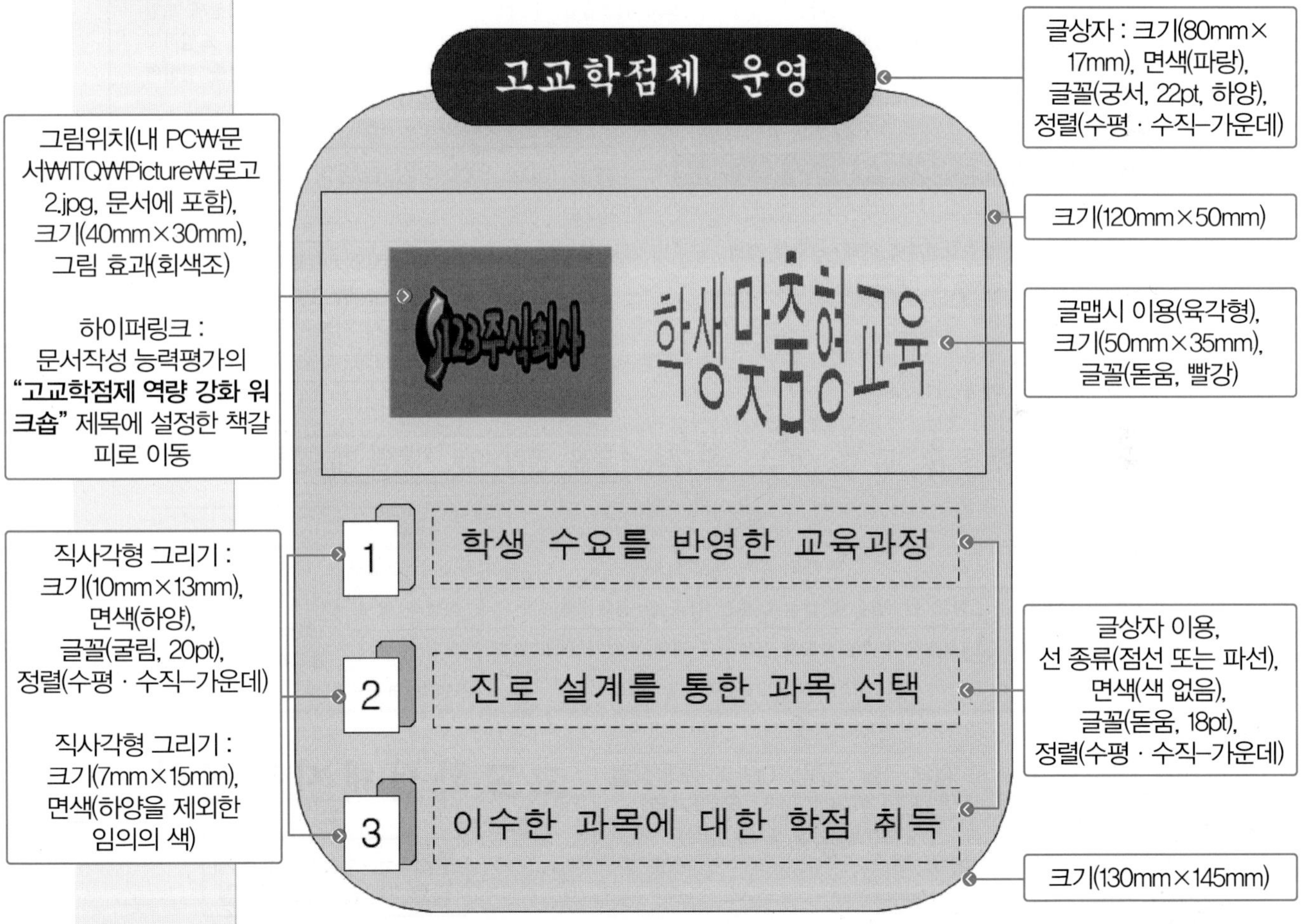
고교학점제 운영
글상자 : 크기(80mm×17mm), 면색(파랑), 글꼴(궁서, 22pt, 하양), 정렬(수평 · 수직-가운데)
그림위치(내 PC₩문서₩ITQ₩Picture₩로고2.jpg, 문서에 포함), 크기(40mm×30mm), 그림 효과(회색조)
하이퍼링크 : 문서작성 능력평가의 "고교학점제 역량 강화 워크숍" 제목에 설정한 책갈피로 이동
123주식회사
크기(120mm×50mm)
학생맞춤형교육
글맵시 이용(육각형), 크기(50mm×35mm), 글꼴(돋움, 빨강)
직사각형 그리기 : 크기(10mm×13mm), 면색(하양), 글꼴(굴림, 20pt), 정렬(수평 · 수직-가운데)
직사각형 그리기 : 크기(7mm×15mm), 면색(하양을 제외한 임의의 색)
1
학생 수요를 반영한 교육과정
2
진로 설계를 통한 과목 선택
3
이수한 과목에 대한 학점 취득
글상자 이용, 선 종류(점선 또는 파선), 면색(색 없음), 글꼴(돋움, 18pt), 정렬(수평 · 수직-가운데)
크기(130mm×145mm)

글꼴 : 굴림, 18pt, 진하게, 가운데 정렬
책갈피 이름 : 학점 덧말 넣기

미래를 여는 선택

머리말 기능
돋움, 10pt, 오른쪽 정렬

문단 첫 글자 장식 기능
글꼴 : 궁서, 면색 : 노랑

고교학점제 역량 강화 워크숍
학교가 나에게 맞추다

각주

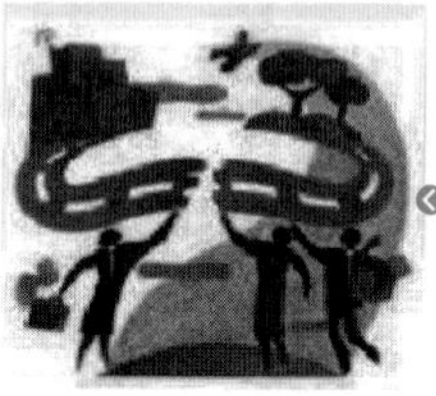

고교학점제는 학교 교육과정의 유연성(柔軟性) 확보를 통해 학생들의 진로 역량을 강화함과 동시에 교원들에게 다양한 교육과정 운영 및 수업 역량㉠ 강화를 요구하고 있는 정책이다. 하지만 이를 지원하는 정책 및 법제 장치가 미흡하여 학점제 도입에 대한 기대감과 함께 현장 교사, 학부모, 학생 등 교육 관계자의 불안감이 커지고 있는 상황이다. 이에 교육부, 국가교육회의, 한국직업능력개발원에서는 고교학점제 교사 역량 강화 워크숍을 통해 현장 교사의 역량 개발을 지원하고 현재 고교학점제 정책에 대한 문제점과 요구사항 파악을 통해 정책 개선 방안을 도출(導出)하고자 준비하고 있다.

특히, 정부는 고교학점제 정책을 시행함에 있어 학생의 올바른 과목 선택을 가능하게 하는 것은 학생들의 진로 설정 역량과 '선택에 따른 책임' 인식이라는 사실을 바탕으로 워크숍을 기획하고 있다. 한편, 교육부는 고교학점제 도입을 위한 중장기 로드맵을 설정하고 2020년 마이스터고 전면 도입 이후 2022년 모든 직업계고등학교에 도입하고 2025년에는 종합고등학교를 포함한 일반계고등학교에 도입을 계획하고 있으며 학부모 진로지도 역량 강화를 위하여 '온라인 학부모 진로교육' 연수 과정과 '자녀공감 학부모교육' 대면연수 과정을 운영한다.

◈ 고교학점제 교사 연수 개요

글꼴 : 굴림, 18pt, 하양, 음영색 : 빨강

I. 주제 및 기간
  A. 주제 : 고교학점제의 이해, 선택과 책임
  B. 기간 : 2024. 3. 15(금) 10:00-16:50
II. 주최 및 장소
  A. 주최 : 교육부, 국가교육회의, 한국직업능력개발원
  B. 장소 : 세종 컨벤션홀

그림위치(내 PC₩문서₩ITQ₩Picture₩그림4.jpg, 문서에 포함)
자르기 기능 이용, 크기(40mm×35mm), 바깥 여백 왼쪽 : 2mm

◈ *고교학점제 교사 연수 주제*

글꼴 : 굴림, 18pt, 기울임, 강조점

시간	주제	강사	비고
10:00-10:50	학점제 정책 추진 방향	이은주 연구사	기타 자세한 사항은 센터 홈페이지를 참고하기 바랍니다.
11:00-11:50	학교 간 연계 및 협력을 통한 학교 간 공동교육과정	정현숙 박사	
13:00-14:50	고교학점제가 효율적으로 운영되기 위한 학교 공간의 변화	문지영 박사	
15:00-16:50	권역별 커뮤니티 구성 및 논의	전영희 연구원	

문단 번호 기능 사용
1수준 : 20pt, 오른쪽 정렬,
2수준 : 30pt, 오른쪽 정렬
줄 간격 : 180%

표 전체 글꼴 : 굴림, 10pt, 가운데 정렬
셀 배경(그러데이션) : 유형(가로), 시작색(하양), 끝색(노랑)

고교학점제지원센터

글꼴 : 궁서, 24pt, 진하게
장평 105%, 오른쪽 정렬

㉠ 조직 구성원이 해당 업무를 수행할 수 있는 전반적인 능력을 의미함

각주 구분선 : 5cm

쪽 번호 매기기 5로 시작 E

실전 모의고사 05회

수험번호 20261015 **정답파일** PART 04 실전 모의고사₩실전05회_정답.hwpx

합격 강의

기능평가 Ⅰ

150점

01 다음의 ≪조건≫에 따라 스타일 기능을 적용하여 ≪출력형태≫와 같이 작성하시오.

50점

조건

(1) 스타일 이름 – intelligence
(2) 문단 모양 – 왼쪽 여백 : 15pt, 문단 아래 간격 : 10pt
(3) 글자 모양 – 글꼴 : 한글(돋움)/영문(굴림), 크기 : 10pt, 장평 : 95%, 자간 : 5%

출력형태

Current artificial intelligence is considered as life and culture, beyond the industry. Discussing life in the future will be impossible without mentioning artificial intelligence.

현재의 인공지능은 산업을 넘어 삶과 문화로 여겨지고 있다. 미래의 삶에 대한 논의는 인공지능에 대한 언급 없이는 불가능할 것이다.

02 다음의 ≪조건≫에 따라 ≪출력형태≫와 같이 표와 차트를 작성하시오.

100점

표 조건

(1) 표 전체(표, 캡션) – 굴림, 10pt
(2) 정렬 – 문자 : 가운데 정렬, 숫자 : 오른쪽 정렬 (3) 셀 배경(면색) : 노랑
(4) 한글의 계산 기능을 이용하여 빈칸에 합계를 구하고, 캡션 기능 사용할 것
(5) 선 모양은 ≪출력형태≫와 동일하게 처리할 것

출력형태

SW 신기술 인공지능 분야 활용 현황(단위 : %)

산업분류	서비스 개선	프로세스 관리	업무 효율화	고객 관리	합계
정보통신업	54.2	50.2	45.8	21.5	
금융 및 보험업	57.5	68.3	49.5	26.0	
광업 및 제조업	50.6	49.3	46.8	49.7	
건설업	79.9	94.1	20.1	4.8	

차트 조건

(1) 차트 데이터는 표 내용에서 분야별 정보통신업, 금융 및 보험업, 광업 및 제조업의 값만 이용할 것
(2) 종류 – 〈묶은 세로 막대형〉으로 작업할 것
(3) 제목 – 글꼴 : 돋움, 진하게, 12pt
속성 : 채우기(밝은 색 : 하양), 테두리, 그림자(바깥쪽 : 대각선 오른쪽 아래)
(4) 제목 이외의 전체 글꼴 – 돋움, 보통, 10pt
(5) 축제목과 범례는 ≪출력형태≫와 동일하게 처리할 것

출력형태

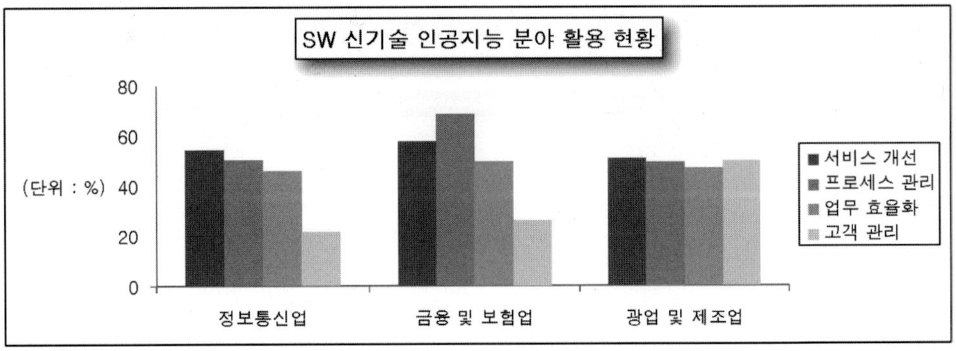

기능평가 Ⅱ 150점

03 다음 (1), (2)의 수식을 수식 편집기로 각각 입력하시오. 40점

출력형태	(1) $\vec{F} = -\frac{4\pi^2 m}{T^2} + \frac{m}{T^3}$ (2) $\overline{AB} = \sqrt{(x_2 - x_1)^2 + (y_2 - y_1)^2}$

04 다음의 ≪조건≫에 따라 ≪출력형태≫와 같이 문서를 작성하시오. 110점

조건	(1) 그리기 도구를 이용하여 작성하고, 모든 도형(글맵시, 지정된 그림 포함)을 ≪출력형태≫와 같이 작성하시오. (2) 도형의 면색은 지시사항이 없으면 색 없음을 제외하고 서로 다르게 임의로 지정하시오.

출력형태

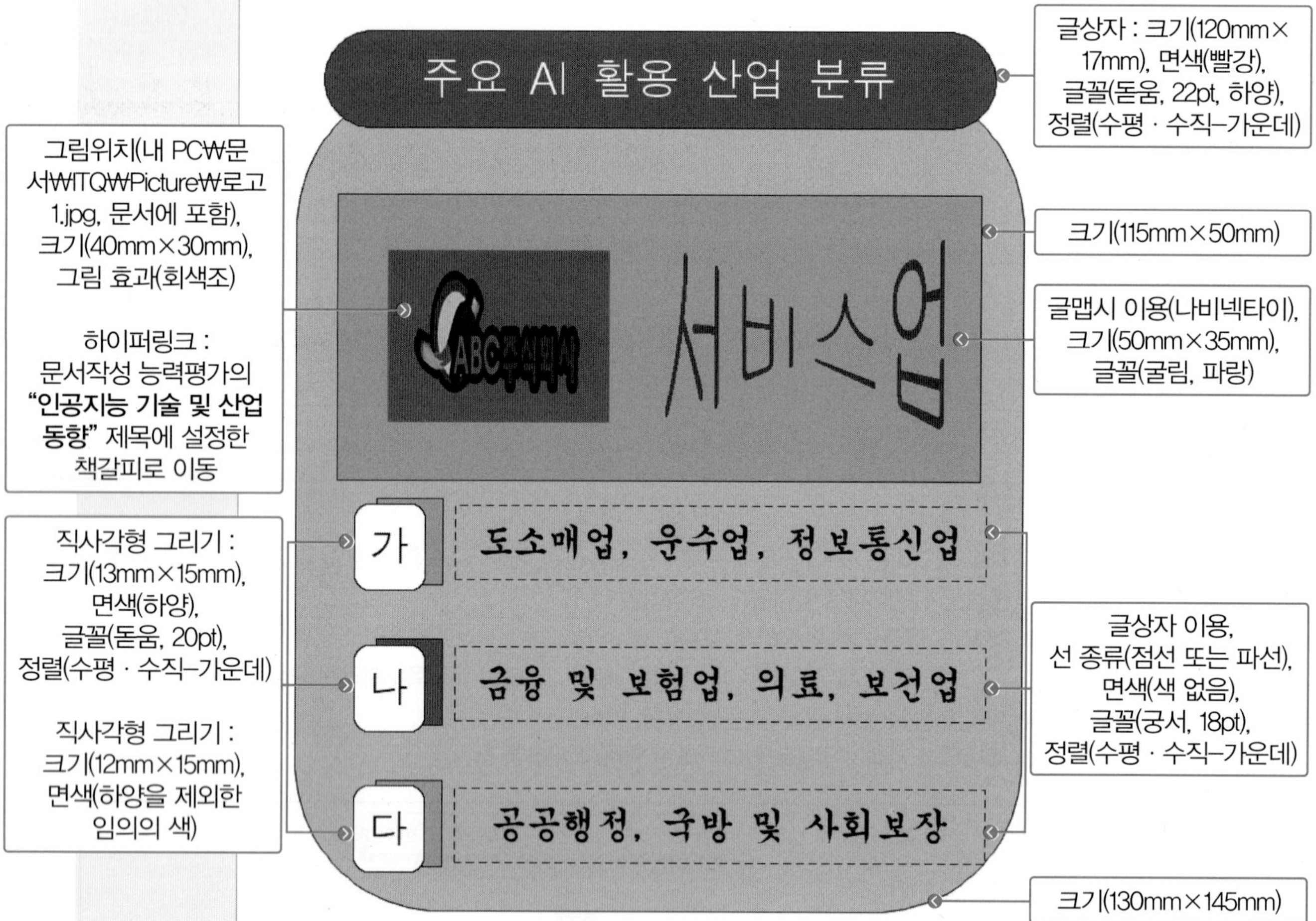

주요 AI 활용 산업 분류
글상자 : 크기(120mm×17mm), 면색(빨강), 글꼴(돋움, 22pt, 하양), 정렬(수평 · 수직-가운데)
크기(115mm×50mm)
그림위치(내 PC₩문서₩ITQ₩Picture₩로고1.jpg, 문서에 포함), 크기(40mm×30mm), 그림 효과(회색조)
하이퍼링크 : 문서작성 능력평가의 "인공지능 기술 및 산업 동향" 제목에 설정한 책갈피로 이동
ABC주식회사
서비스업
글맵시 이용(나비넥타이), 크기(50mm×35mm), 글꼴(굴림, 파랑)
가
도소매업, 운수업, 정보통신업
나
금융 및 보험업, 의료, 보건업
다
공공행정, 국방 및 사회보장
직사각형 그리기 : 크기(13mm×15mm), 면색(하양), 글꼴(돋움, 20pt), 정렬(수평 · 수직-가운데)
직사각형 그리기 : 크기(12mm×15mm), 면색(하양을 제외한 임의의 색)
글상자 이용, 선 종류(점선 또는 파선), 면색(색 없음), 글꼴(궁서, 18pt), 정렬(수평 · 수직-가운데)
크기(130mm×145mm)

글꼴 : 굴림, 18pt, 진하게, 가운데 정렬
책갈피 이름 : 인간중심 덧말 넣기

인공지능 서비스

문단 첫 글자 장식 기능
글꼴 : 궁서, 면색 : 노랑

초거대 인공지능

인공지능 기술 및 산업 동향

머리말 기능
돋움, 10pt, 오른쪽 정렬

미국의 오픈AI는 GPT-3으로 불리는 초거대 인공지능을 공개하며 많은 관심을 받았다. 특정 상황이 아닌 범용적으로 사용이 가능한 인공 일반지능을 목표로 국내외 기업들의 초거대 인공지능(人工知能) 개발 경쟁이 지속되고 있다.

네이버의 경우 자체 개발한 초대규모 인공지능 하이퍼클로바의 성능을 향상시키고 있으며, 음성검색, 번역뿐만 아니라 서비스 범위를 확대해 가고 있다. LG AI 연구원은 엑사원을 통해 6,000억 개 이상의 말뭉치, 텍스트와 결합된 고해상도 이미지 2억 5,000만 장 이상을 학습하여 제조, 연구, 교육, 통신, 금융 등 전 산업 분야에서 최고 전문가의 지능 확보를 목표로 하고 있다. 카카오브레인은 2021년 11월 GPT-3 모델의 한국어 초거대 인공지능 언어모델 KoGPT를 공개했다. 긴 문장 요약, 문장 추론을 통한 결론 예측, 질문 문맥(文脈) 이해 등 모든 종류의 언어 과제 수행이 가능하며, 오픈소스Ⓐ로 개방함으로써 접근성을 높이고자 하였다. KT도 초거대 인공지능 컴퓨팅 인프라를 클라우드 기반으로 구성하고 주요 인공지능 모델을 원클릭으로 손쉽게 구성하고 활용이 가능하도록 서비스하고 있다.

각주

◈ 해외 주요국의 분야별 AI 적용 사례

글꼴 : 돋움, 18pt, 하양
음영색 : 파랑

가. 미국
ⓐ 우즈홀 해양학 연구소 : 자율주행 로봇을 통한 심층 해양 탐사
ⓑ 국립암연구소 : 암 영상 검사를 위한 AI 연구
나. 독일
ⓐ 막스 플랑크 지능시스템 연구소 : AI 기반 로봇 터치 감지 개선
ⓑ 드레스덴 대학 연구팀 : 질병 조기 발견 및 치료를 위한 이식형 AI 시스템

그림위치(내 PC₩문서₩ITQ₩Picture₩그림4.jpg, 문서에 포함)
자르기 기능 이용, 크기(40mm×35mm), 바깥 여백 왼쪽 : 2mm

◈ OECD의 주요 AI 적용 산업 및 영역

글꼴 : 돋움, 18pt, 밑줄, 강조점

구분	산업분류	주요 AI 적용 영역	핵심 내용
1	정보통신업	광고, AR, VR, 네트워크 보안, 소프트웨어 생산	OECD(2022) 정책 관점에서 AI 시스템 평가를 위한 도구 개발
2	건설업	3D 빌딩 정보 모델링, 건물 시뮬레이터	
3	제조업	제품 조립, 공급망 관리 및 계획	
4	교육	AI를 활용한 개인 학습, 챗봇, 시험 또는 채점 구성	
5	숙박 및 음식점업	AI 기반 챗봇, 고객 피드백 데이터 분석	

문단 번호 기능 사용
1수준 : 20pt, 오른쪽 정렬,
2수준 : 30pt, 오른쪽 정렬
줄 간격 : 180%

표 전체 글꼴 :
굴림, 10pt, 가운데 정렬
셀 배경(그러데이션) :
유형(가로),시작색(하양),
끝색(노랑)

한국지능정보사회진흥원

글꼴 : 궁서, 24pt, 진하게
장평 105%, 오른쪽 정렬

Ⓐ 소스 프로그램이 공개되어 자유롭게 수정하고 재배포할 수 있는 프로그램

각주 구분선 : 5cm

쪽 번호 매기기 5로 시작 ⑤

실전 모의고사 06회

수험번호 20261016 **정답파일** PART 04 실전 모의고사₩실전06회_정답.hwpx

합격 강의

기능평가 Ⅰ

150점

01 다음의 ≪조건≫에 따라 스타일 기능을 적용하여 ≪출력형태≫와 같이 작성하시오.

50점

조건	(1) 스타일 이름 – education (2) 문단 모양 – 왼쪽 여백 : 15pt, 문단 아래 간격 : 10pt (3) 글자 모양 – 글꼴 : 한글(돋움)/영문(굴림), 크기 : 10pt, 장평 : 95%, 자간 : 5%
출력형태	Lifelong education is the "ongoing, voluntary, and self-motivated" pursuit of knowledge and this is being recognized by traditional schools. 평생교육은 개인 또는 직업적인 이유를 위해 "지속적, 자발적, 자기 동기부여"로 지식을 추구하는 것으로, 학교에서도 인정받고 있으며 국가는 평생교육을 진흥하고 있다.

02 다음의 ≪조건≫에 따라 ≪출력형태≫와 같이 표와 차트를 작성하시오.

100점

표 조건

(1) 표 전체(표, 캡션) – 굴림, 10pt
(2) 정렬 – 문자 : 가운데 정렬, 숫자 : 오른쪽 정렬 (3) 셀 배경(면색) : 노랑
(4) 한글의 계산 기능을 이용하여 빈칸에 평균(소수점 두 자리)을 구하고, 캡션 기능 사용할 것
(5) 선 모양은 ≪출력형태≫와 동일하게 처리할 것

출력형태

지역별 학급당 학생수(단위 : 명)

구분	유치원	초등학교	중학교	고등학교	평균
부산	17	21	24	20	
대구	19	21	23	22	
인천	17	21	25	22	
광주	17	20	23	23	

차트 조건

(1) 차트 데이터는 표 내용에서 구분별 부산, 대구, 인천의 값만 이용할 것
(2) 종류 – 〈묶은 세로 막대형〉으로 작업할 것
(3) 제목 – 글꼴 : 돋움, 진하게, 12pt
속성 : 채우기(밝은 색 : 하양), 테두리, 그림자(바깥쪽 : 대각선 오른쪽 아래)
(4) 제목 이외의 전체 글꼴 – 돋움, 보통, 10pt
(5) 축제목과 범례는 ≪출력형태≫와 동일하게 처리할 것

출력형태

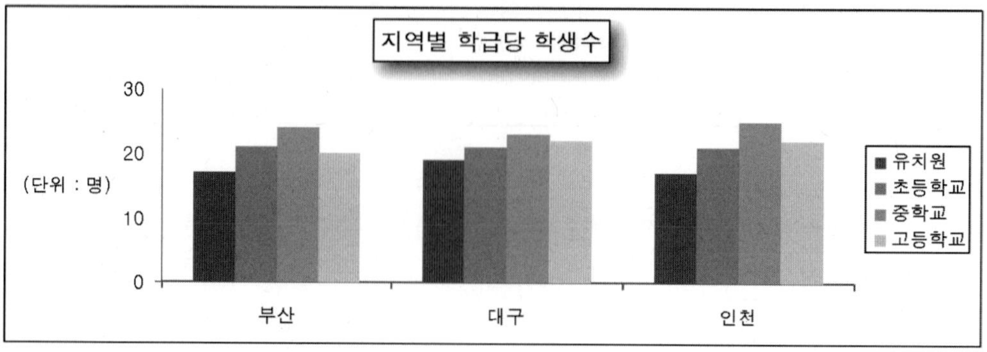

03 다음 (1), (2)의 수식을 수식 편집기로 각각 입력하시오. 40점

출력형태	(1) $\frac{h_1}{h_2} = (\sqrt{a})^{M_2 - M_1} \fallingdotseq 2.5^{M_2 - M_1}$ (2) $h = \sqrt{k^2 - r^2}, M = \frac{1}{3}\pi r^2 h$

04 다음의 ≪조건≫에 따라 ≪출력형태≫와 같이 문서를 작성하시오. 110점

조건	(1) 그리기 도구를 이용하여 작성하고, 모든 도형(글맵시, 지정된 그림 포함)을 ≪출력형태≫와 같이 작성하시오. (2) 도형의 면색은 지시사항이 없으면 색 없음을 제외하고 서로 다르게 임의로 지정하시오.
출력형태	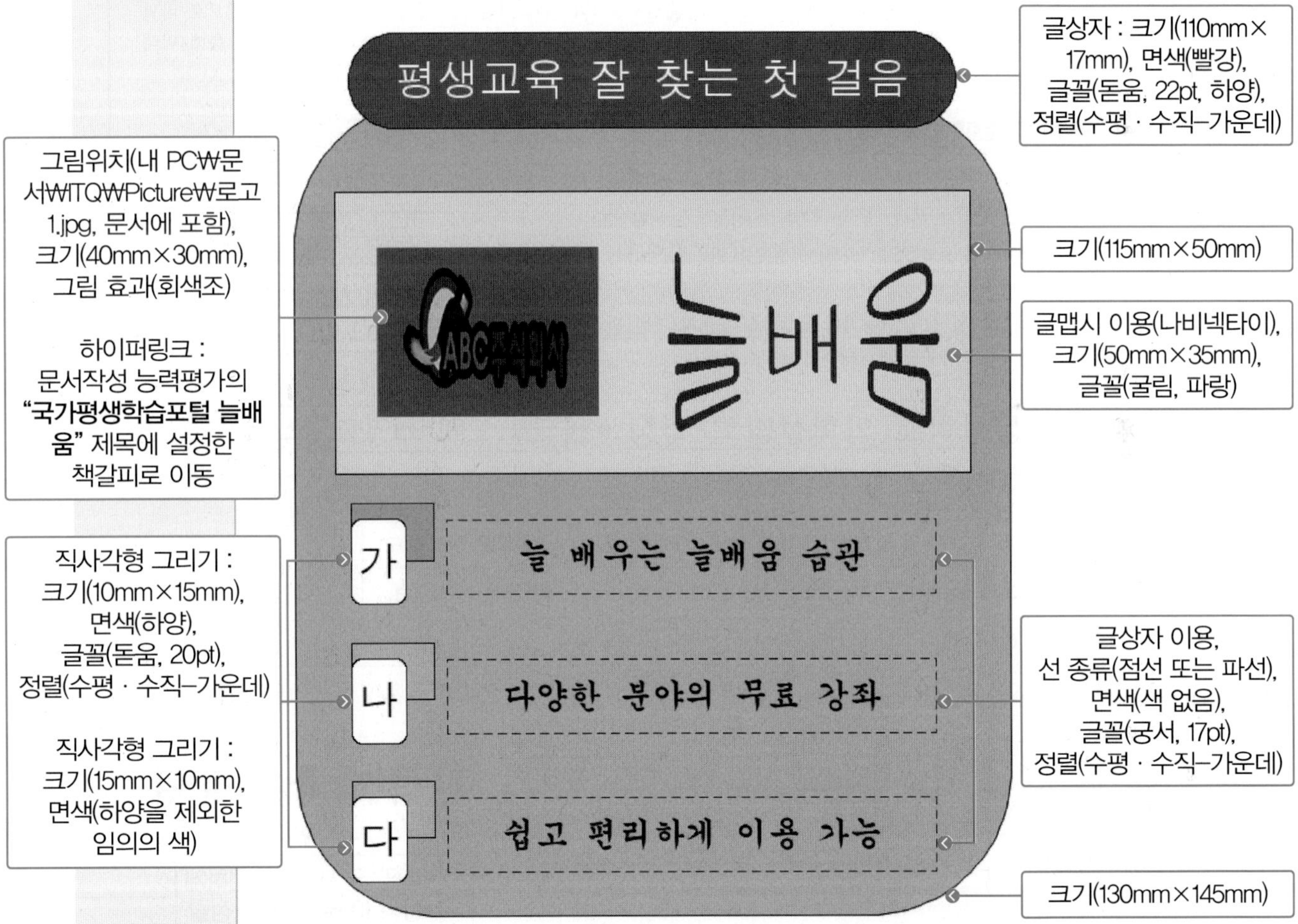

평생교육 잘 찾는 첫 걸음
글상자 : 크기(110mm×17mm), 면색(빨강), 글꼴(돋움, 22pt, 하양), 정렬(수평 · 수직-가운데)
그림위치(내 PC₩문서₩ITQ₩Picture₩로고1.jpg, 문서에 포함), 크기(40mm×30mm), 그림 효과(회색조)
하이퍼링크 : 문서작성 능력평가의 "국가평생학습포털 늘배움" 제목에 설정한 책갈피로 이동
ABC주식회사
늘배움
크기(115mm×50mm)
글맵시 이용(나비넥타이), 크기(50mm×35mm), 글꼴(굴림, 파랑)
직사각형 그리기 : 크기(10mm×15mm), 면색(하양), 글꼴(돋움, 20pt), 정렬(수평 · 수직-가운데)
직사각형 그리기 : 크기(15mm×10mm), 면색(하양을 제외한 임의의 색)
가
늘 배우는 늘배움 습관
나
다양한 분야의 무료 강좌
다
쉽고 편리하게 이용 가능
글상자 이용, 선 종류(점선 또는 파선), 면색(색 없음), 글꼴(궁서, 17pt), 정렬(수평 · 수직-가운데)
크기(130mm×145mm)

글꼴 : 굴림, 18pt, 진하게, 가운데 정렬
책갈피 이름 : 평생교육 덧말 넣기

배움의 기회

머리말 기능
돋움, 10pt, 오른쪽 정렬

문단 첫 글자 장식 기능
글꼴 : 궁서, 면색 : 노랑

배움으로 여는 미래
국가평생학습포털 늘배움

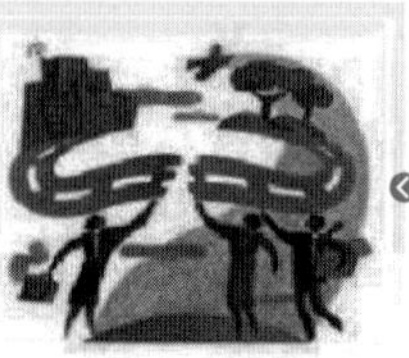

미래 한국의 연령별 인구분포도는 절벽 형상이다. 절벽 형상의 인구분포는 이미 일부 군지역에서는 선명하게 드러난다. 지역적으로 학령인구 감소가 뚜렷했던 30여 년 전 대응책은 학교 통폐합이었다. 2018년 기준 면 소재 초등학교 수는 1,552개교로 면당 1.3개 초등학교가 있는 셈인데, 더 이상 학교를 줄일 수 없는 한계 상황에 직면(直面)하였다. 양질의 학습권 보장의 관점에서 필요한 학교 운영 체제의 변화 등 문제에 대한 관점과 접근 방식의 근본적인 검토가 필요하다. 인구감소로 거주지로서 의미를 상실하고 있는 지역은 농촌으로 분류되는 지역에 집중되어 있다는 점도 간과(看過)할 수 없다.

학생 수가 급감하는 시기에 지역을 기반으로 공공성을 강화한 유연하고 개방적인 평생학습체제를 수립하는 기회로 삼아야 할 것이다. 이제는 제4차 산업혁명, 초연결사회, 인구절벽의 시대 격변기를 맞아 교육 현실을 혁신적으로 바꿔 나가는 시대적 과제를 해결해야 한다. 한국교육개발원Ⓐ은 교육에 대한 국가적 책임을 다하고, 공유성장을 통해 미래교육을 선도하는 교육 정책 연구의 핵심 기관이 되도록 차별적 연구 역량을 강화하도록 할 것이다.

각주

그림위치(내 PC₩문서₩ITQ₩Picture₩그림4.jpg, 문서에 포함)
자르기 기능 이용, 크기(40mm×35mm), 바깥 여백 왼쪽 : 2mm

♣ 국가평생학습포털 개요

글꼴 : 돋움, 18pt, 하양, 음영색 : 파랑

A. 추진배경
   1. 시간적 지리적 제약으로 참여하는데 어려운 불편함 해소
   2. 평생학습 정보의 개방, 공유, 평생학습 원스톱 서비스 지원
B. 중점과제
   1. 포털, 모바일 등을 활용하여 평생학습 활성화 기반 마련
   2. 평생학습 빅데이터 데이터베이스(DB) 구축

♣ 방송통신학교 입학설명회 일정

글꼴 : 돋움, 18pt, 밑줄, 강조점

시간	2월 8일	2월 9일	2월 10일	장소
09:00-10:00	등록 및 일정 안내	평생교육론	방송통신 수업 연구	대강당
10:20-12:00	방송통신고 입학 안내	이러닝 교수학습 방법	협동 수업 워크숍	
12:00-13:00	중식			
13:00-16:00	방송통신대 입학 안내	방송통신 수업의 실제	내용 정리 및 폐회	종합강의동

문단 번호 기능 사용
1수준 : 20pt, 오른쪽 정렬,
2수준 : 30pt, 오른쪽 정렬
줄 간격 : 180%

표 전체 글꼴 : 굴림, 10pt, 가운데 정렬
셀 배경(그러데이션) : 유형(가로),
시작색(하양), 끝색(노랑)

한국교육개발원

글꼴 : 궁서, 24pt, 진하게
장평 105%, 오른쪽 정렬

Ⓐ 1972년 정부 출연금으로 설립한 교육 연구 기관으로 평생교육을 담당

각주 구분선 : 5cm

쪽 번호 매기기 5로 시작 E

실전 모의고사 07회

수험번호 20261017 정답파일 PART 04 실전 모의고사₩실전07회_정답.hwpx

합격 강의

기능평가 Ⅰ 150점

01 다음의 ≪조건≫에 따라 스타일 기능을 적용하여 ≪출력형태≫와 같이 작성하시오. 50점

조건

(1) 스타일 이름 – platform
(2) 문단 모양 – 왼쪽 여백 : 15pt, 문단 아래 간격 : 10pt
(3) 글자 모양 – 글꼴 : 한글(굴림)/영문(돋움), 크기 : 10pt, 장평 : 95%, 자간 : 5%

출력형태

Online PACK is the business Online platform for the makers, suppliers and specialists in packaging, cosmetic, pharmaceutical, bio industries from all over the world.

온라인 국제포장기자재전-국제제약 화장품위크는 전 세계의 포장, 화장품, 제약, 바이오산업의 제조업체, 공급업체와 전문가를 위한 비즈니스 온라인 플랫폼이다.

02 다음의 ≪조건≫에 따라 ≪출력형태≫와 같이 표와 차트를 작성하시오. 100점

표 조건

(1) 표 전체(표, 캡션) – 돋움, 10pt
(2) 정렬 – 문자 : 가운데 정렬, 숫자 : 오른쪽 정렬 (3) 셀 배경(면색) : 노랑
(4) 한글의 계산 기능을 이용하여 빈칸에 합계를 구하고, 캡션 기능 사용할 것
(5) 선 모양은 ≪출력형태≫와 동일하게 처리할 것

출력형태

국제물류산업대전 관람객 현황(단위 : 천 명)

구분	10회	11회	12회	13회	합계
1일차	7.4	8.1	7.9	8.5	
2일차	12.2	13.7	12.8	13.1	
3일차	10.1	10.5	11.2	11.9	
4일차	4.8	5.2	5.7	6.2	

차트 조건

(1) 차트 데이터는 표 내용에서 횟수별 1일차, 2일차, 3일차의 값만 이용할 것
(2) 종류 – 〈묶은 세로 막대형〉으로 작업할 것
(3) 제목 – 글꼴 : 굴림, 진하게, 12pt
속성 : 채우기(밝은 색 : 하양), 테두리, 그림자(바깥쪽 : 대각선 오른쪽 아래)
(4) 제목 이외의 전체 글꼴 – 굴림, 보통, 10pt
(5) 축제목과 범례는 ≪출력형태≫와 동일하게 처리할 것

출력형태

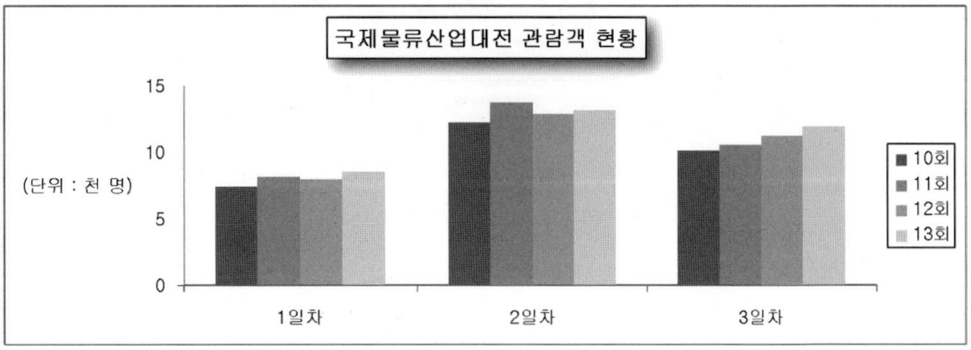

기능평가 Ⅱ 150점

03 다음 (1), (2)의 수식을 수식 편집기로 각각 입력하시오. 40점

출력형태	
	(1) $Q=\lim_{\Delta t \to 0}\frac{\Delta s}{\Delta t}=\frac{d^2s}{dt^2}+1$ (2) $\int_a^b xf(x)dx=\frac{1}{b-a}\int_a^b xdx=\frac{a+b}{2}$

04 다음의 ≪조건≫에 따라 ≪출력형태≫와 같이 문서를 작성하시오. 110점

조건	(1) 그리기 도구를 이용하여 작성하고, 모든 도형(글맵시, 지정된 그림 포함)을 ≪출력형태≫와 같이 작성하시오. (2) 도형의 면색은 지시사항이 없으면 색 없음을 제외하고 서로 다르게 임의로 지정하시오.

출력형태

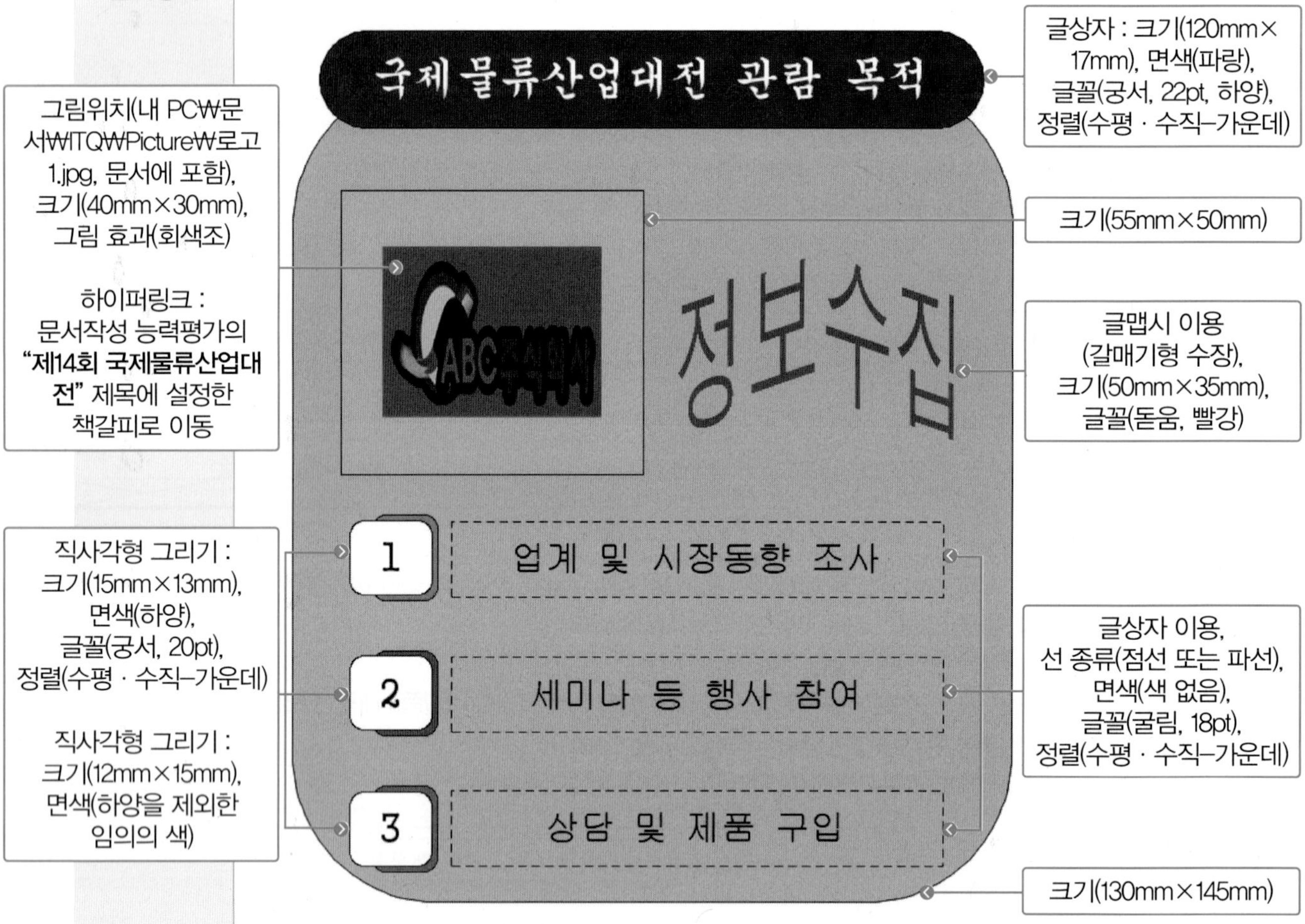

국제물류산업대전 관람 목적
글상자 : 크기(120mm×17mm), 면색(파랑), 글꼴(궁서, 22pt, 하양), 정렬(수평 · 수직-가운데)
그림위치(내 PC₩문서₩ITQ₩Picture₩로고1.jpg, 문서에 포함), 크기(40mm×30mm), 그림 효과(회색조)
하이퍼링크 : 문서작성 능력평가의 "제14회 국제물류산업대전" 제목에 설정한 책갈피로 이동
ABC주식회사
크기(55mm×50mm)
정보수집
글맵시 이용 (갈매기형 수장), 크기(50mm×35mm), 글꼴(돋움, 빨강)
직사각형 그리기 : 크기(15mm×13mm), 면색(하양), 글꼴(궁서, 20pt), 정렬(수평 · 수직-가운데)
직사각형 그리기 : 크기(12mm×15mm), 면색(하양을 제외한 임의의 색)
1
업계 및 시장동향 조사
2
세미나 등 행사 참여
3
상담 및 제품 구입
글상자 이용, 선 종류(점선 또는 파선), 면색(색 없음), 글꼴(굴림, 18pt), 정렬(수평 · 수직-가운데)
크기(130mm×145mm)

글꼴 : 돋움, 18pt, 진하게, 가운데 정렬
책갈피 이름 : 물류 덧말 넣기

미래 물류 기술

머리말 기능
굴림, 10pt, 오른쪽 정렬

문단 첫 글자 장식 기능
글꼴 : 궁서, 면색 : 노랑

제14회 국제물류산업대전

물류산업의 변화와 혁신

국제물류산업대전은 한국통합물류협회가 주최하고 국토교통부가 후원하는 운송, 서비스, 보관, 물류설비 분야를 아우르는 국내 최대 규모의 물류 전시회이다. 국제물류산업대전에서는 물류 IT, 물류 자동화 시스템, 유통 솔루션 및 기기, 콜드체인 솔루션 등 산업의 디지털 전환(轉換)을 이끌어가고 있는 국내외 기업들이 참가하여 제품 및 솔루션을 전시하고 물류산업의 트렌드를 한눈에 살펴볼 수 있는 자리이다.

각주

이번 전시회에서는 물류 서비스 및 물류 스타트업㉮ 전용관을 통해 분야별 물류 전문가와의 만남의 장을 마련하고 글로벌 경쟁력을 갖춘 국내 화주(貨主) 및 물류기업의 해외 진출 지원을 위한 해외 투자 환경 정보 제공과 글로벌 네트워크 확보 기회를 제공한다. 별도로 마련된 국토교통 연구개발 홍보관과 스타트업관에서는 국가 물류 연구개발 사업에 관한 내용을 확인하고 물류 분야 창업 기업들을 만나볼 수 있으며, 전시회 방문 기업을 대상으로 스마트물류센터 인증제도 관련 설명회와 상담도 진행한다. 스마트물류센터 인증제도는 인공지능 기반 화물 처리와 물류센터 자동화 등 스마트 물류 기술을 활용하는 물류 시설에 투자비의 일부를 지원하는 제도이다.

♣ 제14회 국제물류산업대전 개요

글꼴 : 궁서, 18pt, 하양, 음영색 : 빨강

그림위치(내 PC₩문서₩ITQ₩Picture₩그림4.jpg, 문서에 포함)
자르기 기능 이용, 크기(40mm×40mm), 바깥 여백 왼쪽 : 2mm

가. 기간 및 장소
① 기간 : 2024. 4. 23 - 26, 4일간
② 장소 : 킨텍스 제2전시장

나. 주최 및 후원
① 주최 : 한국통합물류협회, 산업전문전시회
② 후원 : 국토교통부, 경기도

♣ 물류 분야 및 콜드체인 분야 세미나

글꼴 : 궁서, 18pt, 밑줄, 강조점

분야	일자	발표 주제	장소
물류 분야	2024. 4. 23	물류 분야 글로벌 환경 세미나	제2전시장 205호
	2024. 4. 24	물류산업 변화, 물류 기술 혁신과 안전	제2전시장 212호
		다채널 물류센터의 도전과 미래지향적 자동화 솔루션	제2전시장 210호
	2024. 4. 25	모빌리티 혁신	제2전시장 212호
콜드체인 분야	2024. 4. 26	콜드체인 고도화를 위한 신기술 세미나	

문단 번호 기능 사용
1수준 : 20pt, 오른쪽 정렬,
2수준 : 30pt, 오른쪽 정렬
줄 간격 : 180%

표 전체 글꼴 :
돋움, 10pt, 가운데 정렬
셀 배경(그러데이션) :
유형(가로), 시작색(하양),
끝색(노랑)

국제물류산업대전사무국

글꼴 : 돋움, 24pt, 진하게
장평 105%, 오른쪽 정렬

㉮ 혁신적인 기술 또는 아이디어를 가진 신생 창업 기업들을 의미

각주 구분선 : 5cm

쪽 번호 매기기 6으로 시작 VI

실전 모의고사 08회

수험번호 20261018 정답파일 PART 04 실전 모의고사₩실전08회_정답.hwpx

합격강의

기능평가 I

150점

01 다음의 ≪조건≫에 따라 스타일 기능을 적용하여 ≪출력형태≫와 같이 작성하시오. 50점

조건	(1) 스타일 이름 – tourism (2) 문단 모양 – 왼쪽 여백 : 15pt, 문단 아래 간격 : 10pt (3) 글자 모양 – 글꼴 : 한글(굴림)/영문(돋움), 크기 : 10pt, 장평 : 95%, 자간 : 5%
출력형태	Korea is a country visited by many travelers every year. With a long history of culture and tradition, this country has a lot to offer travelers. 관광자원은 자연과 인간의 상호작용의 결과로 개발을 통해서 관광대상이 된다. 개발 방법을 구체적으로 분류하면 교통수단의 건설, 숙박 시설의 건설, 제반 부대시설의 건설, 홍보 및 광고 등이 있다.

02 다음의 ≪조건≫에 따라 ≪출력형태≫와 같이 표와 차트를 작성하시오. 100점

표 조건	(1) 표 전체(표, 캡션) – 돋움, 10pt (2) 정렬 – 문자 : 가운데 정렬, 숫자 : 오른쪽 정렬 (3) 셀 배경(면색) : 노랑 (4) 한글의 계산 기능을 이용하여 빈칸에 합계를 구하고, 캡션 기능 사용할 것 (5) 선 모양은 ≪출력형태≫와 동일하게 처리할 것

출력형태

외래 관광객 현황(단위 : 천 명)

구분	2018년	2019년	2020년	2021년	합계
프랑스	89.4	90.9	41.7	48.4	
그리스	30.1	31.3	7.4	14.7	
이탈리아	61.6	64.5	25.2	26.9	
스위스	11.7	11.8	3.7	4.4	

차트 조건	(1) 차트 데이터는 표 내용에서 연도별 프랑스, 그리스, 이탈리아의 값만 이용할 것 (2) 종류 – 〈묶은 세로 막대형〉으로 작업할 것 (3) 제목 – 글꼴 : 굴림, 진하게, 12pt 속성 : 채우기(밝은 색 : 하양), 테두리, 그림자(바깥쪽 : 대각선 오른쪽 아래) (4) 제목 이외의 전체 글꼴 – 굴림, 보통, 10pt (5) 축제목과 범례는 ≪출력형태≫와 동일하게 처리할 것

출력형태

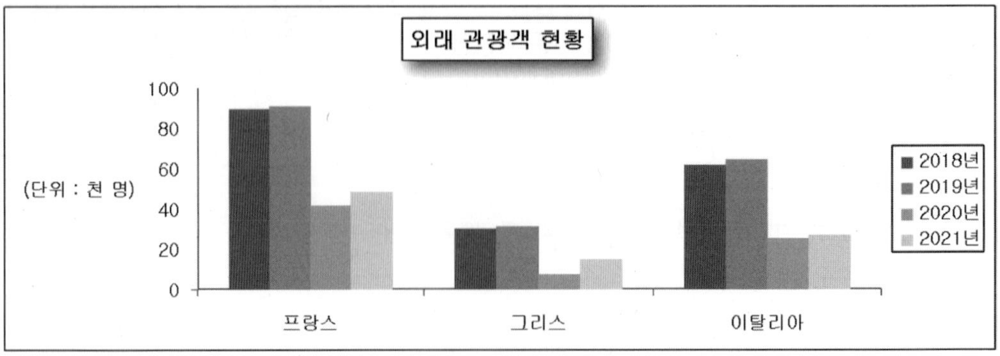

기능평가 Ⅱ
150점

03 다음 (1), (2)의 수식을 수식 편집기로 각각 입력하시오. 40점

출력형태	
	(1) $h = \sqrt{k^2 - r^2}, M = \frac{1}{3}\pi r^2 h$ (2) $m = \frac{\Delta P}{K_a} = \frac{\Delta t_b}{K_b} = \frac{\Delta t_f}{K_f}$

04 다음의 ≪조건≫에 따라 ≪출력형태≫와 같이 문서를 작성하시오. 110점

조건	
	(1) 그리기 도구를 이용하여 작성하고, 모든 도형(글맵시, 지정된 그림 포함)을 ≪출력형태≫와 같이 작성하시오. (2) 도형의 면색은 지시사항이 없으면 색 없음을 제외하고 서로 다르게 임의로 지정하시오.

출력형태

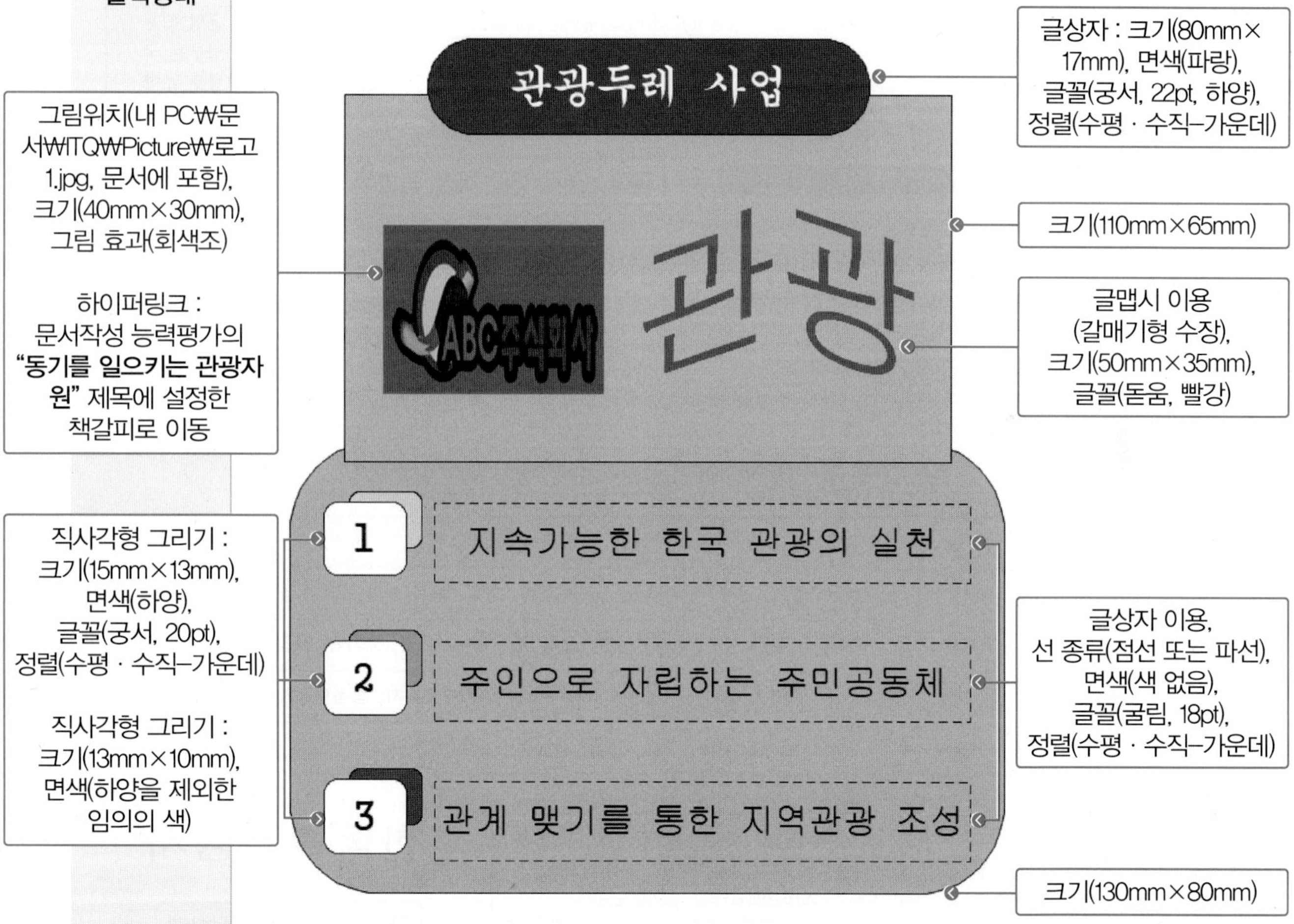

글상자 : 크기(80mm×17mm), 면색(파랑), 글꼴(궁서, 22pt, 하양), 정렬(수평 · 수직-가운데)
관광두레 사업
그림위치(내 PC₩문서₩ITQ₩Picture₩로고1.jpg, 문서에 포함), 크기(40mm×30mm), 그림 효과(회색조)
하이퍼링크 : 문서작성 능력평가의 "동기를 일으키는 관광자원" 제목에 설정한 책갈피로 이동
ABC주식회사
관광
크기(110mm×65mm)
글맵시 이용 (갈매기형 수장), 크기(50mm×35mm), 글꼴(돋움, 빨강)
직사각형 그리기 : 크기(15mm×13mm), 면색(하양), 글꼴(궁서, 20pt), 정렬(수평 · 수직-가운데)
직사각형 그리기 : 크기(13mm×10mm), 면색(하양을 제외한 임의의 색)
1
지속가능한 한국 관광의 실천
2
주인으로 자립하는 주민공동체
3
관계 맺기를 통한 지역관광 조성
글상자 이용, 선 종류(점선 또는 파선), 면색(색 없음), 글꼴(굴림, 18pt), 정렬(수평 · 수직-가운데)
크기(130mm×80mm)

글꼴 : 돋움, 18pt, 진하게, 가운데 정렬
책갈피 이름 : 관광 덧말 넣기

관광자원

머리말 기능
굴림, 10pt, 오른쪽 정렬

문단 첫 글자 장식 기능
글꼴 : 궁서, 면색 : 노랑

관광자원의 개발
동기를 일으키는 관광자원

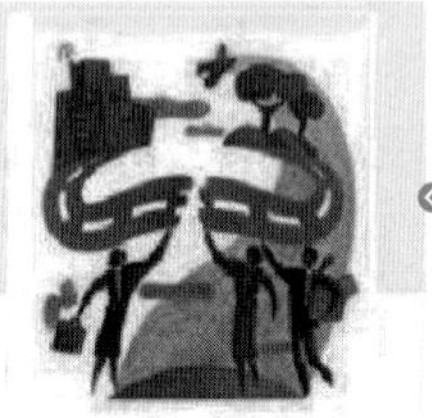

그림위치(내 PC₩문서₩ITQ₩Picture₩그림4.jpg, 문서에 포함)
자르기 기능 이용, 크기(40mm×40mm), 바깥 여백 왼쪽 : 2mm

관광자원은 본래 그 자체로서 관광가치를 지니고 있으나 개발(開發)이라는 인공적 수단을 거쳐 보다 유용한 관광대상이 된다. 선진국들은 이미 오래전부터 지역 축제 등을 통해 관광객을 유치하여 지역 소득에 기여함은 물론 고용 효과까지 창출하고 있다. 우리나라도 그동안의 경제 성장과 국민의 소득 증가에 따른 일반 대중의 관광수요를 충족시키는 한편 1980년대에 들어와서 국제 관광지로서의 위상 확립과 외래 관광객의 증가에 대비하여 관광자원 사업을 적극 추진해 왔다.

관광자원 개발 사업은 현재 외래 관광객의 수용 시설이 서울을 비롯한 대도시에 편중되면서 빚어지는 불균형을 시정하는 한편 관광시설을 전국적으로 균형 있게 분산(分散)시켜 관광대상지를 확장하고 관광객의 체재 기간을 연장시켜 소비를 높이는 데 그 목적을 두고 있다. 이에 따른 균형 있는 국토의 개발과 주민 소득의 증대, 고용의 확대, 자연 및 문화재의 보전이라는 파급 효과도 기대할 수 있다. 정부는 국제 수준의 관광시설 확보와 함께 수려한 자연과 반만년의 역사를 배경으로 한 고유문화㉮의 보호라는 양면성을 조화시키면서 국토 개발 계획, 문화재 보존 계획 등과 상충되지 않는 방향으로 본 사업을 추진하고 있다.

각주

★ 관광자원 분류의 필요성

글꼴 : 궁서, 18pt, 하양, 음영색 : 빨강

가. 분류 작업의 필요성
① 각각의 연구들을 단순하게 취급할 수 있도록 도움 제공
② 분류에 따른 속성의 이해를 명확하게 함
나. 관광자원 분류의 목적
① 관광자원의 역할과 가치를 평가
② 관광자원의 합리적 이용, 관리, 보호를 위한 기초자료

★ 관광자원의 2분류 체계

글꼴 : 궁서, 18pt, 밑줄, 강조점

1분류	2분류	이용시기
문화	인물	출생지, 생가, 유배지, 기념비, 묘, 문학비, 영정, 문학/영화/드라마 배경지, 기타
	축조물	누(정), 서원, 향고, 사찰, 궁궐, 성곽, 탑, 불상, 고궁, 고가옥, 사당, 칠성각
자연 및 생태환경	동/식물	희귀종, 자생지, 조류서식지, 번식지, 철새도래지, 방품림, 기타
	자연경관	산, 강, 폭포, 고개, 동굴, 화석지, 갯벌, 분화구, 8경, 오름 등

문단 번호 기능 사용
1수준 : 20pt, 오른쪽 정렬,
2수준 : 30pt, 오른쪽 정렬
줄 간격 : 180%

표 전체 글꼴 : 돋움, 10pt, 가운데 정렬
셀 배경(그러데이션) : 유형(가로),
시작색(하양), 끝색(노랑)

한국관광공사

글꼴 : 돋움, 24pt, 진하게
장평 105%, 오른쪽 정렬

㉮ 어떠한 나라나 민족이 본래 가지고 있는 독특한 문화

각주 구분선 : 5cm

쪽 번호 매기기 6으로 시작 F

실전 모의고사 09회

수험번호 20261019 정답파일 PART 04 실전 모의고사₩실전09회_정답.hwpx

합격 강의

기능평가 Ⅰ 150점

01 다음의 ≪조건≫에 따라 스타일 기능을 적용하여 ≪출력형태≫와 같이 작성하시오. 50점

조건	(1) 스타일 이름 – cio (2) 문단 모양 – 왼쪽 여백 : 10pt, 문단 아래 간격 : 10pt (3) 글자 모양 – 글꼴 : 한글(궁서)/영문(돋움), 크기 : 10pt, 장평 : 95%, 자간 : –5%
출력형태	As information technology and systems have become more important, the CIO has come to be viewed in many organizations as a key contributor. 최고정보관리책임자란 기업 활동에서 기업 전략으로서의 정보 시스템을 어떻게 활용할 것인가를 입안, 실행하는 정보 자원 관리의 책임을 지는 사람을 말한다.

02 다음의 ≪조건≫에 따라 ≪출력형태≫와 같이 표와 차트를 작성하시오. 100점

표 조건

(1) 표 전체(표, 캡션) – 돋움, 10pt

(2) 정렬 – 문자 : 가운데 정렬, 숫자 : 오른쪽 정렬 (3) 셀 배경(면색) : 노랑

(4) 한글의 계산 기능을 이용하여 빈칸에 평균(소수점 두 자리)을 구하고, 캡션 기능 사용할 것

(5) 선 모양은 ≪출력형태≫와 동일하게 처리할 것

출력형태

최고정보관리책임자 채용 현황(단위 : %)

구분	2014년	2015년	2016년	2017년	평균
정보기술	37.2	28.6	57.4	69.6	
정보통신	46.8	59.3	70.8	75.1	
금융기관	32.1	45.3	40.6	76.3	
제조업	22.6	35.3	46.2	49.7	

차트 조건

(1) 차트 데이터는 표 내용에서 연도별 정보기술, 정보통신, 금융기관의 값만 이용할 것

(2) 종류 – 〈묶은 세로 막대형〉으로 작업할 것

(3) 제목 – 글꼴 : 굴림, 진하게, 12pt

속성 : 채우기(밝은 색 : 하양), 테두리, 그림자(바깥쪽 : 대각선 오른쪽 아래)

(4) 제목 이외의 전체 글꼴 – 굴림, 보통, 10pt

(5) 축제목과 범례는 ≪출력형태≫와 동일하게 처리할 것

출력형태

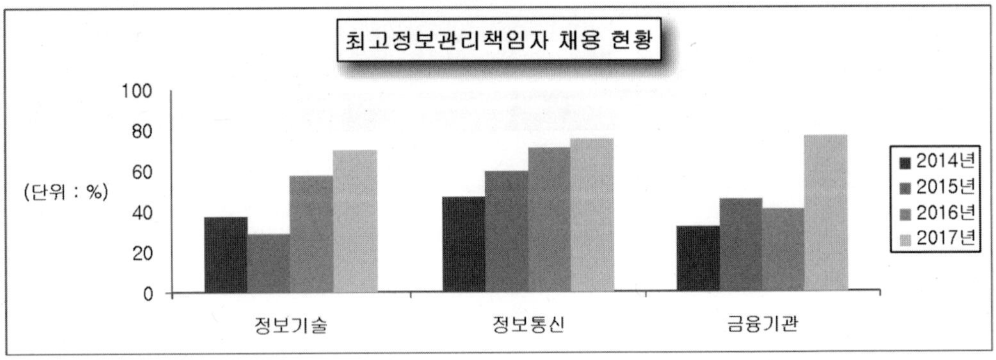

03 다음 (1), (2)의 수식을 수식 편집기로 각각 입력하시오. 40점

출력형태	
	(1) $G = 2\int_{\frac{a}{2}}^{a} \frac{b\sqrt{a^2 - x^2}}{a} dx$ (2) $L = \frac{m+M}{m} V = \frac{m+M}{m}\sqrt{2gh}$

04 다음의 ≪조건≫에 따라 ≪출력형태≫와 같이 문서를 작성하시오. 110점

조건	(1) 그리기 도구를 이용하여 작성하고, 모든 도형(글맵시, 지정된 그림 포함)을 ≪출력형태≫와 같이 작성하시오. (2) 도형의 면색은 지시사항이 없으면 색 없음을 제외하고 서로 다르게 임의로 지정하시오.

출력형태

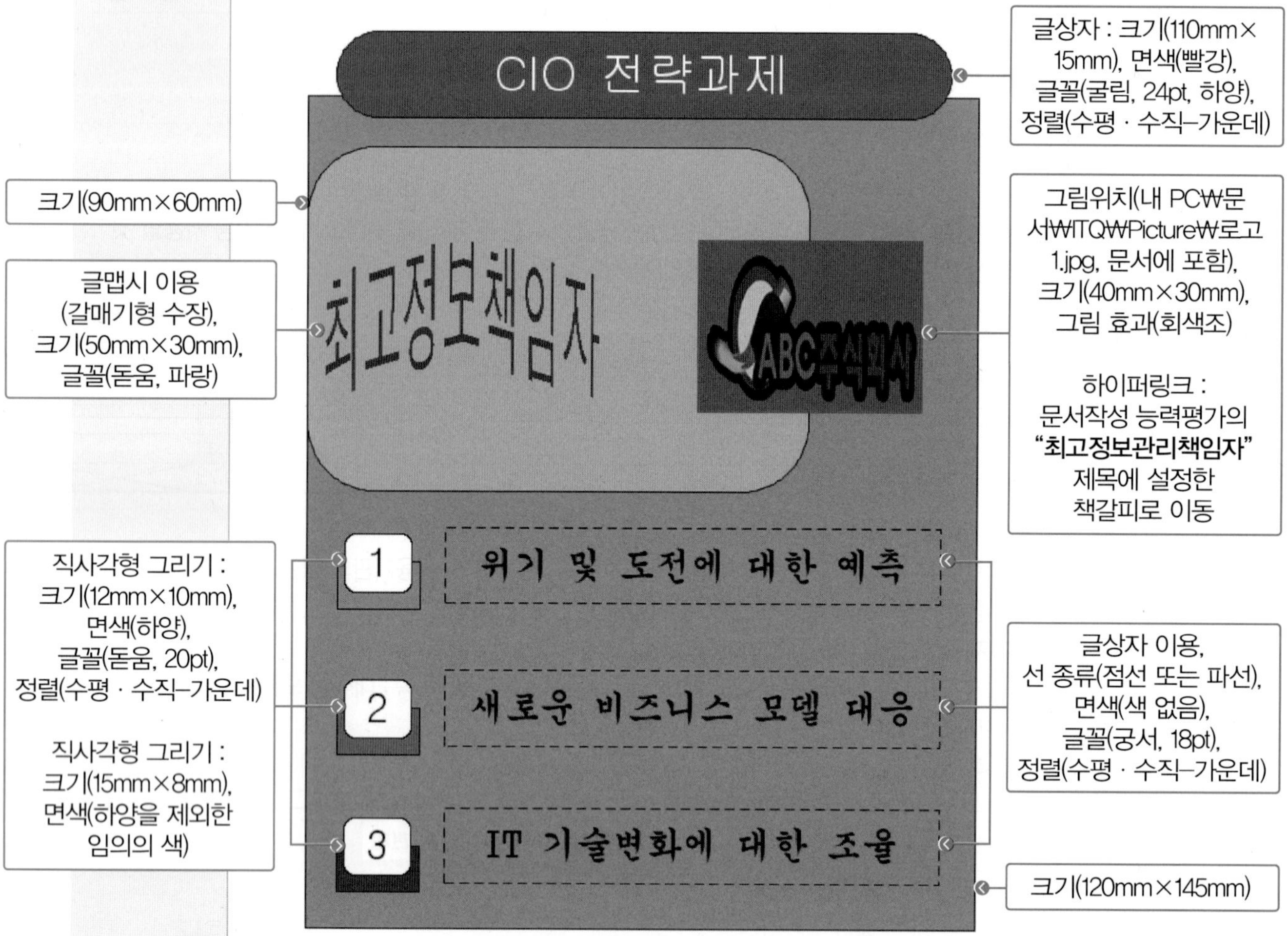
글상자 : 크기(110mm×15mm), 면색(빨강), 글꼴(굴림, 24pt, 하양), 정렬(수평 · 수직–가운데)
CIO 전략과제
크기(90mm×60mm)
글맵시 이용 (갈매기형 수장), 크기(50mm×30mm), 글꼴(돋움, 파랑)
최고정보책임자
그림위치(내 PC₩문서₩ITQ₩Picture₩로고1.jpg, 문서에 포함), 크기(40mm×30mm), 그림 효과(회색조)
하이퍼링크 : 문서작성 능력평가의 "최고정보관리책임자" 제목에 설정한 책갈피로 이동
ABC주식회사
직사각형 그리기 : 크기(12mm×10mm), 면색(하양), 글꼴(돋움, 20pt), 정렬(수평 · 수직–가운데)
직사각형 그리기 : 크기(15mm×8mm), 면색(하양을 제외한 임의의 색)
1
위기 및 도전에 대한 예측
2
새로운 비즈니스 모델 대응
3
IT 기술변화에 대한 조율
글상자 이용, 선 종류(점선 또는 파선), 면색(색 없음), 글꼴(궁서, 18pt), 정렬(수평 · 수직–가운데)
크기(120mm×145mm)

글꼴 : 돋움, 18pt, 진하게, 가운데 정렬
책갈피 이름 : 정보관리 덧말 넣기

CIO 아카데미

머리말 기능
돋움, 10pt, 오른쪽 정렬

문단 첫 글자 장식 기능
글꼴 : 궁서, 면색 : 노랑

최고정보관리책임자
정보시스템 관리

최근 경영환경의 급속한 변화는 최고정보관리책임자(CIO)로 하여금 정보 통신기술의 전략적 활용을 통한 기업의 경영혁신을 선도(先導)하고 새로운 비즈니스 가치를 창출해야 하는 다양한 역할을 요구하고 있다. CIO는 기업의 경영 목표를 이루기 위해 정보기술을 감독하고 정보전략을 세우는 것을 주 임무로 한다. 따라서 기업 경영에 대한 통찰력이 있어야 하며 정보기술을 기업 구석구석까지 전략적으로 사용할 수 있는 능력을 갖춰야 한다. e비즈니스ⓐ의 보급과 전산화의 영향으로 기업 내의 정보 및 정보시스템 관리 능력이 기업의 주요 경쟁력으로 꼽히면서 중요성이 강조되고 있는 직책(職責)이다.

각주

CIO는 이렇게 한 기업의 정보기술과 컴퓨터 시스템 부문을 책임지는 사람에게 부여되는 명칭이다. 기업의 인터넷과 월드와이드웹 등을 장기 전략과 중기 비즈니스 계획에 통합하기 위한 사업을 지휘하는 경우도 많다. 따라서 최고정보관리책임자는 정보기술과 이의 활용에 관한 기술적 지식 및 경험도 필요하며, 사업 운영에 대한 지식과 전략적 안목이 있어야 한다.

★ CIO의 자질과 역할

글꼴 : 굴림, 18pt, 하양, 음영색 : 빨강

i. CIO의 자질
  a. 리더십, 의사소통능력, 전략/혁신감각, IT지식, 자원관리
  b. 업계에 대한 지식, 창의력, 긍정적 사고, 정치적 능력
ii. CIO의 역할
  a. 경영전략에 부응하는 IT전략 수립 및 정보시스템 구축
  b. 기업이 필요로 하는 IT기반의 새로운 비즈니스 모델 창출

그림위치(내 PC₩문서₩ITQ₩Picture₩그림4.jpg, 문서에 포함)
자르기 기능 이용, 크기(40mm×35mm), 바깥 여백 왼쪽 : 2mm

★ CIO 아카데미 커리큘럼

글꼴 : 굴림, 18pt, 밑줄, 강조점

일자	구분	주요 내용	장소
1월 16일	IT 기술 트렌드	4차 산업혁명시대, 디지털 신기술과 미래 전략	국제관
1월 23일		블록체인 기술과 산업별 적용 사례	전략실
1월 30일		빅데이터 활용 이슈와 성공 사례	기획실
2월 13일	정보관리 정보보호 소양 교육	국내 개인정보보호규정 대응 현황 및 국제적 전망	회의실

문단 번호 기능 사용
1수준 : 20pt, 오른쪽 정렬,
2수준 : 30pt, 오른쪽 정렬
줄 간격 : 180%

표 전체 글꼴 : 돋움, 10pt, 가운데 정렬
셀 배경(그러데이션) : 유형(가로),
시작색(하양), 끝색(노랑)

한국CIO포럼

글꼴 : 궁서, 24pt, 진하게
장평 105%, 오른쪽 정렬

ⓐ 인터넷을 기업 경영에 도입하여 기존 기업의 경영 활동 영역을 가상공간으로 이전시킨 것

각주 구분선 : 5cm

쪽 번호 매기기 4로 시작 → iv

실전 모의고사 10회

수험번호 20261020 정답파일 PART 04 실전 모의고사₩실전10회_정답.hwpx

합격 강의

기능평가 Ⅰ

150점

01 다음의 ≪조건≫에 따라 스타일 기능을 적용하여 ≪출력형태≫와 같이 작성하시오.

50점

조건	(1) 스타일 이름 – martial (2) 문단 모양 – 왼쪽 여백 : 10pt, 문단 아래 간격 : 10pt (3) 글자 모양 – 글꼴 : 한글(궁서)/영문(돋움), 크기 : 10pt, 장평 : 95%, 자간 : –5%
출력형태	You can see diligent and happy lives of Chungju citizens large and small festivals. Beginning of Spa Festival and holding Chungju Martial Arts Festival and Ureuk Cultural Festival will on the top rung. 한반도의 중심이며 국가 지정 중요무형문화재 제76호인 택견의 본고장 충주에서 세계 무술과 문화의 만남이라는 주제로 다양한 체험과 함께 세계무술축제가 개최된다.

02 다음의 ≪조건≫에 따라 ≪출력형태≫와 같이 표와 차트를 작성하시오.

100점

표 조건

(1) 표 전체(표, 캡션) – 돋움, 10pt
(2) 정렬 – 문자 : 가운데 정렬, 숫자 : 오른쪽 정렬 (3) 셀 배경(면색) : 노랑
(4) 한글의 계산 기능을 이용하여 빈칸에 평균(소수점 두 자리)을 구하고, 캡션 기능 사용할 것
(5) 선 모양은 ≪출력형태≫와 동일하게 처리할 것

출력형태

연도별 무술 수련자 현황(단위 : 천 명)

구분	2019년	2020년	2021년	2022년	평균
택견	225	224	312	324	
해동검도	223	272	291	321	
특공무술	268	284	348	368	
공권유술	198	250	268	298	

차트 조건

(1) 차트 데이터는 표 내용에서 연도별 택견, 해동검도, 특공무술의 값만 이용할 것
(2) 종류 – 〈묶은 세로 막대형〉으로 작업할 것
(3) 제목 – 글꼴 : 굴림, 진하게, 12pt
속성 : 채우기(밝은 색 : 하양), 테두리, 그림자(바깥쪽 : 대각선 오른쪽 아래)
(4) 제목 이외의 전체 글꼴 – 굴림, 보통, 10pt
(5) 축제목과 범례는 ≪출력형태≫와 동일하게 처리할 것

출력형태

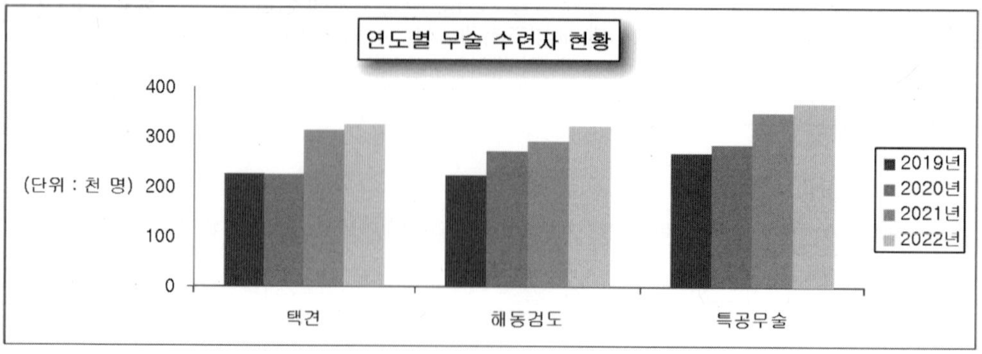

03 다음 (1), (2)의 수식을 수식 편집기로 각각 입력하시오. 40점

출력형태	(1) $\sum_{k=1}^{10}(k^3+6k^2+4k+3)=256$ (2) $\int_a^b xf(x)dx=\frac{1}{b-a}\int_a^b xdx=\frac{a+b}{2}$

04 다음의 ≪조건≫에 따라 ≪출력형태≫와 같이 문서를 작성하시오. 110점

조건	(1) 그리기 도구를 이용하여 작성하고, 모든 도형(글맵시, 지정된 그림 포함)을 ≪출력형태≫와 같이 작성하시오. (2) 도형의 면색은 지시사항이 없으면 색 없음을 제외하고 서로 다르게 임의로 지정하시오.

출력형태

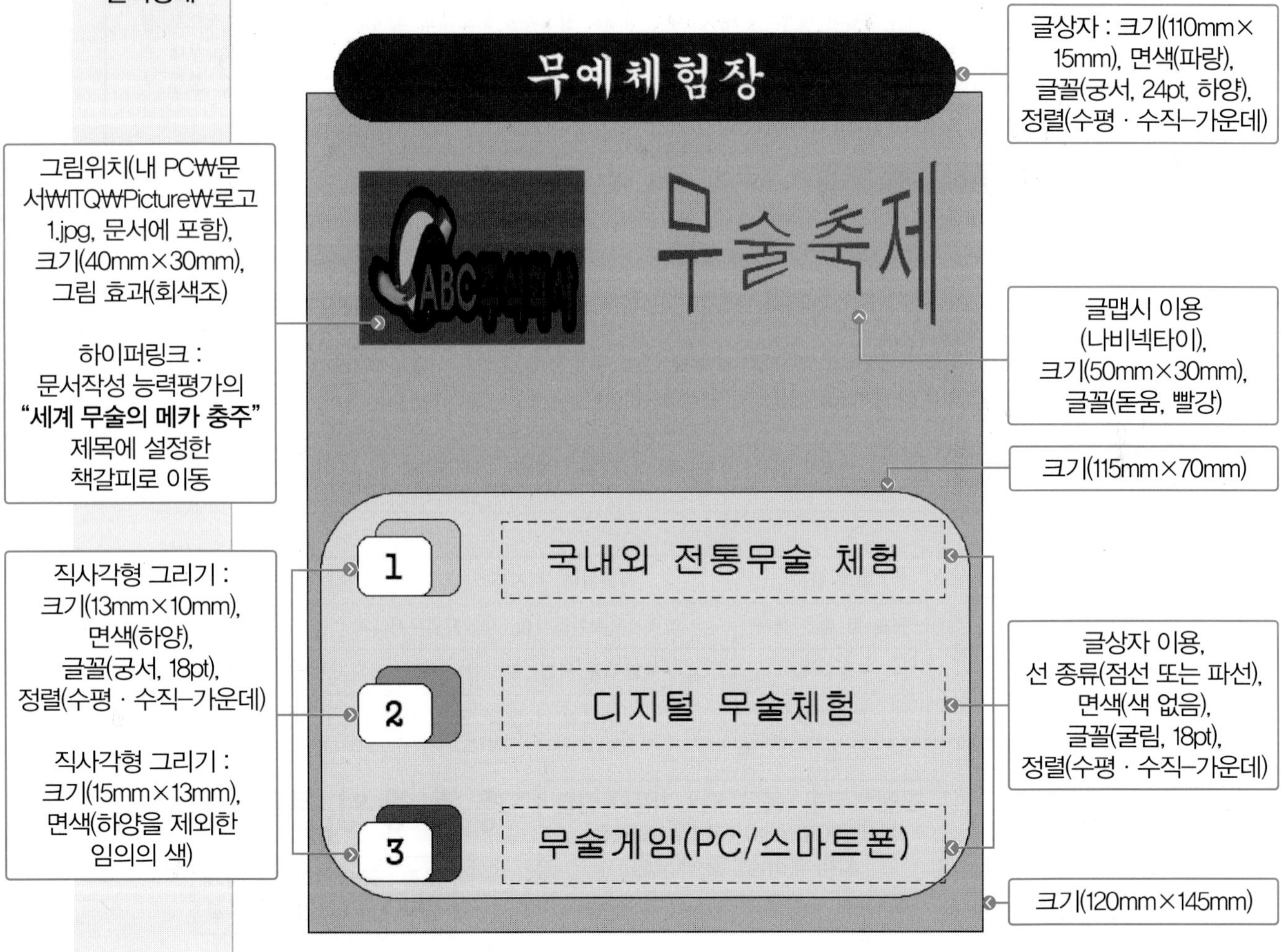

무예체험장
글상자 : 크기(110mm×15mm), 면색(파랑), 글꼴(궁서, 24pt, 하양), 정렬(수평 · 수직-가운데)
그림위치(내 PC₩문서₩ITQ₩Picture₩로고1.jpg, 문서에 포함), 크기(40mm×30mm), 그림 효과(회색조)
하이퍼링크 : 문서작성 능력평가의 "세계 무술의 메카 충주" 제목에 설정한 책갈피로 이동
무술축제
글맵시 이용 (나비넥타이), 크기(50mm×30mm), 글꼴(돋움, 빨강)
크기(115mm×70mm)
직사각형 그리기 : 크기(13mm×10mm), 면색(하양), 글꼴(궁서, 18pt), 정렬(수평 · 수직-가운데)
직사각형 그리기 : 크기(15mm×13mm), 면색(하양을 제외한 임의의 색)
1
국내외 전통무술 체험
2
디지털 무술체험
3
무술게임(PC/스마트폰)
글상자 이용, 선 종류(점선 또는 파선), 면색(색 없음), 글꼴(굴림, 18pt), 정렬(수평 · 수직-가운데)
크기(120mm×145mm)

글꼴 : 돋움, 18pt, 진하게, 가운데 정렬
책갈피 이름 : 무술 덧말 넣기

문단 첫 글자 장식 기능
글꼴 : 궁서, 면색 : 노랑

무술 한마당

머리말 기능
돋움, 10pt, 오른쪽 정렬

세계무술과 문화

세계 무술의 메카 충주

각주

문화의 시대로 불리는 21세기는 문화(文化)가 곧 국력이자 부가가치가 무한한 관광 자원이다. 찬란했던 중원문화ⓐ의 중심지인 충주는 국가 지정 중요무형문화재 제76호인 택견의 본고장으로 1998년부터 충주세계무술축제를 개최하고 있다. 유네스코가 공식 후원하는 본 행사는 국내 무술은 물론 아시아, 아메리카, 오세아니아, 아프리카, 유럽 등 전 세계 주요 무술을 만날 수 있는 생동감 넘치는 축제의 장이다. 제14회를 맞은 2012년에는 37개국 42개 세계무술연맹 단체를 비롯하여 국내외 유수의 무술 팀이 대거 참여해 풍성한 볼거리와 흥미진진하고 다양한 체험을 선사하면서 충주를 세계 무술의 메카로 확고히 자리매김하게 하였다.

세계무술축제는 충주 지역 관광의 세계화를 통해 지역 경제의 활성화를 도모하고, 외국인 관광객을 집중적으로 유치하여 문화관광 상품으로 발전(發展)하는 데 그 목적이 있다. 공식 행사, 문화 행사, 무술 및 경연 행사 등 무대 프로그램과 무술체험복합관, 건강체험관 등 상설 프로그램 그리고 시민 참여 및 경연 행사와 전시 프로그램을 통해 무술을 사랑하는 마니아뿐만 아니라 국내외 많은 관광객을 대상으로 무술의 대중화에 앞장서고자 한다.

♥ 세계의 전통 무술

글꼴 : 굴림, 18pt, 하양, 음영색 : 빨강

1. 한국의 전통 무술
   가. 태권도 : 기술단련으로 자신의 신체를 방어하는 호신 무술
   나. 합기도 : 합기를 사용해서 상대를 다루는 전통 무예
2. 일본의 전통 무술
   가. 주짓수 : 유술을 바탕으로 상대방을 제압하는 전통 무예
   나. 가라테 : 신체 각 부위면을 이용해서 상대방을 공격하는 무술

그림위치(내 PC₩문서₩ITQ₩Picture₩그림5.jpg, 문서에 포함)
자르기 기능 이용, 크기(40mm×40mm), 바깥 여백 왼쪽 : 2mm

♥ 무술축제 프로그램과 내용

글꼴 : 굴림, 18pt, 밑줄, 강조점

구분		내용
무대 프로그램	문화 행사	사물놀이, 직지팝스 오케스트라, 택견 비보잉
	무술 및 경연 행사	키즈세계무예마스터쉽, 세계철인무사대회, 국제무예연무대회
상설 프로그램	무술 체험	특공무술 체험, 주짓수 배우기, 전자기록장비 체험
	세계무술퍼레이드	축제장 내 밴드, 공연, 무술팀 합동 행진

문단 번호 기능 사용
1수준 : 20pt, 오른쪽 정렬,
2수준 : 30pt, 오른쪽 정렬
줄 간격 : 180%

표 전체 글꼴 : 돋움, 10pt, 가운데 정렬
셀 배경(그러데이션) : 유형(가로),
시작색(하양), 끝색(노랑)

충주중원문화재단

글꼴 : 궁서, 24pt, 진하게
장평 105%, 오른쪽 정렬

ⓐ 충주 지역을 중심으로 형성되었던 정치, 경제, 사회 등 모든 상황을 포괄하는 개념

각주 구분선 : 5cm

쪽 번호 매기기 6으로 시작 vi

MEMO

자격증은
이기적!